翻译学
（新版）

谭载喜 ◎著

TRANSLATION STUDIES
（New Edition）

清华大学出版社
北京

内 容 简 介

本书以"翻译学"三字冠名，回答三个问题：何谓翻译学？为何翻译学？翻译学何为？拓展而言，本书是一部专门研究翻译学的概论性著作，它从理论角度对翻译学的学科性质和学科意涵、学科缘起和发展目的，以及学科范围和研究方法等问题进行系统阐述。书中内容涵盖译学总论、译学途径、译学任务、译学理论的基本构件、译学中的语义及文化对比研究、外来译史译论研究以及比较译学研究等翻译学所必须关注的各个方面。本书作者倡导翻译学作为一门独立的人文科学学科的建立与发展，并围绕如何践行这一理念、如何使翻译学真正享有独立学科地位，以及如何运用各种途径不断充实译学内容与内涵、促进译学稳步健康发展等问题，进行全面、深刻的论述。

本书作为译学概论性著作，广泛适用于翻译理论研究者、翻译实践工作者，以及高等院校翻译与外语专业的师生群体。它既可用作翻译学与翻译理论课程的教材，也是翻译专业学生及从业者必读或参考书籍。

版权所有，侵权必究。举报：010-62782989，beiqinquan@tup.tsinghua.edu.cn。

图书在版编目（CIP）数据

翻译学：新版/谭载喜著. -- 北京：清华大学出版社, 2025.5. --ISBN 978-7-302-69079-5

I. H059

中国国家版本馆 CIP 数据核字第 2025DH8741 号

责任编辑：曹诗悦
封面设计：郑　重
责任校对：王荣静
责任印制：沈　露

出版发行：清华大学出版社
　　　　　网　　址：https://www.tup.com.cn, https://www.wqxuetang.com
　　　　　地　　址：北京清华大学学研大厦 A 座　邮　编：100084
　　　　　社 总 机：010-83470000　　邮　购：010-62786544
　　　　　投稿与读者服务：010-62776969, c-service@tup.tsinghua.edu.cn
　　　　　质量反馈：010-62772015, zhiliang@tup.tsinghua.edu.cn
印 装 者：天津鑫丰华印务有限公司
经　　销：全国新华书店
开　　本：155mm×230mm　　印　张：31.5　　字　数：435 千字
版　　次：2025 年 5 月第 1 版　　　　　　印　次：2025 年 5 月第 1 次印刷
定　　价：168.00 元

产品编号：105516-01

原版序一

本书原版于2000年付梓之际，由尊敬的胡文仲教授推荐译学前辈马祖毅教授为拙著作序，我心怀敬仰向这位中国翻译史学巨擘去函诚挚邀请，随即收得回复。马教授的欣然应允令我心存感激，大序令拙著蓬荜增辉。现将马教授（1925—2023）别具一格的诗文之序重刊于此，不仅是为了对马先生当年给予的无私支持再次衷心致谢，更是希望以此表达本人对恩师的深切怀念，并以此对马先生为中国译学尤其是中国翻译史学发展所做出的巨大贡献，而表达最崇高的敬意！

谭载喜先生以俊逸之才蜚声学界，多年来倡建译学，大声疾呼，响应者众。今又撰成《翻译学》一书，行将付梓。先生不耻问道于盲，嘱余作序。某不才，自忖难以当此重任，然却之又不恭，乃勉成七绝十章，以附骥尾。诗云：

　　译学于今运应昌，
　　各家锣鼓竞登场。
　　对台戏与同台戏，
　　看客纷纷论短长。

　　心折南中博士谭，
　　锦心绣口沥胸肝。
　　力排众议弹新调，
　　融会中西眼界宽。

　　概念区分莫混淆，
　　开宗明义息群谣。
　　语言文艺能成学，
　　规律何因译事抛。

　　途径条条阐释明，
　　供君探究试遵行。
　　若能综合求规律，
　　译学三分理论成。

　　探明词义多层次，
　　词汇翻时显特征。
　　实践既然常惯见，
　　怎教理论置无评。

比较立支归译学，
思深首创轶群伦。
譬如跨上墙头望，
内外齐收景象新。

任务内容共一章，
要言精义自周详。
学科建设毋高论，
落实还需集众长。

渊博高深愧不如，
西方译史早成书。
他山攻错鞭先着，
开道便宜后驾车。

中西比较见功夫，
方言方知有四隅。
避短扬长昌译学，
力求超胜展雄图。

尊稿邮来胜璧琼，
一回拜读一心倾。
弩骀置喙诚难事，
俚句书呈答盛情。

马祖毅
于庐阳求得一斋
2000 年 3 月 12 日

原版序二

本书原版2000年完稿时，诚邀学兄许钧教授拨冗写序。时隔20年有余，今日重温此序，仍为许兄当年在翻译理论研究上的真知灼见感到钦佩。序言虽然不是很长，但字里行间，无不显现出他一直以来对于译学研究的热忱支持和始终一贯的倾心投入。20多年前的序中之言，其之于我国译学发展的高度概括性、针对性与前瞻性，于20多年后的当下不仅毫无违和感，读来仍能让人深受启发。故亦将此序重刊于此，以飨读者。同时，本人谨借此机会再次向许兄表示诚挚谢意。

学兄谭载喜教授来信，嘱我为他的新著作序。我打开书稿，"翻译学"三个大字赫然呈现眼前，心中为之一振，觉得有话要说，算不上什么序，只是想借谭先生的书，表明一下自己对翻译学的认识、立场和观点。

　　认识谭载喜，是在八五年七月在烟台举行的中国首届文学翻译经验交流会上。那次出席会议的，绝大多数是老一辈翻译家，正式代表中，只有三四位年轻人，谭载喜是其中一位。会上，谭载喜虽然言语不多，但表现出的翻译理论素养和意识引起了与会者的特别关注。因为都是年轻人，我们之间的交流机会自然要更多些。后来，我们在国内的多次翻译研讨会上相逢，一起交流看法，我对他的学术思想和研究重点，也有了越来越深的了解。十多年来，他发表的有关翻译研究的每一部著作、每一篇文章，包括他所编译的奈达的翻译论著，我都认真拜读过，甚至可以说"研究"过。尽管我对他的某些观点，比如对严复的"信、达、雅"的看法和评价，并不完全赞同，但我认为，在中国近二十年的译学探索中，谭载喜教授是做出重要贡献的。在给研究生开设的翻译理论课中，我曾这样说过：中国新时期的翻译理论研究，是一个不断探索、不断发展的过程。在这个过程中，谭载喜的贡献有二：一是在对外国，特别是在对美国翻译理论家奈达的研究基础上，为中国译学研究引进了新的观念、新的方法，拓展了研究的视野；二是对翻译学的建设做了许多扎实的基础性的开拓工作。他以坚定的学科立场和敏锐的理论意识，对翻译学的学科性质、学科内容，以及翻译学的研究目的、范围、任务和方法等重大问题进行了不懈的探索，对翻译实践所面对的语义传达和文化交融等核心问题进行了最系统的理论阐释，对翻译学的健康发展起到了积极的推进作用。在我看来，谭载喜的这部《翻译学》可以说是他在近四分之一个世纪以来对翻译学进行不懈探索的忠实的记录和理性的总结，对每一个关心译学发展的人士来说，无疑是值得欣喜和振奋的。

十几年前，当译界有人大胆地以"翻译学"为自己的一部并不成熟的著作冠名的时候，我曾有过不同的看法；五年前，当我有机会与国际翻译理论界的几位代表性人物讨论翻译学的建设问题时，我对翻译学的前途也有过迷茫的感觉。但五年后的今天，当我们认真审视近二十年来中国译学所走过的路，当我们对法国、加拿大、美国、英国、德国等国家的译学成果和学科发展有了较为深入的了解的时候，我们有理由相信，翻译学的建立，是一个客观的存在，翻译学之路，是一条必由之路。我最近注意到，大连外国语学院的《外语与外语教学》杂志发起组织了一场关于翻译学科建设的大讨论，不少专家和学者发表了观点。我想，那些对翻译学的建设持怀疑、消极甚至反对意见的朋友，如果先读读谭载喜教授的这部论著，也许会有一些新的认识。我赞同谭载喜的观点"翻译学是研究翻译的科学、翻译学应当享有独立学科地位"这一命题，就好比"语言学是研究语言的科学、语言学应当享有独立学科的地位"的命题一样，是不应加以怀疑的。我们与其在到底"要不要翻译学""有没有翻译学""翻译学究竟是现实还是'迷梦'"的问题上老生常谈，倒不如把精力放在译学框架内部具体层面的研究上，通过对这些具体层面和具体问题的研究，来充实译学框架的内容与内涵，促进译学理论的健康发展。谭载喜在其著作前言中的这段话，我们可以理解为他对译学建设的一种立场，也可以理解为他对译学探索的一个指导思想和基本思路。读《翻译学》，我们可以发现，作者正是在这一指导思想之下，做的一项踏实而具有探索意义的工作。全书*共九章。第一章为绪论，作者对制约翻译理论发展的诸因素作了概要的分析，以明确译学发展所急需解决的主要问题和译学界应该扎扎实实去做的几项基本工作。第二至第四章，分别为"翻译学的学科性质""翻译学的研究途径"和"翻译学的任务和内容"，是为翻译学定位、指路，属于宏观的把握。第五章与第六章研究的是"翻译学与语义"和"翻译学与词汇

---

* 指原版。

特征"，是翻译学对翻译实践所提出的问题必须做出的解答，是翻译理论对实践的指导价值的表示。最后三章，是作者近几年来的研究重点——中西译史译论的比较研究，其目的非常明确，那就是"开阔我们的视野，从别国的经验中摄取对我们有益的养分"。从某种意义上说，作者是想让历史说话，让事实说话，有比较才能有鉴别，作者是要通过比较来明确翻译学的任务和努力的方向。

翻译是人类最悠久的文化交流活动。在世界经济趋于一体化的今天，追求多元的精神与文化价值已成为一种必然。无论在人类的物质生活中，还是在人类的精神活动中，翻译的作用越来越重要。而有翻译，就必然会有对翻译的思考。要培养翻译人才，促进翻译事业，增进人类之间的各种交流，不能不对翻译进行研究。翻译学有日益频繁的国际交流和丰富的翻译实践为其基础，它的前景是广阔的。但我们知道，一门学科的诞生和发展，就像一个人的成长，需要精心的培育。译学的发展，必有赖于译界同仁的努力，有赖于有识之士的关心和支持。谭载喜的这部《翻译学》，在新千年为我们作了一个良好的开端，相信译界会有新的成果不断问世，为译学的发展，谱写新的篇章。

许 钧

2000 年 3 月 16 日于南京

原版前言

1987年夏,全国第一次翻译理论研讨会在青岛召开(简称青岛会议),本人应会议组织者之邀,与刘宓庆先生一道,在第一天大会上先后作主题发言,谈的就是翻译学的学科建设和发展问题。当时与会代表围绕这一主题,会上会下,讨论异常热烈。可以说,此次大会是我国译学研究发展上的一个重要标志,因为:(一)它是我国翻译史上第一次全国范围的、以宏观翻译理论问题为中心议题的大型译学研讨会;(二)"翻译学作为研究翻译的科学,应不应该享有独立学科地位"这一问题在会上得以提出,引发了翻译界关于翻译学学科性质和地位的可谓旷日持久的讨论。

然而,时至今日,虽然"翻译学"或"译学"这一学科名称已广为流行,"翻译学是研究翻译之科学、翻译学应当享有独立学科之地位"的主张已得到人们的普遍认同,但反翻译学、反翻译学或翻译研究为独立学科的声音也一直存在,且主要存在于翻译界,包括翻译理论界内部。正因如此,不少热忱学者认为仍有必要对诸如"翻译学究竟是不是,或者应不应该是一门独立学科"之类的问题开展讨论。例如,为了推动中国译学的研究和发展,《外语与外语教学》杂志业已开始组织一场关于翻译学学科建设的大讨论(见该刊发表于1999年第10期第44页的《编辑按》)。

本书作者以为:"翻译学是研究翻译的科学、翻译学应当享有独立学科地位"这一命题,就好比"语言学是研究语言的科学、语言学应当享有独立学科地位"的命题一样,是不应加以怀疑的。我们与其在到底"要不要翻译学""有没有翻译学""翻译学究竟是现实还是'迷梦'"的问题上推撞纠缠,或在"翻译到底是艺术还是科学"的问题上老生常谈,倒不如把精力放在译学框架内部具体层面(如翻译理论构件、翻译传统比较、语义及文化比较层面)的研究上,通过对这些具体层面和具体问题的研究,来充实译学框架的内容与内涵,促进译学理论的健康发展。

本书的撰写,即是在这种思想指导下进行的。书的最初构想需要追溯到八十年代末、九十年代初。当时，在青岛会议精神鼓舞和学术同仁及朋友们的鼓励下，作者设定了写一本翻译学概论的计划，并趁奈达先生到访向他介绍了有关写作计划与提纲。奈达先生对此计划十分赞同，并表示有兴趣参与其中，最终写出中、英文两个版本。但由于工作忙的缘故，此项与奈达的合作计划始终未能付诸实施，单独完成写作任务的计划也一拖再拖，直至今日才得以如愿。

原先与奈达博士合写《翻译学》（中、英文版）的计划未能实现，这不能不说是一件憾事。但作者对奈达先生在本书写作计划最初形成过程中提供的宝贵意见，以及对他多年来对本人研究工作所给予的热诚支持与帮助，深表敬意与感谢。出于本书成书过程可能费时较长的考虑，书中的一些基本内容曾先后以论文形式在《中国翻译》《外语教学与研究》《外国语》等刊物上发表过。本书作为专门讨论翻译学问题的一个有机整体，在阐述和编排过程中，对收入的有关资料进行了修订补充。附录中的几篇英语材料是本人发表在 Babel（比利时）、The Translator（英国）等境外著名译学杂志上的文章，收入本书以飨读者。

另有一点说明：在湖北教育出版社组织的这套"中华翻译研究丛书"中，唐瑾同志原本请我写一本《中西翻译比较概论》，后因种种原因写作计划有所变更，改以这本《翻译学》代之。作为宏观论述翻译学的著作，本书涵盖了将比较译学，包括中西译论比较作为分支学科加以论述的内容，因此希望这一变更实质上并不偏离"丛书"初衷。

最后，作者还要借此机会，对深圳大学给予本人研究工作的大力支持与资助，表示诚挚的感谢。

谭载喜
新千年于深大新村

新版自序

本书原版作为"中华翻译研究丛书之十三"于 2000 年出版，2005 年重印，至今已 24 个年头。期间发生了很多事，翻译学作为独立或相对独立学科的地位得以巩固，并逐渐获得学界及社会的广泛承认和认同。令笔者欣喜的是，拙著发表次年即 2001 年 9 月，曾获深圳市第三届社会科学优秀成果奖二等奖；而后，在相隔 20 余年之后的 2023 年 11 月，又荣获首届"梁宗岱翻译奖"（翻译研究类）一等奖。该奖是广东外语外贸大学为纪念已故教授，我国现代文学史上著名诗人、理论家、翻译家梁宗岱（1903—1983）而特别设立、双轨并置文学翻译实践与翻译研究领域的全国性奖项，被认为是"国内真正意义上的翻译奖"（许钧语）[①]。笔者为拙著先后两次获得如此嘉奖，自是感恩在怀。

应该说，翻译学作为独立自主科学学科的建立和发展，为我国翻译研究与国际翻译研究的并轨发展，特别是为我们的翻译人才尤其是翻译理论人才培养创造了良好条件。在这一进程中，拙著的发表，连同翻译领域不断涌现的其他研究成果一起，均以各自的方式和姿态，积极为学科理论的发展而发挥着各自应有的作用。蓝红军曾就拙著的出版发表过一番十分激励笔者的评论，他认为"……《翻译学》是过去 30 年我国译学理论研究当之无愧的代表性成果之一"（蓝红军，2018：8）[②]。许钧在为本书初版作序时，也曾不无激励地指出："谭载喜的这部《翻译学》可以说是他在近四分之一个世纪以来对翻译学进行不懈探索的忠实的记录和理性的总结"。

对于学界和社会给予的嘉奖与肯定，笔者除了心怀感激之外，更多的是从内心深处感觉到，这些奖励不应被单纯地看作学术研究中的个人"战利品"，而应当由此洞见学界乃至整个社会对翻译学这门新兴学科所给

[①] 中国日报网相关报道（2023-11-09）．
[②] 蓝红军．从学科自觉到理论建构：中国译学理论研究（1987—2017）．中国翻译，2018(1)：7-16,127．

予的越来越多的重视和支持。并且,笔者也更加深刻地感到,时代在发展,学科在进步,拙著亦须与时俱进,以新的姿态、新的面目面对读者,满足社会需求。因此,在清华大学出版社的大力支持下,本人对拙著原版进行了较大幅度的修订、扩充与更新,以期全面反映国际国内在译学领域的最新方向和本人的最新译学认知和研究心得。笔者诚挚地希望,拙著此次修订新版的出版印行,能助力推动翻译学在作为独立自主学科可持续性发展征程上的继续向前演进,不断斩获发展新成就,达致学科新高度。

为让读者对本人为何多年来一直执着于译学理论的建构与发展,以及为何对翻译本质研究的如此坚持有所了解,笔者愿将本人在其他场景[①]曾与朋友们分享过的一些作为个人学术背景的经历和理念,再与读者做一点分享。

笔者曾以《中国翻译研究 40 年:作为亲历者眼中的译学开放、传承与发展》为题,在《外国语》(2018 年第 5 期)上发表过一篇文章[②],记叙本人作为改革开放后最早一批获取学位并回国服务的留学人员之一,如何通过当年弥足珍贵的英伦留学之旅,从一开始即跟随祖国改革开放的脉搏,见证和亲历数十年来我国翻译研究领域的开放、传承与发展进程。如今重温该文,我感觉当时的所思所想,也十分切合现时的心境。简单而言,我的学术主旋律,可以说是先以修读英美文学语言学、后以翻译和翻译研究为发展主线而铺展的。个人的职业生涯,尤其是留学归来之后,就始终未曾脱离过翻译的发展主轴:从学翻译、做翻译,到教翻译、研究翻译,无一偏离过翻译和翻译研究这条线。一路走来,我与翻译和翻译研究结下的此种不解之缘,一方面无可否认的是出于职业谋生的现实需要,另一方面却也是长久以来对翻译的钟爱使然。

1972 年初,我高中毕业后直接入读湖南师范大学(当年名为湖南师范学院),在外语系修读英语语言与英美文学。虽然当时的大学

[①] 谭载喜. 译学钩沉——谭载喜学术论文自选集·自序. 北京: 高等教育出版社, 2025.
[②] 该文同时辑录于庄智象主编的《往事历历·40 年回眸: 知名外语学者与改革开放》(三卷本第二卷第 1—12 页), 上海: 上海外语教育出版社, 2018.

并不设置翻译专业，但自上大学开始我就认定：学习外语的一个最重要的目的，是要帮助那些不懂外语的人与外国人打交道，架起沟通的桥梁，把外面的东西引进来，把自己的东西推出去。显然，这些都属翻译之所为。在这一思想的支配下，我于大学阶段在翻译学习上所花的心思最多。当年湖南师大英语专业并不开设专门的翻译课，我们关于翻译技能的认识，全部来自英语精读课提供的词句和段落翻译实践，而有关翻译理论的知识，则主要来自精读课老师对于字词如何译、句子如何译的讲解，外加一两个涉及一般翻译原则和方法的讲座。因为在课上感到"吃不饱"，我就常常在课下为自己"开小灶"。例如，在大学高年级期间，我从图书馆借来当时所能借到的狄更斯（Charles Dickens, 1812-1870）小说的英文简易读本 *Oliver Twist*（《雾都孤儿》）、*Great Expectations*（《远大前程》，又译《孤星血泪》）、*David Copperfield*（《大卫·科波菲尔》）等名篇，除了借以巩固和提高自己的英语阅读能力外，更是尝试将它们逐个译成中文，然后再将自己的译文拿来与张谷若、董秋斯等名家译本的相关语句进行对比，从中找出差距，学习、模仿前辈的译法，从而使自己的翻译知识和技能有所提升。为了给自己一个更明确的奋斗目标并进一步激发翻译兴趣，我在 1975 年毕业前的最后一个学期开始筹划，于毕业后留校工作的前六个月，利用业余时间将一项任务付诸实践，即将英译本俄文中篇小说 *Vitya Maleyev at School and at Home*（《马列耶夫在学校和家里》，或译《两个顽皮小学生》）转译成中文，以书的形式先后誊写两册，并请艺术系毕业的朋友分别绘制了两个封面图，然后用土办法装订成册，置于自己的书架上。时值 1976 年上半年，可译之书多为出版社直接提供或出版管理部门事先允许之书。因此，当年为了满足自己的翻译和出版"欲望"，就这样自行"译了书、出了书"。现在看来，这未免有些幼稚，也有些不可思议。但每当我徘徊于办公室或家中，把目光落在仍分别摆放于两处书架上的那两册字迹略显稚嫩的手写"译本"时，扎根于心中的那股对翻译的"痴迷之情"，总会再一次油然而生。

我以译者名义正式出版的第一个文学译本，是 1983 年由湖南少年儿童出版社出版的马克·吐温的《汤姆·索亚出国旅行记》(*Tom Sawyer Abroad*)，笔名谭理。虽然在此之前，我在首次留英期间翻译的《结构语言学》(*Structural Linguistics,* by Frank Palmer) 已于 1980 年底在当年的《湖南省语言学会论文集》(1-17 页) 上发表，但我最为喜爱的，始终是文学翻译。在出版了《汤姆·索亚出国旅行记》译本之后，另一部小说译本即《幸运的吉姆》也随之出版。该书原著名为 *Lucky Jim*，是 20 世纪英国文学"焦虑时代"（或称"愤怒的青年"）的重要代表作、BBC 选播的 100 部最伟大英国小说之一，作者金斯利·艾米斯（Kingsley Amis, 1922-1995）。译本（沿用笔名谭理）最初由湖南人民出版社于 1983 年出版，1985 年重印；后由译林出版社于 1998 年出版，2008 年纳入译林出版社"20 世纪世界经典译丛"再版第一版、2013 年第二版。我的中英翻译代表作是 *The Book of Twin Worlds*，于 2019 年由商务印书馆出版。该书原著名为《两界书》，作者刘洪一（笔名士尔），于 2017 年由商务印书馆出版，被誉为"兼文学、历史与哲学于一身"的"跨文化的重要著作"〔法国著名汉学家汪德迈（Léon Vandermeersch）语〕，是一部"融汇中西历史与哲学"的"世纪杰作"（美国第三代新儒家代表性人物、夏威夷大学成中英教授语）。

同样值得回顾的是，我的翻译实践还包括不少义务性质的翻译作品，其中包括经常应邀为学校、公司等单位提供大量的"技术""业务"资料翻译。在翻译活动中，我于留学归国初期、国内出版合约制度尚未完善时甚至还遇到出版社突然改变计划的尴尬局面。例如，1981 年，我曾应出版社之约，托朋友从英国买回一本生物学热门读物 *Life on Earth*（《地球上的生命》）并开始翻译。全书尚未译完时，出版部门在进行市场调研后发现，该书的出版难以盈利，于是就叫停了整个翻译计划。当初出版社作为权力方、译者作为被动的非权力方，两者之间权力失衡所引发的对译者劳作的不尊重，由此可见一斑。然而，我后来认为，作为译者，把不曾得到出版的作品，作为翻译学习过程中不可或缺的练笔，也未尝是件坏事。

记忆之神把我从上述人生履历带回到我的专业源头：留学归来后的职业生涯从根本上注定了我与翻译的关联，会在很大程度上由翻译实践转向翻译理论，或者说由重翻译实践转向重翻译理论研究。这是因为在大学从事专业教学，要求从教者不仅具有扎实的专业知识，掌握良好的教学之道，更须不断提升自身的学术水平和研究能力。在数十年的学术成长和发展过程中，我最要感激的，是当年的《翻译通讯》（1986 年更名《中国翻译》）主编吴运楠（笔名南木）先生。1981 年，我投给《翻译通讯》一篇题为《翻译中的语义对比试析》的文章，不久便收到主编来信，信中高度肯定了这篇文章针对翻译问题的讨论，认为富有"突破性意义"，决定采用，同时邀约我再向杂志供稿。于是，在文章刊于《翻译通讯》1982 年第 1 期之后，同年第 4 期又发表了我的另一篇文章——《翻译是一门科学——评介奈达著〈翻译科学探索〉》。随后，这两篇文章分别收入《翻译理论与翻译技巧论文集》和《外国翻译理论评介文集》。两部文集均由吴先生主编，由中国对外翻译出版公司于 1983 年同时出版，并于 1985 年重印。另外，我的一篇关于翻译理论的译文，即《雅各布森论翻译的语言问题》，也收录在《外国翻译理论评介文集》中。正是在吴先生的鼓励和支持下，我编译的《奈达论翻译》一书，由中国对外翻译出版公司于 1984 年出版。1991 年，我撰写的《西方翻译简史》由商务印书馆首次出版时，更是有幸邀请到吴先生作序，为书增色不少。每当审视自己的工作成绩，我的心底里总是充满了对吴先生的无限敬仰和感激之情。

本书冠名"翻译学"，顾名思义，这是一部以此为研究主题的学术专著，其讨论范围涉及翻译学作为独立学科建立与发展的重要性、必要性和可行性，翻译及译学性质如何从哲学层面进行界定和阐释，学科涵盖怎样的研究内容与任务、需要运用怎样的研究方法等；同时所讨论的内容还包括中西译论的特质以及中西译论比较的各个方面，并触及西方翻译史学研究等诸多研究话题。之所以在主打"翻译学"学科建设的主题之下要纳入中西比较译学与西方史学研究内容,主要是因为开启国内西方翻译理论及西方翻译史学研究,是本人译学研究中一直以来所关注的一个重要内容。这么做的目的之一,是希望从"译学他者"的发展中撷取有益于促进我们自身译学成长的养分,更好地推动和优化中国译学理论的建设和发展。

事实上,在我国改革开放初期的20世纪80至90年代,我国翻译研究领域较大规模引介外来翻译思想,对促进我国现代翻译理论意识的提升、推动我国翻译理论的快速发展以及与国际译学发展的全面接轨,都产生了正向的、积极的影响。前述编译作品《奈达论翻译》于1984年由中国对外翻译出版公司出版后,其影响力拓展至香港读书市场,曾荣登香港商务印书馆门市部1985年冬季十大畅销书榜首。作为翻译理论著作,能在综合书榜排名中获此殊荣,或可视作该书在引进当代国外译学思想层面对我国现代译学发展所做贡献的一个指标。此外,"西方翻译史研究课题"于1990年获国家教委(现教育部)的青年科研基金资助,成为最早获此资助的翻译研究项目之一。作为研究成果的专著《西方翻译简史》1991年出版,2004年获教育部推荐为高校研究生教材,并出版增订版。该书最初出版时,被专家誉为"填补空白"的"创举"之作(《中国翻译》1991年第2期;《新华文摘》1991年第5期);"一直受到翻译学界的重视和欢迎,内地(大陆)及港澳台地区的许多院校均把它作为外语及翻译专业本科生与研究生的教学用书或必读参考书"(《文汇读书周报》2005年8月19日)。增订版自2004年出版后,截至2022年已重印11次。此外,作为出版社"'十三五'国家重点出版物出版规划项目"之一的另一专著《西方翻译史学研究》,2021年由外语教育与研究出版社出版后,2024年获教育部"第九届高等学校科学研究优秀成果奖(人文社会科学)"优秀著作三等奖。所有诸如此类涉及"译学他者"的相关研究,既构成译学研究的覆盖范围,又都从我们立足"撷取外来译学养分"的研究角度,为翻译学在我国作为独立自主学科的整体建设和发展，发挥着十分重要的推动和促进作用。

  概言之，本书所呈内容，包括原版和此次修订新版的所有内容，是本人 40 多年来的翻译研究心得和思想结晶。它所反映的，是本人将翻译研究作为独立人文科学学科进行全面、系统论述，并一直坚持和坚守的译学立场。回顾过往这些年来在翻译和译学研究上的心路历程，无论顺风逆风，本人矢志于将翻译学作为独立学科的研究与发展，坚持和坚守的译学初心从未偏移，"求真喻俗"、不断创新的探索也一直在路上。在这不断问道前行的征程上，我曾得到不少学界前辈与同仁的支持和帮助，谨趁本修订新版发行之际，我深怀感恩之心向他们致谢。首先，要感谢的是已离我们远去的学界前辈奈达博士（Eugene A. Nida）、吴运楠先生和刘重德教授。奈达博士和资深翻译家吴运楠先生是我极其敬重的忘年之交，刘重德教授是我在湖南师大的译学恩师。在我的译学生涯以及书中所涉不少译学思想的形成过程中，他们都给予了我十分宝贵的支持和鼓励。其次，要感谢著名词典学家哈特曼（R. R. K. Hartmann）教授和著名译学理论家哈蒂姆教授（Basil Hatim），哈特曼教授是我当年就读英国埃克塞特大学期间的硕士和博士生导师，哈蒂姆教授则是我的同门师兄以及我博士学位论文的答辩与校外评审专家。导师的精心指导和专家的精到评审意见，无不构成推动我后来译学发展的动力。当然，我要感谢我太太李建夫对我研究工作始终一贯、永不消退的支持。她作为从深圳大学退休的英语同行，每每提供给我的支持都十分宝贵，非常到位。我还要感谢清华大学出版社对出版本次新版的全力支持，以及郝建华、曹诗悦两位老师为本书编辑所付出的努力。由于个人能力和水平有限，书中不足之处在所难免。恳请学界同仁、专家和读者批评、指正。

谭载喜
2024 甲辰龙年于东海花园

目　录

第1章　绪论　　1

第2章　翻译学的学科性质　　15

2.1　翻译的"科学论""技术论""艺术论"之辨　　16

2.2　翻译和翻译学的概念区分　　18

2.3　翻译学是一门独立学科　　25

2.4　翻译学的学科中英文用名之辨　　28

第3章　翻译学的学科范围、结构与任务　　33

3.1　翻译学的学科范围与结构图示　　34

3.2　翻译学的学科意义与内容诠释　　37

3.3　翻译学的任务与翻译理论的构件　　38

第4章　翻译学视域下的翻译跨界生成与本质属性　　51

4.1　翻译学视域下的翻译界域观　　52

4.2　翻译界域从"一"到"二"再到"多"　　54

4.3　翻译的本质界分与圆融　　57

4.4　翻译"转换""对等"属性的"绝对""相对"特征　　60

第5章　翻译学的研究途径　　69

5.1　翻译的文艺学途径　　71
5.2　翻译的语言学途径　　76
5.3　翻译的交际学（传播学）途径　　80
5.4　翻译的文化学途径　　86
5.5　翻译的社会学途径　　93
5.6　翻译的社会符号学途径　　96
5.7　翻译的社会语言学途径　　101
5.8　翻译的认知学途径　　103
5.9　翻译的生态学途径　　109
5.10　翻译的知识学途径　　115
5.11　翻译的国学途径　　122
5.12　翻译的语料库途径　　128
5.13　翻译的AI（人工智能）途径　　136

第6章　翻译学与语义研究　　145

6.1　语义的定义　　147
6.2　语义的层次　　151
6.3　所指意义与联想意义　　159

第7章　翻译学与词汇研究　　165

7.1　词汇偶合　　166
7.2　词汇并行　　168
7.3　词汇空缺　　169

7.4 词汇冲突 177

第8章　翻译学与中国译论研究 183

8.1 何谓中国译论 184
8.2 中国译论的"中国性" 189
8.3 中国译论的"世界性" 194
8.4 中国译论的进阶思考 200

第9章　翻译学与西方译论研究 203

9.1 何谓西方译论 204
9.2 西方翻译传统 207
9.3 西方传统译论 225
9.4 西方现当代译论 229

第10章　翻译学与比较译学研究 247

10.1 比较译学的学科属性与意义 248
10.2 比较译学的目的与任务范围 251
10.3 比较译学的研究方法 254

第11章　翻译学与中西译论比较 259

11.1 中国翻译与西方翻译 260
11.2 中西译论的相似性 266
11.3 中西译论的相异性 274

11.4 中西翻译传统的社会文化烙印   289

11.5 中西译论比较的整体回眸与译学反思   298

参考文献   309

附录：翻译学英文谈   327

Translation Studies as an Independent Discipline in the Chinese Academia   329

The "Chineseness" vs. "Non-Chineseness" of Chinese Translation Theory: An Ethnoconvergent Perspective   361

Metaphors of Translation   390

The Fuzzy Interface Between Censorship and Self-Censorship in Translation   414

Towards a Whole-Person Translator Education in Translation Teaching on University Degree Programmes   441

后记   473

第 1 章
绪 论

一

翻译是一项与人类文化、思想交流和人类文明演进密切相关的活动。西方翻译理论家斯坦纳（George Steiner, 1929-2020）在《后通天塔：语言与翻译面面观》(*After Babel: Aspects of Language and Translation*)一书中说："不论是在同语之内还是在异语之间，人类交际都等同于翻译（... inside or between languages, human communication equals translation）"①（Steiner, 1998: 49），他的意思是：语言的产生和理解，人与人之间的交流，这个过程实际上是一个翻译过程。从历史的角度来说，人类语言的翻译，其历史有如人类语言本身一样悠久。然而，对于这样一项古老而重要的人文活动，人们在相当长的时间里，却缺乏全面的、本质的、科学的认识。翻译到底是什么？是艺术、技巧、技术还是科学？翻译是一个怎样的过程？它根据怎样的机理运作？有怎样的衡量标准？在这一过程中译者可以或应当采用怎样的行动策略？有怎样的操作方法和技巧？译者的责任在哪里？作者、译者、读者之间以及原语与译语之间的关系又是什么？诸如此类的问题乃翻译研究中的基本理论问题，但长期以来这些问题并没有得到圆满解答。换言之，尽管翻译实践由来已久，但至少直到20世纪中叶以前，翻译理论都未见十分发达和健全。

难道是我们的前人没有想到或根本不愿意考虑翻译的理论问题？应

---

① 全书所引翻译文字均为本书作者所为，另附说明处除外。此处，请留意本书作者将斯坦纳原著书名前半部分的"After Babel"译为"后通天塔"，而没有采用上海外语教育出版社"国外翻译研究丛书之十一"（2001）所提供的"通天塔之后"，旨在突出"After Babel"一说的学术性。据《圣经》典故所说，古巴比伦人试图修建通天巨塔来传扬自己的声名，上帝怕人类从此不再敬畏祂，于是搅乱人类的语言，让他们无法彼此交流，从而无法协力建塔。"Babel"一词在《圣经》原语希伯来语中的意思是"（因多语同时出声时形成的）嘈杂声"，常用来指代"the tower of Babel"（"巴别塔"，或译"通天塔"）。所谓"After Babel"，当指"在《圣经》典故'通天塔'所言说的那个时段之后"。故，笔者在此跟随"后现代""后殖民时期"之类的表达方式，将"After Babel"解读为"Post Babel"，将其译为"后通天塔"，而非字对字的"通天塔之后"，这在学术层面似乎更符合斯坦纳的原意表达。

该不是！根本的问题所在，当然并非这么简单。笔者认为，翻译理论的不健全、不发达，有着多方面的原因，有客观因素也有主观因素。从客观方面看，可以着重指出两点。第一，人们历来轻视翻译。虽然翻译对于人类文化、科学和文明的发展起过和起着极其重要的作用，但人们对此往往熟视无睹，仿佛外来的文化和科学是自己跑来的，根本无须借助于翻译。因此，翻译工作的社会地位历来很低。西方学者把这种现象称为"译者的不可见性"（the translator's invisibility; Venuti, 1995）。既然人们对翻译工作如此"视而不见"，翻译的地位如此不如人意，翻译理论的研究工作就自然会更加缺乏活动阵地。

第二，人们对语言和翻译的认识，始终与人类的知识水平和对整个世界的认知水平有关，某一时期的翻译研究水平无疑会受到那个时期科学发展水平的制约。例如，在信息论、数控论和电子计算科学尚不存在的时代，要发展机器翻译理论是难以想象的。翻译研究虽然不能被一般的语言研究所代替，但两者之间有着密切关系。语言科学越发达，就越能促进翻译科学的发展。而现代语言学的建立也只有六七十年的历史，因此很难指望翻译学产生于更早的时候。当然，语言学本身也有其发展迟缓的问题。

然而，这些客观原因都不足以完全说明翻译理论为什么不健全、不发达。更重要的原因在于主观方面，在于翻译界的内部因素。这些因素主要是：(1)经验主义；(2)教条主义；(3)研究的片面性。

关于经验主义，董秋斯（1899—1969）曾经指出，直到现在还有不少人认为，翻译工作者只要能看懂外国文，会写本国文，又了解书的内容，就可以进行翻译，而无需什么理论。或者说，翻译是一门艺术，只能"神而明之，存乎其人"，不受任何理论的约束（董秋斯，1951/2009：601）。董秋斯在这里指出了两种不同的观点。实际上这些观点本身就各属一种理论，前者是经验主义的理论，后者或可视作翻译的不可知论。两者之间，前者更为常见。从东汉的佛经翻译到现代的文学翻译，从古罗马的戏剧翻译到欧洲共同市场（即后来欧共体和如今的欧盟）的公文翻译，绝大多数的翻译工作者都是自觉或不自觉地信守着这样的理论。例如，11 至 13 世纪之间，西方大批译员荟萃于西班牙的托莱多，大规模翻译阿拉伯语作品，使翻译活动之地成为当时欧洲的学术中心。然而他们关心的只是翻译实践，对于翻译理论基本上无人问津，因而也就没给后世留下任何有价值的理论。16 至 17 世纪英国的译事活动极为频繁，译者多而又多，但其中相当多的人只能称为翻译匠，因为他们既不研究翻译，也不严肃地对待翻译的理论问题或看重翻译理论（如翻译批评）对提高翻译质量所能发挥的作用。再如，我国翻译发展史上虽然出现过多次高潮，但主要都是翻译实践的高潮。东汉至宋的佛经翻译也好，明末清初的科技翻译也好，都没有伴随着出现特别令后人引以为豪的翻译理论高潮。正如文艺理论家不大能兼作诗人或小说家，翻译理论家也不大能特别胜任翻译的实际工作，因此，人们就得出这样的结论：翻译工作靠的是实践和经验，靠的是译者的天分。在这种思想的指导下，翻译理论难以得到全面的发展。在 21 世纪以前，只有少数人如西方的西塞罗（Cicero, 106 B.C.E.–43 B.C.E.）、哲罗姆（St. Jerome, c. 347–420）、德莱顿（John Dryden, 1631–1700）、歌德（Johann Wolfgang von Goethe, 1749–1832）、普希金（Aleksandr Pushkin, 1799–1837）和我国的支谦（三国时期佛经翻译家）、道安（312—385）、鸠摩罗什（350—409）、彦琮（557—610）、道宣（596—667）、玄奘（602—664）、赞宁（919—1001）、严复（1854—1921）、鲁迅（1881—1936）等著名的翻译家对翻译实践以外的翻译理论问题感兴趣，但他们所谈论的多限于翻译的方法和技巧，着眼点仍在于经验。诸如多雷（Etienne Dolet, 1509–1546）、泰特勒（Alexander Fraser Tytler, 1747–1814）、施莱尔马赫（Friedrich Schleiermacher, 1768–1834）之类的翻译理论专家并不多见。因此，特别是在我国，翻译理论是相对落后的，其成熟度远不及其他学科的理论，如文艺学、美学理论等。

此外，教条主义对翻译理论的发展也造成了一定的负面影响。其主要表现形式是，对权威人士提出的某些翻译原则和方法盲目地接受，将本来只适用于某个时期、某种体裁的原则或方法，僵化成可以到处生搬硬套的教条，从而束缚了人们的思想，阻碍了翻译理论持续的发展和创新。例如，西方古代西塞罗、贺拉斯（Horace, 65 B.C.E.–8 B.C.E.）等提出要意译而非直译的主张以后，在相当长的时间里，不少翻译家将他们所提倡的"意译"主张奉为"圣旨"，谁要是批评他们译得太活，他们就会抬出西塞罗、贺拉斯作为挡箭牌。这种教条主义的思想，在我国翻译理论发展史上的表现也很明显。众所周知，严复的"信、达、雅"，原本不是当作翻译原则提出来的。严复所说的"译事三难：信、达、雅。求其信，已大难矣！顾信矣不达，虽译犹不译也，则达尚焉"，强调的是翻译的难处。把它们当作某个范围内的翻译原则或标准，未尝不可。但不少人把它们奉为包治百病的万应灵药，这就不甚合适了。当然，"信、达、雅"的提出，的确标志着我国翻译研究史上的一大突破，是不可磨灭的历史功绩。但对于一个本有特定含义的原则（特别是其中的"雅"字原则），在相当长的时间里被奉为神圣法度，并且不加区分地运用于所有翻译语境，其中教条主义产生作用的原因便不得而知了。如果不减少或消除教条主义的影响，不增强我们在翻译研究中的创造性思维，不善于把现代科学和文化的理论成果运用于翻译研究，我们就很难在世界翻译理论领域做出应有的贡献。

最后，我们还必须看到，翻译理论之所以不完善，是因为研究者们往往站在各自的立场上，对翻译问题缺乏系统的、宏观的认知。人们大都凭着个人兴趣，津津乐道于翻译研究的个别方面，如翻译标准、方法和技巧问题，把树木当作森林，而不能运用科学方法，把分散的"树木"连结成"森林"，提出全面而系统的理论。例如，东汉至宋的佛经翻译固然出现了直译和意译的方法，产生了道安的"五失本三不易"之说和鸠摩罗什的"改梵为秦"，不应"失其藻蔚"的观点；古罗马时期的西方翻译，也出现了西塞罗把翻译区分为"作为（字面意义）解释员"（*ut interpres*）和"作为演说家"（*ut orator*）的两种不同翻译即"直译"与"意译"两种方法，以及贺拉斯告诫人们"不要像忠实性译者那样逐字死译"的原则。然而，直译和意译始终只是一个翻译的方法问题，所谓"不要像忠实性译者那样逐字死译"的原则也只是一个关于诗歌或文学翻译的原则问题，它们可以构成翻译研究的一个或几个方面，却不可被认为就是翻译研究的全部。两千年来，人们一谈论翻译便少不了提出这个问题，但究竟是直译好还是意译好？究竟什么时候用直翻，什么时候用意译？又或者译者要不要忠实于原作者？如何忠实？在何种情况下需要忠实？或在何种情况下又可以不忠实？在何种程度上不忠实？等等。人们就这些问题争论来争论去，总是没有结果。原因何在？当然，原因之一是，直译和意译本身是两个模糊概念，因为除靠近两个极限即逐字死译和任意发挥的极限之外，很难界说什么样的译文就是直译，什么样的译文就是意译[①]。但主要的原因更应当是，人们没能把这些问题置于翻译理论的宏大框架中来审视，没能把翻译的原则、方法、技巧问题同翻译的目的、服务对象、效果、时空文化语境等翻译的各个维度和各个层面的各种问题有机地连成一体，没有从理论上真正认识到，任何翻译方法的好坏、翻译标准的优劣或特定翻译原则的适用度，都不能用绝对的尺度去衡量。因此，在厘定翻译原则和标准、提出翻译方法和策略等问题的时候，我们不仅要考虑各种各样的因素，如文体因素（译哪类作品）、读者因素（为谁而译）、实用因素（为了什么目的）、效果因素（读者反映如何）等，同时还要正确认识所定原则、标准以及所采用的策略和方法在整个翻译理论体系的中所占的位置，说明它们和翻译理论中相互关系如何，并阐明所提出的某个理论是"放之四海而皆准"的通用理论，还是只适用于特定语言、特定场合、特定目标的特殊理论等。

[①] 英国翻译理论家卡特福德（Catford）和苏联翻译理论家巴尔胡达罗夫（Barkhudarov）用"级受限"和"级无限"、"低层次"和"高层次"的概念来解释直译和意译，比传统方法有了进步，但在辨认什么是"级受限"和"级无限"或"低层次"和"高层次"的翻译时，又照样存在可左可右的问题，无法一刀两断。

二

综上所述，尽管翻译是一项古老的活动，但翻译研究却受经验主义、教条主义、片面视角和各种客观和主观因素的影响，长期发展缓慢。其根本原因在于，翻译研究长期以来没能享受其作为独立学科的地位。特别是在"二战"以前的漫长历史中，人们根本不把或很少把翻译研究看作一门有自身特点、可以独立存在的学科，或者说得准确一点，可以独立或相对独立存在的人文科学学科。古代西方的西塞罗、贺拉斯、哲罗姆、奥古斯丁（St. Augustine, 354–430）和中国的支谦、道安、鸠摩罗什、玄奘、彦琮，中古世纪和近代西方的波伊提乌（Boethius, 约475–524）、伊拉斯谟（Desiderius Erasmus, c. 1466–1536）、德莱顿、阿诺德（Matthew Arnold, 1822–1888）、歌德、普希金，以及我国的严复和鲁迅等人，虽然对翻译都有过精辟的理论建树，但他们都没有把翻译研究看作是一门独立的学科，也没有提出要建立翻译学。

当然，我们不能说前人的理论见解或观点对翻译学的建立没有贡献。恰恰相反，如果没有前人对翻译问题的开拓性研究，没有前人的翻译实践经验和理论成果的积累，要凭空创立一门翻译学是根本不可能的。西方自西塞罗，我国自支谦、道安的时代起，翻译理论研究的实际工作就开始了。到了19世纪，德国语言学家洪堡（Wilhelm von Humbolt, 1767–1835）在其著作《依照语言发展的不同时期论语言的比较研究》和《论人类语言结构的差异及其对人类精神发展的影响》中，从比较语言学的角度对语言的本质做了深入研究，促使西方的翻译研究向纵深发展。就连"翻译学"这个词也并非"二战"后的创新。早在20世纪初，英语翻译理论界就出现了"the science of translation"（翻译科学／翻译学）的提法；在20世纪30年代，我国也有林语堂（1895—1976）等学者多次使用"译学"

这个词（林语堂，1933）。然而，从古代到 20 世纪上半叶，不论是西方还是东方的翻译研究，研究者们并非有意识地把翻译研究或翻译学作为一门独立学科而加以系统研究。因此，从严格意义上说，一直到 20 世纪中期，随着科学的发展，现代语言学取得了较大进展，机器翻译的设想变为现实，人们才真正开始把翻译学当作一门科学来研究。以什么为开始的标志呢？德国翻译理论家威尔斯（Wolfram Wilss, 1925–2012）认为，现代译学研究的起源以奈达（Eugene A. Nida, 1914–2011）的《论圣经翻译的原则和程序》（*Bible Translation: An Analysis of Principles and Procedures with Special Reference to Aboriginal Languages*, 1947）为标志，因为该书作为他 1964 年出版的译学名著《翻译科学探索》（*Toward a Science of Translating*）的先导作品，运用了现代语言学的方法，对翻译问题进行科学分析（Wilss, 1982: 52）。但此书鲜为人知，其影响远不及韦弗（Warren Weaver, 1894–1978）1949 年撰写的那篇以《翻译》（"Translation"）作为标题的有关机器翻译的备忘录（Weaver, 1949/1955）和乔姆斯基（Noam Chomsky, 1928– ）1957 年发表的《句法结构》（*Syntactic Structures*）在相关领域所产生的影响。还有学者把现代译学的起源同苏联翻译理论家费道罗夫（Andrei V. Fedorov, 1906–1997）的名字联系在一起，认为他于 1953 年发表的《翻译理论概要》（*Введение в Теорию Перевода / Introduction to the Theory of Translation*）一书开创了翻译研究的新纪元。持这种看法的主要是苏联和我国的许多学者，而西方一些学者则认为费道罗夫的理论是处于传统理论和现代理论之间的一种过渡性理论，不足以当作现代翻译学的发源点（Wilss, 1982: 52）。因此可以说，现代翻译学的起源缺乏一个公认的明显标志，即缺乏一部全面论述翻译学的纲领性文献。就西方国家而言，应该承认，"二战"结束以来问世的翻译专著不在少数。其中较突出的，除上述奈达和费道罗夫的有关著作外，还有英国卡特福德（John Catford, 1917–2009）的《翻译的语言学理论》（*A Linguistic Theory of Translation*, 1965）、先前所提的斯坦纳的《后通天塔：语言与翻译面面观》（1975 年初版，1998 年修订第 3 版）、纽马克（Peter Newmark, 1916–2011）的《翻译问题探讨》（*Approaches to Translation*，1981）、法国穆南（Georges Mounin, 1910–1993）的《翻译的理论问题》（*Les Problèmes Théoriques de la Traduction*，1963）、德国威尔斯的《翻译学：问题和方法》（*Übersetzungswissenschaft: Probleme und Methoden / The Science of Translation: Problems and Methods*，1977 德文版，1982 英文版）、捷克斯洛伐克列维（Jiří Levý, 1926–1967）的《翻译的艺术》（*Umění Překlad / The Art of Translation*, 1963 捷克文版，2011 英文版）和苏联加切奇拉泽（Givi R. Gačečiladze, 1914–1974）的《文艺翻译理论概论》（*Введние и Меорию Худжесннoго Церевда / Introduction to Literary Translation*，1966 格鲁吉亚文版，1970 俄文版）、巴尔胡达罗夫（Leonid S. Barkhudarov, 1923–1985）的《语言与翻译》（*Язык и перевола / Language and Translation*，1975）、科米萨罗夫（Vilen Naumovich Komissarov, 1924–2005）的《翻译语言学》（*Лингвнстика перевола / The Linguisticsa of Translation*，1980）等，以及英、俄、德、法等语言中一系列的翻译论文集。所有这些论著和论文，从不同的角度探讨翻译的理论问题，提出了不少具有一定特色的理论和观点，推动了国外翻译研究的长足进步。但是也要看到，国外也存在长时间没有完整翻译理论的问题，也没有系统阐述译学研究的权威性著作。所提出的理论，包括奈达的交际性翻译理论和社会符号学理论，费道罗夫的等值翻译理论，卡特福德、巴尔胡达罗夫、科米萨罗夫等的描写语言学翻译理论，列维、加切奇拉泽等的文艺学翻译理论，都只从一个或数个侧面说明了翻译的某些问题，未能从更高层次上说明更多的问题。就连威尔斯从话语语言学角度对译学理论的概括性阐述，也未能针对翻译学和翻译之间的意义区分来真正解决问题。

正因如此，有人甚至主张不用具有"科学"涵义的用词来给"翻译学"这门"人文科学学科"定名。例如，1972 年在丹麦哥本哈根召开的第三届国际应用语言学会议上，荷兰翻译理论界著名人物、美籍学者霍姆斯（James S. Holmes, 1924–1986）提出应当用"Translation Studies"（翻译研究）作为学科名称，而不用"Translatology"（翻译学）或"the Science of Translation"（翻译科学），因为这个研究翻译的领域并非"科学"领域，它在方法论上不具备"真正科学"所具备的说服力。此外，我们还需特别指出，霍姆斯在上述国际应用语言学会议上宣读的论文《翻译研究的定名与定性》，又译《翻译研究的名与实》（"The Name and Nature of Translation Studies"），虽然专门讨论了把"翻译研究"作为独立学科来发展的问题，但正如芒迪（Jeremy Munday, 1960– ）在《翻译学导论》（Introducing Translation Studies）一书指出的（Munday, 2016: 11），该文在发表之初鲜为人知。一直到霍姆斯于 1986 年逝世两年后，其纪念文集《译稿杀青！文学翻译与翻译研究文集》（Translated! Papers on Literary Translation and Translation Studies）将该文收入其中，于 1988 年正式出版，文章的影响才逐渐显现出来[①]。这表明，在 20 世纪 80 年代以前的岁月里，西方理论界对于将翻译研究作为独立学科来发展的呼声都是不突出的。

再看我国的现代翻译研究发展状况。在 20 世纪 70 年代末、80 年代初之前，我们在现代翻译理论上的发展同样不够进取，有时甚至显得颇为滞后。后来，到了 20 世纪 70 年代末、80 年代初，随着改革开放政策的实施，全国各个领域出现突飞猛进的发展，翻译研究领域也焕发了勃勃生机。如果从 21 世纪的今天去回顾 20 世纪 80 至 90 年代的中国翻译理论，我们会不难发现那是当代中国翻译研究开始作为独立学科自主发展的重要阶段，其起始时间可以说有三个互相联系的标志：一是，从时间层面看，它始于 1980 年。这一年，作为《中国翻译》杂志前身的《翻译通讯》由中国对外翻译出版公司编辑出版发行。虽然新中国成立后曾经有过 1950 年创刊、1952 年休刊、1953 年复刊、1954 年最终停刊的《翻译

[①] 也因为这样的原因，笔者在 20 世纪 70 年代末 80 年代初留英期间，以及后来在 1987 年所发表的《必须建立翻译学》一文回顾中外翻译研究发展的问题时，未能深入研读霍姆斯的这篇文章，因而在笔者自己撰写的相关文章中未能讨论到霍姆斯的思想和观点。这是有关当时研究背景需要做出的一个特别说明。

通报》，1980年面世的《翻译通讯》或许应被视作《翻译通报》在"休眠"半个多世纪后的延续，但毕竟其名称、编辑方针、出版政策、主管属性乃至期刊内容都发生了变化，因此应当说这是一个崭新开端；当下持久闪亮的中国翻译研究之光，正是由1980年发行的这份《翻译通讯》才真正开始燃点的。二是，从专业发展层面看，当代中国译学较大发展的起始年是1983年，因为这一年，《翻译通讯》移交给中国译协成为该会会刊，并于1986年更名为现在的《中国翻译》，这标志着在组织结构上中国的翻译和翻译理论工作者自此有了自己研讨翻译问题的专业和理论园地；《中国翻译》作为翻译研究领域的旗舰杂志，对于中国译学的快速现代化进程，无疑发挥了重要的引领和推进作用。三是，从理论研究层面看，中国翻译学的较大发展，是以1987年首届全国翻译理论研讨会召开为起始标志的。该会议于青岛举行，围绕多个议题展开讨论，其中主要包括"翻译研究的学科发展""翻译研究的中国特色""翻译是科学还是艺术"等。本人应邀与刘宓庆（1939—2023）及其他几位学界前辈与同仁，分别在会议第一天作大会发言，本人主要围绕"翻译研究的学科发展"议题进行讨论，提出并阐述把"翻译学"作为独立科学学科发展的必要性和可行性，相关发言内容先后在《中国翻译》（1987年第3期）与《外国语》（1988年第3期）刊出。与此同时，本人还在《外语教学与研究》（1987年第1期）、《湖南师范大学学报》（1987年第3期）等期刊连续发文，就翻译学的性质、内容、任务和研究途径、方法等问题，进行全面分析和讨论。自此，与翻译学相关的种种问题便摆在了国内翻译研究者们的面前，引发了广泛辩争和讨论，包括翻译是科学还是艺术的问题，要不要建立（或发展）翻译学的问题，翻译学的学科性质问题，翻译学的中国特色问题，要不要引进以及如何引进、如何看待外来（特别是西方）翻译理论的问题等。

在某种意义上，本人于1987至1988年间的上述会议发言和期刊文章，可以看作是继董秋斯20世纪50年代初于《论翻译理论的建设》（董秋斯，1951/2009）一文中提出"翻译学"的理论主张之后，又一次旗帜鲜明地倡导建立翻译学的思想。虽然对于把翻译研究作为独立学科来发展的构想，西方学者霍姆斯于20世纪70年代早期已有所阐发，但正如我们在前面所指出的，该篇会议文发表之初鲜为人知。一直到霍姆斯1986年逝世两年后，其纪念文集《译稿杀青！文学翻译与翻译研究文集》将该文收入其中，于1988年正式出版，文章的影响才逐渐显现出来。因此，当本人在1987年发表的《必须建立翻译学》一文中大声疾呼建立作为独立科学学科的"翻译学"，这是无关于霍姆斯思想影响而由中国学者提出的主张。此主张不仅顺应了翻译研究发展的历史潮流，同时对我国新时期译学研究的兴起和译学思想的唤醒与发展，起到了积极的推动作用。诚如巴斯内特（Susan Bassnett, 1945- ）与勒菲弗尔（André Lefevere, 1945–1996）在评述翻译研究学科发展历程时所指出的，翻译研究是在20世纪80年代发展而成为一门独立学科的①。西方译学发展如此，中国译学发展也同样如此。如上所述，在很大程度上，这是由于国家全方位改革开放的发展所取得的成就，也是我们在审视我国翻译研究发展的过往成就与未来方向时，可以引以为豪的。

三

当然，我们必须清楚地认识到，特别是就20世纪70年代末、80年代初之前的发展状况而言，我们的研究工作远远没能跟上时代的步伐，在许多方面落后于国外的研究，具体表现为：（1）翻译研究多经验介绍，少有理论升华；（2）重技巧标准研究，轻理论体系探讨；（3）多守旧思想，少创新精神，缺乏大部头系统的理论著作和具有特色的、系统的翻译理论。

要改变上述落后状况，加快翻译理论的发展步伐，就必须做好以下

---

① 英文原文："The growth of Translation Studies as a separate discipline is a success story of the 1980s." Bassnett & Lefevere, 1992/2003: xi.

工作。

第一，确认建立翻译学的重要性。指出这一点，是因为对于翻译学作为一门独立的人文科学学科的地位，一直存在争议。例如，上面提到的翻译理论家霍姆斯就曾建议用"翻译研究"的说法代替"翻译科学"或"翻译学"；加拿大翻译理论家凯利在其著作中也避而不用"翻译学"，只提"翻译理论"。在我国，反对翻译学建立和发展的，更是大有人在。那么，翻译学到底要不要建立？我们的回答当然是肯定的。理由很简单：翻译是一项重要的交际活动，有其自身的规律可循，可以通过科学的方法加以归纳、总结和描写，使之更好地为人类交际服务。同时，我们也必须看到翻译学的特殊性：（1）研究翻译必须涉及语言（或其他非言语的符号系统），而语言是人的一种社会行为，可变参数太多，因此，翻译学很难像数学、物理学一样在研究具象的基础上，产生出严格的公式；（2）翻译涉及的不是作为系统的语言，而是在特定场合中以特殊形式出现的言语，或者更准确地说，是话语。不同类型的话语往往有用来表现它们的、不同类型的话语结构（如文学题材有文学话语结构、科技题材有科技话语结构等），而这些话语结构的表现形式又会因人而异、因时而异、因地而异，会产生作品的个人风格、时代风格、地域风格等。对于这些千变万化的话语形式，翻译学只能提供一种宏观描写，不能面面俱到，也不能落实到所有具体的话语细节。

第二，正确认识翻译学与其他学科的关系。国外翻译理论家，如费道罗夫、巴尔胡达罗夫、奈达、卡特福德、纽马克、穆南、威尔斯等，一般把翻译研究视为语言学研究的一个分支，隶属于应用语言学。苏联学者科米萨罗夫干脆把翻译学叫作翻译语言学。我们认为，这种看法是片面的。的确，翻译与语言有关，因此翻译研究与语言研究有关，甚至可以说主要与语言研究有关。但是，翻译研究涉及的不是一般的语言问题。首先，它涉及的是两种而不是一种语言，因而必须进行不同语言和不同文化的对比研究；其次，由于涉及两种语言，就存在从一种语言到另一种语言的转换，这在心理学上是一个很难解释清楚的问题。假如像乔姆斯基所说的，人的大脑里存在一个控制语言能力的语言机制，那么可以推论：人的大脑里也应同样存在一个把甲语转换到乙语的转换机制。怎么证实这一点呢？这就必须依靠心理学、医学（特别是解剖学）等学科的配合。此外，机器翻译的实现表明，还可以从信息论、数控论、电子计算科学等角度对翻译进行研究。至于广义上的翻译，因必须涉及非言语的符号系统，如把言语译成手势，把手势译成图画等，则更需要从非言语的角度加以研究。因此，把翻译学归属于语言学未免太狭隘了。我们认为，翻译学是一门与符号学、文艺学、社会学、认知学、心理学、信息论、数控论，尤其是语言学等多种学科有着密切联系但又具有相对独立性的综合性学科。

确认了翻译学的这一独立性后，就要真正把它视作一门独立的学科，来做些扎实的、具体的工作。这些工作应当包括以下内容：

1）编写全面、系统的阐述翻译学的纲领性著作；

2）鼓励产生并逐步完善各种翻译理论，如翻译的语言学理论、翻译的文艺学理论、翻译的文化学理论、翻译的传播学理论、翻译的美学理论、翻译的心理学理论、翻译的认知学理论、翻译的社会符号学理论、翻译的数控理论、口译学理论、机器翻译学理论等；

3）利用宣传媒介，持续扩大翻译学的研究队伍及其影响范围；

4）创办和办好翻译学院、翻译学系和翻译研究机构，使翻译学像语言学、文化学、美学、哲学、传播学等学科一样，在学术研究领域享有其应有的地位。

总之，在各门现代学科高度发展的今天，对翻译这项古老的活动进行系统的科学研究，再也不能不予重视了。翻译学的真正建立和发展必将极大地推动翻译理论的研究，并把翻译事业推向蓬勃发展的新阶段。

第 2 章
翻译学的学科性质

我们在绪论中对建立翻译学的意义和翻译学的学科性质已有所触及，认为翻译理论的出路在于将翻译研究当作独立学科来发展。这必须成为一切翻译理论工作者的共识。没有这种共识，不把翻译研究作为独立或相对独立的学科来加以建设，我们的翻译理论就很难取得长足的进步。

2.1 翻译的"科学论""技术论""艺术论"之辨

第二次世界大战以来，不少翻译研究者如美国的奈达、英国的纽马克、法国的穆南、德国的威尔斯、苏联的费道罗夫以及我国的一些翻译学者如董秋斯等，都曾提出"翻译是一种科学"或类似的观点。他们的论据是：翻译是"从一种文字译成另一种文字，在工作过程中，有一定的客观规律可以遵循，并不完全靠天才或灵感……"（董秋斯，1951/2009: 602）。因此，人们可以像描写语言一样，对翻译程序和方法进行客观的、科学的描写，并使之公式化、模式化。

也有人认为，翻译是一门技术，因为它像一般技术那样，可以传授和习得，而且人们无须懂得翻译理论或"翻译科学"，也能够做翻译甚至做好翻译，就如人们无须具备语言学知识也能用好语言一样（Jumpelt, 1961）。董秋斯在《论翻译理论建设》一文中从批评的角度指出，有些人不赞成翻译理论之于翻译实践有重要意义的观点，因而特别强调翻译只是一种技术，一种"类似油漆匠的工作。油漆匠学会了用颜色，就可以照样画山水人物……油漆匠从来不讲究什么理论，翻译工作者要理论做什么呢？"（董秋斯，1951/2009: 601）应该说，持这种"翻译即技术"观点的人并非少数，尤其在机器翻译大显身手以及人工智能大行其道的当下，似乎有越来越多的人认为，翻译的确是一种技术，一种可以通过现代科学和技术手段来解决问题的"技术"。

另一方面，特别是在文学领域，自古以来翻译都被认为是艺术。直至当代，同样有许多著名的翻译理论家也都把翻译定义为艺术。例如，捷克的列维、苏联的加切奇拉泽以及我国相当多的翻译家和学者，他们认为翻译是艺术而不是科学，因为翻译过程中有太多活的元素，不可能公式化；翻译家的再创造才能是天赋，不是后天习得的；傅雷（1908—1966）把翻译比作"临画"的艺术，"所求的不在形似而在神似"（傅雷，1951/2009: 623）；唐人批评"有人鄙薄翻译，说它非同创作，不是艺术，仅是一种技术。我认为这说法是不对的"，因为唐人认为："一个翻译者在翻译上的用心与用手同一个绘画者是一样的。绘画若是艺术，翻译也应该是艺术"（唐人，1950/1984: 522-523）；而董秋斯在《论翻译理论建设》一文中，则从另一个视角指出，有人认为"翻译是一种艺术，只能'神而明之，存乎其人'，不受任何理论的约束"（董秋斯，1951/2009: 601）。当然，在董秋斯本人看来，这是"翻译艺术论"的精神实质所在，而蕴藏于此种精神实质之后的对翻译理论的藐视，却是不可取的，需要批评。

另外，有的学者在对待翻译究竟是艺术还是科学的问题上，观点则前后发生变化。例如，奈达从20世纪40年代末到70年代一直认为翻译即科学，他不仅将"Science of Translating"（翻译科学）这一标志性字眼植入他1964年出版的、具有划时代意义的译学著作《翻译科学探索》（*Toward a Science of Translating*），还在1969年发表于 *Language*（《语言》）杂志第45期的"Science of Translation"（翻译科学）一文标题和正文里都明确使用"(the) science of translation"的说法，并在文中指出："Translation is actually describable in terms of three functional levels: as a science, a skill, and an art"（其实，翻译可以从三个功能层面来加以描写：它是一门科学、一种技术和一门艺术；Nida, 1969: 483）；但到了20世纪80年代，奈达却一改过去的看法，转而更多地认为翻译是艺术，强调翻译才能的天赋性，指出"translators are born and not made"（译者是先天而非后天造就的）（de Waard & Nida, 1986: 58）。

除上述几种观点外，还有一些人对翻译究竟是科学还是艺术的问题根本没有明朗的态度，你说科学就科学，你说艺术就艺术，反正无关大局。这种现象在我国翻译界比较突出。

2.2 翻译和翻译学的概念区分

为什么出现以上这样的情况？归根结底，就是前面所指出的，是因为许多人混淆了"翻译"和"翻译学"两个概念。我们认为，简单说来，翻译可以是技术、技巧和艺术，但它不是科学；翻译学才是科学。"翻译"和"翻译学"这两个概念不可随意混淆。当然，两者的区别远远不只在于分辨谁是"科学"而谁不是"科学"。就本质而言，它们各自的本质属性及其行为特质究竟是什么，这些均属于我们必须关注的，也是需要我们在随后各个章节进行更加详细诠释的内容。但在此处，为了方便讨论，我们先从关于翻译的基本定义入手，通过较为直接的方式来回答为何翻译不是科学、翻译学才是科学的问题。

1. 通俗的翻译定义

常见于一般性词典和百科全书，如《现代汉语词典（修订本）》《牛津英语词典》(OED)及《不列颠百科全书》(Britannica)。按照这些定义，所谓翻译即指：

- ◆ "把一种语言文字的意义用另一种语言文字表达出来（也指方言与民族共同语、方言与方言、古代语与现代语之间一种用另一种表达）；把代表语言文字的符号或数码用语言文字表达出来……"（《现代汉语词典（修订本）》，1999: 345）
- ◆ (Translation refers to) "the action or process of turning from one language into another; also, the product of this; a version in a different language" (OED, 1989: 410; 从一种语言到另一种语言的转换行为或过程；亦指这一行为或过程的产品；用另一种语言表述出来的文本)；(to

translate means) "to turn from one language into another; to change into another language retaining the sense..." (*OED*, 1989: 409; 把一种语言转换到另一种语言；把一种语言改变为另一种语言，保留其意义……)

◆ (Translation is) "(a) continuous concomitant of contact between two mutually incomprehensible languages and one that does not lead either to suppression or extension of either is translation. As soon as two users of different languages need to converse, translation is necessary, either through a third party or directly." [*Britannica*: *Translation*;（所谓翻译）是指发生在两种互不相通语言之间的接续联系，此种联系既不减损也不延展彼此。两种不同语言的使用者一有需要交谈，翻译就必不可少，或经由第三者，或直接经由彼此]

2. 专业性的翻译定义

主要包括文艺学、语言学、符号学、翻译学等领域的专业性翻译定义，常见于相关领域的理论著作或专业工具书：

1）文艺学翻译定义。从文艺学角度解释翻译，人们会认为翻译是艺术创作的一种形式，强调语言的创造功能，讲究译品的艺术效果。较典型的文艺学翻译定义包括：

◆（所谓文学翻译，是指）"传达作者的全部意图（经过深思熟虑的和下意识的）即通过艺术手法影响读者的思想、感情……"（斯米尔诺夫，见《苏联文学百科全书》"翻译"词条）

◆ "文学翻译史将文学作品所包含的现实世界的逻辑映像或艺术映像，从一种语言或符号移注到另一种语言或符号中去的翻译活动。……文学翻译不仅仅为了达到跨语交际和传递信息的目的，还要把原作的'文学性'尽可能完整地用译入语表达出来，使用具有美学功能的艺术语言让译作读者或观众能够获得和原作读者或观众一样的人生启迪和艺术感染。"（《中国大百科全书》"文学翻译"词条）

◆ "文学的翻译是用另一种语言，把原作的艺术意境传达出来……"（茅

盾，1954/1984: 511）

2）语言学翻译定义。从语言学尤其是现代语言学视角来解释翻译，认为翻译是一种语言转换，并在这种转换过程中寻求意义对等的行为。较典型的语言学翻译定义包括：

◆ (Translation is) "the replacement of textual material in one language (SL) by equivalent textual material in another language (TL)" [Catford, 1965: 20;（翻译即指）把一种语言（源语）中的文本材料，替换成另一种语言 [目标语] 中的对等文本材料]

◆ (Translation) "consists in reproducing in the receptor language the closest natural equivalent of the source-language message, first in terms of meaning and secondly in terms of style" [Nida & Taber, 1969: 12;（翻译即指）在接受语言中，用最切近的自然对等语再现源语信息，先是在意思上，然后是在风格]

◆ "把一种语言的言语产物（即话语）在保持内容方面也就是意义不变的情况下改变为另外一种语言的言语产物。"（巴尔胡达罗夫，1985: 4）

3）文化学翻译定义。从文化研究的角度解释翻译，认为翻译远远不是单纯的语言问题，它更是一个文化问题。于是就出现了形形色色"非语言中心主义的"、立足于"文化视角"的翻译定义。其中最具代表性的是德国学者诺德（Christiane Nord, 1943- ）和以色列学者图里（Gideon Toury, 1942–2016）的解释：

◆ Translation is "the production of a functional target text maintaining a relationship with a given source text that is specified according to the intended or demanded function of the target text (translation *skopos*)" [Nord 1991: 28;（翻译即）生产出一种与特定源文本有关系的功能性目标文本，这个关系是根据目标文本应达到或需要达到的功能（即翻译目的）来加以说明的]

◆ A translation is "any target language text which is presented or regarded as such within the target system itself, on whatever grounds"[Toury 1985: 20;（所谓翻译作品，是指）在目标体系中被展现为或被看作翻译的任何一个目标文本，不论其根据如何]

4）符号学翻译定义。在某种意义上，符号学的翻译定义与现代语言学关于翻译的定义没有特别大的区别，不同之处大多仅仅在于符号学翻译定义会用"符号"等字眼。因此，人们往往会倾向于将此种定义也笼统地归为语言学定义，例如：

◆ "(1) Intralingual translation or *rewording* is an interpretation of verbal signs by means of other signs of the same language. (2) Interlingual translation or *translation proper* is an interpretation of verbal signs by means of some other language. (3) Intersemiotic translation or *transmutation* is an interpretation of verbal signs by means of signs of nonverbal sign systems."[Jakobson, 1959: 233;（1）语内翻译或称改变说法，即指使用同一语言中的某些言语符号解释另一些言语符号；（2）语际翻译或称翻译本体，即指使用另一语言来解释言语符号；（3）符际翻译或称跨类翻译，即指使用非符号系统的符号解释言语符号。]

◆ (Translation is) "the transfer of 'meaning' from one set of language signs to another"[Lawendowski, 1978: 267;（翻译即指）将"意思"从一组语言符号转移到另一组语言符号]

5）翻译学翻译定义。所谓翻译学关于翻译的定义，主要指来自各类翻译学理论著作和工具书籍关于翻译的定义，例如：

◆ "翻译是语言活动的一个重要组成部分，是指把一种语言或语言变体的内容变为另一种语言或语言变体的过程或结果，或者说把用一种语言材料构成的文本用另一种语言准确而完整地再现出来。"（林煌天，1997: 167）

◆ "翻译乃是译者与原本之间的一种交往活动，这种活动包括了理解、解读、领会、移译等诸多环节，其客观化的结果即为译文，它是译者与原本之间交往活动的凝结和完成。"（孙迎春，1999: 22）

- "翻译是传递信息的语言文化活动。信息内容可包括语义的、文体风格的、文化的。传递方式可以是书面的、口头的、图像的、机器的或人机互动的。"（方梦之，2003: 9）

- (Translation is) an incredibly broad notion which can be understood in many different ways. For example, one may talk of translation as a process or a product, and identify such sub-types as literary translation, technical translation, subtitling, and machine translation… A number of scholars have also suggested further distinctions between different types of translation (see for example Covert vs. Overt Translation, or Domesticating Translation vs. Foreignizing Translation)… [Shuttleworth & Cowie, 1997: 181;（翻译是）"一个可用许多不同方式理解的、宽泛得令人难以置信的概念。例如，人们可以将翻译看作是一个过程或一种结果，并细分出文学翻译、科技翻译、字幕翻译和机器翻译等类别……一些学者还建议对不同类型的翻译做进一步分类（例如，将其分为隐型翻译与显型翻译；或分为归化翻译与异化翻译……）]（参阅谭载喜等译，2005: 246–247）

综上所述，不论是通俗的，还是文艺学、语言学、文化学、符号学、翻译学等专业性的定义，都不外乎把翻译看成是"从一种语言到另一种语言""从一种话语到一种对等话语"或"从一种文化到另种文化"的转换，指的是从开始视听原文到最终产出译文的过程。译者要通过这一过程生成翻译的结果，需要懂得如何操作，其中主要包括原文理解、信息转语、译文表达、译文检验等多个步骤。从某种意义上说，这些步骤是机械性的，可以传授并通过训练习得的。比如对原文的理解，可通过掌握原文语言和文化来实现；对信息的转语（即把理解到的信息从译出语言转换到译入语言），可通过在语汇、语法、语音等层次上建立起译语与原语的对应关系来进行；对译文的表达，可通过掌握译文语言和文化来完成等。在这个意义上，翻译是一门技巧或技术。而作为技巧或技术，翻译在某种程度上是一种较低层次的活动，其结果常见于供一般读者阅读使用的翻译、外语教学的翻译、科技文献的翻译、工具书的翻译以及机器翻译中。在更高的层次上，翻译却又应当是艺术，因为翻译操作的基本技能，在实际运用中必须加以创造性地发挥。在文艺翻译领域，既然原作是创作而成的作品，译品也应理所当然地经过译者的创造性劳动而得出。即使是非文学作品的翻译，也同样存在一个再创造的问题。因此，翻译不仅是一门技术，而且还是一种艺术，一种需要译者像画家、表演艺术家那样具有高超创造才能的艺术。

我们通过以上对翻译定义的阐述和讨论，大体上说明了一点：就翻译活动的性质而言，它可以是技术、技巧，或是技艺、艺术，或者说它既是"技术"又是"艺术"，但不论怎么定义它也不是科学！原因在于，科学是"关于自然、社会和思维的知识体系"（《辞海》，1980：1746）；科学的任务是"揭示事物发展的客观规律"（同上）。如果说翻译是科学，那么翻译是一个知识体系吗？它能揭示某种客观规律吗？答案显然是否定的。诚然，翻译是一种需要复杂知识的活动，因为要做好一篇翻译，我们需要有娴熟的语言知识和有关的文化背景知识，专业文献翻译需要有较好的专业知识，同时还需要有关具体翻译方法和技巧的知识。但是，需要知识并不等于知识本身，正如驾驶宇宙飞船需要关于宇宙飞船的知识，包括操纵技术等，但这个知识并不等于驾驶本身。翻译本身不是一个关于翻译的知识体系，因而它不是科学。此其一。其二，翻译的任务不是"揭示"翻译活动的"客观规律"。提出或赞成翻译即科学一说的人，其论据主要是：翻译是一项有客观规律可循的活动，用英国翻译理论家纽马克的观点解释，是因为有些东西只有一种译法，不可随意更改（王宗炎，1983：11）。另外，人们可以像描写语言一样，对翻译程序和方法进行客观的、科学的描写。但这些论据不足以证明翻译的本质是科学。

当然，我们应当承认，翻译的确是一项有客观规律可循的活动。但这只能说明一个问题，即翻译活动内部存在着一定的规律，有些译法可以说是相对固定的，如汉语的"纸老虎""一见钟情""一箭双雕""空中楼阁""禁止乱扔垃圾"等表达法可以相对固定地译成英语的"paper tiger""fall in love at first sight""kill two birds with one stone""castles in the air""No littering"等；再如英语结构"noun + of + noun"可表所属关系（the brothers of John——约翰的兄弟）、动宾关系（the destruction of the city——毁坏城市）、同位关系（the City of Shanghai——上海市）等，这些都可说是有一定规律可循。但是，某个事物有规律可循，并不简单地等于该事物就是科学。宇宙间万事万物，有规律可循的恐不在少数。有规律可循的事物，其本身不一定就是科学，它往往只是给科学或科学研究提供了素材。

翻译即科学论者的另一论据是，对于翻译这项活动，可以像描写语言一样，进行客观的、科学的描写，它论证的并不是翻译本身，而恰恰是关于翻译的那门学问即翻译学。任何一门科学，都必须能"揭示事物发展的客观规律"；不"揭示"客观规律，而单单具有客观规律，是不成其为科学的。

对于翻译可以进行科学的描写，这一命题的真正含义，是指有这么一门学问可对翻译活动进行描写，这门学问就叫翻译学。翻译本身无自我科学而言，它只是科学描写的对象；而对这个对象，即翻译的活动或活动的结果进行科学的描写，这个描写即构成了"科学"。至于这是一种怎样的科学，它的内容结构如何，以及涉及怎样的任务等方面的问题，我们将在下节和随后章节做进一步探讨。此处需要着重指出的是：翻译与翻译学的关系，就好比运动与运动学、生物与生物学、医疗与医学、机械与机械学、宇宙与宇宙学、语言与语言学、交际与交际学等等之间的关系。

2.3 翻译学是一门独立学科

我们在绪论中已经指出，就学科本质而言，翻译学是一门人文科学学科。用更加具体而明了的语言来诠释，我们可以说：翻译学是研究翻译的科学，是介于语言学、文艺学、社会学（包括国情学、文化学等）、心理学、信息论、计算机科学等学科之间的综合性的人文科学，或称多边缘交叉性科学。它与语言学关系尤其密切，但却并不隶属于语言学或任何一门其他类别的人文科学的学科，而是一门应当享有独立或相对独立地位的人文科学学科。在这一论点中，把翻译学解释为研究翻译的科学，似属自明之理，不必赘言；而把翻译学说成一门相对独立的综合性人文科学学科，则有必要作进一步论证。

首先，我们要说明为什么翻译学是一门相对独立的人文科学学科。这一点主要是针对国内外学术界长期流行的观点而提出的。无论在国外还是国内，在很长时间里（甚至包括当下），语言学界，有时甚至包括翻译学界内部，人们倾向于认为，翻译研究是语言研究的一个分支，而且仅仅是一个分支。正如绪论中提到的，有的学者（如苏联的科米萨罗夫）甚至提出了"翻译语言学"这样的概念和术语。我们在前面曾经指出，这些人的观点是片面的，因为他们只看到翻译研究与语言研究相关的一面，而忽视了与纯粹语言研究无关、凸显翻译自身特征的一面。翻译研究具有语言研究的性质，特别是研究使用最多的语内、语际翻译，它涉及的主要是语言问题。翻译要涉及两种语言，因而这种语言研究主要是对比研究，但这种对比研究不应隶属于比较语言学或对比语言学，因为比较语言学或对比语言学所关心的，主要是语言结构（包括语音、语法、语义结构）上的异同，是一种静态的比较或对比。而翻译研究中所要求的对比则是一种动态的对比，它不仅关心各种相关语言之间究竟存在哪些异同、为什么存在这些异同，而且更关心怎样去越跨语言障碍，把两种不同的语言联系在一起，使原文信息在译文语言中具有同样或相似的价值，发生同样或相似的功能。研究者必须透过语言结构的表层，深入地研究使特定言语具有特定价值和功能的、主要包括文化在内的许许多多的超语言因素，然后用对比的手段在两种不同的文化环境中寻找融合点。这样，翻译研究就必定要涉及对比文化学、对比国情学和对比社会学等领域，而远非单纯的对比语言学。

广义的翻译包括符际翻译，即把信息从一种符号系统转换到另一种完全不同的符号系统，如把自然语言转换成手语、旗语、图像、电影画面、计算机语言、数字符号等。对于这类翻译的研究，必须广泛涉及超语言的和非语言的现象，因而不应笼统地算作语言学。

翻译（就语际翻译而言）是从一种语言转换到另一种语言的过程。但究竟怎么转换，却是一个极其复杂的问题。我们坚持"劳动创造了语言"这一唯物主义的语言观，但这并不能，也不应该排除从其他角度（如心理学的角度）来研究语言如何产生的可能性。至于翻译，就更是涉及心理学的问题。无论是个人翻译，还是集体翻译，从原文到译文的转换都只能在翻译者个人的大脑里进行。翻译者读了一篇原文，有时能即刻理解，有时需冥思苦索才能懂得它的意思；用译语表达时，有时一蹴而就，有时则需"旬月踟蹰"才能成文。但无论哪种情况，真正的转换却似乎只是一刹那即完成的过程。这一刹那的转换究竟是如何发生的？或许，人的大脑里存在一个转换机制？好比铁路道岔的扳手，一扳，某个信息就从一种语言转移到另一种语言。究竟有没有这种机制？如果有，它的工作原理是什么？如果没有，又到底怎么解释大脑里的语言"转道"？无疑，要回答此类问题，非得有心理学、神经生理学（包括人脑解剖学）的参与或帮助不可。这样，心理学、生理学的研究就自然而然地结合到了翻译研究中。

近几十年来，机器翻译从无到有，从衰到强，在翻译领域（主要是科技翻译领域）正发挥着越来越重要的作用。机器翻译，是通过电子计算机或人工智能进行的，要把文字编成能为计算机或机器人所能够"理解"的程序，必须依靠数控论、电子计算科学或人工智能。这就说明，特别就机器翻译而言，必须把数控论、信息论、计算机和人工智能等科学技术纳入翻译研究的领域。

总而言之，由于翻译主要与语言有关，因此翻译学与语言学之间必然存在着非常密切的关系，语言学的理论无疑地可以影响翻译学的研究，如转换生成语法中的表层结构、深层结构说和语言学中的交际理论曾被某些翻译学者率先运用于翻译理论（Nida，1964）。但我们不应因此认为翻译研究隶属于语言学，就好比物理学需要数学，而物理学却不隶属于数学。翻译研究有其自身的特点，如上面讨论到的动态对比的特点，翻译原则和方法、技巧的特点，语际转换的特点，以及机器翻译或人工智能翻译的特点等，而这些特点是不能与一般的语言特点相提并论的。从历史的和现实的角度看，翻译理论以前之所以不发达，在相当长的时间里没有重大突破，除翻译界内部的经验主义、教条主义、片面观点以及外部的某些客观因素外，主要是由于翻译研究长期以来没有享受其作为独立科学的地位。不改变这种状况，不承认翻译学作为一门人文科学的独立地位，翻译理论就很难得到全面发展。

翻译学之所以是一门综合性人文科学学科，是因为它需要综合利用语言学、文艺学、社会学、符号学、心理学以及数控论（包括概率论）、计算机、人工智能等多种学科的知识或跨学科的知识，同时又因为翻译行为主要涉及意义转换，包括通过言语、超言语、副言语和非言语等方式表达的意义转换，而这种转换的本质主要是人文性的。当然，从这个意义上说，包括人文科学、社会科学乃至自然科学在内的许多科学都是综合性的。例如，语言学必须运用符号学、社会学、心理学、数学等方面的知识；宇宙学必须运用数学、物理学、地理学、天文学等方面的知识等。应当指出，和其他具有综合性特征的人文科学一样，翻译学并不是一个大杂烩。虽然它的研究涉及多门知识，但其研究中心始终是也应该是翻译，即语际转换或语内转换、符号转换这个核心对象，以及转换过程中出现的一切相关问题。

同时，我们还必须指出，翻译学有其自身的特殊性。这种特殊性表现在以下三个方面：第一，研究翻译必须涉及语言（或其他非语言的符号系统），而语言是人的一种社会行为，可变参数太多，因此，翻译学不会像数学、物理学一样在研究具体现象的基础上产生出严格的运算公式；说到底，翻译学不属于自然科学的范围，它是一种人文科学，与社会科学接近。第二，实际翻译涉及的不是作为系统的语言，而是在特定场合以特殊形式出现的言语或话语。这些话语形式千变万化，因此正如我们在前面已经指出的，对于它们，翻译学只能提供一种宏观描写，无法面面俱到，也无法落实到每一个具体的话语细节。第三，翻译学与语言学关系特别密切，共同研究领域较多，因而其独立学科地位具有一定的相对性。

2.4 翻译学的学科中英文用名之辨

我们知道，任何学科的建立和发展，都必须首先有自己的合适名字。古人云："名不正则言不顺；言不顺则事不成。"翻译研究也同样如此。如要将它作为独立学科来建立和发展，就必须给予它意涵清晰的学科名称。

我们在绪论中触及过英语译学术语中的一些用词，如"the science of translating / the science of translation"（翻译科学）、"translatology"（翻译学）、"translation studies"（翻译研究）等。针对这些用词，霍姆斯于1972年在第三届国际应用语言学会议上曾指出，翻译研究这门学科不应称为翻译科学，因为这门学科不是科学（这里当指"自然科学"——本书作者注）；也不应称为翻译理论，因为翻译研究远远不止理论建设；他还指出"-ology"这个词缀太生僻，且不能任意组合。因此，他建议依循许多新兴学科的命名方式，把这门学科称为"翻译研究"（"translation studies"；引文译名原为"翻译学"）（张南峰，2000：101）。霍姆斯的话语不论有无道理，无疑都表明一个事实：当时西方翻译理论界出现的这些用词，还包括"translation theory"（翻译理论）和源自法文的"traductology"（翻译学），其实都是指同一学科，即这门研究翻译的学科。这种状况今天依然存在，如《翻译研究词典》（*Dictionary of Translation Studies*）对 "Science of Translation" "Translation Studies" "Traductology" "Translatology" "Translation Theory" 等词条的解释便是如此（Shuttleworth & Cowie，1997：148-149）。这表明，不同的学者从不同的角度切入，结果就得出了不同的名称。

举霍姆斯为例，他从文化学派的角度切入，按照 "Cultural Studies" "Social Studies" 等一类新兴人文学科的命名方式，采用 "Translation Studies" 一语；而奈达、威尔斯、哈里斯（Zelling S. Harris, 1909-1992）等人从翻译的"科学"性质切入，则倾向于使用 "Science of Translating" "Science of Translation" "Traductology" 等说法（Nida，1964；Wilss，1982；Harris，1977；另参阅 Shuttleworth & Cowie，1997：174-175）。当然，在如何解释 "Science of Translation" 一说的意思上，奈达和威尔斯之间其实是存在一定差异的。奈达所说 "a science of translation"，主要是取 "translation being a science"（翻译即科学）之意；而威尔斯所说 "Science of Translation"，则是指"关于翻译的科学"，亦即本书作者所取之意。依照本书作者的解释（Tan，1997：339），"Science of Translation" 一语，在英语中完全可以用作特指"翻译学"这门独立学科（即人文科学学科）的术语，不必回避，因为其中的介词 "of" 所表示的是一种"偏正结构"，意即 "A is about B"，如 "Philosophy of Language"（语言哲学，即关于语言的哲学）、"Science of Education"（教育科学／教育学，即关于教育的科学）、"Journal of Medicine"（医学杂志，即关于医学的杂志），而不是表示 "A is B" 的"同位结构"，如 "Science of Physics"〔物理（科）学：物理（学）即科学〕、"Science of Sociology"〔社会（科）学：社会（学）即科学〕、"City of New York"（纽约市：纽约即市，市即纽约）。

由于霍姆斯文章于 1988 年正式刊印后所产生的影响，"Translation Studies" 一说在西方的译学术语之争中脱颖而出，到 20 世纪 90 年代，它从"一个翻译学派的名字"已转变为其他学派广为接受的"翻译学"的学科名称，在欧美各地"甚至有一些学系把名称改为 Department of

Translation Studies，尽管教学的重点是笔译和口译的技能而不是学术研究"（张南峰，2000：101）。虽然如此，我们仍需特别注意以下两点：

首先，英语中由"Science of Translation/Translating""Translation Theory""Translatology""Traductology""Translation Studies"等多个"能指"表示同一"所指"而引起的混乱，主要是由于英语的语言局限，而非"翻译学"的学科性质所致，因为这种"混乱"现象并不是普遍存在的。例如，在汉语和德语里，我们有一个相当合适的用词，即"翻译学"（德语称：*Übersetzungswissenschaft*），它完全可以涵盖上述英文各词的全部内容和意义。由于汉语中的"（翻译）学"和德语中的"(Übersetzungs) wissenschaft*"在语义上十分广泛，意义大于英语的"science"（一般特指"自然科学"），"学科性"强于"theory"，又不像"-ology"那样可能让人"望而生畏"，同时又能给予研究者较多的解释空间，因而将它与"翻译"结合，就分别构成了汉语和德语中用以指称"翻译学"这门"人文科学学科"的理想名称。当然，在中文语境里，"翻译学"可以简化为"译学"，也可拓展为"翻译科学"。应该说，这三种说法均可被认为是属于同一概念范畴的不同名称，可以交替使用而无可厚非，但需要指出的是，由于"翻译科学"尚有"翻译即科学"的潜在歧义，且汉语里又有"翻译学"（"译学"）这个理想名称，因此，为了避免引起无谓的争论，我们认为在指称"翻译学"这门"人文科学学科"时，可以不用或慎用"翻译科学"一词，而优先使用"翻译学"或"译学"。

其次，我们还须注意，在涉及翻译学的理论发展或学科用名的问题上，中英之间有时存在明显的学术表征差异：诸如"翻译学""译学"之类的表述形式，完全符合中文语境的用词规范和学术预期；而符合英文用词习惯和学术预期的首选术语，并不是与"翻译学""译学"字面对应的"Translatology""Traductology"，而是"Translation Studies"（可简称为"TS"），有时或可根据上下文表达需要使用"TS Research"之类的说法。

同时，这里需要强调的是，在中文语境下，字面意义与英文名称"Translation Studies"对应的"翻译研究"一词，虽然可用来指称"翻译学"学科，但毕竟"研究"常常是一个泛指而非特指学科的用词。譬如在"问题研究""语言研究""社会研究"之类的表述中，"研究"一词一般会被理解为泛指"对相关对象进行研究"，而不被理解或不被首先理解为指称某某学科。因此，当我们指称关于翻译研究这门人文科学学科时，为了避免可能引起的歧义，凸显研究领域的学科性、学术性，我们提倡使用"翻译学"或"译学"，不用或少用"翻译研究"来作相关翻译学的学科指称。换言之，在一般情况下，与中文非学科用词"翻译研究"对应的英文表达形式不是"Translation Studies"或"translation studies"，而是"the study of translation"或"studying translation / to study translation"。也就是说，这里的所谓"翻译研究"，是指"研究翻译""对翻译的研究"或"关于翻译的研究工作"等。例如，当我们说"他在从事翻译研究"时，所表达的意思是"他在研究翻译"或"他在做关于翻译的研究（工作）"。其中，"研究"是动词，翻译为"研究"的对象，作动词的宾语或相关动作的受事。此处，"翻译"和"研究"是可以相互分立的两个词、两个概念；而如果把"翻译研究"作为等同于"翻译学"的学科名称，那么"翻译"和"研究"则成了不可拆分的单一语汇、单一概念。此种关系，就好比作为非学科即一般性用词的"语言研究""社会研究""文化研究"和作为学科名称的"语言研究"（＝语言学）、"社会研究"（＝社会学）、"文化研究"（＝文化学）等语汇之间的关系一样。

综上，我们在翻译学的研究和理论书写中，应当允许主要包括中英在内的中外学术表征差异性的合理存在，而不刻意追求不同语言之间在术语使用上的字面对等。这一点，需要译学研究者牢记于心，并灵活运用。

第 3 章
翻译学的学科范围、结构与任务

翻译学应当享有独立人文科学学科的地位，这一点自然不应再怀疑。但是，具体而言，它究竟是一个怎样的学科呢？或者说，它有怎样的学科结构和覆盖范围？它的研究任务和翻译理论的基本构件又有哪些？诸如此类的问题，乃全面建设和发展翻译学所必须解决的根本性问题。本章拟对它们逐一展开讨论。

3.1 翻译学的学科范围与结构图示

现代学科意义上的翻译学，其研究范围涵盖所有类别的翻译，包括语内翻译、语际翻译和符际翻译。为了叙述方便，我们在此以语际翻译为基础类别来进行阐释。

正如我们在前面 2.2 节所指出的，（语际）翻译与翻译学的关系，就好比运动与运动学、生物与生物学、医疗与医学、机械与机械学、宇宙与宇宙学、语言与语言学、交际与交际学之间的关系。在前后两者的关系中，前者是后者的研究对象，后者是以前者为基础的理论升华。两者本质相互有别，但彼此关系密切，互为促进，彼此之间是一种辩证关系。也就是说，（语际）翻译作为翻译学的研究对象，是指"把一种语言文字的意义用另一种语言文字表达出来"的活动，它是一门技术，一种技巧，同时它又具有许多艺术特征，如创造性特征，因而也是一门艺术；而研究它的翻译学，则是一种人文科学学科，是一个由各种理论构成的"知识体系"，其任务是"揭示"翻译过程的"客观规律"，探求并描述关于翻译问题的"客观真理"，同时给实际翻译工作提供可能的"行为范式"或"行动指南"。或者换一种方式来描述，翻译学作为人文科学学科的基本任务，是对翻译过程和这个过程中出现的问题进行客观的描写，以揭示翻译中具有共性的和带有规律性的因素，然后加以整理使之系统化，上升为能客观反映翻译实质的理论，而这种客观反映翻译实质的理论最终又能反过来指导翻译实践，服务于翻译实践。

在学科疆域范围上，翻译学如同其他科学学科一样，是一个有其自身覆盖范围和研究任务的学科。我们可把这个学科视作一种结构，由三个部分构成：普通翻译学、特殊翻译学和应用翻译学（见图3.1-1）。

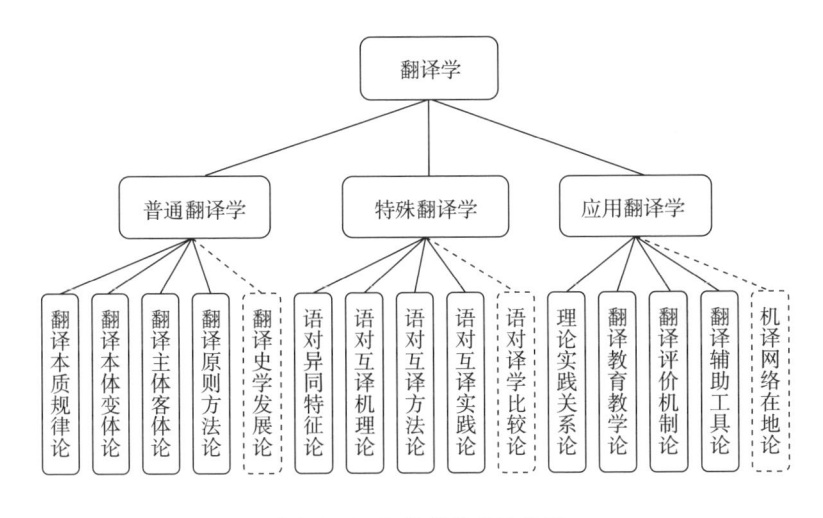

```
                        翻译学
          ┌───────────────┼───────────────┐
      普通翻译学        特殊翻译学        应用翻译学
   ┌──┬──┬──┬──┐   ┌──┬──┬──┬──┐   ┌──┬──┬──┬──┐
   翻 翻 翻 翻 翻   语 语 语 语 语   理 翻 翻 翻 机
   译 译 译 译 译   对 对 对 对 对   论 译 译 译 译
   本 本 主 原 史   异 互 互 互 译   实 教 评 辅 网
   质 体 体 则 学   同 译 译 译 学   践 育 价 助 络
   规 变 客 方 发   特 机 方 实 比   关 教 机 工 在
   律 体 体 法 展   征 理 法 践 较   系 学 制 具 地
   论 论 论 论 论   论 论 论 论 论   论 论 论 论 论
```

图 3.1-1　翻译学学科结构图

图3.1-1试图呈现的是翻译学作为独立学科的全部覆盖范围。很明显，它的疆域范围及其组织架构，单凭一个简单结构图的展现是远远不够的。这一结构中的节点内容及所涉基本学科任务的意涵所在，还需通过文字诠释才能得到清楚反映和展现。当然，这个文字诠释不是简单一两句话便能完成的，因此我们拟将此工作留至下节进行较细致的讨论。这里有必要先说明两点：第一点需要说明的是，在某种意义上，本书作者绘制以上结构图的构想灵感，应该说是源于图里（Gideon Toury）根据霍姆斯的"翻译研究"设想（Holmes，1972/1988）所做的学科模型（图3.1-2），因为图里的模型称得上是有关翻译研究领域的第一个学科结构图，随后出现的形形色色的翻译学学科模型均或多或少地受到了它的影响。

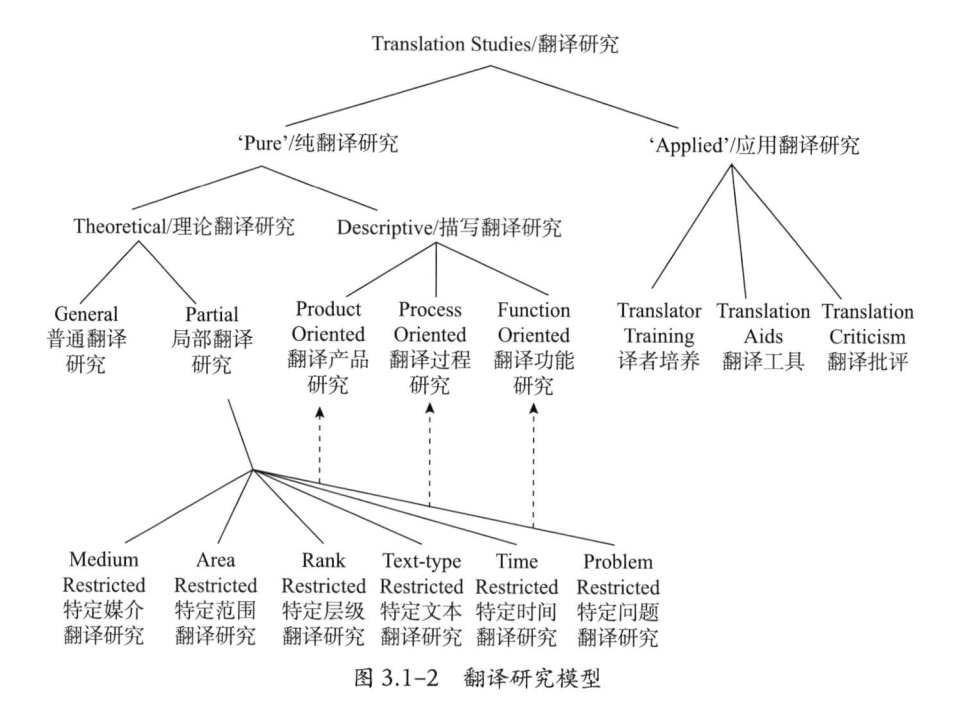

```
                          Translation Studies/翻译研究
                         /                          \
              'Pure'/纯翻译研究                  'Applied'/应用翻译研究
             /              \                    /        |        \
   Theoretical/理论翻译研究   Descriptive/描写翻译研究
    /      \              /         |         \       Translator  Translation  Translation
General  Partial      Product    Process    Function   Training      Aids      Criticism
普通翻译  局部翻译    Oriented   Oriented   Oriented   译者培养     翻译工具    翻译批评
 研究     研究       翻译产品   翻译过程   翻译功能
                     研究       研究       研究
```

图 3.1-2　翻译研究模型

Medium Restricted 特定媒介翻译研究　Area Restricted 特定范围翻译研究　Rank Restricted 特定层级翻译研究　Text-type Restricted 特定文本翻译研究　Time Restricted 特定时间翻译研究　Problem Restricted 特定问题翻译研究

[说明：图示英文版源自图里（Toury, 1995: 10）；中译文为本书作者所加。]

当然，我们同时也必须指出，图 3.1-1 与图 3.1-2 却又有明显的不同之处：图 3.1-1 表现出来的翻译学由三个分支组成，即普通翻译学、特殊翻译学和应用翻译学，这种划分从翻译学作为独立人文科学学科发展到今时今日的学科现状来看，更加符合学科的理论本质；而图 3.1-2 将"翻译研究"这个学科分为"纯翻译研究"和"应用翻译研究"两个分支，在"纯翻译研究"之下又衍生出"理论翻译研究"和"描写翻译研究"等，这样的分类显然并不符合翻译学后来的发展。因此，图 3.1-2 所描述的翻译研究模型，更适合代表学科发展的早期设想，而图 3.1-1 可以视为建基于图 3.1-2 基本思想之上的学科结构图。

第二点需要说明的，是图 3.1-1 虚线部分的含义。这些虚线出现在各个分支学科，排列于各个分支的末尾，所表达的意思是：三大分支学科之下列出的研究领域并非相关领域的全部。虚线是一个象征，表示这是一个开放系统。随着时代的发展和译学领域人们认知能力的提高，翻译学的疆域也一定会不断发展和充实，不会停留在一个没有变化的水平上。这是翻译学作为独立自主学科的动态发展特质所决定的，本书第 5 章讨论翻译学各种研究途径或范式时所反映的正是译学发展的这种动态特质。

3.2 翻译学的学科意义与内容诠释

本节根据作者于 3.1 节绘制的学科结构图（图 3.1-1），就翻译学的学科意义和结构内容等问题进行阐释。如前所述，翻译学作为一个结构主要包括三个组成部分：（1）普通翻译学；（2）特殊翻译学；（3）应用翻译学。普通翻译学主要研究人类语言、文化及其翻译的一般规律，研究翻译的一般过程和翻译在整个科学体系中的地位及其与其他学科的关系，从宏观上探讨翻译的性质、功能、标准以及译者的一般职责和条件等问题，并从历时和共时的角度研究翻译的历史，其中不仅包括翻译的国别史、地域史，更应包括翻译的世界史。然后，在这个基础上提出涉及一般语言的普通译学理论。

特殊翻译学不同于普通翻译学，它的研究范围更具化，主要研究的是语言对或语言组合，即任何实际语际交流中涉及的两种具体语言的互译问题。它聚焦两种相关语言和文化特征的对比，揭示彼此之间有规律的和无规律的、对应的和不对应的、彼此融合的和彼此冲突的方面，然后提出能指导两种具体语言互译的理论、原则和方法。可以说，这样的翻译理论往往是一种比较翻译学的理论。

应用翻译学主要研究如何把普通译学和特殊译学的理论运用于翻译实践、翻译教学、翻译批评、翻译工具书的编纂、电子或机器翻译、网络翻译、在线翻译等领域，从微观上阐释翻译的目的、功能、标准、程序和方法等问题，以及它们之间的相互关系，以使普通翻译学理论和特殊翻译学理论在实际运用中得到检验。应用翻译学与翻译实践直接相关,因此通常是译者最为关心的部分。

翻译学上述三个分支学科之间彼此不可截然分开。研究普通翻译学的人要有特殊翻译学和应用翻译学知识(包括翻译实践经验)作为基础;研究特殊翻译学的人要有普通翻译学的知识作为指导;而研究这两者的人则同时都应注意对应用翻译学的探讨,从理论的实际运用中获取反馈,不断使理论得到发展和完善。同时,翻译学研究的这三大内容和具体翻译理论的建立也不能割裂开来。任何一套完整而系统的翻译理论都应当是普通翻译学、特殊翻译学和应用翻译学研究的结晶,因为在这样的理论中,既应包含泛论翻译的成分(适用于一切语言甚至一切符号系统之间的翻译),又应包含专论具体语言互译的成分(适用于具体的双语翻译,如中英互译、中俄互译、俄英互译等);既应具有帮助人们认识翻译实质的理论价值,又应具有指导具体翻译操作的实用价值。

最后还必须指出,翻译学的研究角度和途径、手段可以多种多样而不受限。例如,我们可以从语言学角度、文艺学角度、文化学角度、交际或传播学角度、社会学角度、认知学角度、知识学角度、后殖民研究角度、女性主义角度、生态学角度、中国传统哲学和美学的角度(如"易学"角度或"中庸""和谐"的儒学角度)等来展开研究,并催生出形形色色的翻译理论。然而,无论这些理论在角度和名称上如何变化,它们都只能看作是翻译学这个宏大领域中的分支理论或方法论。关于这些涉及分支理论和方法论或研究途径的问题,我们将在本书第 5 章进行更具体的讨论。

3.3 翻译学的任务与翻译理论的构件

如前所述,翻译学的任务是对翻译和翻译过程中出现的一切相关问题进行客观描写,以揭示翻译中具共性的、有规律的东西,然后对这些东西进行整理使之系统化，从而产生出能反映翻译实质并能指导翻译实践的理论。结合到翻译学的三个分支领域，即普通翻译学、特殊翻译学和应用翻译学，研究者的基本使命所在，就是提出和发展符合各个分支领域研究目标的具体翻译理论。

原则上，翻译理论的种类和数量是无限止的。科学每前进一步，人们对客观世界的认识每加深一层，都有可能更新人们对翻译问题的看法，催生新的翻译概念，产生新的翻译理论。例如，现代科学中信息论的诞生促进了翻译研究中交际学／传播学翻译理论的提出；话语语言学的出现也随即引出了翻译的话语语言学理论；社会科学、认知科学、生态科学等科学的出现也导致了社会翻译学、认知翻译学、生态翻译学等理论的产生。也就是说，翻译学不是一门封闭的科学，而是开放的、不断发展的。因此，研究翻译的角度和途径也是多方面的，研究中所产生和发展的潜在翻译理论也就可以粗线条地分为多个方面、呈开放性发展，如我们在第5章讨论翻译学研究途径时将会提到的各种各样不断出现的翻译理论。

然而，我们同时必须指出，不论何种性质的翻译理论，如要经得起科学的检验，都需要具备客观、系统、实用三个方面的特征，即能客观地反映翻译的真实面貌，系统地总结出翻译的内在规律，并有效地指导翻译的实际工作。那么，从哪些方面去体现这些特征呢？要回答这个问题，自然要涉及翻译理论的构成成分。换言之，要衡量某个翻译理论是否全面、有无价值或价值大小，就必须看这个理论中说明了什么问题。这样一来，研究翻译理论的构成便成了翻译学的具体任务之一；反过来亦是如此：翻译学的具体任务或具体任务之一，就是为翻译理论的构件问题提供合理而科学的说明。

翻译理论的涉及面相当广泛：凡是翻译实践中出现的问题，或与翻译有关的问题，都是翻译理论的研究对象。但翻译理论的首要任务，并不是也不可能是为每一个细小的翻译问题提供现成的解决办法。它只能从整体上对翻译的主要矛盾加以理论说明。然而，翻译的实际工作中除存在部分有规律的东西外，还有大量无规律的、非普遍的东西。如何处理好这些无规律的东西便构成了翻译实践中的最大难点，同时也构成了翻译理论不可回避的问题。虽然翻译理论无法对那些枝节的特别是无规律的现象一一提供现成的解释，但它必须探索这些现象，并通过长期探索与累积，从理论上对这些无规律的、非普遍的东西进行归纳、总结，为它们在两种语言中建立起对应关系，以最终找出具有普遍指导意义的解决办法。这既是翻译活动的创造性所在，也是翻译理论的活力所在。

任何一种翻译理论，其主要组成部分即它必须说明的问题，到底有哪些？这是翻译学必须加以系统说明的基本问题。概括起来，我们认为，一套完整的翻译理论应当包括五个组成部分：一是阐明翻译的实质；二是描述翻译的过程；三是厘定翻译的标准；四是描述翻译的方法；五是阐释翻译中的各类矛盾。其中，第一至第三是基本部分，第四和第五是辅助部分，因为翻译方法是受翻译目的、标准等支配的，对翻译中各类矛盾说明也是为了更好地阐明翻译的性质。但不论从哪个角度看，这五个部分都是翻译理论的重要组成部分。各种不同的翻译理论（如语言学的、文艺学的、社会符号学的、交际功能学等）之间的区别，主要在于它们对这五个部分的解释不同，立足点不同。如果只对其中的一两个部分作了阐述，而未对所有部分特别是前三个基本部分进行系统说明，那么就不能称其为完整的理论，而只能算是不完整的理论，甚至只能被视为某种理论见解或观点。例如，16世纪法国多雷的"译者必须理解原著内容，通晓两种语言，避免逐字对译，采用通俗表达形式，讲究译文风格"的翻译五原则，18世纪英国泰特勒的"译文必须完全复写出原作的思想，译文的风格和笔调必须和原文属于同一性质，译文必须具有原文的流畅"的翻译三原则，以及我国严复的"信、达、雅"三字原则，都不能算作完全的翻译理论；因为他们阐述的只是完全翻译理论的一部分，即翻译原则、翻译标准的部分，没有对这些原则、标准的适用范围等相关问题进行细致论证或提供详细的理论依据。

这就是说，对于以上五个部分，特别是第一、二、三部分，还必须做出具体的理论说明，才能使相关理论成为全面而完整的理论。下面，我们按照这一思路，对翻译理论的五个组成部分即翻译理论的五个主要构件逐一进行讨论。

1. 阐明翻译的实质

这是翻译理论的第一要素，其内容包括阐明：翻译是什么？翻译的对象是什么？翻译的目的和作用又是什么？翻译的种类有哪些？等等。千百年来，人们对这些问题特别是"翻译是什么"即何谓翻译的问题并非没有认识。毕竟，翻译实践要求译者首先明白自己是在做什么，为什么这么做。同时，自从有了翻译理论研究，人们对这个问题也相继提出了许许多多的解释。但也需指出，长期以来我们的翻译理论对此问题缺乏足够的认识和全面而科学的说明。因此，有必要运用翻译学的宏观手段，总结翻译研究的历史，对翻译理论中的这个基本问题进行新的探索，提出新的解释模式。

这一新的解释模式，或许可以包含在前面 2.2 节讨论"翻译和翻译学的概念区分"时已经使用过的方法中，即通过动态的、而静态的固定不变的方式，从不同的视角、不同的层面，来认识和定义翻译。例如，我们在 2.2 节从"通俗的翻译定义"和"专业性的翻译定义"两个方面来认识和定义翻译；在"专业性的翻译定义"层面，又进一步将它细分为"文艺学翻译定义""语言学翻译定义""文化学翻译定义""符号学翻译定义""翻译学翻译定义"等。

当然，除此之外，我们还可以采用其他的方式来认识和定义翻译，包括使用译学比喻的方式。例如，将翻译比作"有似嚼饭与人"（鸠摩罗什，402—413/1984: 32）、"葡萄酒之被水者也"（道安，382/1984: 27–28）、"乳之投水"（道朗，421—427/1984: 43）、"写生画"（drawing after the life; Dryden, 1685/1992: 23）、"临画"（傅雷，1951/2009）、"戴着脚镣在绳上跳舞"（dancing on ropes with fettered legs; Dryden, 1680/1997: 172）、"（翻译犹如）下棋 / 博弈"〔(Translation is) a game (of chess);

Levý, 1967: 1172 ］、"是……念台词，不是背书"（王宗炎，1984: 906-907）；或将灵活的翻译比作"美而不忠的女人"（Ménage, 1613–1692；转引谭载喜，2004/2022: 88）、"像投胎重生的灵魂一般"（余光中，1984: 742）；或将译者比作"先知"（prophet; Philo, 20 B.C.E.）、"奴仆"（slave; Dryden, 1697/1997: 175）、"启明星"（morning star; Herder, 1766–1767/1997）、"调停人"（mediator; Goethe, 1824/1992: 25）、"说谎的媒婆"（茅盾，1934/1984: 351）等。

另外，涉及上面所提"通俗的翻译定义"和"专业性的翻译定义"的问题时，我们又可通过对各自应用意义和价值的诠释来更具体地认知翻译。譬如，在所谓"通俗"的层面，一般词典都会把翻译解释为"把一种语言文字的意义用另一种语言文字表达出来"，"在保留意义的情况下从一种语言转变成另一种语言"或"从一种语言变成另一种语言"等。这样的解释通俗易懂，能为人们普遍接受。但它有两个弱点。首先，它只提语言的翻译，不涉及非言语符号系统的翻译，因此只能用来解释狭义上的翻译即语际翻译，而不能用来泛指翻译。从广义上说，翻译不仅包括语际翻译即不同语言之间的翻译，而且包括语内翻译即同一语言之内的翻译，如古语今译、方言对译等，同时还包括符际翻译即不同符号系统之间的翻译，如把言语译成手语，把手语译成旗语等。其次，所谓把意义用另一种语言文字表达出来，就意味着译文和原文在"意义"上可以是相等的，这种说法过于笼统，因为翻译未必在任何情况下都要求译文和原文的意义对等，例如，属于翻译大范畴的编译文、摘译文等形式就不必在意义上与原文完全对等；并且，译文和原文很难在意义上完全对等。当然，关于"意义"本身，迄今未得到圆满的解释。"意义"到底是什么？"意义"和"形式"到底能不能分割？对于诸如此类的问题，仍需要进一步研究。但有一点可以肯定，就是我们既不能脱离意义的各个层次，也不能脱离上下文来谈"意义"。某个词、词组、句子、句群、话语或结构之所以有意义，是因为它属于某个特定的语言系统和语言运用的上下文（或语言情境），离开了这个系统和上下文，便无从谈起它的意义。用语言学派翻译理论家卡特福德的话说，原文有原文的意义，译文有译文的意义（Catford, 1965: 35）。尽管原文可能有标准的或令人满意的译文对等形式，但这两者在意义上是不可能完全对等的。例如，"He went west""He pegged out""He has gone to his long home"等几个英语句子可分别译为"他上了西天""他完蛋了""他与世长辞了"，同表"他死了"的意思，但这只是所指意义，它们的伴随意义或实用意义却不尽相同。英语的"He went west"（他去了西方）并无很多贬义，而汉语的"他上了西天"则是一个明显的贬义语；英语"He pegged out"和汉语"他完蛋了"虽然都含一定程度的贬义，但前者是俚语，使用范围窄，后者则是标准语，使用范围广；至于"He has gone to his long home"这个习语译成"他与世长辞了"，原文中那层"圣经用语"的含义在译文中便荡然无存了。再如，英语的"a teenager"译成汉语通常是"一个十几岁的人"，但"teenager"是指13至19岁的人，而汉语的"十几岁"则应从11岁算起。正因如此，许多现代翻译理论如交际学翻译理论、社会符号学翻译理论和语言学翻译理论都提出，翻译的着眼点不是意义的对等，尤其不是狭义上的"意义"即"所指意义"的对等，而应是功能的对等、语用场合的对等、读者反应的对等。

在"专业性的翻译定义"层面，虽然相关解释或许能更"科学"地应对"何谓翻译"的问题，但在此层面也同样需要进行潜在的多元思考。以文艺学和语言学视角对翻译所做的解释为例。我们知道，从文艺学角度解释翻译，是把翻译看作艺术创作的一种形式。它强调语言的创造功能，要求译者具有天赋的艺术才能，译文能产生原文所具有的那种艺术感染力和效果。用茅盾（1896—1981）的话说，"文学的翻译是用另一种语言，把原作的艺术意境传达出来，使读者在读译文的时候能够像原作时一样得到启发、感动和美的感受。"（茅盾，1954/1984: 511）其他文学翻译理论家如苏联的加切奇拉泽和捷克的列维，则从现实主义的立场出发，认为翻译就是"创造性地反映原作的艺术现实"（加切奇拉泽，1987）。总之，文学翻译家大都强调一个"创"字，认为既然原作是创造而成的作品，译作也应经过译者的创造性劳动而得出。创造的目的，都是为了给读者提供具有美感的艺术品。但也有的文学翻译家并不赞成"翻译即创作"的观点，认为只有原作者才有权创作，译者必须绝对忠实于作者。因此，便出现了两种情况。一种是直译原文，认为只要照搬原文字眼，原文精神也就存于其中。主张或遵循这一做法的代表人物有德国的歌德、荷尔德林（Friedrich Hölderlin, 1770-1843）和我国的鲁迅。另一种情况是，由于深信"所有译者都注定会被两块绊脚石中的一块绊倒：他们不是贴原作贴得太紧而牺牲本民族的风格和语言，就是贴本族特点贴得太紧而牺牲原作"，因此认为"所有翻译都只不过是试图完成一项无法完成的任务"（洪堡，转引自 Wilss, 1982: 35）。在洪堡之前，意大利的但丁（Dante Alighieri, 1265-1321）也在其名著《飨宴》中明确指出，文学作品特别是诗歌作品是不可翻译的，因为每一篇文学作品都应当是独一无二的创作，无法移译成其他语言。如果一定要译，就必须进行加工。用 17 世纪英国诗人德南姆（Sir John Denham, 1614 or 1615-1669）的话说："诗的意味非常微妙，把它从一种语言移入另一语言时，它会全部消失；如果在转移过程中不添加一种新的意味，那留下的就只有些无用的渣滓了"（Denham, 1656/1997: 156）。这样，文学的不可译论又与文学翻译即再创作的观点合而为一了。

　　翻译的语言学解释起步晚于文艺学的解释。当然，这里所说的语言学是指现代语言学。从某种意义上说，前面提到的"通俗的翻译定义"也是一种语言学的定义，不过那是传统语文学的定义。现代语言学解释翻译实质的一个主要特点，是区分语言和言语两个概念，认为翻译是具体言语而不是语言系统的转换。两个较典型的有关翻译的定义是卡特福德的"把一种语言（源语）的文本材料替换成另一种语言（目标语）中对等的文本材料"和巴尔胡达罗夫的"把一种语言的言语产物（即话语）在保持内容方面也就是意义不变的情况下改变为另外一种语言的言语产物"。

这两种定义有个共同点，就是它们都认为翻译的直接对象是话语而不是语言。这一观点是基于索绪尔的语言理论，即把语言区分为"语言（langue）"即语言体系和"言语（parole）"即语言的实际运用。不容置疑，翻译中要处理的不可能是整个语言体系，而只能是具体的言语材料，因为人们所说的或所听的不会是整个语言，而只能是产生于特定场合、特定时间的具体的言语。指出这一点，就意味着说明了一个重要问题，即任何一篇翻译都必须产生于特定的上下文里。也就是说，译者必须受特定的原文作者、译文读者以及翻译目的等因素的制约。

卡特福德和巴尔胡达罗夫的语言学翻译定义也有两个不同点。第一，卡特福德使用的是"文本材料"，巴尔胡达罗夫则使用"言语产物（即话语）"。卡特福德指出，在一般情况下译者所翻译的并不是整个话语，即并不是用对等的译文话语取代原文话语，而可能在某个或某几个语言层次上使用不对等的译文材料。例如，把英语句子"What time is it?"（什么时候了?）译成法语的"Quelle heure est-il?"时，译文的语法和词汇与原文完全对等，但译文的书写形式与原文却不对等。从这个意义上，卡特福德的"文本材料"一说比巴尔胡达罗夫的"言语产物"即整个"话语"的提法更具灵活性。第二，卡特福德的定义避而不谈"意义"，因为他认为译文话语和原文话语不可能"具有同一意义"；而巴尔胡达罗夫却强调翻译中应当保持"意义不变"，因为"不同的语言集团周围的实在现实本身的一致之处大大超过了它们的不同之处，所以不同语言中意义的一致之处大大超过了它们的不同之处"（巴尔胡达罗夫，1985：6）。即是说，译文话语和原文话语是可以"具有同一意义"的。

然而，翻译中涉及的"意义"问题是一个非常重要的问题，不论从哪个观点看，它都是翻译学的重要研究对象，因此必须另辟专题讨论。这里只强调一点，即"意义"是一个含义极为广泛的概念，应当从多个层次如所指层次、实用层次、词汇层次、句法层次、修辞层次上来加以考虑。在翻译中还必须把意义的问题同其他因素如翻译的目的、对象、手段等联系到一起，这样才有助于实质性地解决翻译问题。

2. 描述翻译的过程

翻译的过程有两种，可指心理的过程，也可指实际操作的过程。对翻译的心理过程特别感兴趣的是翻译的心理学理论，它的目的在于研究人脑究竟怎样接收信息，又怎么转换信息，以便发现人脑中可能存在的转语机制，帮助人们对翻译的操作过程有最本质的认识。由于科学尚未发展到能对翻译的心理现象作出客观的描写，因此现阶段对翻译过程的描写主要处于一种设想阶段，大都通过语言学的方式用各种模式表现出来。例如，我国译界相当盛行"理解→翻译"的两步模式，这两个动作都在译者脑子里瞬间完成，好比脑子是一个"黑匣子"，进去的是原文，出来的是译文，但究竟原文语码怎么被破解，又怎么转换成了译文语码，却很难作出科学解释。西方译界在传统上也流行类似的模式，不过他们强调的是从原文到意义，再从意义到译文，意义是原文和译文的共同点或枢纽，转换就在这一点上进行。但到底怎么转换，同样也是个谜，于是"意义"就成了他们的黑匣子。

由于两步模式对翻译过程不能作出客观的令人满意的解释，人们便纷纷另辟蹊径，提出各式各样的其他模式，有三步、四步的，也有更多步的。比较有影响的，是奈达的"分析→转语→重组→检验"的四步模式。具体来说，译者拿到一篇原文，对其语义、语法、风格等层次进行分析，把经过分析的材料转换成译文语言，然后对这些转换过来的内容重新组织，使其符合译文要求，最后拿这篇译文同原文进行对照检查，使其在最大程度上切近原文信息，同时又做到行文自然。很明显，这种四步模式较为具体，比较能说明翻译的操作过程，至少能使人觉得翻译过程不那么抽象、难以捉摸了。但它的弱点仍然是没能从心理学角度解释清楚怎样进行转语。此外，它的第四步，即对译文进行检验，在许多方面涉及超语言现象的实际调查，例如，通过朗读译文、解释内容等方式征求读者意见，收集读者反应，因而已超越了心理学研究的范畴，更适合被视为实际翻译时可以采取的操作手段。换言之，这类多步模式与其说反映了翻译的心理过程，毋宁说只是说明了翻译的实际操作过程。

就现阶段的翻译理论研究而言，我们首先需要的正是这种能解释实际翻译操作过程的模式。从拿到一篇原文到产生一篇译文，到底要不要经过一个由分析到理解到转换到译文的过程？如果确认翻译是一个过程，那这个过程到底包括哪些步骤？什么样的理论模式最能客观地反映和解释这个过程？这些都是翻译理论必须解决的重要课题。本书第 5 章讨论到的"认知翻译学"途径，或许能对此提供有益的新思路。

3. 厘定翻译的标准

这是翻译理论的关键任务所在。在厘定翻译标准时，必须说明：（1）翻译标准的含义和功能；（2）翻译标准的层次和类型；（3）所定标准的适用范围。翻译是一项有规律可循的活动，人们通过实践认识这些规律，并对它们加以总结，确定出具有普遍意义的原则，以指导翻译的实际操作，衡量翻译的结果。为了产出理想的译文，译者在翻译过程中必须有明确的努力方向，在翻译完成后也必须有明确的尺度对译品进行衡量。因此，凡是翻译标准都应具备这双重功能。但不可孤立地谈论翻译标准。任何翻译标准的厘定，都不能脱离特定的上下文，特别是翻译的目的、所译题材的内容、译品的服务对象，等等。这样便产生了在什么层次上厘定翻译标准和可以厘定多少翻译标准的问题。回顾一下翻译研究的历史和现状，不难发现翻译标准的多样性。例如，国外提出的翻译标准主要有泰特勒的"译文应完全复写出原作的思想、译文的风格和笔调应与原文的性质相同，译文必须具有原文的流畅"。17 至 19 世纪流行于西方各国的"译本应当读起来不像译本、而像地道的原本"，和 21 世纪语言学翻译理论的"等值"标准、"行文对等"标准、"场合对等"标准、交际性翻译理论的"动态对等"即"灵活对等"标准、"功能对等"标准、"读者反应对等"标准、文艺学翻译理论的"艺术效果对等"标准、"译本应当使读者产生错觉"（即错把译作当原作）的标准等；国内提出的翻译标准主要有严复的"信、达、雅"、傅雷的"神似"标准、钱钟书（1910—1998）的把原作"化"成地道译语的"化"的标准，等等。为什么会出现这样或那样的标准？原因在于，翻译是一个复杂的、具有多种目的和多面功能的活动，绝不可从一个平面加以研究。任何想把某一特定标准举为绝对意义上的最高标准，或以不变应万变、死守教条的做法，都是不符合翻译法则的，是不科学的。苏联学者科米萨罗夫在这个问题上所坚持的立场，无疑是正确的。他在《翻译语言学》一书中指出，厘定翻译标准不应限制在一个方面，而要从五个方面加以考虑，即翻译的等值标准、翻译的体裁标准、翻译的言语标准、翻译的实用标准和翻译的约定俗成标准（Komissarov, 1980）。当然，这几个方面未必提得很全面，但我们必须分不同层次厘定不同的标准，这却是一个不容置疑的问题。是不是根本不存在可以普遍遵循的翻译标准呢？我们的回答是：肯定存在。因为不论是文艺翻译、宗教翻译、科技翻译，还是商业翻译、旅游翻译，终归是翻译，彼此之间不会没有共同的规律。我们的任务就是找出这些共同点，厘定各类翻译都必须依从的总标准。但这个总标准在各个低层次的具体标准中，可有不同程度和性质的体现。例如，假定我们的总标准是"一切译文都必须忠实于原文"，那么，在这个抽象的标准下，可以产生"忠于原文内容""忠于原文形式""忠于原文效果""忠于原文功能"等一系列的为不同目的服务的具体标准。

4. 关于翻译的方法

关于翻译的方法，指的是在翻译实际操作过程中具体采用的方法和技巧，直接牵涉译者的遣词造句、译文的结构布局，因此是译者普遍关心也是翻译理论不能忽视的部分。翻译实践中常用的译法各种各样，如增词法、省略法、重复法、转换法、变位法、分句合句法、长句切分法、从句的译法、习语的译法、外来词语吸收法，以及直译法、意译法、折衷法等。对于这些译法，翻译理论必须加以科学的总结，使之系统化、条理化，以利于译者掌握和运用。同时，翻译理论还必须把它们和翻译理论体系中的其他组成部分有机地联系起来，使方法服务于目的。

5. 关于翻译中各类矛盾的说明

这一条应当贯穿于翻译理论建设的整个过程。这些矛盾可以包括内容与形式的矛盾，目的与方法的矛盾，翻译忠实与不忠实、欠忠实的矛盾，翻译忠实与意识形态的矛盾，忠于原作者与忠于译文读者的矛盾，作者与译者的矛盾，作者、译者与读者的矛盾，译者与赞助者的矛盾，译者与出版商或编辑者的矛盾，等等。对于所有诸如此类的矛盾或问题，翻译理论至少在宏观层面，都必须能够做出合理解释。这应当被当成翻译理论一个不可或缺的构件，无论相关的翻译理论是属于语言学、文艺学、文化学、社会学、交际/传播学性质，还是属于任何其他性质。

最后，需要说明一点：虽然我们在前面说过，凡是完整的翻译理论都需要包含上述五个构件，但在对它们进行检验时却只有一个"量"的标准，而很难定下"质"的衡量标准。也就是说，我们可以硬性要求完整的翻译理论至少要对其中两三个主要部分做出理论说明，但说明到什么程度、能解决什么实际问题才算圆满，却无法做出完全客观的判断。也许正因为如此，翻译理论的科学性是不能用自然科学的尺度来严格衡量的。

第 4 章
翻译学视域下的翻译跨界生成与本质属性

我们在前面两章均讨论到了如何界定翻译的问题，讨论的目的是解释翻译的基本意义所在，但翻译研究却不能仅仅满足于对翻译做此种基本界定或定义，而更多地需要从浅层定义向深层内核延展，对翻译的本质意义进行深层挖掘。本章即围绕这一主题展开讨论，覆盖面涉及翻译的跨界生成与本质属性等多个方面。

4.1 翻译学视域下的翻译界域观

文化哲学著作《两界书》的开篇说："世有两界：天界地界，时界空界，物界意界，生界死界，灵界肉界，善界恶界，神界俗界，本界异界……"（士尔，2017: 3）。成中英（2018: 5）在评价该书的哲学思想时指出，它所呈现的学术资源"导向、生发、升华出一种文明沟通和文化融通的基本认知之学、界限之学"。刘洪一（2019）指出，《周易》中的阳爻阴爻、乾坤八卦，《周易·系辞上传》中的"一阴一阳之谓道"，《黄帝内经》中的阴阳离合论，均建立在"界"的思维基础上；儒家思想注重的仁、义、礼、智、信、忠、恕、孝、悌等概念，本质也是"界"的问题；佛学所谓人法界、天法界和佛法界等"十界"，亦是建基于有与无、色与空、圣与凡、常与无常等"界"的概念范畴；《周易参同契》融汇易、老、儒、金丹、气功诸说，其寒暑、魂魄、清浊、邪正、有无、期度、配位等概念，不仅突出事物界分之属性，也强调事物界分之"校度"。可以说，"界"是中国古代诸家学说的思想基石（刘博超、周杉，2019）。

因此，刘洪一（2019）认为，"界"是哲学范畴中的一种基本范畴（或称"元范畴"）。从定义上看，"界"是指对空间的范畴、阈值、限度等的"界定"。这就是说，对于世界万事万物，我们无一例外都可以从"界"这个"元范畴"的角度加以审视、认知和诠释。以"比较文学"学科范畴的定性为例："比较文学以'界'（民族、国别、文化、学科等方面）为学科的逻辑起点和认知形式,与哲学的基本范式和律则相通。可以说比较文学是一种典型的'界学',是'文学中的界学''界学中的文学'。"而随着翻译和翻译研究越来越为现代比较文学所倚重,翻译的本质及学科基础,又何尝不是可以通过"界学"思想来认知和识解的呢?

我们认为,可从两个层面来论述用"界学"思想来识解"翻译"本质和学科基础的适用性和合理性:一是相关概念的宏观层面;二是概念的具体内涵和表征层面。从"界学"概念之于翻译关联的宏观层面来看,翻译的界学思想涉及翻译的基本"界域""界限"问题,涉及翻译的基本意义之所在。在译学研究中,人们最关心的一个根本性问题是:何谓翻译?对于这个问题,我们在前两章已先后从"通俗的翻译定义""专业性的翻译定义"以及"使用译学比喻方式定义翻译"的多个层面进行了概括性讨论。

无疑,上述关于翻译的所有解释,都各有其生发缘由和存在价值。然而,如果我们换一个角度,从"界学理论"的认知角度来审视,就能为"翻译"概念提供另一个涵盖性更强的解释,这个解释并非旨在摈弃已有定义的合理部分,如将语际"转换"与"对等"视为翻译必须具备的基本条件,而是在满足这些微观或具体条件的基础上,从宏观层面对翻译的本质意义作如下概括性界定:所谓"语际翻译",是指人类跨语言文化、"一生二生无限多"的一个时空界域范畴。也就是说,除上述"转换"和"对等"两大必备条件外,语际翻译还有三个基本特质:(1)它是一个发生于语言文化"界域""界限"里的活动,是时空中无数人类活动的一个范畴;(2)它由一(即一个原文)[①]而生,译文可以是一(一个或一类译文),可以是二(两个或两类译文),也可以是无限多(无限多个或无限多类译文),共时历时概莫能外;(3)它自有界域(有范围限定的疆域),

---

[①] 一般而言,原文只有一个,但有时,原文/源文(本)也可以不止一个,而是两个或多个。例如,在新闻翻译中,一篇译文或目标文本的生成,有时可能来自多于一个消息源的杂合编纂。当然,翻译的常态是"一变多",此种"多变一"现象应归为"编译"或"翻译改写",属于特殊情况。

自带阈值（翻译构件受其绝对与相对属性限定）——并非任何一种目标文本都可被认为是"翻译"，也并非只有某一类目标文本才可被视为"翻译"。本书4.3节将审视翻译本质的"界域""界限"的内涵和表征。

4.2 翻译界域从"一"到"二"再到"多"

运用老子《道德经》（第42章）表述的宇宙观，我们可对世界万事万物的生成做如是描述："大千世界，实乃无生有一，一分二维，二合生三，三衍万物……"（士尔，2017：253）。我们将这一建基于老子哲学的界学理论用于翻译认知，无疑有助于更好地看到翻译的本质。全面审视和思辨翻译的活动范畴，我们不难发现，翻译的整个发生、存在和发展过程，无不充分反映了这样一个从无到有，从一到二、二到三，乃至无限多的演进过程。具体而言，在译界演进过程中，译文赖以为本的原文，其发生和存在源于从无到有的创作。语言中的任何原创作品（包括文学、哲学、科学等任何学科领域、任何题材的任何作品），如从中国的"四书五经"到古希腊的《荷马史诗》等，它们作为绝对意义上的原创，都是天然的、能被翻译的源文本，并且自古至今反复被译入不同语言。当然，能被用作翻译底本的源文本，并不局限于绝对意义上的原创作品。本身为译作的文本，亦有资格成为被二次翻译的源文本。只不过，当某个翻译作品被用作源文本供二次翻译时，它在目标语文化中的地位，也就相当于相对意义上的"原创"之作了。例如，古罗马时期的《通俗拉丁文本圣经》（*The Vulgate*），原本是罗马教父哲罗姆译自希伯来语《旧约》和希腊语《新约》的翻译文本，却在相当长的时间里取代了希伯来语和希腊语《圣经》文本，而被后世欧洲各国的《圣经》译者当成了原始底本；17世纪出版的《钦定版圣经》（*Authorised Version*）及20世纪出版的《修订标准版圣经》（*The Revised Standard Version*）等多个《圣经》的权威英译版本，均被很多语言（尤其是非洲语言）的《圣经》译者当成了原始底本。这就是说，无论是绝对还是相对意义上的"原创"，只要它们具有了"原创"身份，就都是"无中生有即为一"的产品。

就翻译的"元界别"而言，所谓"一生二"，可作两种诠释。将"翻译"诠释为一个行为范畴，此为"一"。其下包含两个次范畴，此为"二"：一为原文（原界）；另一为译文（译界）。这是关于"一生二"的第一种诠释。另一种诠释是将原文演化出的译文作为一个大的"译文"类别，其下也有两个次类别：一个是直译文（直译界），另一个是意译文（意译界）。从哲学层面看，"一分二维"之所以适用于识解翻译本质，一方面是因为翻译作为一个"元界别"或"元范畴"，须由原文和译文两个维度或两个界域方能构成；另一方面是因为从概念上看，虽然由原文（源文本）生成的译文（目标文本），不论生成多少，均属同一类别，即可统称为"译文"的目标文本类别，但在这个总体类别之下，所有目标文本却又可以在传统二分（二元区分）译论的关照下，依据翻译策略划分出"异化本"与"归化本"，或依照翻译方法划分出"直译本"与"意译本"，或依照所译内容的多寡划分出"全译本"与"部分译本"等。"异化本""直译本"之类的翻译文本，往往采取逐字直译的办法处理原文，文字表达尽量靠近源语体系，如杨宪益（1915—2009）、戴乃迭（1919—1999）的英译《红楼梦》，赛珍珠（Pearl Buck, 1892-1973）的英译《水浒传》，朱生豪（1912—1944）的中译《哈姆雷特》等。而"归化本""意译本"之类的翻译文本，往往采取灵活的、动态的手段处理原文，文字表达尽量靠近目标文本体系，如霍克斯（David Hawkes, 1923-2009）的英译《红楼梦》（《石头记》）、华兹生（Burton Watson, 1925-2017）的英译《苏东坡诗选》、卞之琳（1910—2000）的中译《哈姆雷特》、傅雷的中译《高老头》等。此类翻译的目的，在于将源文本的语言文化特质经过译者解读、消解，用符合地道目标语文化习惯的表达形式，再现原作内容，让目标语读者不费力气地去看懂、接受目标文本。

其次，我们立足翻译的这种界学视角，又能在以上从一到二的演进基础上,看到翻译界域、界限"一分三",以及"一分多或无限多"的演化进程。这与传统翻译理论中的三分(三元区分)、多分(多元区分)法是彼此相通的。正如翻译原型理论所认知的那样,翻译的范畴是由一种想象中的"翻译理想原型"和翻译实务中多个或无限多个"并不理想"或"不十分理想"的"具体翻译行为或产品"构成的(Snell-Hornby, 1995: 29-35; Halverson, 1999: 1, 2002: 30; 龙明慧, 2011)。因此,我们在"直译"与"意译"的二元区分之外,还可以有"直译""意译"与"拟译/模仿"的三元区分。所谓"拟译",是指模仿某个原文底本,用目标语进行书写或改写,书写、改写的方式和结果会让人感觉有关作品完全是目标语的本国作者所写的,不像或基本上不像是外国作品。例如,俄裔美国作家纳博科夫(Vladimir Vladimirovich Nabokov, 1899–1977)用俄语翻译英文作品《爱丽丝漫游奇境记》时,将书名变为《安妮娅漫游奇境记》,将故事中的英国少女爱丽丝背诵莎士比亚作品,改变为俄国小姑娘安妮娅背诵普希金作品,将英国的威廉大帝变成基辅中世纪的伟大王子弗拉基米尔,将英镑转换成卢布(Coates, 1999: 93-94; 李小均, 2003: 82-83);美国诗人庞德翻译李白的诗时,将《长干行》脱胎换骨成"The River-Merchant's Wife: A Letter",将《古风第八》改为"South-Folk in Cold Country"。这样的"翻译"作品,有时实际上等同于所谓"无节制的意译、活译",或"极端的意译"(李小均, 2003: 82-83)或"创造性叛逆"(谢天振, 1992: 32)之作,抑或其他一系列坊间常说的"创造性误译""创译""改写""重写",甚至"乱译"之作。

在翻译的"三元区分"基础上,我们还可以从其他角度来讨论翻译界域的多寡。"直译""意译"和"创译"等均为界限模糊、界域宽松且富有弹性的概念,因此它们都可以涵盖十分广阔的翻译实践空间。例如,在"直译"界域之内,可以有"死译""字译""词译"等;在"意译"界域之内,可以有"活译""自由译""地道译""功能对等翻译"等;在"拟译"界域之内,可以有偏离原意程度不一的各种"仿作""改写""重构""再创"

等。从某种意义上说,所谓"一千个读者(或译者)就有一千个哈姆雷特",也是说的上面这些意思。

然而,严格意义上说,"伪翻译/假翻译/虚构翻译"乃至"仿作"或"模仿"不应被看作翻译。但这涉及翻译范畴的深层次界定问题,我们将在下节做进一步讨论。这里只需强调一点:从一到二到多的演化,是翻译界域或界限内一个从一到多的固有进程。德国著名哲学家本雅明(Walter Benjamin, 1892–1940)在"The Task of the Translator"一文中曾说,"……译作缘出原作——但并非源自其原始生命,而是源自其后续生命……,原作的原始生命在译作中获得永续和常译常新的、极度丰盈的繁荣"[①](Benjamin, 1923/2000: 16-17)。也就是说,原作在译作中得以继续生存和发展。例如,作为中华文化宝典的"四书五经",其强大的生命力并不在于原作本身,而在于它们代代相传的诠释、训诂和"古语今译"。从南宋朱熹对"四书五经"的全面注疏(相当于语内翻译),到19世纪英国汉学家理雅各(James Legge, 1815–1897)将"四书五经"悉数英译,无不体现出伟大作品的伟大生命力。这些作品通过不断被诠释、被解读、被翻译(语内、语际,乃至符际翻译),才能生生不息,昌盛繁荣。同样,人类的文明、文化,也是通过翻译界域从无到有、从少到多的永续传递和演进,才得以不断向前发展与进化。

4.3 翻译的本质界分与圆融

上文已经指出,在严格意义上,"伪翻译"等类别并非翻译行为——这是由翻译界别的本质意义所决定的。那么,翻译界别的本质意义究竟

[①] 此处将英语原文 afterlife 译为更为准确的"后续生命",而非采用学界其他译法,如"原作的来世""来世""来世的生命""余生"等。笔者认为,本雅明相关用词 Überleben/afterlife 的原意不是"来世"(相对于"现世"),因为"来世""现世"之类的译词"虽然用来简洁顺手,却有令本雅明皈依佛门之嫌"(袁伟,2007: 52)。同时,它也不是有些学者(如袁伟,2007: 52)所建议的"余生"。"余生"一般指"晚年"或"(灾难之后)幸存的性命"。

是什么？这需要我们回到 4.1 节运用界学理论对翻译所作的三条相关界定来思考。其中第一、第二条已在 4.2 节中做了详细论述，此处只就其中的第三条做进一步探讨，即翻译自有界域（有范围限定的疆域），自带阈值（翻译构件受其绝对与相对属性限定）。正因为它是一个"界域"，受"界限"框定，"自带阈值"，所以我们既不能把它泛化，把所谓的"假译""伪译"归为翻译，也不能将其窄化，把亦步亦趋"忠实于"原文字面意义的"死译"算作翻译。

在此界定中，"界域""界限""阈值"为三个核心概念，我们对于翻译本质的讨论也都应当围绕它们展开。翻译作为一项人文活动和人文现象，必然有其表现的区域（即翻译的界域或疆域），并有边界对其加以框定（即界限或界线），这样才能确定这个界域、疆域有多大。与此同时，也必须对构成"界限""界线"的条件进行规定，才能确定相关的"界限""界线"可以出现在哪里（即翻译的最低或最高门槛，亦即翻译的所谓"阈值"）。

综上，我们可进一步做如下陈述。首先，翻译是一种"跨界"行为或现象，语际、语内、符际翻译莫不如此：语际翻译即跨不同语言的翻译；语内翻译即跨方言（地域方言，社会方言如大众语言、专业语言、行外话、儿童语言等）、跨时间（古语今语）、跨表达方式（习语白话、成语典故、通俗用语等）的翻译；符际翻译即跨不同符号系统（如言语系统、哑语手势系统、交通信号系统、计算机表述系统等——机器翻译应属此种类别）的翻译。因此，凡是不跨界的言语或非言语行为，均不能被看作翻译。例如，一句话被一模一样地反复说，只是机械地原地重复而没有"跨界"，因而不属于翻译范畴。如果换一种方式说同一句话，就成了翻译（语内翻译）；换一种语言说同一句话，就进入了语际翻译的界别；换一种符号表达同一意思，则成了符际翻译。这就是说，"跨界"——用传统译学语言表达就是"转换"——是构成翻译界别的第一必备条件。正因如此，任何并不源自任何源文本的、由作者"自编自导"出来的"伪译"或"假译"

作品，由于不具备从特定源文本"跨界"／"转换"而来这一翻译的"必备条件"，缺少了作为翻译的正当性，所以应当被排除在翻译，至少是严格意义上的翻译界别之外。

其次，在必须"跨界"或必须"转换自他者"的条件之外，翻译本质中还有另一个必须满足的条件——目标文本必须（至少在某种程度上）"对等"于源文本。没有了"对等性"，也就不存在"翻译"。换而言之，在"转语""转文化"过程中，目标文本必须在一定程度上"对等"于原文，这是翻译的初心所在，也是翻译本质所限定的。就此而言，撇开至今都无法推翻的严复所提的"信"的原则，单以名噪当下的翻译机的表现为例，就能说明"对等"或"忠信"的原则，应当始终被确立为翻译（至少就翻译本体而言）的一个"核心"原则——人们总是为表现良好的翻译机拍手称好。其原因是，无论是英译中还是中译英，它们在演示中的产出结果都高度"对等于"原发信息。假如翻译机在演示中产出的译文与原文在意义上不对等，或完全不对等，如把"欢迎参加我们的发布会"译为"今天天气真好"，那就很难想象相关专业人士会为此点赞。同样，在翻译教学、翻译质量测评、译员挑选等各种活动中，我们也很难不把"译文有否对等于原文"作为一个重要标准，来指导我们的翻译教学和测评。

当然，另一方面，作为一个行为界别，翻译是动态而非静态的，其发生过程会受各种因素的影响。例如，坊间常说的翻译目的、翻译的文化政治、翻译诗学、翻译赞助人、翻译服务对象等，都会以各种方式影响或制约着翻译行为。正如翻译目的论者在论证其理论的正当性时所指出的，翻译的目的可以是"忠实于"原文，也可以不是。当然，这种基于"翻译目的"、基于"目标文本／目标文化取向"的翻译观，也自有道理。事实上，任何一个图书市场都会有各式各样自称为"翻译"的作品，但实际内容或传递的意义与原作可能相差十万八千里。然而，读者大众只要看到书上标有"翻译"之类的字样，大都不会介意所读到的到底是真翻译还是假翻译、非翻译。就像想乘高铁旅行的乘客，他们首先关心的，是有无高铁可乘，乘坐起来是否舒适，而不会关心或特别关心所乘高铁是由谁制造的、在哪里制造、制造者有无制造许可等。

如果翻译的目的不是为了正确、准确地传递原发方的信息内容，而是为了取悦、服务接受者或接受文化的单向需求（不关心原发方说了什么，只考虑接收方自己想要什么），那么，所谓"翻译"当然可以超越"翻译"的自身本质，而进入完全"原创"的范畴，以"不对等"（或"欠忠实""伪忠实"甚至"不忠实"）的"译文"面目出现在目标文本体系中。在这个层面上，只要译者喜欢，就能像"原创"一样，无论怎么"创造性叛逆""故意误解、曲解""有目的地干预""背叛"源文本，或用翻译操控学派代表人物之一的赫曼斯（Theo Hermans, 1948- ）至今仍然坚持的话说，无论怎么"操控""随意改写"源文本，都是正确的（Hermans, 1985）。但换一个角度看，这已经超出了翻译的合理、合法"界限"，属于另一个层面，即文本创作和功用，而非翻译本质属性层面的问题，也就不再属于本书的探讨范围了。

4.4 翻译"转换""对等"属性的"绝对""相对"特征

从以上讨论我们了解到，"跨界转换"和"跨界对等"是翻译本质的两个基本属性。而不论在转换还是对等层面，翻译的这两个基本属性又都具备两个基本特征：一是"绝对性"；二是"相对性"。二者在翻译过程和翻译结果中相辅相成，互相作用。亦即说，就翻译本质而言，其基本属性既有绝对的一面，也有相对的一面：有些东西是翻译的绝对成因或要义，有些则是相对成因或要义。我们只要弄清并认同这两个基本属性，对涉及翻译的许多根本问题，包括目标文本与源文本是否对等、能否对等、在何种程度上对等，以及何谓翻译、何谓非翻译等，就能做出合理的解释。

我们在前面审视翻译的意义时即已指出，"语际翻译"的重要概念之一是"转换"或"跨界转换"。这是"翻译"的第一"绝对成因或要义"。也就是说，如果在特定的两种语言之间发生了"转换"行为，那么也就发生了"语际翻译"；如果特定的两种语言之间没有任何互动或"转换"行为发生，两者互为孤立，那么也就不会发生"语际翻译"。这个简单公式说明了一个最基本的道理：要发生翻译，就必须发生转换；没有转换，翻译就无从谈起。换言之，构成翻译的最基本的"绝对"条件之一，就是"转换"。中文的"翻"可解释为"翻转"，如北宋僧人赞宁所说，"翻也者，如翻锦绮……"（赞宁，1987：52）；所谓"译"，则可解释为"转变"或"交易"，即赞宁所说的"译之言易也"（赞宁，1987：3）。同样，英文的"translate"（翻译）一词的词源意义即"转变""传输"，实际上蕴涵了"转换"这个条件。也就是说，如果某个目标文本皆由特定源文本转换而来，即便目标文本与源文本之间的相似度甚低，我们仍可认为这个目标文本是译自相关源文本的。但如果目标文本并非由源文本转换而来，而是目标语中的原创，即使两个相关文本存在很高的相似度，我们也不能认为目标文本是某个源文本的翻译品，最多只能说它们彼此相似，或它们构成了一种"双文本"现象。在某种意义上，具有完全等同效力或作用的两个文本，是一种最典型的"双文本"。例如，《中华人民共和国香港特别行政区基本法》（简称《基本法》）的中英文版本。不考虑《基本法》中文和英文两个文本的实际形成过程，即撇开两个文本形成过程中孰先孰后、在语言学的层面是否互为译本的问题，至少从政治和法律的角度看，这两个文本是意义"等同"的，谁也不是谁的目标文本，或者说两者都是源文本。

再如，在严复的"信、达、雅"三原则（严复，1983：1）与18世纪英国翻译理论家泰特勒（Tytler，1790/1970）的翻译三原则之间，的确存在着很大程度的相似，以至于有人曾经怀疑严复的"信、达、雅"是否"译自"泰特勒的三原则，但由于至今没有真凭实据，我们只能说严复的"信、达、雅"与泰特勒的翻译三原则是彼此相似的"双文本"现象，二者均为各自语言体系中的原创文本。当然，特别就《基本法》中英文双语版本而言，或就特定作者的自译作品或根据同一主题撰写的双语创作、多语平行文本（如英国文学之父乔叟在 14 世纪用英语、法语、拉丁语三种语言撰写的同一题目的平行诗）而言，我们或许可以说，相关的"双文本"或"多语文本"其实都有一个共同的"源文本"，那就是存在于"撰写者"脑中的"思想文本"。把"思想文本"看作"源文本"的转换虽然也是一种宽泛意义上的"翻译"，但不属于本书讨论的严格意义上的"语际转换"或"语内转换"，甚至"符际转换"，因而不能被视作"翻译"。

另外，近年来国内出版市场出现了这样一种现象：出于某种商业目的，有些出版物常予人以"译自名家""译自名著"的假象，实际上却是没有倚重任何源文本的、由作者"自编"出来的作品。我们将此称为"伪译本"。"伪译"即"假翻译"，之所以是"伪造的""假的"翻译，是因为它缺少了"从特定源文本转换而来"这个翻译的必备条件。

然而，虽然"转换"是构成翻译的一个必备条件，即绝对条件，但如何界定"转换"，转换的"质"和"量"如何衡量，都是因人而异的相对条件。例如，在正常情况下把某个英语源文本翻译成中文，或把某个中文源文本翻译成英文，人们一般指望源文本的全部都会正确地转换成目标文本。但在实际翻译中，"百分之百"的"转换"，尤其是"百分之百"的"正确转换"并不存在。或许，我们可以把每个英文单词都转换成中文字，或把每个中文字都转换成英文单词或"类英文"单词（如汉字的拼音形式），但从绝对意义上看，一种语言中总是有些东西无法"转换"成另一种语言。形式转换了，音韵转换不了；音韵转换了，意义转换不了；意义转换了，形式又转换不了；等等。如《红楼梦·好了歌》的各个英译本，包括大家甚为称颂的杨宪益、戴乃迭译本和霍克斯译本，虽然不能说它们没有把"好""了"转换成英文，但也很难说它们把"好""了"所包含的一切信息都转换成了英文。再如，广州、深圳等城市地铁列车播报站名时，英文译名统一采用音译，如把"下一站是科学馆""下一站是世界之窗"等分别译成"The next station is Kexueguan""The next station is Shijiezhichuang"等。尽管我们通常也把音译界定为翻译,但它所涉及的"转换"只不过是一种"注音",并没有把源文本的意义转换过去,因此很难称得上是"百分之百"的"转换"。这就说明,在构成"翻译范畴"的条件或属性里,无论在不同语言之间、同一语言内部,还是在不同符号系统之间或之内,"转换"都是一个必备条件或必然属性,但"百分之百"的"转换"并不存在,"百分之百"的"翻译"也就不会存在。所存在的,是一个"相对"意义上的"转换"。

翻译本质中还有另一个必须"百分之百"发生的"绝对属性",就是目标文本与源文本之间的"对等性"。这是构成"翻译范畴"的另一个必需条件。就什么是"标准的""合格的"或"合适的"翻译而言,目标文本和源文本必须(至少在某种程度上)"对等"。就像"转换"是构成"翻译"的先决条件一样,如果没有了"对等性",也就不存在"翻译"。这一点我们在前文已经特别指出过。在此再次强调:假定某个目标文本号称是从另一种语言转换而来的,但两者间不存在丝毫对等之处,那我们又凭什么去判定该目标文本是从另一种语言转换而来的呢?严格地说,完全脱离或完全不同于源文本的"改写本"不能算作"翻译"。例如,冯小刚导演的电影《夜宴》似乎带有莎剧《哈姆雷特》的某些痕迹,但由于它既未涉及真正意义上的"语际转换",也不具备与莎剧人物、情节、场景真正"对等"的关系,因此就算有人认为它与《哈姆雷特》有某些相似之处,我们也不能把它当作"翻译"作品来评价。

或许,电影剧本《夜宴》本来就不是翻译作品,剧作者也未必要争当翻译者,因此评说它是不是译本也无实际意义。但在翻译的实际过程中,可能的确存在完全脱离,甚至违背源文本意思的"语际转换"现象,不论脱离和违背原意的做法是出于"无意"还是"故意",只要如此"转换"出来的产品与相关源文本之间没有任何"对等"关系,那它就应该被认定为不具备成为"合法"译品的资格。

不过，实际上问题并非如此简单。在评判"翻译对等"的问题上，我们只能说，目标文本和源文本之间的"对等"是判定目标文本是否属于翻译范畴的绝对因素或基本参数。但"对等"却是一个模糊概念，而不是精确概念。根据《现代汉语词典（修订本）》的解释，所谓"对等"，是指"（等级、地位等）相等"，如"（双方应派）对等人员（进行会谈）""（大学之间的）对等文凭""（医药行业要求）利责对等""（不同民族之间的）对等性"等。翻译中所表现出的"对等"，也正是这种非精确意义上的"对等"。

这样一来，在我们对翻译本质的认知中，"对等"作为"翻译"的二元"绝对成因"或"绝对条件"之一，其实际表征是在两个"百分之百"，即"百分之百的对等"与"百分之百的不对等"之间的任一表现形式。假定我们的命题是"译本即源文本在目标语中的对等文本"，那么此命题的含义就是：目标文本既不是与源文本"绝对相同"的文本，也不是与源文本"绝对不同"的文本。原因在于，假如某个目标文本跟某个源文本"完全相同"或"一模一样"，那么它就不可能是翻译，而是原作本身。按照一种看似荒谬实则符合逻辑的推理，假如一个文本跟另一个文本一模一样，那么它怎么可能是用另一种语言写的？反之，如果两个文本是用两种完全不同的语言写的，它们又怎么可能是"一模一样"的文本？同理，假如某个从源语"转换"来的目标文本与相关源文本毫无"对等"之处，那它根本就不是翻译产品，或者至少可以说它根本不是合格的翻译产品。

我们据此认为，在合理、合法的翻译界限里，翻译的本质意义是明确的，界分是清晰的。即是说：就翻译本体而言，并非任何一种目标文本都可不加区别地被认为是"翻译"，同时也并非只有某一类目标文本（如绝对地"忠实于"原文的文本）才可被视为"翻译"。翻译本质上具有圆融、灵活变通的特质，因为按照翻译"对等性"原则的约定，这一"对等性"虽为翻译本质中的"绝对属性"，但这一"绝对属性"在翻译行为中的表征却又是相对的。假定"百分之百对等"和"零对等"为两个极端,两者都超越了或不属于翻译的合法范畴,那么,在这两个极端之间,却可以存在多个或无限多个与源文本"相对对等"的目标文本。如果可以用百分比来量度,那么我们可以将此简单地诠释为:最高"对等度",即可将特定目标文本保留在翻译范畴的最高"阈值",自然会低于百分之百(因为百分之百"对等于"特定源文本的目标文本实际上是不存在的);最低"对等度",即可将特定目标文本纳入翻译范畴的最低"阈值",必定大于零(因为百分之百"不对等于"特定源文本的目标文本,实际上已经脱离"翻译"的"界限",也就自然不可称之为"翻译")。在此前提之下,也就是在满足上述两个"绝对"条件,即目标文本必须由源文本"跨界转换"而来,以及目标文本与源文本之间必须存在"(相对意义上的)跨界对等"关系这两个条件之下,"翻译"这个"界别"就形成了。也正因如此,我们在理论上就能把各种"对等"程度上的"跨界"转换行为,从"源文本的每一部分都为目标文本材料所替换"的"全译"(Shuttleworth & Cowie, 1997: 63)或"直译""死译",到目标文本大大短于或不同于源文本的各种所谓"变通式翻译""活译""变译",如"摘译""选译""节译"等(黄忠廉,2002),诸如种种都可以包括在"翻译"的界别或范畴里面。

换一个角度来看,既然任何一个经由"跨界转换"得来的目标文本都不可能绝对对等于源文本,那么可以说,所有翻译文本都是"部分对等于原文"的文本。因此,在任何翻译语境里,所谓"对等"实际上是"部分对等",即相对意义而非绝对意义上的对等。关于"翻译对等"所显现出的这种"相对属性",我们还可以通过对"第三形态"概念的解释来进一步加以印证。所谓"第三形态",是指产生于目标语文化与源语文化之间的一种形态,即传统意义上的翻译作品,但与传统意义不同的是,在"第三形态"的思想框架里,这个翻译作品不被看作必须首先依附于一种语言(源语)或另一种语言(目标语)的产品,而是具有自己独特身份的产品。这个翻译作品及其代表的文化身份既不属于源语,也不属于目标语,它是一种介乎两者之间的、相对独立的个体。

这个"第三形态"所蕴含的基本概念，在语言学和译学领域被广泛讨论过，如波波维奇（Popovič, 1976）的"中介语言"（mediating language）、达夫（Duff, 1981）的"第三语言"（third language）、弗劳利（Frawley, 1984）的"第三语码"（third code）、巴巴（Bhabha, 1994）的"中介状况"（in-betweenness）、艾柯（Eco, 1995）的"第三对比项"（tertium comparationis）、沃尔夫（Wolf, 2000）的"第三空间"（third space），以及其他各种常见提法，如"翻译体"（translationese）、"翻译腔"（translatese）或"译者腔"（translatorese）等，而这些说法又都可以追溯到本雅明（Benjamin, 1916/1979）的所谓"纯真语言"（pure language）。以前人们对这些问题的讨论，主要围绕语言问题而展开。而在探讨翻译本质的基本属性时，我们再次提出这个概念，主要是要说明翻译本质中的"相对性"或"翻译对等"的。"绝对属性"所包含的"相对"意义，不单涉及语言，还涉及文化。

打个比方，翻译的结果就像混血儿一样，它不可能是另一个体的"绝对替换物"。虽然在外表和性情方面，它会继承其"父母"的种种特征，但其身份却是相对独立的。将比喻推进一步：在"翻译血统"这个链条上，源语系统为母体，译作为该母体所生成的子代，目标语系统是子代的父体，没有父体的参与，新生儿（译作）就不可能成形。父母在生育过程中的相对角色和影响会决定这个新生儿到底长什么样儿，各种状况都有可能出现。如果受母体影响多，子代会拥有较多的母体特征；受父体影响多，子代就会更像父体。在极端情况下，一方面有逐词对译或词素对词素的死译；另一方面，也有面目全非的改写。更多的，应当是在两极之间的种种其他可能，包括杨宪益、戴乃迭夫妇的"异化式"翻译和霍克斯的"归化式"翻译。

从根本上说，两极之间的这无数可能的中间体，即这种在语言文化身份上与源文本并不完全对等、也无法完全对等、且与目标语并不完全同化、也不应完全同化的"第三形态",才是翻译者所应追寻的目标。大概,当这个"第三形态"以其最高"对等度"靠近源文本,即在形式、内容、意义、价值、神韵、词汇、语法、风格、功能、效果、读者反应等各个方面和层级都贴近源文本时,我们就能得到理想中的"对等"文本,也就是前文曾提到的"标准的""合格的"或"合适的"翻译文本。这或许就是存在于人们心目中的"翻译原型"。然而,在实际翻译工作中,所谓"最高对等度"和"最低对等度",乃至"对等度"本身,又都是无法从绝对意义上度量和控制的概念。于是,译者或译评者所能做的,就又回到了翻译"相对属性"的层面,即在尽可能多的方面和层级,而非在一切方面和层级上要求目标文本对等于源文本。

概而言之,翻译是一项具有"绝对"和"相对"属性的活动,这是一种翻译本质的辩证论。它的"绝对性"体现在传统和现代翻译定义所表述的"跨界转换"和"原意保留",以及意义保留过程所倚重的"跨界对等"概念中;它的"相对性"则体现在实际"转换"和"对等"的多方面、多层级特征上。百分之百的转换和对等不是翻译的本质要求,即使在可能作为抽象概念而存在的"翻译原型"或所谓"理想翻译"中,目标文本与源文本之间的对等也只能是一种"相对意义"上的对等。

实际翻译操作如此,对翻译文本的批评和的评判也同样如此。对于任何一部译作,我们都应当从多个方面而不是从一个方面来考察。以目标文本的受众为例:对一般读者而言,他们的兴奋点主要在故事情节上,因此以目标语文化为本的"归化式"译文或许最能被接受;而对专家、学者,特别是外语研究专家而言,他们可能有不同的喜好,着眼点不在于读故事,而在于研究源文本的语言文化结构,因而更倾向于以源语文化为本的"异化式"译文。这就是说,翻译家或翻译理论家们没有也不可能给翻译规定统一的标准,任何以"翻译对等"的绝对标准来衡量翻译的做法都是不符合翻译本质要求的。19世纪下半叶,英国在《荷马史诗》的翻译问题上出现过一场著名的论战。这场发生在纽曼(Francis

Newman, 1805–1897）和阿诺德两位学者之间的论战，主要涉及《荷马史诗》的英译应由学者评判还是由一般读者评判这一问题（参阅谭载喜，2004/2022: 134–136）。这场论战给翻译研究学者，包括文化研究学者带来一个深刻的启示，就是不要把翻译问题绝对化、极端化。他们各自的论点都是合理的，但他们所采取的原则、立场和方法各不相同，得出的结论也自然不同。对于这样的问题，只要采用翻译本质的辩证观，就不难得出最合理的结论。这，既是我们诠释翻译本质属性的"绝对"和"相对"特征的译学意义所在，也是指导翻译和译评工作的实际意义所在。

第 5 章
翻译学的研究途径

翻译学通过对翻译的性质、过程、方法等各个方面进行客观科学的描写和解释，提出和发展各种宏观和微观的理论，以指导和推动翻译实践更好地向前发展。翻译学作为一门学科的发展和完善，在很大程度上有赖于翻译研究途径或范式的发展和完善。因此，任何关于翻译学的理论探索或思想创新，都离不开在研究途径或研究范式上的探索或创新。所谓"翻译研究途径"与"翻译研究范式"，其英文对应名称分别为"approaches to translation"与"research paradigms"，在本研究的术语库里，这些语词被粗线条地用来表达同一意思，即都是指翻译学学科领域的方法论。具体来说，是指译学理论建构过程中所遵循或采用的认知视角、思想方法、行动路径、推理规范和论证方式的综合体。有鉴于此，且出于以下两个考虑，本章将主要使用"途径"而非"范式"一说来表达相关意思。一是为了避免因不同用词而出现论述混乱；二是考虑到"途径"一说乃本书原版基于笔者与尤金·奈达合著论文《论翻译学的途径》（《外语教学与研究》1987年第1期）所确立使用的语词，新版沿用此说不仅能确保这一重要概念在用法上的延续性，而且还能让笔者借此来表达对奈达作为该术语合著使用者的崇高敬意。当然，就术语覆盖的意义范围而言，本章在原有基础上进行了必要修订和大幅拓展，以体现在修订扩展过程中的与时俱进，以及印证书中相关章节（如3.3节、第5章，以及后记等）所反复强调的一个观点：翻译学不是封闭的科学，而是开放的，不断发展的；翻译研究的途径也因此是多方面的，呈开放状发展并不断增多的。本章所要聚焦讨论的是翻译学学科领域里最基本，也是笔者认为最重要的研究途径，主要包括涉及文艺学、语言学、交际学（传播学）、文化学、社会学、社会符号学、认知学、生态学、知识学及语料库、人工智能等学科领域的翻译研究途径。

5.1 翻译的文艺学途径

翻译的文艺学途径指运用文艺学理论研究翻译、解释翻译的途径，并提供翻译的文艺学理论。它的着眼点是研究文本的翻译效果，特别是源文本和目标文本在语言风格、修辞手段和创意特征等方面表现出来的艺术效果。该途径的基本研究问题是：应当使原文作者靠近译文读者，还是使译文读者靠近原文作者？即是说：应当改变源文本形式以迁就目标语言文化习惯，还是保留源文本形式以使目标读者对原语文化习惯有所认识？这一问题由来已久，直译与意译、死译与活泽之争，就是由它引起的。

具体地讲，翻译的文艺学途径首先着重研究的，是作品的语言风格，它涉及作品中的语域问题。所谓语域，是指特定语言形式的使用场合或范围。可从纵向、横向和纵横交错三个层面来讨论这个问题。所谓纵向层面，就是从时间发展的角度来看文学作品中语言表达的适用性，把语言形式分为今用语、过时语、陈旧语、古语、废语等层次。所谓横向层面，是指从同一时间平面来看作品中语言表达的适用性，把语言形式分为专业语、书面语、通用语、粗俗语或达官贵族语、社会上层语、社会下层语、平民百姓语、工人农民语、知识分子语、老人用语、儿童用语、男性用语（包括凸显所谓"男子沙文主义"的语言）、女性用语（包括所谓的"娘娘腔"）等。另外，可根据使用场合是否正式的标准来区分语体，如正式体、严肃体、非正式体、便体、亲密语等。而语体或行文风格的产生又往往与上述两个层次的纵横交错有关。例如，正式语体、严肃体交错着古语、过时语、废语和专业语、书面语；非正式语体交错着今用语、通用语、粗俗语；古时今时、纵向横向交错着上层下层、官话土语等各个层面、各个语域的用语。在文学翻译的研究过程中，研究者可以通过译文和原文在语言使用域、语体层次上的比较，评估译作所用语体或语言层次是否与原作保持了一致，是否反映了作品的人物、时代、民族风格和作者的个人风格。

其次，文艺学途径会聚焦作品修辞手段的研究。研究者会对译文和原文进行比较，通过分析、描写译文和原文在修辞格运用上的异同，揭示其中的规律，制定出某种规则或标准来指导翻译，评价译作。这种规则或标准主要有三类，即要求译者：（1）在最大范围里让源文本修辞手段在目标文本中符合目标语言文化规范；（2）在最大范围里让目标文本再现源文本的修辞手段；（3）前两者的折中。在第一种情况下，为了使目标文本符合目标语言文化规范，就要求译者摆脱原文形式的约束，把一切不合译文读者口味的异样表达形式统统改变成地道的目标语表达法。译者根据需要，可以替换形象或转换修辞手法。例如，把《圣经》译成新几内亚的某个语言时，有人极力主张把"牧羊人"译为"放猪郎"，因为目标语言文化里没有"羊"的现象，含褒义的相应概念是"猪"。说某某人非常狡猾，非洲的伊博语说某某人是"乌龟"，译成汉语或大部分欧洲语言时却须说某某人是"狐狸"，才算符合译语规范。在第二种情况里，译者的目标是把读者引向原作，使读者对原作的修辞手法有较直接或直观的认识，因此往往把源文本形象、源语结构搬进目标文本，只把它的语言外壳转换成目标语形式，其他不变。例如，有人在英译《暴风骤雨》时，把一处"男男女女都七嘴八舌地说出他们的惦记和盼念"，译成"With seven mouths, and eight tongues, all were talking together"；还有人在英译《水浒传》时，把"你在家时，谁敢来放个屁？"译成"When you were at home, who dared to come near and *pass his wind*?"（赛珍珠译文），以帮助读者了解原文在表达上的"洋味"。最后，译者既想保留源文本的特殊修辞手段，又想使新的表达法比较容易地被目标读者接受，于是通常采用直译加注或半直半意的做法。

文艺学途径的第三个重点研究目标，是文本的创意即创造性特征问题。这里的所谓文本创意或创造性特征，是指相关作品在其主题、风格和感染力方面可能表现出来的新颖性、独特性和丰富性特征。一般而言，凡是优秀的、值得译介的文学创作，都一定有其创新的主题和内容，别具一格的语言风格，以及丰富而强烈的文学感染力。文学翻译的任务，就是要让这些创造性特征从源语环境迁移至目标语环境，让源文本所呈现的独特形象再现于目标文本，让目标读者能够获得源语读者从源文本中所能获得的那种独特感受。

由于语言和文学作品充满属于自己的独特性，因此翻译起来往往会遇到作品"可译"或"不可译"的问题。在某种意义上，文学作品的翻译，尤其是诗歌的不可译性，历来都困扰着文学译者。但人们也同时知道，不可译并不等于、也不会等于不译，因为在人类的文学交往史上，翻译即使再难也从来都没有缺席过。后世欧洲对于古希腊、古罗马文学的传承和欧洲各国文学彼此之间的交往如此，我国佛教文学的输入和发展以及各民族文学间的和谐共融如此，中外文学的彼此互动也无不如此。这样一来，文学翻译的最大问题，其实并不在于作品的"可译"与"不可译"之间存在多么不可调和的矛盾，而在于译者如何看待这些矛盾，以及采用怎样的翻译策略和翻译方法来解决这些矛盾。译者所能采用的翻译策略通常包括异化／陌生化策略和归化／本地化策略两大类；翻译方法则五花八门，最常见的有直译、死译、音译与意译、活译、创译，字译、词译、句译、篇章或语篇译，全译、部分译、零译、缺译、不译，以及语言翻译、文化翻译、回译等。至于译者究竟应当如何看待作品的"可译"或"不可译"问题，由于它关联到两种相互对立的基本翻译观或基本认知模式，是文学翻译中的基本问题，因此需要给予特别关注。

就基本翻译观而言，文学作品的所谓"可译性"与"不可译性"，实际上可从语言和文化两个层面来区分，即分为"语言可译性"与"语言不可译性"以及"文化可译性"与"文化不可译性"。前者针对语言形式而言，包括语音、语素、词形、词法、句法、词汇、词语惯用法等方面的表现形式；后者针对相关文化的表现形态而言，包括历史地理、人文生态、信仰习俗、价值观念、思维方式、意识形态、审美情趣等方面的文化表现形态。

在语言形式方面，任何两种人类语言之间都存在彼此相同的东西，同时也存在彼此不同的东西。一般而言，相同之处构成彼此的可译性，不同之处则构成彼此的不可译性。例如，英、汉语两种语言在语音、词形或语义结构层面都存在同音词、同形词或一词多义现象，因此它们是可译的，但此种可译性一般存在于宏观的语言系统层面，在微观的言语（即具体话语）层面，它们却往往是互不对应、不可直译的。以词语双关意义的表现形式为例，2016年，美国人埃隆·马斯克（Elon Musk, 1971– ）为了解决美国地面交通拥堵问题，创建了一家通过挖掘多层地下隧道快速运输的地底轨道交通公司，起名 The Boring Company。其中 Boring 一词语义双关：既可指"钻洞"或"挖掘隧道"，又可指"使人厌烦的"或"无聊的"，两层意思在英语名称中可以同时解读到，能让人感受到它作为双关用语的风趣幽默，并因此特别博人眼球、易于记忆。但如果将其译成中文则只能二选一，或译为"钻洞公司"/"隧道掘钻公司"，或译为"无聊公司"，而不论怎么译都无法从前者解读到后者，或从后者解读到前者。

再如，人们熟悉的肯德基广告"（At KFC,）we do chicken right"，其中"right"一词更属于一词多义的范围。按照一般词典定义，该词可用作形容词，表示"正确的""正当的""正好的""右边的"等；用作副词，表示"正确地""径直地""刚好""在右边"等；用作名词，表示"公正""正义""权利""右边"等；甚至用作感叹词，表示"好的""对不""好哇"等。因此，上述简单一句"we do chicken right"不仅可以译为"我们的鸡做得很正宗"，还可以译为"我们做鸡的右半边""我们做鸡，朝右看""我们行使做鸡的权力""我们做鸡，你说对了"等。很明显，各个译文在意思上互不相同，彼此之间没有关联。

在这个意义上，英语单词 boring 和 right 在上述语境中所具有的一语双关性和一词多义性，是不可译的。同样，汉语中此类不可译的现象也比比皆是。例如，毛泽东的著名诗句"我失骄杨君失柳，杨柳轻飏直上重霄九"中的"杨柳"，借物指人，天然双关。又如，最能反映中国人特有语言智慧的歇后语，如"孔夫子搬家——净是书（输）""外甥打灯笼——照舅（旧）""和尚戴帽子——无发（法）无天""壁上挂帘子——不像画

（话）""河边洗黄连——河（何）苦""猴子学走路——假猩猩（假惺惺）""电线杆上绑鸡毛——好大的掸子（胆子）"等，它们巧妙地运用词汇谐音，幽默风趣，脍炙人口；而所有此类一语双关和一词多义的汉语特征都是不可或很难译成英文的。

其次，在文化层面，语言或文学作品的可译性基础在于不同文化之间存在彼此相同或相通之处；而不可译性的产生，则是由于不同文化之间存在着这样或那样的差异。文化间的相似性越大，彼此作品的可译性就越高；差异性越大，彼此作品的不可译性就越高。这就是为什么将莎士比亚作品译成法文或将巴尔扎克作品译成英文相对容易，而将它们分别译成中文则难度大很多的原因：英法作品之间固然存在语言表达形式上的许多不同，但英法文化却同属西方大文化，具有彼此相同和相通的文化大背景；而中文和英法两种语言之间的差异性不仅存在于语言层面，更是存在于包括人文历史、信仰习俗、价值观念、思维方式等在内的文化层面。

在某种程度上，上面所提因一语双关和一词多义形式而引起的语言不可译性，其实也是一种文化上的不可译性。由于语言是文化的一个组成部分，特定的语言表达形式如双关语、习语、成语、谚语、歇后语、典故、人名、地名、菜名等，都是特定文化事实在相关语言中的反映，具有独特的文化意义，因此具有不可译性。

当然，说得准确一点，这里的所谓文化不可译性，是指对于具有特定的文化含义的用词或文化特色词，不是指其意义根本不可译，而是不可直译，或者说不可按照字面意义来翻译。如果译者想对文化层面不可译的东西进行翻译，同时想达到正确的沟通效果和目的，那么就需要通过采用直译以外的种种其他方法如直译加注或意译、活译、深度翻译的方法，来补偿直译中可能出现的意义走样、歪曲或丧失。此外，如果译者在处理文化不可译性过程中走向与直译、死译相对的另一个极端，即对源文本进行随意的、彻底的改写或改编，使原本发生在源语文化环境中的故事改头换面，变成发生在目标文化环境中的故事，那么这同样也是译者需要避免的。这种需要避免的翻译叫"文化翻译"（Cultural Translation）或"文化翻新"（Cultural Reinterpretation）。例如，美国牧师克拉伦斯·乔丹（Clarence Jordan）英译了《新约》（The *Cottonpatch Version* of the New Testament）的大部分福音，译文堪称典型的文化翻译案例（de Waard & Nida, 1986: 41）：译者将源文本中的古犹太总督改为美国佐治亚州州长；将大祭司亚那和该亚法改为美国南方浸信会正副主席；将耶稣的故事改为他诞生在佐治亚州的盖恩斯维尔，在亚特兰大被一伙暴民以私刑处死。此种翻译有如将"梁山伯与祝英台"改变成"罗密欧与朱丽叶"，将"John and Bill"改成"张三李四"，都是超越了"合法"或"合理"翻译界限的文化改写。

在深层次上，语言和作品"可译"与"不可译"之间的关系，其实是一种相对的、辩证的关系，主要涉及译者的基本翻译观或翻译视角，以及译者的文学能力问题。对于文学译者而言，正确认识和理解这样一个基本翻译观或翻译视角，正确认识和理解作品"可译"与"不可译"两种属性之间的辩证关系，努力提高译者自身的文学素养和翻译能力，无疑是确保文学翻译获得成功的一个基本因素。

5.2 翻译的语言学途径

采用语言学途径研究翻译，重点是比较原文与译文的语言成分。如何把这种途径运用于翻译研究，在一定程度上取决于所采用的语言学的理论模式。例如，早期英国的伦敦社会语境派语言学理论认为，语言的意义是由言语使用的社会环境（the social context of situation）决定的。将这个思想反映到翻译研究领域，便构成了当时以弗斯（John Firth, 1890–1960）为主要代表的英国语言翻译学派的主要特征（参阅 Firth, 1956a/1968; 1956b/1968; 谭载喜, 2004/2022: 203–204）。再如，法国翻译理论家穆南受结构主义语言学影响，他的翻译思想和翻译问题分析方法也就表现出相应的结构主义语言学理论特征（参阅 Mounin, 1963）。美国翻译理论家奈达早期受乔姆斯基转换生成语法的影响，后来受西方20世纪中期广为流行的功能语言学的影响，其翻译理论也先后显现出明显的转换生成语法和功能语言学或交际语言学的特征（参阅Nida, 1964）。同样，英国翻译理论家纽马克着重区分的所谓"交际翻译"与"语义翻译"这两个概念，也是以交际语言学和语义学为理论基础的（参阅Newmark, 1981）。

更为经典的一个语言翻译学范例，是英国学者卡特福德于1965年提出的"翻译的语言学理论"。卡特福德受韩礼德（M. A. K. Halliday, 1925–2018）系统功能语言学框架下的语法范畴概念、普通语音学、音位学和层级结构学的影响，因此在他的翻译理论分析中也呈现出这几个方面的语言学特征。正由于卡特福德所提理论有着这样明显的语言学特征，同时它又是英语世界首个明确以语言学冠名的翻译理论，因而在相当长一段时间里，卡特福德的名字似乎成了英语世界乃至整个西方译学领域当代语言学翻译理论的代名词。

运用语言学途径来研究翻译，不论采用哪种理论模式，一个共同做法就是都会涉猎翻译中的语言问题，并对不同语言在语法范畴、语态表现、句子组织结构、词汇结构及敬语语义结构等层面的对比关系及翻译对应问题尤感兴趣（谭载喜、Nida, 1987: 25–26）。

语法范畴涉及词类、性、数、时态、语态、格、语序以及语言结构上的形合、意合等。汉语和印欧语言之间在语法范畴上存在明显差别。汉语不用词形的变化来表示不同的词类、性、数、时态和语格等。把汉语译成印欧语言，或把印欧语言译成汉语，就必须通过词汇变化来表达相应的语法关系。这从一个侧面说明，语言学途径的首要目的有如雅可布逊（Roman Jakobson, 1896–1982）所说，是研究如何"在不同的语言现象中寻求对等"（Jakobson, 1959: 233）。

在处理语态的问题时，不仅要研究主动变被动、被动变主动的表现形式问题，同时还要研究特定语态在不同语言里的使用频率、适用范围及其句法、语义功能等问题。例如，在英语科技文体里，被动语态用得特别广泛，因为在这种文体里，要具体说明的是受事或现象，而不是与之相关的施事。把这类文体译成汉语应当怎么处理？要不要使用相应的被动形式？用什么方式才能充分体现这个特定的体裁？这些也是必须解决的问题。

有的语言（如拉丁语）在语序上很灵活，句子成分无固定位置，彼此关系是由格来表明的。另一些语言（如汉语和英语）则有相对固定的语序，"主语在前，谓语在后"的规则不可轻易打破。

句子组织结构层面涉及语言的形合和意合特征，这是翻译中需要注意的一个重要问题。以汉英、英汉翻译为例。汉语是意合语言，遣词造句时较少使用连接词，句中从属、并列关系往往通过词序或逻辑意义加以表现；而印欧语言如英语多为形合语言，语句的从属、并列关系则多由连词、关系词表明。这两类不同语言互译时，要想使译文在句法上不过于"洋化"，就必须考虑各自形合或意合的特征。例如，英语说"We knew spring was coming *as (because)* we had seen a robin"或"*If* winter comes, can spring be far behind?"等，而汉语却趋向于不用连接词的说法："（因为）我们看见了一只知更鸟，（所以）知道春天快要到了"；"（如果）冬天来了，（那么）春天还会远吗？"当然。中译语句括号中的成分用上并不算错，但却会使译文显得不够地道。

词汇范畴的对等或对应问题是翻译研究中一个更基本的问题。无论是把词、词组、句子还是把语篇当作翻译单位，都离不开对词的关注和研究。词的同义、多义和语义双关现象、模糊现象，以及词的对等或对应现象、空缺现象、矛盾冲突现象等，都是语言学途径所关注的重点。这里特别要指出的，是有关所指标记的问题。不同语言特指某个事物时，往往有着各自不同的方式。有的语言特别喜欢用名词，有的语言又习惯于使用代词。就是在使用代词的问题上，也存在着各种差异。譬如，汉语和英语使用指示代词时，都是用一种二元对照系统，即都说"这"和"那"、"这个"和"那个"、"这里"和"那里"、"这些"和"那些"；而西班牙语则采用一种三元对照系统,即"*este*"("这个"——指靠近言谈者)、"*ese*"("那个"——指靠近听话人)和"*aquel*"("那边的那个"——指离得更远或靠近被议论的人)。有些语言里还有第四人称,用于指特定上下文里的第二个第三人称。

所指标记中最棘手的问题是尊称或敬语形式的使用问题。有的语言如汉语,至少有三个层次的敬语形式:一层对上级或长辈说话时使用;一层对同级或同辈说话时使用;还有一层对下级或晚辈说话时使用。有的语言如汉语和日语,敬语的使用不仅涉及话语活动中的对方或第三者,如汉语的"贵姓""贵庚""贵国""贵校""令尊""令郎""令爱""令兄""令侄""高堂""高见""高就""高足""大驾""大作""大札""拜读""拜访""拜托""奉还""奉送""惠存""惠赠""恭贺""恭候""恭请""垂问""垂念"等,还涉及言谈者自己,而涉及自己的敬语除少数用词如古代中国皇帝专指自己的"朕"以外,大多为谦辞——谦辞通过自我贬低的方式向对方表示敬意,基本功能与敬辞相同,如:"鄙人""鄙姓""在下""愚弟""小女""犬子""寒舍""不才""不足挂齿""不情之请""薄酒""薄礼""薄面""过奖""过誉""敢问""敢请""冒昧打扰"等。把这些敬语形式译成没有或少有敬语形式的语言如英语时,往往会出现欠额翻译,如将"贵姓""鄙人"分别译为"What's your name?"(你的名字是什么?)和"I/me"(我)时,英文中就没有了"贵"或"鄙"的涵义;反之,把没有或少有敬语形式的原文译成敬语形式丰富的语言时,则很可能出现超额翻译,如将"What's your name?"和"I"分别译成"(您)贵姓?"(What's your *honourable/distinguished* name)和"鄙人"(This *little* person),译文中的斜体字即为超额部分。如何在这种不同的语言现象中求得对等或者说求得怎样的对等,便是翻译者需要完成的一个重要任务。

以上所讨论的问题,仅仅是语际翻译中语言翻译学所覆盖的范围和研究对象的一部分,自然不会只局限于上述涉及的语法范畴、语法结构、词汇范畴、词汇和语义结构等层面的问题。语言是一个永远向前发展的开放性体系，翻译所涉及的语言问题也不会是静默的、固定不变的。然而，语言的翻译也并非无序或全无规律可循的。语言翻译学途径的终极目的和价值所在，就是立足语言翻译（包括语内、语际、符际翻译中涉及语言）中的语言本体，运用不断发展的语言学理论及其方法，并参照上述讨论模式，来对翻译过程中出现的各个层面的语言问题进行科学而合理的解释，进而从语言学的角度不断夯实翻译学作为独立学科的科学基础，并推动"语言翻译须以语言为本"的翻译观不断向前发展。

5.3 翻译的交际学（传播学）途径[①]

所谓翻译的交际学途径或翻译的传播学途径，是指运用交际学/传播学理论和方法来研究翻译的学科领域。立足该途径研究翻译，会把翻译看作人与人、族群与族群之间乃至语言与语言、文化与文化之间信息传递和思想情感交流的一种方式。在中国文化走出去、向世界讲好中国故事等国家战略不断深化的宏大背景下，研究领域还出现了一种与翻译的交际学视角略有不同而名声更为响亮的学科概念，即"翻译传播"和"翻译传播学"。

无论是"交际翻译学"/"传播翻译学"，抑或"翻译传播学"，它们都是横跨翻译和传播两者间的"间性""交叉"或"跨界"学科，因此其研究视角和方法也就兼有两者的特征。换言之，在这样的分支学科里，翻译传播者或翻译传播研究者运用翻译学和交际学/传播学的手段，对信息的语际（或语内、符际）传播特质展开研究，以确保目标文本达成与源文本一致的最终交际/传播目的。

从"交际学/传播学"早期人物拉斯韦尔（Harold Lasswell, 1902–1978）提出的"5W 交际/传播模式"（1948），到后来布拉多克（Richard

---

[①] 本节原以笔者与 Eugene A. Nida 的合著文字为基础撰成，本修订新版对原章做了较大篇幅的修改、补充和拓展，特此说明。

Braddock, 1939— ）根据拉斯韦尔思想拓展而来的"7W 交际/传播模式"，再到后来的"交际翻译学"/"传播翻译学"（或"翻译传播学"）代表人物奈达（Nida，1977）的"跨语传播模式与传播要素"，传播理论的核心思想，始终聚焦于传播过程涉及的各个方面，包括传播主体（Who/是谁说）、传播客体（What/说了什么）、传播受体（Whom/对谁说）、传播环境［What（circumstances）/在什么情况下说］、传播手段与目的［Which（channel）and What（purpose）/通过何种媒介说以及为何要说］、传播效果［What（effect）/有什么传播效果］等（Braddock，1958）。所有这些理论构件和元素，对于今时今日的跨语际翻译传播研究仍然具有很强的参考价值。

具体而言，按照以上思路建构的交际翻译学，其重点关注对象包括以下七个方面：（1）信息源点；（2）信息内容；（3）信息接受者；（4）信息反馈；（5）信息噪音；（6）信息传递环境；（7）信息传递手段。首先必须关注翻译中的信息源问题：作者是第一信息源，译者是第二或代理信息源。两者所处地点、时间、环境不同，但发出的应当是同一信息。第一源点即作者的唯一责任就是把自己的思想化为语言或文字；第二源点即译者则有双重责任，他必须准确地接收第一源点发出的信息，然后又准确地传给信息的最终接受者即目标文本或信息的读者或听者。

其次，必须关注信息的内容。在任何交际场合里，信息内容都会包括以下三个因素或三个构件：（1）言语因素（verbal elements），即指言语表达形式；（2）副语因素（paralinguistic elements），有时称为类语言符号/类语符号（semi-linguistic elements），即指非言语形式、但与言语相关的因素；（3）超语因素（extralinguistic elements），即指非语言的、与文化和语用场合相关的因素。以下对这三个因素逐一审视

所谓"言语因素"，是指构成信息传递主体"言语表达形式"，因为在语言翻译中离开了言语形式就无翻译可言。但言语因素只是信息的主体，而非全体。有时，"副语因素"和"超语因素"的重要性甚至超过言语

因素，口语交际中尤其如此。例如，言语者的音调、语气、口音、说话速度等副语因素，有时比言语形式更能说明言者是高兴还是悲哀，是激动还是惊讶，是心情迫切还是心情烦躁，是有涵养的人还是粗俗的人，等等。在书面语中，副语因素可包括有无错别字、使用哪种字体、公文中是否使用标准语言等。译文中如反复出现错别字，读者除怀疑是原作者或编辑、排字的差错外，主要还是会把它与译者联系到一起，从而对译文产生怀疑。其次，译文用什么字体排印也常常影响读者的反应。例如，文中插用黑体会引人注目，而关于激光的论文用篆书排印会令人费解。再次，正式文件如国家宪法、法律的翻译中如果使用不标准或欠标准的言语形式，则会破坏其权威性。至于超语因素，主要包括口语交际中的面部表情、手势、姿势、言谈者的紧张程度、言谈者与听话人的相隔距离和对视程度。在书面语交际中，超语因素多指出版物的版式、类型、装订、封面设计、纸张质量等。所有这些都会在读者身上产生某种效果，由此成为无可回避的信息构件，译者在信息交际或传播过程都必须加以考虑。

  语言学或交际学对上述副语和超语因素等语言文字外诸因素的分析方法，后来结合到英国语言学家韩礼德提出的系统功能话语分析理论中，逐步拓展成了当下颇为流行的"多模态话语分析法"（Multimodal Discourse Analysis）。"多模态"一词为"multimodal""multimodality""multiple modes""multi-modes"等英文用语的意译。按照这一理论，所谓"多模态"即"多种模式""多种方式"；而"多模态话语分析"，也就是指对"经（多种媒介模式或方式）调停的话语所进行的分析"（Mediated Discourse Analysis）。参与所谓"调停"而构成话语意义传播的不同媒介模态或媒介形式分为语言与非语言两大类：一是语言媒介，它相当于前文讨论到的"言语因素"或"副语因素"，但覆盖范围更广，因为对意义传播产生主体作用的"言语因素"不仅包括由人工自然声波和笔墨生成的言语符号，也包括由科技设备生成的言语符号，如计算机的文字输入和语音识别等；对言语主体意义表达起辅助、补充或强化作用的副语因素，不仅包括言语者声音的大小、口音、音调、语气、语速以及书写中的字体形状、有无错别字、用语是否标准等，还包括音响设备的声音大小、声音频率以及涉及字体颜色、插画配图、视频音频等其他媒介形式。二是非语言媒介，相当于前文所说的"超语因素"覆盖的内容，主要指话语者在意义表达上所使用的非言语手段，包括工具如使用话筒、教鞭等；环境如课室、会堂布局和座位安排等；肢体动作如点头、低头、摇头、对视、手势、目光漂移、展露笑容、龇牙咧嘴、来回走动等。总之，所有这些因素以多种形态得以呈现，对它们展开的研究常可称为交际翻译学／传播翻译学，抑或翻译传播学的多模态研究（multimodality research of translation and communication）。翻译中的多模态话语研究是一种既涉及语言／言语媒介方式，又涉及非语言／言语媒介方式的话语意义的分析方法，它强调不同媒介之间的互文、互动和互补性，通过对它们的综合分析，有助于在翻译中对相关信息内容进行更有效的传播。

信息接受者即读者或听者是交际学／传播学途径必须关注的第三个内容。为了对信息进行准确而有效的传递，译者在动笔翻译或口译之前应当弄清楚为谁而译。读者、听者各种各样，可以根据他们的知识水平和兴趣爱好分为多个层次，如专业读者、一般读者、高雅趣味、通俗趣味等，再根据各个不同的层次提供不同难度和风格的译文，其中当然也包括雅俗共赏的译文。但不管是哪种译文，都应当为特定的读者而作。交际性翻译的特点是，必须使译文在译文读者身上产生出原文读者对原文所产生的那种反应，译者的服务对象是译文读者，因此必须把外来东西译成地道的译文，搬进译语文化，而不给读者造成理解上的困难。例如，把英国人说的句子"It (something) is as important (to me) as a game of cricket"（这事如同板球赛一样重要）译成法语，交际／传意性译文为"C'est aussi significatif que de faire de la course àvélo"（这事如同自行车赛一样重要），译成中文则为"这事如同吃饭一样重要"。

再者是信息反馈问题。在口语交际中，听者的面部表情、身体姿势和一般听讲气氛等，往往能使言谈者得到重要的信息反馈。如果发觉听者不理解或不欣赏所讲内容，言谈者可以随时调整，以使谈话更能打动听众。在书面语交际中，信息反馈靠预测来获得。即是说，作者和译者可以站在读者的角度，充分估计哪些地方可能引起读者不理解甚至不赞成，然后做出必要的说明。

其后是信息噪音问题。影响信息有效传递的噪音有物理噪音和心理噪音两种。物理噪音指听得见的噪音，在口语交际或传播中可以严重干扰信息的准确传递。心理噪音是指听者、读者对某一交际活动产生的负面心理反应，如对话题不感兴趣、对某个说法不赞同、对言谈者或作者译者很反感，也指发出信息时干扰作者、译者思维的种种情绪和烦恼。要想顺利地进行交际，就必须排除这些噪音和干扰，比如在口语交际中远离噪音或增大说话声音等，在书面语中克服交际时产生的负面情绪，并事先根据特定读者对象作出可能的调整，尽量减少心理上可能产生的噪音。

信息传递环境是必须关注的另一因素。译者必须弄清原文是什么时候、在什么地方、在什么背景下为什么人而作的，再根据这些条件调整与译文场合、译文读者或听者的关系。例如，译者必须弄清楚，哪些话在原文背景里无须解释而换一种语言背景则必须增加解释才能被理解。译者必须正确处理好这种关系，如果过多地把原文中的内隐关系明说出来，会使译文读者误以为原文读者对有关信息也同样不懂；而如果对该明说的不明说，便可能导致对译文信息的曲解、误解或根本不理解。

最后，还有个信息传递手段的问题。也就是说，有关信息是口头言说还是书面表达，是通过电台、电视还是面对面的传达等，都是译者不可忽视的。一篇供舞台表演的戏剧作品可以译成专供阅读的剧本。如译成一个舞台艺术品，译文选词造句必须配合动作，意思也必须能立即被观众理解；如译成专供阅读的剧本，则可不必顾及措辞与动作的配合、意思是否一听即懂等方面的问题，因为读者关心的主要是作品的内容及其艺术价值，译者无须过多考虑作品的舞台效果，因而可较多地采用直译法和加注法处理原作难点。此外，译者的知名度、出版者的声誉、译作的出版形式等多种超语因素都与信息传递手段紧密相关，都是翻译的交际学或传播学途径所必须研究的重要方面。

立足交际翻译学的视角来审视翻译，还需要特别强调，翻译传播远远不是单纯的语言交流活动，而是一个负载文化和政治信息的、目的性很强的跨语交际行为。正如斯皮瓦克（Gayatri Chakravorty Spivak, 1942- ）所言，"翻译即（语际）传播的一个最重要特质，就是'翻译的政治性'特质"（Spivak, 1992: 179）。对于这样的认知，中文语境中其实早已有之，如20世纪50年代翻译家金人（1951: 9）就说过，"翻译工作是一个政治任务。而且从来的翻译工作都是一个政治任务。不过有时是有意识地使之为政治服务，有时是有意识地为政治服了务。"国家副总理陈毅曾经在谈论包括翻译在内的外语工作时也指出（陈毅，1962: 4-5），这是"政治而又带理论性的工作"，我们"不要把外语工作看得太简单，不要把外语工作看作技术工作，外语本身就是政治斗争的工具。"

因此可以指出，跨语交际或翻译实践的成功与否，需要翻译传播行为者能否从多个层面来思考和实践自己的行为，其中不仅包括如何处理好前面所提翻译行为的语言性问题，包括交际/传播过程中的"是谁交际/传播""交际/传播什么""为何要交际/传播""怎么交际/传播""为谁交际/传播""以何种方式达致最佳交际/传播效果"，以及具体交际/传播实践中需要重点关注的其他问题等，同时更包括如何从交际/传播行为的文化政治性维度来综合地处理好每一个交际/传播事件。

在错综复杂的国际情势下，如何以他者易于接受的方式向他者讲述自己的故事，是跨语交际或翻译传播践行者的使命和任务，交际翻译学的学科建设和完善，无疑能为翻译实践提供强力的理论支持。对于"交际翻译学"或"翻译交际学"/"翻译传播学"究竟应当归属翻译学还是交际学/传播学的问题，不宜以刻板眼光来看待，而应从辩证的、动态的相对视角来认定。不论使用何种名称来指称这一学科，皆应将它视作横跨翻译和交际/传播之间的"间性""交叉"或"跨界"学科。同时，在确认翻译即交际/传播这个观点的基础上，还需反复强调，跨语交际或翻译传播既是语言文化或跨语言文化的传播，更是文化政治或跨不同文化和政治体系的传播。翻译交际或翻译传播者需要透过文本和话语的表层语言文化现象，去挖掘被传播文本背后的文化和政治意义，并在交际或传播过程中正确地传递这个意义。

而关注和研究以上这一切问题，也就是翻译交际途径的主要任务之所在。

5.4 翻译的文化学途径

所谓翻译的文化学途径，是指运用文化研究理论和方法来研究翻译的途径。正如我们在 2.2 节讨论"文化学翻译定义"时所指出的，翻译并非纯粹的语言问题。即便在语言翻译（包括语内、语际翻译）的范围里，所涉及的也不会是单纯的语言问题。语言作为文化载体，与相关文化密不可分，语言翻译一定会涉及各种各样的文化问题，因此语言翻译也是文化翻译。但需要进一步指出两点：首先，此处"文化翻译"中的"文化"二字，是指传统意义上的文化，包括涵盖特定社会历史和风俗习惯的传统文化，如刘山在《翻译与文化》(1982)、王佐良在《翻译中的文化比较》(1984)、谭载喜在《文化对比与翻译》(1986)和《文学翻译中的民族形象重构："中国叙事"与"文化回译"》(2018)等文章中所说的传统文化；同时也包括奈达在《翻译问题中的语言学与人种学思考》("Linguistics and Ethnology in Translation Problems", 1945)和《语言、文化与翻译》(*Language, Culture and Translating*, 1993)等著述中所提到的各种文化，如生态文化（ecology）、物质文化（material culture）、社会文化（social culture）、宗教文化（religious culture）和语言文化（linguistic culture）等（Nida, 1945: 196, 1993: 91）。无论是前者还是后者，特定的传统文化元素都一定会以这样或那样的方式表现在与之相关的语言当中，形成反映特定民族语言、历史、地理、生活等方面特征的各种话语或语言表达形式，包括习语、成语、典故、谚语、歇后语、固定词组和惯用句型等。将这些表达形式从一种语言转换到另一种语言，归根结底，就不是一个单纯的语言问题，而是一个如何通过语言形式来表述文化的问题。这就是为什么文化翻译学强调语言翻译也是文化翻译。

其次，还需强调，虽然文化翻译常被认为在意义上相当抽象而笼统，但如果立足上述将语言视作文化载体，即认为文化通过语言得以表征的观点来评判，它又并不抽象、笼统，而是一个指称意义相当具体的概念。即是说，文化翻译中所翻译的对象，不是抽象或笼统的文化，而是承载特定文化意义的话语或语言形式，即上面所说的习语、成语、典故、谚语、歇后语、固定词组、惯用句型等形式。因此，在具体的翻译实践层面，文化翻译即文化特色话语翻译（the translation of culture-specific discourse）。

在文化翻译的操作过程中，译者的最大挑战是确定应当采用怎样的翻译策略和翻译方法，才能正确地将文化特色话语从一种语言转换到另一种语言。要确定这些策略和方法能否正确有效地进行此种文化翻译，还需考虑为谁译、为何译、为何种效果译等多方面的因素。以毛泽东名句"我失骄杨君失柳，杨柳轻飏直上重霄九"的英译为例。如为一般读者、一般欣赏目的、一般文学效果而译，那么译者的遣词造句就一定不会同于为学生读者而译、为学习汉语、解释原意而译，也不会同于为文学专家、为出版发行、为产生艺术感染力而译。以下是反映这些不同因素的对于相关文化特色话语的几种可能译法：

(a) I lost Yang my wife and you your husband Liu, who passed gently to the high skies.

(b) I lost my proud Poplar/Yang and you your Willow/Liu.
Poplar and Willow fluttered softly to the Ninth Heaven.

(c) I lost my darling wife while you your beloved husband, who soared above to heaven.

笼统地说，(a)和(b)采用的均为异化翻译策略，因为对于"杨"和"柳"这两个源文化特色词的处理，它们分别用音译加意译、音译加直译的方法，保留源文化的明显标识，使目标文本成为一种"透明"(transparent)文本，目标读者能透过它看到源文本的样子（Shuttleworth & Cowie, 1997: 35；谭载喜，2004: 50）；(c)采用的则是归化翻译策略，因为"杨"和"柳"被分别转换成符合目标语表达习惯的"my darling wife"和"your beloved husband"，让目标读者感觉到是在阅读属于目标文化的内容。至此，无论是(a)、(b)还是(c)类翻译，都可以被视作传统意义上的文化翻译，并且在本质上都属于翻译的合法或合理(legitimate)范畴。但如果超越(c)类的翻译范畴往前再走一步，将中国人名"杨"和"柳"彻底归化为目标语文化中的人名，如将它们分别转换为"Margaret"或"Rebecca"和"Gregory"或"Richard"等，那么虽然也同样能将此定义为文化翻译，但其在本质上属于何种文化翻译，以及这样的文化翻译还能不能被继续视为属于合法或合理的翻译范畴，这无疑是文化翻译学需要进一步探讨的问题。

　　按照我们前面所做的解释，所谓翻译就是转换，是指换一种方式来表达意思，包括同语之内、异语之间或不同符号系统之间的转换。以此定义来解释何为语言翻译，不会产生歧义，也不致引起争议，因为语言翻译就是语言（话语）转换。例如，包括前面所提(a)(b)(c)三种文化特色话语翻译在内的英中、中英翻译，都属于语言亦即话语层面的转换。但如果以此方式来解释"文化 + 翻译"，认为"文化翻译"就是指将源文化转换成目标语文化，那么问题就有争议了。因为在翻译过程中，如果将异族文化元素转换成了地道的本族文化元素，例如，在以上译例(c)的基础上再往前一步，将中国人名"杨"和"柳"转换为"Margaret"或"Rebecca"和"Gregory"或"Richard"，或者将"Romeo and Juliet"（罗密欧与朱丽叶）中译为"梁山伯与祝英台"，将"破釜沉舟"英译为"Crossing the Rubicon"（穿过卢比孔河），或将"God bless you"转换成"菩萨保佑"等，那么这样的转换还能被视为属于翻译范畴而不受挑战吗？

显然，这值得怀疑！因为按照翻译的忠信原则，既然目标文本中完全没有了源文化的踪影，或"在译文中增加了原文在语言意涵上并不存在的东西"，那么此类行为就不是"忠信／忠实翻译"（faithful translation）的行为，因此也就不属于合法或合理的翻译范畴（Nida & Taber, 1969: 134）。但这样就会围绕文化翻译的概念出现一个似是而非的悖论：一方面，根据上述有关翻译忠信原则，文化翻译应被剔除出合法或合理翻译的范畴；但另一方面，文化翻译概念却又实实在在地存在于译学领域，相关用词已被收入译学辞典，也常见于各类译学著述中（Nida & Taber, 1969; Shuttleworth & Cowie, 1997; Said, 1982; Spivak, 1992, 2000; Bhabha, 1994; 王宁，2022）。此外，在实际的翻译世界也的确存在此种可称为文化翻译的行为。例如，《从一种语言到另一种语言》（de Waard & Nida, 1986: 41）一书中就讨论过两则有关这种行为的典型例子：一则是关于美国牧师乔丹（Clarence Jordan）如何用美国南方方言翻译《新约》；另一则是关于法国人帕芒蒂埃（Roger Parmentier）如何将《旧约·阿摩司书》译成法文。乔丹在其《棉花地福音书》（*The "Cotton Patch" Gospel*）译本中将源文本中的古犹太总督改为美国佐治亚州州长，将大祭司亚那和该亚法改为美国南方浸信会正副主席，将耶稣的故事改为他诞生在佐治亚州的盖恩斯维尔，在亚特兰大被一伙暴民以私刑处死；帕芒蒂埃在其现代法译文本中，将先知阿摩司转换成一介城郊农民，他竟然在第三次世界大战爆发前两年的苏联勃列日涅夫和美国卡特时代，在法国吉斯卡尔·德斯坦总统联合政府的执政时期，向法国基督徒传道！

要解决或合理化这种似是而非的问题，翻译的文化学途径需要以更广阔、更包容的视角来审视文化翻译的本质特征和意义。在这样一种广阔而包容的视角下，文化翻译被认为是一个既具翻译性又具文化性的活动和概念，其翻译性和文化性又必须以相对而非绝对的眼光来审视。例如，作为翻译性活动，它受制于翻译忠信原则的规约，因而只有忠实再现原文意义而又不改变源文化元素的行为，如前面所说（a）（b）（c）三种方式中的文化特色话语翻译行为，才能被视为合法或合理的翻译行为。但这并不等于要将不忠实、欠忠实或伪忠实的翻译行为彻底剔除出翻译范畴，因为这些翻译在表征上仍会被视作"翻译"，只是由于"变了质"而不属于所谓"合法"或"合理"的翻译范畴了。再如，作为文化性活动，它可以一方面受制于源文化约束，采用"异化"或"陌生化"的手段将源文本搬入目标环境，让源文化在陌生的目标土壤里落脚、生根；另一方面，它也可以抽离或摆脱源文化的束缚，让目标文本创作者依循自己的文化惯习，依循目标文本的文化规律和规范，创作出能满足目标读者阅读预期，并为他们接受和欣赏的文本。这种行为常被视为典型的现代文化学派视域下的文化翻译行为。按照文化翻译学派代表性人物图里的观点来解释，所谓翻译作品，是指"在目标体系中被展现为或被视为翻译作品的任何一个目标文本，不论它是根据什么来翻译的"（Toury, 1985: 20）。也就是说，一切译作都是目标文化而非源文化里的产品。只要相关作品在特定的目标文化中被认为是翻译作品，那么它们就是翻译作品，即使它们彻底背离了特定的源文化，或者根本就是"无中生有"的"伪译"之作。

应该说，在当前"文化研究""文化学""文化政治"盛行的时代，翻译的文化学途径是一个具有重要意义的概念。但此处的"文化"，与前面涉及"文化特色话语"翻译中的"文化"概念不完全相同。这个意义上的"文化学途径"最早出现于20世纪80年代，由翻译研究的文化学派提出和发展，代表性人物主要包括勒弗维尔、伊文佐哈（Itamar Even-Zohar, 1939– ）、图里、巴斯内特、斯内尔霍恩比（Mary Snell-Hornby, 1940– ）、韦努狄（Lawrence Venuti, 1953– ）、赫曼斯等学者。后来，巴斯内特和勒弗维尔更是认为，不仅在翻译研究领域出现了文化转向，而且随着文化学者在研究中越来越重视翻译和翻译研究作用，也就相应地出现了"文化研究的翻译转向"（the translation turn in cultural studies; Bassnett &

Lefevere, 1998）或文化研究中的"翻译学转向"（王宁，2022: 12），其中的标志性人物除上述各位翻译学者之外，还包括以文化学者著称的赛义德（Edward Said, 1935–2003）、斯皮瓦克、巴巴（Homi K. Bhabha, 1949– ）等人。但无论是所谓翻译文化学派或翻译/翻译研究的文化转向，还是所谓文化翻译学派或文化研究的翻译/翻译学转向，其实都谈不上存在组织严密的派别，也谈不上有标志明显的转向。之所以出现这样的名称，是因为在同一个翻译或文化研究发展时期里，有相当一部分学者不约而同地或相互影响地在各自的研究中，凸显出了对翻译的文化界面或文化的翻译界面的重视。集中反映这一学术倾向的代表性作品包括：勒弗维尔于1977年和1992年先后编辑出版的《德国文学翻译传统：从路德到罗森茨威格》（*Translating Literature: The German Tradition from Luther to Rosenzweig*）和《翻译、历史与文化论集》（*Translation/History/Culture: A Sourcebook*），以及1992年著述的《翻译、改写以及对文学名声的制控》（*Translation, Rewriting and the Manipulation of Literary Fame*）；伊文佐哈与图里1981年合编的《翻译理论与跨文化关系》（*Translation Theory and Intercultural Relations*）；赫曼斯1985年编的《文学的操纵：文学翻译研究》（*The Manipulation of Literature: Studies in Literary Translation*）；图里1987年编的《翻译理论与跨文化关系》（*Translation Across Cultures*）；巴斯内特与勒弗维尔1990年合编的《翻译、历史与文化》（*Translation, History and Culture*）、1998年合编的《文化构建：文学翻译论文集》（*Constructing Cultures: Essays on Literary Translation*）；斯内尔霍恩比等人1997年合编出版的《翻译作为跨文化传播》（*Translation as Intercultural Communication*）；赛义德1983年发表的《世界、文本和批评家》（*The World, the Text, and the Critic*）；斯皮瓦克1987年出版的《文化政治论集》（*In Other Worlds: Essays in Cultural Politics*）；巴巴1994年发表的《文化的位置》（*The Location of Culture*）等。这些作品大都为文集作品，并且其中并无单一作品可被公认为文化翻译学派的旗舰作品，但是，由于20世纪70至90年代整个学术领域均受文化研究这一学术潮流的强力影响,各部作品的文化意图和内容十分明显。各个作者或编撰者又均为已有相当成就的名家,而且被录作品的作者人数众多,因此在翻译和文化研究中就自然形成了各自的"文化转向"或"翻译/翻译学转向"。上面所提围绕文化问题展开研究的各个作者和编者,后来也就被松散地视为代表性人物,构成了翻译研究中的"文化学派"或文化研究中"翻译/翻译学派"。

翻译文化学或文化翻译学研究途径的理论核心在于,不再把语言对等作为翻译转换的必备条件,而是将翻译的着眼点从文本的语言性(或语言间性/跨语言性),转向文本的文化性(或文化间性/跨文化性),也就是将翻译的关注重点所在,从语言层面对源文本的忠实,转向目标文本产生过程中对相关社会和文化层面,尤其是对目标文本在目标文化中的接受性以及对目标文化构建作用问题的考虑。

就其研究对象而言,翻译的文化学途径主要关注翻译诗学、翻译赞助、翻译意识形态、译者行为、译者权力、译者利益、文本操控、翻译规范、翻译伦理、翻译目的、翻译审查、翻译功能、翻译价值、目标文化、目标受众等一系列涉及翻译话语体系和翻译文化政治方面的问题,从而将翻译和翻译研究的关注点从单纯的文本间性和语言间性,大幅拓展至超越文本和语言的宏大文化和文化政治层面,亦将翻译问题首先作为文化政治而不是纯语言操作范畴里的问题来进行研究。

需要强调的是,文化翻译学的本质价值在于,它不仅能从上述非传统意义的文化视角来诠释翻译,更重要的是,正如前面所讨论到的,它还能以综合的、全面的眼光来审视翻译和文化。它既能从非传统的文化政治层面定义翻译的文化性和超语言性,又能从基本的、传统的语言交际层面定义翻译的语言文化性和需要在翻译过程中采取的策略和方法;并因此既不让文化翻译成为完全抽象的、无可操作的一个概念,又不把它困死于"语言的囚笼"(王宁,2022: 35),而扼杀了它的跨文化原创力。也只有这样,文化翻译学才能不断向前发展。

5.5 翻译的社会学途径

翻译的社会学途径与翻译的社会符号学和社会语言学途径有相同相通之处，即它们都涉及"社会"这个核心元素并从此角度来研究翻译。所不同的是，翻译的社会学途径主要关涉影响文本（源文本和目标文本）生成的宏观或宏大层面的社会属性，翻译的社会符号学或社会语言学途径则更多地关涉影响文本（源文本和目标文本）生成的各种超越却又与文本密切相关且赋予文本意义的、微观的、具体层面的社会文化和语用现象。

然而，人们对翻译的社会功能或社会属性的最初关注，并非起于这一现代意义上的社会学途径。纂于战国中晚期泛论先秦礼制之作的《礼记·王制》有如此记载："中国戎夷，五方之民，皆有其性也，不可推移。……五方之民，言语不通，嗜欲不同，达其志，通其欲：东方曰寄，南方曰象，西方曰狄鞮，北方曰译。"这段文字常被引用为我国最早关于翻译活动和翻译命名的记载，但对其细作分析，我们也不难发现，它不仅仅是对我国最早翻译活动和解释何为翻译的一种历史记载，还是对"为何翻译"这一涉及翻译起因和社会功能的解释——"中国戎夷，五方之民，皆有其性也，不可推移"，彼此"言语不通，嗜欲不同"，因此为了促成相互来往，打通"戎夷"隔膜，增进彼此友谊，达致和平幸福共处的目的，便催生了协助"中国（即中原）戎夷"沟通的"翻译"这一跨语传意的社会行当。

同样，15至16世纪欧洲著名神学家伊拉斯谟在其翻译的《圣经·新约》译序中写道："但愿每一个妇女都能读到圣保罗的福音和使徒行传，但愿能把它们译成所有的语言，不仅为苏格兰人和爱尔兰人懂得，而且也为土耳其人和阿拉伯人懂得，但愿农夫能在犁边吟诵《圣经》，织工能在织布机边用《圣经》驱散心头的烦闷，旅行者能用《圣经》消遣以解除旅途的疲劳"（转引自Schwarz, 1963：13；参阅谭载喜，2004/2022：63）。乍一看，伊拉斯谟主要关心的是如何让圣经译成欧洲各民族语言，让各民族受众都能读到圣经，但换个角度审视，就会发现伊拉斯谟的相关言论其实还反映出一个翻译的社会观：就翻译的受众文化而言，不同的社会或社会受众，往往要有符合他们需求的翻译表现形式。诸如以上这样的历史事例无不说明，翻译活动在根本上是由人际沟通需求所引发的一种社会活动，因而翻译的社会性就是翻译的一种本质性特征。

从20世纪70年代起，翻译研究者开始越来越关注翻译的社会性，把现代学理意义上的社会因素作为影响翻译过程的重要因素来研究。到了20世纪90年代，研究者们更是系统地借用现代社会学理论，尤其是布迪厄（Pierre Bourdieu, 1930–2002）的社会实践理论来审视翻译问题。翻译的社会学途径主要立足于将翻译视为人类相互交流的社会实践活动，从社会层面研究翻译所涉各个主体（包括译者、作者、读者、翻译项目组织者、赞助者等）之间相互调停、斡旋和整合过程的社会性，并对影响翻译活动发生和发展的宏观社会因素和宏大社会体系进行描述和解释。

迄今为止，翻译的社会学途径较明显地带有西方社会学理论框架和研究方法的痕迹，主要影响来自布迪厄、拉图尔（Bruno Latour, 1947–2022）、卢曼（Niklas Luhmann, 1927–1998）等人的社会学理论，包括布迪厄的社会实践理论（Theory of Practice）、拉图尔的行为体网络理论（Actor-Network Theory）和卢曼的社会系统理论（Social Systems Theory）。布迪厄社会实践理论（Bourdieu, 1990, 1991, 1999）关照下的翻译观认为，每个译者都有自己的生境或惯习（habitat）和各种资本（capital），包括经济资本、文化资本和社会资本。译者带着自己的惯习和资本，运作或实践于各种场域（field）如语言场域、文化场域、教育场域、政治场域、美学场域、法律场域、宗教场域等，从而形成特定的翻译场域。在众多译者作为群体一起实践的作用下，此种场域即构成翻译规范。带有各自惯习和资本的各个译者，继续运作和实践于各个翻译场域，于是会打破既有的翻译规范。翻译活动作为一种社会实践活动，就这样周而复始，不断向前演进。

依照拉图尔社会学思想的行为体网络理论（Latour, 1987, 2005）来解释，翻译犹如科学，是人类的一种社会实践。实验科学家的存在，皆因有其他人在实验室以外的社会从事科学活动。同样，译者的存在，也是因为有翻译行为体以外的其他社会行为体参与到翻译当中来。这些社会行为体包括具备行动力的人（即能动者/行为者），如作者、读者、项目组织者、赞助者或译者团队中的其他成员等，以及不具主动行为能力的非人物体或因素，如翻译工具（如翻译机器、字典等）、翻译指导思想、译者的意识形态、特定的翻译文化政治、翻译市场需求等。人和非人两种行为者或行动者（actors）可统称行为体或行动体（actants）。各个行为体在翻译过程中相互作用并形成网络，像网络的各个节点或网点一样，既各自独立又互为关联。译者作为网络节点之一，在特定翻译实践活动的网络中担任主要角色，不能孤立地考虑译者自身行为，而是要将自己置于社会这个大的视域之下，运用宏观与微观相结合的动态网络分析方法，调动特定翻译实践网络中各个行为体的相互有机配合、协同运作，最后产生出尽可能符合各方期待的翻译产品。

同理，按照卢曼的社会系统理论（Luhmann, 1995, 2000, 2013），任何一种组织都构成一个社会系统，每个系统又包含许多个分支系统或次系统，而翻译作为一种社会实践活动，也就是一个社会系统或社会次系统。像其他社会系统一样，翻译系统也具有"自我指涉"（self-reference/self-referential）和"自我创生性"（autopoiesis/self-creation）等本质性特征。在作为翻译系统构件的翻译实践与翻译话语中，两者都能自我指涉，即都能回指先前已有的翻译实践和理念。例如，要判断某个行为是否为翻译行为或某个文本是否为翻译文本，总会参考先前已被接受的翻译行为或翻译文本，并引发对新的翻译行为和文本的期待。新的翻译也就在此自我指涉和期待中产生，从而实现翻译系统的自我创生。这就是社会系统的"自我创生性"在翻译系统中的体现。翻译系统与其他社会系统之间的关系是系统与环境的关系。环境中的任何系统，包括政治系统、经济系统、法律系统或翻译系统等，彼此间的作用都是非直线式的作用（non-linear/

labyrinthine impact）。即是说，一个系统对另一系统施加影响时，来自这一系统的影响因素即为外部因素，而外部因素不会直接作用于另一系统，该作用必须通过另一系统的内部运作才能发生。就好比经济因素到了法律或政治系统中，必须通过法律、政治系统的内部运作，它们才有意义或才产生作用。例如，"支付"与"不支付"是两个经济学概念，如果运用到法律系统中，它们属于外部因素，只有通过法律系统的内部运作，如在某项交易活动中涉及支付或不支付问题上引发争议时，进行合约干预，这样才成为法律问题，否则"支付"与"不支付"仍属于原先并无法律意义的经济学概念。同理，与翻译相关的经济因素、政治因素、意识形态因素、赞助人因素等，均属翻译系统的外部因素，它们对翻译的作用只有通过翻译系统的内部运作才能实现。

综上所述，翻译的社会学途径运用各种社会学理论，包括布迪厄的场域—惯习—资本理论、拉图尔的行为体网络理论和卢曼的社会系统理论等，来阐释翻译本质及翻译理论、方法等方面的问题，体现了翻译研究作为独立学科所具有的跨学科或互学科属性，有益于翻译学的可持续发展。因此可以说，翻译的社会学途径是继翻译的语言学、文艺学、交际学、文化学途径之后，又一种研究翻译的有效途径。它与其他翻译学途径一样，在推动翻译研究的发展中发挥着重要的作用。

5.6　翻译的社会符号学途径

翻译的社会符号学途径与翻译的社会学途径有着密切关系。所不同的是，翻译的社会符号学途径在社会符号学的理论框架下，从微观或具体的社会与符号表征关系层面来研究翻译，而翻译的社会学途径则主要关涉影响文本（源文本和目标文本）生成的宏观或宏大层面的社会特性。我们认为，如要详细了解这一途径的特质和作用，需要先对"符号"这个基础概念有所认识。按照一般词典解释，所谓符号，是指"记号；标记。

（如）标点符号；文字是记录语言的符号"（《现代汉语词典（修订本）》，1999: 388）。也就是说，符号是一种用以指称或象征特定对象的标志物。例如，"苹果"两个字或它的图像是符号，指称一种特定的水果，或寓意"吉祥"，象征"平安快乐"；"橄榄枝"是指向特定植物枝条的汉字符号，在国际政治中象征和平、友谊；"唐宁街 10 号"是标记英国首相府的一个符号，也是英国政治权力核心的象征。任何一个符号，都必须由感知材料和潜在意义两部分构成。橄榄枝图像是一个符号，它或者指代某种特定植物（油橄榄）的枝条，或者象征着和平与友谊。如果它既无所指代又不表达任何象征意义，那么它就不是符号。换言之，凡是符号就必须具有意义（所指意义或联想意义、象征意义等），凡是意义也必须通过一定符号形式来表现。因此，不存在没有意义的符号，也不存在没有符号为其表现形式的意义。按照符号学的专业解释，"符号是被认为携带意义的感知"（赵毅衡，2013: 7），而任何感知，"只要能被当作意义的载体，成了符号；被认为携带意义，就使符号成为符号"（赵毅衡，2012: 97）。

从"苹果"和"橄榄枝"的例子即可看出，符号作为一个概念，其意义宽于语言/文字，因为语言文字只是符号系统中的一个子系统，即语言符号（linguistic signs）系统，所有人类语言均属这同一系统。与语言/文字符号系统相对应的是非语言符号（non-linguistic signs）系统，而且这是一个在数量上无限多的概念。除前面所提图像属于非语言符号系统之外，其他非语言符号系统还有颜色、线条、音响、电码、数码、信号等。就直接或间接作用于人际交流或传播过程的非语言符号而言，它们可区分为超语言符号/超语符号（extralinguistic signs）和副语言符号/副语符号两类（paralinguistic signs）。所谓超语符号，即交际翻译学术语所说的超语因素（extralinguistic elements），通常指言谈者的各种身体语言（包括体态、外表、着装、表情、目光接触与注视、手势、动作、触摸）、人际距离、身体接触、环境摆设等；或在书面语中指作者的知名度、声誉、出版物的版式、类型、装订、封面设计、纸张质量等。所谓副语符号，有时称为类语言符号/类语符号（semi-linguistic elements），即交际翻译学术语所说的副语因素（paralinguistic elements），通常指言谈者的各种声音要素（包括音调、音量、音速、音质、语气、口音等）和各种功能性声音要素（如哭、笑、哼叹、呻吟等）。它们有时比言语本身更能说明言谈者是高兴还是悲哀，是激动还是惊讶，是心情迫切还是心情烦躁，是有涵养的人还是粗俗的人等。在书面语中，副语因素可包括有无错别字、使用哪种字体、公文中是否使用标准语言等。

综上所述，翻译作为不同社会文化环境之间的交际和传播，所涉语言作为人类最重要的符号系统，其中的"各种语言关系（尤其是语用关系和社会关系）均属符号学研究的范围，因此翻译的符号学途径也就必定是翻译的社会符号学途径"（Ke，1996：93）。同时，不论是语言符号还是非语言符号，皆因它们都是符号，所以"被认为携带意义"（赵毅衡，2012：97），或者用较为传统的符号学术语表示（Morris，1946，1964），它们作为能指（the signifier），通过关联所指（the signified）表达意义（signification），而翻译的基本任务又在于"翻译意义"（de Waard & Nida，1986：60；李明，2005：2），因此研究符号及符号意义，以及由此递进至研究社会符号和社会符号意义，也就成了翻译学的基本任务所在。

如果说符号是用以指称或象征特定对象的标志物，"是被认为携带意义的感知"（赵毅衡，2013：7），那么，社会符号即是指称或象征特定社会活动或社会现象的标志物，在翻译过程中，该标志物又是表征相关意义感知的语言形式。而要了解这个社会符号及其意义的构成，就需要首先了解相关符号意义的构成。从符号学的理论认知看，语言符号的意义其实就是语言符号与真实世界之间存在的一种关系。符号学把符号和真实世界的关系分为三类：（1）象似关系；（2）标示关系；（3）约定俗成关系。所谓象似关系，是指符号与所指物之间存在某种相似。例如，图画与所指物之间有明显的相似，因此图画是较典型的象似符号。汉语的象形字也是常见的象似符号。比喻用法同样是一种象似符号,因为在喻体和本体之间存在着某种相似。例如,当我们说"某某人是狐狸"时,我们指的是"某某人的性格行为与狐狸有某种相似之处";或者,当诗人林徽因说"你是人间的四月天"的时候,她是指她心目中的那个"你"就像"(英格兰)四月天",具有"春风轻灵、春光明媚、春色多变"的特征。

标示符号与象似符号不同,其基点不是两者之间的相似关系,而是它们的关联性。语言中标示符号相当丰富。例如,在英语中,特殊的发音如把"It's a lovely day today"说成 [itsə luv lidai tədai],不仅能标示出言谈者来自哪个方言区域,还常常能标示出言谈者社会背景和文化教育背景。又如,语言中各种借代法都是典型的标示符号,如"白宫的烦恼"(用白宫代替美国总统)、"三碗不过冈"(用碗代替碗中的酒)、"三个臭皮匠,顶个诸葛亮"(用诸葛亮代替聪明的人)等,其中"白宫""碗""诸葛亮"都在某个方面与它们所替代的人或物相关联。正如下面将进一步讨论的,符号的这种关联性、标示性往往是社会性的,因而其意义也就成了社会符号属性的意义。

然而,在拼音文字里,绝大部分单个语言符号不属于上述两种,既不象形又不表意,字符跟词义的关系很难从词形中看出来,或者说两者之间没有必然关联,它们的关系是任意的、约定俗成的。例如,把"苹果"叫"apple"而不叫"pear",或把"梨子"叫"pear"而不叫"apple";又或者把"菠萝"称作"pineapple"(=pine/松果+apple/苹果);把"茄子"称作"eggplant"(=egg/鸡蛋+plant/植物);表达"那对我来说简直是天书"的意思时说"That's all Greek to me",而不说"It's all Latin to me";表达"祝你好运"的意思时说"Have your fingers crossed",而不说成"Have your toes crossed"等;所有这些,都属于英语的约定俗成范围。甚至在诸如汉字之类的象形文字里,真正的象似符号也并不多,现代汉语尤其如此。在表达形式上,也存在许多约定俗成的情况,例如"恢复疲劳"(=消除疲劳)、"救火设备"(=灭火设备)、"四季如春"（四季包括春天在内，怎么能说"春天如春"呢？）、"差一点没迟到"（＝差一点迟到了）。除语言符号以外，还有许多非语言符号也是约定俗成的。例如，表示"当心"的交通符号在中国是"！"，在美国则用"△"。

进而言之，所谓社会符号即指具有特定社会意涵的符号。上面提到的社会生活中的许多常见动作或事件，如打招呼的动作、请客吃饭、送人礼物、跳广场舞、陪人玩游戏等，都可被视为社会符号，具有特定的标示或象征意义。例如，男人送女人红玫瑰标示着爱情；给朋友帮忙后被朋友请吃饭标示着感谢之意等。在英文语言环境中，将"It's a lovely day today"说成 [its ə luv lidai tədai]，标示着言谈者可能教育水平不高等。此外，言谈者的服饰和举止也是一种社会符号，能标示出言谈者社会地位、人品素养、受教育程度、家庭经济状况等方面的社会特质及其承载的意义。

显然，研究此类符号现象的学科领域即社会符号学，以社会符号学的视角来研究翻译，其重点就在于研究源文本符号在源语社会或源语社会场合所具有的意义，然后将这种意义与目标文本符号在相应的目标语言场合的意义进行比较，以此为基础来描写目标文本是否在社会符号学层面正确地再现了源文本所表达的意涵。

社会符号学认为，任何一个意义都包含三个因素：符号（sign）、所指物（referent）和解释项（interpretant）。解释项是指通过特定符号系统把符号和所指物联系到一起的手段。例如，"跑"这个词的意思不能被单独理解，而必须参照一系列在语义上与之相关联的其他符号才能被理解，如"走""跳""爬"等。同样，任何一个手势的意义必须与相关社会文化中的其他手势联系在一起才能被理解。例如，东西方许多地方都用右手的食指来指向，但在非洲某些地方这却是一个性爱手势，任何有教养、懂礼貌的人都会翘起下唇以指向。在汉语文化里，"捶胸（顿足）"，形容极端懊丧悲痛，但在南非的某个土著文化里，"捶胸"却表示自信和勇敢，表示懊丧悲痛的动作则是"揪胡子"。

对于社会符号，特别是复杂的社会符号组合，可从直接反应、分析、综合三个层次上来解释。以非洲谚语"首领儿子落水后架座桥"为例。直接反应层上的解释是：这是一句形象、生动的谚语，意思很明显，相当于英语的"They locked the barn door after the horse was stolen"（他们在马匹被偷之后给马厩上了锁）和汉语成语"亡羊补牢"。在分析层上，主要可以分析这个谚语的结构和风格特征。比如，经过分析可以发现，该谚语由"因"和"果"两个成分构成，其风格朴素。最后进行更高一层的综合性解释，即可指出该谚语反映了许多非洲部落的社会结构及其社会意涵，使人看到这个社会以及许多其他社会普遍存在的一个现象，就是只有在掌权者遭受损失或可能遇到了危险时，才可能采取某个行动。不难看出，这样的三层解释法是一种社会符号学的解释法，对达成正确翻译是有实际意义和价值的。

概言之，社会符号翻译学的最大特点，是把各种（语言的和非语言的）符号置于社会场景的框架中，对其意义（包括所指和联想意义）和功能（包括符号和语用功能）进行符号学和社会符号学视角的分析，从而为翻译对等关系的确立提供科学的理论基础。从这个意义上讲，翻译的社会符号学途径所关涉的，主要是影响文本（源文本和目标文本）生成的种种超越文本却又密切关联文本，并赋予文本意义的社会文化现象。

5.7 翻译的社会语言学途径

翻译的社会语言学途径与翻译的社会符号学途径的相通之处在于，两者在研究翻译问题时都借助于社会学的研究视角。不同的是，翻译的社会符号学途径增加了符号学的理论元素，翻译的社会语言学途径则置身于语言学的理论框架之下。语言学家韩礼德曾经针对语言的社会功能性和社会符号性以及社会语言学和社会符号学交叉关系等方面的问题，进行过广泛讨论的和阐释（Halliday, 1978, 1989；韩礼德，2015）。这无疑说明：

要深入了解社会符号翻译学，就需要对社会语言翻译学也有所认识。简单地说，所谓社会语言翻译学或翻译的社会语言学途径（Sociolinguistic Approach to Translation），是指运用社会语言学方法来描述和解释翻译现象的途径。或者说，社会语言翻译学的宗旨，就是运用跨越语言学和社会学等学科领域的理论和方法，以综合的社会科学角度研究语言的社会本质和语用差异，并将这一思想理念贯彻在翻译研究中，描述翻译实践如何通过目标文本体现源文本相关语言和社会的共变现象（co-variance）。

著名翻译家张谷若在翻译英国小说家托马斯·哈代（Thomas Hardy, 1840-1928）作品《德伯家的苔丝》的过程中，遵循以地道译文翻译地道原文的理念，采用译者家乡话即山东方言，来翻译作者哈代的家乡话即原作人物使用的威赛克斯方言。例如，在译文中使用"俺爹"、"今儿过响儿"（今天下午）、"俺豁着死了，也不能那么办"（我就是死了，也不能那么办）、"怎么？她哪能一下把你抱上锅，撮上炕的哪？"（你总不能指望她一下就抱着你，又亲又搂的！）等表达形式。可以说，此种做法是在翻译实践中凸显了语言和社会共变现象以及功能对等的典型范例。

另外，众所周知，在社会发展的各个不同时期，一定会产生或影响相关时期所使用的语言，包括带有不同时期标记的语汇和语用风格，如经济全球化和本地化、文化多元化、生活电子化、网络化、新冠疫情及后疫情、中国倡导的"一带一路"建设等各个社会发展时期的语汇和语用风格。对于这些带有鲜明社会和时代标记的语言元素，如何将它们从一种语言转换到另一种语言，就成了翻译的社会语言学途径需要处理的问题。

然而，从另一个角度来看，翻译的此种社会语言学途径也同时具有相关的社会符号学途径的本质特征。正如韩礼德在《作为社会符号的语言：语言与意义的社会诠释》一书中所提到的，语言是一种社会符号，语言的社会符号观会通过社会语言学的理论视角得到强化（韩礼德，2015; Halliday, 1978）。反之亦然，即语言、语境、语域和语义的社会观也往往会通过社会符号学的理论视角而得到强化。两者之间彼此交叉和相互强化的作用，无不显现在所有的翻译实践中。例如，无论是张谷若在其文学翻译中用方言土语来再现源文本的相关方言特性，还是译者在处理不同时期的作品时需要采用不同语用风格来再现源文本的不同时期的社会特质，它们所涉及的并非仅仅是带有地方或时代标记的语言元素，同时也是具有各种关联意义、标示意义和象征意义的社会符号元素。如此一来，翻译过程就成了需要社会符号学加强版的理论手段来进行干预的过程，加强的基础力量即来自翻译的社会语言学理论。

5.8 翻译的认知学途径

翻译的认知学途径，是指运用认知科学理论和方法来研究翻译的学科领域。作为其基础的认知科学，是探究大脑和心智工作机理和机制的科学，被认为是 20 世纪 70 年代以来的一个新兴研究门类，它整合了来自哲学、心理学、语言学、人类学、计算机科学和神经科学等六大学科的思想和方法，研究人脑在认识世界的过程中信息是怎么传递的。由此产生的六个主要研究方向即心智哲学（philosophy of the mind）、认知心理学（cognitive psychology）、认知语言学（cognitive linguistics）、认知人类学（cognitive anthropology）、计算机科学（computer science）和认知神经科学（cognitive neurology）。心智哲学以人的心智为研究对象，为认识人类心智的工作原理和机制提供哲学层面的理论和解释；认知心理学研究人类在认知世界时的心理过程，聚焦于对人的知觉、记忆、注意力、创造性、言语生成和思维过程等的认识；认知语言学运用认知科学和语言学的基础理论，结合人工智能、心理学、系统论等学科方法，将人的语言创建、习得和运用解释为认知过程或认知能力；认知人类学作为文化人类学的一个研究取向，运用认知科学的理论和方法，结合历史学、人类学、考古学、语言学等学科视角，从历时和共时层面来认识和阐释人类文化的各种形态及其传承和进化模式；计算机科学，尤其是作为其分支学科的人工智能

（Artificial Intelligence），旨在研究和开发模拟人类智慧的机器系统，用于语言识别、图像识别、自然语言处理；认知神经科学则是认知心理学与神经科学相结合的学科，旨在研究和阐释人类大脑如何调用各个层次上的组件如分子、细胞、脑组织和全脑进行认知活动等。而翻译的认知学途径，则是将所有这些与认知科学相关的学科知识和方法，运用于翻译研究。

笼统地说，关于翻译的认知学研究对象可涵盖翻译的各个方面，包括翻译过程、结果及其他相关问题，如作者地位、译者角色、受者反应、文本功能、语言文化及翻译政治的影响等。但从过往研究的实际情况看，这一途径的关注重点，集中在对翻译过程的研究上。而且，这里的所谓翻译过程，不是指从挑选或受理被译文本，到阅读原文再到出产译文和提交译品的系列程序或步骤，而是指翻译时发生在人的大脑中从（源文本）意义解码、撷取，到被撷取意义的编码和（目标）文本生成的连贯性思维或心理过程。显然，前后二者有所区别：前者涉及"有形可见"或可（通过视觉或听觉）直接观察得到的动作和步骤；后者所涉及的则是"无形可见"或无法（通过视觉或听觉）直接观察到的属于大脑这个"黑匣子"中的思维过程。纵观翻译研究的发展历史，前者无疑是传统译学关怀的重点所在。从古至今，无论在中国还是在西方，翻译者和翻译理论者无不关心和谈论"译什么""为何译""如何译"的问题，这些又无一不是翻译过程中所需思考和解决的问题。因为要确定"译什么"就会涉及如何去挑选或受理被译文本的步骤；要弄清楚"为何译"的问题，就会涉及如何去了解目标受众的需求，了解相关的翻译目的和行为特质；要决定"如何译"，就会涉及要遵循怎样的翻译原则，使用怎样的翻译策略、方法和技巧等。

对于翻译过程中所涉及的各种步骤的认知和诠释，包括对"如何译"这一概念背后关联的从"阅读原文"（解码源文本）到"出产译文"（编码目标文本）这一步的认知和诠释，传统翻译理论往往采用传统语言学、哲学、阐释学的方法和手段，也就是说它们都停留在通过外部观察去识解内在机制的层面。例如，对于从"阅读原文"到"出产译文"的过程究竟是怎样的，以及过程中究竟发生了什么，由于人们无法进入大脑进行观察，因此在传统上一般都通过采用各种不同的翻译操作模式来解释，包括两步、三步或四步走的模式。常见的两步式有两种（图 5.8-1、图 5.8-2），三步与四步式各一种（图 5.8-3、图 5.8-4）：

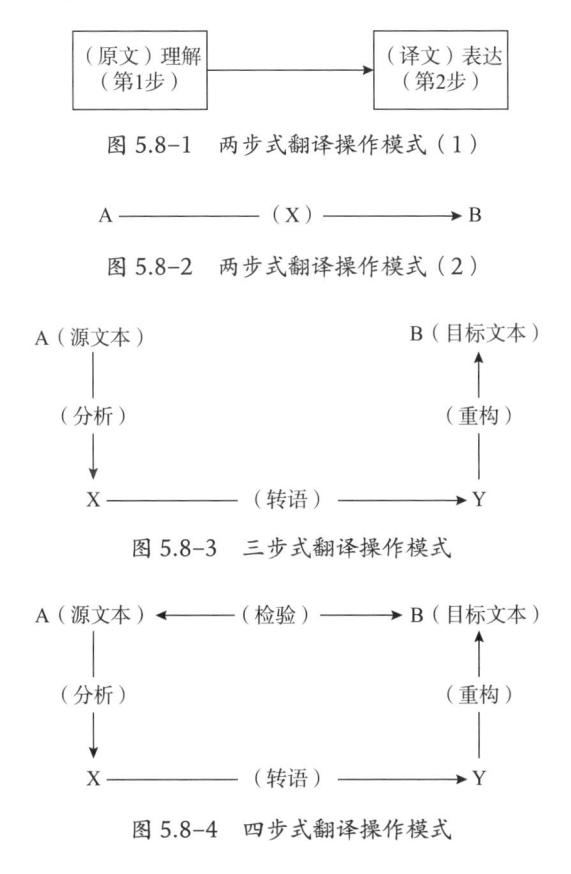

```
（原文）理解  →  （译文）表达
  （第1步）          （第2步）
```

图 5.8-1　两步式翻译操作模式（1）

A ———（X）———→ B

图 5.8-2　两步式翻译操作模式（2）

```
A（源文本）              B（目标文本）
   │                        ↑
（分析）                  （重构）
   ↓                        │
   X ———（转语）———→ Y
```

图 5.8-3　三步式翻译操作模式

```
A（源文本）←———（检验）———→ B（目标文本）
   │                              ↑
（分析）                        （重构）
   ↓                              │
   X ————（转语）—————————→ Y
```

图 5.8-4　四步式翻译操作模式

用文字来解释，图 5.8-1 表示翻译过程分两步：(1) 理解；(2) 表达。这是对翻译过程最普通也是最传统的描述，简单易懂。但这种模式却既不触及怎么理解和表达的问题，也不说明从理解到表达之间有没有中间环节或有一个怎样的中间环节，这是这种传统两步模式的一个薄弱点。

图 5.8-2 为奈达阐述的模式（Nida & Taber, 1969: 33）。图中"A"表示源文本，"B"表示目标文本，括号中的"X"指中介结构或中介文本。

按此模式解释，翻译过程的第一步，是从 A 出发，将源语中的文本转换成 X；然后第二步即将此 X 转换成 B。X 代表的中介结构是一个中间的、中立的通用语言结构，可以是自然语言也可以是人工语言（如计算机语言）结构。在自然语言的环境下，该中介性语言结构的表现形式，往往是源文本在目标语言中的直译甚至死译文本形式，最终的目标文本则在此基础上重构而成。应该说，因为有了一个连接 A 和 B 的中介结构 X，奈达的这个两步模式相较于前面的传统两步模式，向前迈进了一大步。

图 5.8-3 与图 5.8-4 同样依据奈达（Nida & Taber, 1969：33）所提模式编译而成。图 5.8-3 表示，在翻译过程中，译者：（1）对源文本进行语法、词汇和修辞层面的分析，得出分析结果 X，也就是达致对源文本的"理解"；（2）将"理解"源文本信息达成的 X 逐字、逐词或逐句转换成目标语言中的信息 Y；（3）将如此转换过来的目标信息进行重构，最终生成符合目标语表达习惯和文化规范的目标文本，翻译过程至此即告完成。图 5.8-4 则在图 5.8-3 基础之上增加了一步，即最后第四步，在业已形成的目标文本和作为翻译底本的源文本之间进行来回检测，以确认目标文本是否对等于源文本，是否有效达成了让目标文本忠实再现源文本信息的目的。图 5.8-3、图 5.8-4 的共同特点是，针对如何"理解"源文本的这一步有了较具体的解释，即通过句法和语义层面的"分析"而达致"理解"，进而由对源信息的此种"理解"（X）为基础，过渡到以目标语表征的 Y，最后重构出终极目标文本。显然，图 5.8-3、图 5.8-4 所呈现的解释模式，相比图 5.8-2 而言，更加细致和具体化了，因而它们的解释力也就更强了。

综上所述，不论是图 5.8-1，还是图 5.8-2、图 5.8-3、图 5.8-4，都说明翻译研究者习惯于运用图示方式来诠释翻译的过程，虽然这些属于人们在前认知科学时代的翻译认知，但其包含的理念也不能被完全排除在认知翻译学的范围之外。尤其是图 5.8-2 所涉及的 A 与 B 之间的中介结构 X，以及图 5.8-3、图 5.8-4 所涉及的由 X 到 Y 的转语机制，更是关联到了我们如何认知这些中介或转语机制在大脑"黑箱"中的运作。因此，在某种意义上，这样的认知和诠释方式，其实也是后来翻译认知新途径所不能完全排斥的认知和诠释方式。

有人认为（如 Shreve & Angelone, 2010: 1），翻译认知新途径即认知翻译学的途径，其起始标志性出版物是英文学术界 1997 年出版的《口笔译认知过程》(*Cognitive Processes in Translation and Interpreting*; Danks et al., 1997)。这是一部论文集，文章辑自 1995 年在捷克布拉格召开的同名国际研讨会。后来，2010 年出版了另一部被编者定性为前书姊妹篇的论文集，名为《翻译与认知》(*Translation and Cognition*; Shreve & Angelone, 2010)。其间，还编辑出版了许多其他涉及认知翻译学研究的文集（如 Jääskeläinen, 1999; Hansen, 1999, 2002; Tirkkonen-Condit & Jääskeläinen, 2000; Alves, 2003; Göpferich et al., 2008, 2009, 2010; Mees et al., 2009）。各文集的内容涵盖了口笔译认知过程研究的理论设想和方法论、主要研究议题和问题，以及口笔译过程与认知科学的关联研究（包括翻译过程实证研究与心智研究、神经科学研究的关系）等多个方面。文章作者除了口笔译和语言学研究者以外，还包括了来自哲学、人工智能、心理学和神经科学等研究领域的专家学者。因此，认知翻译学如同其母体认知科学和翻译学一样，是一个名副其实的跨学科（即跨科学 + 语言人文学学科）研究领域。

认知翻译学的核心，主要是在于对翻译过程的研究上，而认知翻译学框架下的翻译过程研究与传统翻译过程研究的不同之处，则在于研究中借用认知科学中的种种方法和知识，通过实证手段来认知翻译行为者的心智或心理过程，以从根本上了解在进行翻译活动时译者大脑的运作方式。举 20 世纪 80 年代芬兰等北欧国家采用的翻译实证研究方法"出声思维记录"（Think-aloud Protocols / Thinking-aloud Protocols / TAPs）为例（参阅谭载喜，2004/2022：269–271）：这是源于认知科学尤其是心理学的一个概念，是分析各种心理活动认知过程的一种方法。后来，人们将此方法用于翻译研究，希望通过它来探索翻译行为的心理活动。具体做法是，让受试对象把他们在生成译本时头脑里想到的一切字词用言语报告出来，即进行"口头陈述"（Verbal Reports），研究者对此进行同步录音或录像，然后对记录下来的资料进行分析，以发现译者翻译时在头脑这个"黑箱"里究竟发生了什么。有时，研究者甚至还要把译者眼睛的转动都记录下来，即进行"眼动跟踪"（Eye Tracking），以分析其中可能显露出的一些额外信息。"出声思维记录"研究的一般目的在于更好地了解翻译活动的心理和语言机制。它把"内省"（Introspection）、"追忆"（Retrospection）和外在观察（External Observation）结合起来，以找出翻译过程的各种特征，如受试对象对翻译问题的理解、他们对参考文献的使用、对源文本语义信息的分析，以及他们在源文词语和目标语中对等词语之间的比较方式等。

　　用诸如"出声思维记录"之类的实证方法来研究翻译，充分证明了翻译研究的跨学科性。它借鉴了认知科学的信息收集方法，并从认知心理学、认知语言学、心理语言学、社会心理学等广泛的研究领域借来描述和分析方法来展开研究。然而，多样化的研究视角也给"出声思维记录"研究带来了不利。由于视角不同，研究目的对翻译的要求不同，对翻译研究的定义不同，得出的结论自然会互不相同。有人认为，在研究过程中，受试对象的口头陈述是不完整的，在很大程度上只能作为对翻译过程的无意识评论（Krings, 1987: 163）；也有人认为这种方法可能将口译和笔译混淆了，实际上两者蕴涵的思维过程是不同的（Toury, 1995: 235）；还有人质疑出声思维这一行为可能会影响译者头脑里实际在想什么（Lörscher, 1991: 71）。然而，不论如何，这种主要由欧洲低地国家的翻译研究界贡献给世人的实证研究途径，已经并将继续以其颇具科学含量的翻译过程认知成果，推动 21 世纪的翻译研究向更深的领域发展。我们有理由相信，通过运用切合翻译本质特征的科学知识和手段，更好地认知翻译过程，并通过对翻译过程的科学认知来提升译者培训和翻译教育水平，改进翻译工具设计、翻译质量评估、翻译实证研究模型设计等方面的工作，翻译学作为独立自主的人文科学学科，将能在某些方面以更为"科学"或"类自然科学"的姿态进一步向前发展。

5.9 翻译的生态学途径

所谓翻译的生态学途径，是指将生态学概念运用于解释翻译行为和现象的一种途径，在学科层面称之为生态翻译学；而与生态学关联的另一种译学途径则称翻译生态学。不论是前者还是后者，均涉及两个共同概念，即生态和翻译。或者说，这两者都属于既涉及生态学又涉及翻译学的学科领域。两者之间的区别，主要在于各自的落脚点位不同：前者落脚翻译学，后者则落脚生态学。从两者的发展轨迹看，"生态翻译学"一说最早由胡庚申于2006年在清华大学举办的国际会议参会论文中提出。该概念的先行基础思想则是其2003年于香港浸会大学完成的博士论文中，根据达尔文（Charles Darwin, 1809-1882）生物进化论"适应/选择"学说而提出的"翻译适应选择论"，以及其2004年出版的、以此博士论文为基础的专著《翻译选择适应论》（胡庚申，2003，2004a）。"翻译生态学"一说，则是许建忠根据爱尔兰翻译研究学者克罗宁（Michael Cronin, 1960- ）所提概念"translation ecology"翻译过来的。这一概念最先出现在克罗宁2003年出版的译学著作《翻译与全球化》（*Translation and Globlization*; Cronin, 2003）中。许建忠于次年发表英文书评，对该书及"translation ecology"概念做了简单介绍，并于2009年出版《翻译生态学》一书，专门论述何为翻译生态学，并在中文语境下正式使用"翻译生态学"这一说法（Xu, 2004；许建忠，2009）。

然而，有人认为，由于生态翻译学和翻译生态学同为生态学和翻译学之间的交叉性研究范式，彼此在名称上又很相似，因此"不免让人产生混淆之感"（陶潇婷，2014: 89-90），就如其他类似的交叉性或间性研究范式容易引起混淆一样。而且,"生态学"属自然科学学科,其与翻译学之间的跨学科性,显然大于同属文科、语言学科或社会学科领域的语言学与翻译学、社会学与翻译学等之间的跨学科性。因此,要正确理解生态翻译学和翻译生态学这两个概念以及彼此间的区别,就必须首先正确理解它们赖以发展的共同基础概念"生态学"。

从发展源头看,生态学(ecology)一词源于希腊语,由词根"*oikos*"和"*logos*"组合而成,其中"*oikos*"表示栖息地或住所,"*logos*"表示科学。因此"ecology"的原意是指"研究生物栖息地的科学"。第一位确切定义"*Oecologie* (ecology)"的人,是德国生物学家海克尔(Ernst Haeckel, 1834–1919)。他在1866年发表的著作《有机体的一般形态》(*Generelle Morphologie der Organismen/The General Morphology of Organisms*)中指出,所谓(动物)生态学就是"研讨动物与无机及有机环境之间的相互关系的科学"(蒲蛰龙,1982: 81)。更为现代的生态学定义,则包括美国生态学家奥德姆(Eugene Odum, 1913–2002)等人的解释:"奥德姆的生态学定义是:生态学是研究生态系统的结构与功能的科学;我国著名生态学家马世骏先生认为,生态学是研究生命系统和环境系统相互关系的科学。生态学者普遍认为,生态学是研究生物与环境之间的相互关系及其作用机理的科学"(苏智先、王仁卿,1989: 1)。

具体而言,生态学的研究内容覆盖生命世界的各个层次,包括分子、细胞、器官、个体、种群、群落、生态系统,直至整个地球生物圈。核心内容则涉及五个层次的研究:(1)个体生态学;(2)种群生态学;(3)群落生态学;(4)生态系统生态学;(5)景观生态学。个体生态学(Autecology)主要研究某一种生物或生物个体与环境因素的关系,如研究温度、湿度、降雨、光照等对特定生物(如某种植物或动物)生长/成长的影响等。种群生态学(Population Ecology)主要研究生物种内或种间的相互关系(如生物共生、互生、寄生等关系)及相互作用(如相互促进或相互危害等)。群落生态学(Community Ecology)也称社区生态学或社会生态学，主要研究生物栖息地的生物分布及生物群落单位的结构、功能、发展以及与所处环境的相互关系等。例如，就植物群落生态学而言，每个植物群落的土壤结构、温度、湿度、光照度等方面的条件不同，各个群落的生长状况也就不同，这些都会是植物群落生态学的研究对象或可能得出的研究结论。生态系统生态学（Ecosystem Ecology）主要研究生物和非生物的生存环境，生态系统生态学认为，"在一定空间里存在的各种生物体和非生物体，它们相互依存、相互制约，它们之间进行着能量和物质的交换，成为一个能够自己维持下去的、有一定独立性的体系。一个湖泊，一片森林，一片草原等，都是一个生态系统……一座城市也是个生态系统"（蒲蛰龙，1982: 82）。所谓景观生态学（Landscape Ecology）则是地理学与生态学之间一门新兴的间性学科，它主要研究景观（包括人为景观如公园或城市建筑等）与生态学的相互作用，景观单元的形成与空间布局，景观的功能、结构、层次和变化，以及景观的规划、建设、维持和管理等。

再来审视翻译和翻译学的性质。从本书前面各章的讨论中，我们已经清楚地了解到，翻译是一种人际沟通或交流的形式，或者说是用来协助人际沟通和交流的工具；翻译学则是研究这一人际沟通或交流形式和工具的人文科学学科。显而易见，既然是人际沟通或人际交流，就自然涉及人，而人是一种生物，"是自然界的组成部分，又具有主观能动性，可以改变自然。从这个定义及内涵看，生态学实际上是人类认识和改造世界的一种自然观"（方精云，2022）。再者，"任何人和物要在地球上生存，就不得不同其周围的环境发生关系，翻译活动也不例外"（许建忠，2009: 1）。因此，可以说，由人（作者、译者、读者等）主导或参与的翻译活动，自然可以纳入生态学覆盖的范围。

然而，研究者必须清楚认识一点：生态学具有作为自然科学所具有的上述学科特质及其所涉及的基础研究范围，而翻译学尽管涉及人作为生物形态的交际活动，但它仍不属于上述自然科学的学科范围。因此，不论生态翻译学也好，翻译生态学也罢，当中的所谓"生态学"不可能完全是这一概念在其原始科学意义上所指的生态学，而只可能是或多半只可能是对于该概念意义的借用。特别是针对生态翻译学而言，其中的生态概念主要是对生态学作为自然科学学科概念的一种借用，是隐喻。正如胡庚申在描述其"翻译适应选择论"时所说，他的这一学说的提出，是"借用达尔文生物进化论中'适应/选择'学说的基本原理和思想"，来"解释和描述"译文产生过程和翻译活动规律的一种努力（胡庚申，2004b: 1）。

相较于胡庚申所提主要依赖借用生态概念而构建的生态翻译学，许建忠描述的翻译生态学，其实际生态关联度则相对更高一些。许建忠认为，翻译生态学的任务是"研究翻译与其周围生态环境（包括自然的、社会的、规范的、生理心理的）之间相互作用的规律和机理"，是"剖析翻译的生态结构，……阐述翻译的宏观生态和微观生态，译级结构的生态锥体，翻译生态的层次分析，包括翻译的个体生态、翻译的群体生态、翻译的生态系统及其耗散结构、翻译的水平结构、翻译生态的分布模式"等（许建忠，2009: 3）。显然，《翻译生态学》一书中有关所有这些问题的讨论，尤其包括书中第三章第一、第二节涉及"翻译的个体生态""翻译的群体生态""翻译的生态系统"等层次的具体分析（同上: 73-92），相当密切地与上述生态学的一些核心内容挂钩。除此之外，书中自始至终大量使用了将"生态学"结合到"翻译（学）"的其他概念和术语，如"翻译生态的基本规律""翻译的生态结构""翻译的宏观生态""翻译的微观生态""翻译的生态功能""翻译生态的内部功能""翻译系统内部的生态条件""翻译生态的外部功能""翻译的行为生态""翻译生态因子的作用法则""翻译生态系统的质量评价""翻译生态系统的整体效应""翻译生态系统的边缘效应"等，从而在相当程度上表现出了翻译生态学所应具备的基本特性。虽然这些分析和讨论实际上都或多或少地建立在"比拟"生态学的基础上，例如书中在讨论"翻译的群体生态"时，认为"中国翻译学会可以看作一个翻译生态系统，而中国翻译学会内部的某些专业翻译委员会则组成翻译生态群落"（同上: 85），其中的所谓"可以看作"即"比拟"或"比喻"，而非"就是"之意，但也正因为有了这样的比拟以及与生态学核心内容的密切挂钩，才使得该书没有脱离"翻译学 + 生态学"这个研究主题。当然，严格来说，翻译生态学的学科重点所在，是生态学而不是翻译学，就如动物生态学、植物生态学、人类生态学、社会生态学、城市生态学、经济生态学、文化生态学、语言生态学、传媒生态学等一样，其重点都是在相关概念的后半部即"生态学"的构件上。

由此可以看出，生态翻译学与翻译生态学之间的区别是相当明显的。正如前文所指出的，生态翻译学的重点在翻译学，它借鉴生态学的一些科学概念、视角和方法，来对翻译本体展开研究，研究内容涵盖翻译本质、翻译原则、翻译标准、翻译策略、翻译方法、翻译过程、翻译结果、译者角色、读者反应、文本选择、翻译目的、译文质量、翻译批评等；翻译生态学的侧重点则在生态学，它立足生态学，研究翻译活动的生态环境及环境因子"对翻译的作用和影响以及翻译对生态环境的反作用"（许建忠，2009: 3）。因为相关研究中的"中心事物与周围条件之间相互作用，相互影响，存在着内在的联系机制，这正是各种生态学（如鱼类生态学、鸟类生态学、人类生态学、翻译生态学）所要研究的主题"（同上: 11）。

概言之，翻译生态学"更多的是以翻译学为基点，或者从翻译学的视角研究生态学"（刘爱华，2010: 77），或者说翻译生态学作为"各种生态学"之中的一种，是指以翻译为案例或以翻译学为基本立足点来对生态学进行研究的学科领域；而生态翻译学则从生态学的视角来对翻译本体及其相关问题展开研究，与所有冠名"××翻译学"的研究范式一样，是属于翻译学而非生态学的学科领域。这样一来，即使是生态翻译学和翻译生态学在名称上可能显得很相似，但彼此在概念意义上存在很大区别，只要认识了这一点，就不会对它们产生"混淆之感"了。

虽然如前所述，理论上属于生态学范围的"翻译生态学"，实际上却常与生态翻译学相提并论地出现在了翻译学而非生态学的研究领域（刘爱华，2010；方梦之，2011,2020；陶潇婷，2014；果笑非等，2015），但从翻译学的视角看，译学研究者更加关注的，毕竟是以翻译本体研究范式的身份出现的生态翻译学。因此，我们有必要更多地聚焦于这一研究范式。以下即根据胡庚申本人多种著述内容而做出的有关"生态翻译学"的讨论和诠释（参阅胡庚申，2003, 2004a, 2013）。

胡庚申认为，他所寻求建立的"生态翻译学"研究范式，是一个以生态主义为理论主导，以生态翻译的喻指和实指为研究取向，以翻译文本生态、翻译群落生态、翻译环境生态为研究对象，以平衡和谐原则、多维整合原则、多元共生原则、译者责任原则为伦理规范，以"翻译即文本移植、翻译即适应/选择、翻译即生态平衡"为核心理念的生态范式。它致力于求解"何为译、谁在译、如何译、为何译"这些根本性问题，旨在以生态化的世界观和方法论来统领和观照翻译行为和翻译研究，是一种从生态主义理论视角综观和描述翻译的研究范式。

在胡庚申看来，生态翻译学是一种贯通宏观层面上的"学"（翻译体系）、中观层面上的"论"（翻译理论）和微观层面上的"行"（翻译行为）的"三位一体"的翻译研究；是形成"文"（文本）、"人"（译者/著者）、"境"（译境）的"三效合一"的翻译共同体；是以"文"为基、以"人"主行、以"境"酌情的综观整合研究；是揭示和描述翻译的"学、论、行"和"文、人、境"之间相互关系、互动机理和基本特征的生态翻译研究范式。

综上所述，生态翻译学及其话语体系的构建本质上具有理论创新的元素，它是依托达尔文"适应选择"学说而生，撷取西方生态主义和东方生态智慧等相关思想精华而逐渐形成的。如果说诸如许渊冲所提"翻译八论对《易经》八卦"、郑海凌所提"翻译标准和谐论"和陈东成所提"大易翻译学"等方面的翻译观是由中国学者倡导、凸显中国文化特色的翻译观，那么胡庚申提出的"生态翻译学"则是一种虽然并非原创于中国传统文化基础之上，却由中国学者倡导并以中西思想相互结合的方式，来显现其同样具有中国特色的翻译研究途径。当然，在我们踔厉奋发地试图构建凸显中国特色或能标新立异的翻译理论时，我们需要始终保持清醒的学术头脑，并运用正确的研究方向，不让我们为发展或凸显中国特色翻译理论所做的努力走偏方向，特别是不让我们所寻求的"标新立异"仅体现在描述理论的词汇有多"新"，而应体现在如何为翻译理论和翻译实践带来实实在在的新思路、新方法。也就是说，我们需要清楚地意识到：任何一种"××翻译学"的提出，无论它多么新颖或多有特色，都应出于同样的初心，即都是为了从不同的视角来更好地回答"何谓翻译""如何翻译""为何翻译"等各种可能出现的根本性译学问题。如能做到这一点，那么毋庸置疑，由中国学者提出或构建的任何新的翻译思想或理论范式，都可以说是代表了在翻译研究领域对西方或欧洲中心主义的挑战或超越，也代表了翻译学作为独立学科在东方文化土壤里的自主生长及其学科疆域的不断发展壮大。

5.10 翻译的知识学途径

翻译的知识学途径是指运用知识学理论来研究翻译的途径。代表其学科名称的"知识翻译学"一说，最先由杨枫率先提出。《当代外语研究》2021年第5期发表该刊主编杨枫撰写的卷首语，题目是"知识翻译学宣言"。文章中明确提出"知识翻译学"的命题和设想，从此"知识翻译学"作为一个新生的学科范式出现在了中国的译学发展中。我们都知道，自古以来，翻译对于知识转移与转化、知识生产与再生产、知识对话与传承传播有着不可或缺的作用。换句话说，没有翻译就没有本地性和世界性的知识对话、转移、生产、传承和传播，这是一个无法否认的事实。在国际译学领域，英国曼彻斯特大学教授莫娜·贝克（Mona Baker, 1953– ）曾于2016至2019年主持完成一个名为"知识谱系研究：概念的跨时空演进和论争"（Genealogies of Knowledge: The Evolution and Contestation of Concepts Across Time and Space）的研究项目。该项目以西方及阿拉伯世界自古至今出现的一些重要文化概念为例，就翻译如何关联和贡献于文化概念和知识的历史传承和演进展开系统研究，主要目的和任务就是考察这些（作为知识形式的）"概念自其出现以来，我们对它们的认识是如何演进的"，同时考察它们"在跨越历史、语言和文化的旅行中，翻译如何影响我们对这些概念的认知演变"（Baker et al., 2016）。期间，在2018年，贝克以特邀编辑（Guest-editor）的身份为国际知名期刊《比较诗学杂志》（Alif: Journal of Comparative Poetics）主编了一期题为《翻译与知识生产》[Translation and the Production of Knowledge(s)]的专刊。她在该刊刊首语中指出："本辑专刊所依循的基本观点为：（1）知识是被'生产'而不是被'发现'的；（2）翻译是一个生产和传播各式各样知识的核心机制"（Baker, 2018）。她认为，以前翻译研究对于翻译与知识生产之间的密切关系，往往视而不见，而现在研究表明，翻译远远不止是在不同文化间客观地进行知识迁移，它会创建"能主动为我们塑造世界"的知识传统和叙事模式（同上）。

　　贝克的上述言论，大概是当下西方译学领域将"翻译"和"知识"或"知识发展史"概念关联在一起进行研究的最清楚的意义表达。然而，它们也仅仅停留在强调翻译与知识（知识生产、转移、传播等）密切关联的只言片语上，未能更深入一步明确地将"翻译"和"知识"作为一个完整概念提出，进而上升到学理层面，即上升到建构知识翻译学或翻译知识学的层面，来认知和阐释两者间的潜在本质关系。因此，从这个意义上说，杨枫2021年所发表的相关"宣言"，可被认为是从理论深层和形式表层对知识与翻译关联研究的学科唤醒。"宣言"所力推的学科设想也就成为知识翻译学作为一门译学新学科在中国翻译研究领域正式登场的标志。

　　杨枫认为，"翻译是跨语言的知识加工、重构和再传播的文化行为和社会实践……知识的科学性、社会性和人文性解决了长期以来翻译的学科迷思和分类焦虑,翻译学将携自然科学、社会科学和人文科学三大知识门类成为超学科或元学科。没有哪一个学科不是以翻译的方法进行知识积累,没有哪一个学科不是以翻译的形式呈现思想发展,没有哪一个学科没有自己的知识翻译史"(杨枫,2021a: 2);或者说,"知识既是翻译的所有存在,又是翻译存在的目的……古今中外,没有不是知识的翻译行为,人类翻译史就是知识翻译史,唯有知识是一切翻译实践中每个元素都受其驱动的最基本的原动力,翻译以知识之母成为人类知识的家园"(杨枫,2021b: 2)。按照杨枫的解释,知识翻译学对翻译的定义"反映了翻译的知识建构本质,涵盖了知识的翻译与翻译的知识等所有的翻译存在"(杨枫,2022: 2);其具体任务是"探究跨语言知识加工、重构和再传播的行为、关系、运动和规律"(杨枫,2021a: 2),而作为学科建构的这个知识翻译学,它"从知识的理解、迁移、传播出发,致力于语言转换、话语塑造、知识建构的关系研究,不但使翻译成为世界知识生产的重要工具,也为各个学科的知识积累、转化提供理论与方法"(杨枫,2022: 2)。

的确,人类的翻译活动是"跨语言的知识加工、重构和再传播的文化行为和社会实践"。无论是地方性的还是世界性的知识转移、知识传播和知识生产或知识再生产,都离不开翻译在其中所发生的作用。因此,虽然并非所有人都像杨枫那样认为所要建构的知识翻译学应当被定性为统领一切的"超学科"或"元学科",但如果我们从知识和知识学的角度来研究翻译,那么给予翻译和翻译研究以合适的"知识"和"知识生产者"身份,这无疑是合理的一种学科努力。假如以上关于"翻译的知识建构本质"的定义已在翻译研究领域获得基本认同,那么这一点也就成了最重要的一个能够助力知识翻译学作为学科建构和发展的一个有利元素。

有利于学科建构的元素还涉及学科的命名问题。在中文语境里,我们将"学"字作为后缀,很容易与其他词构成表达"学科"意义的专业术语,如"数学""物理学""人类学""人口学""文化学""语言学",

以及我们在 2.4 节"翻译学的学科中英文用名之辨"中谈论"翻译学"一词。因此,"知识翻译学"一说由杨枫于 2021 年提出而首次出现在公众话语领域后,虽然在一些人看来至今仍属较为生疏的概念范围,但它的构成符合汉语构词法和语用习惯,一经提出就呈现出概念性、术语性强且通俗易懂的词汇特点。如此一来,在命名层面,"知识翻译学"作为一个新兴的译学概念和术语,便名正言顺地在专业和普通领域都获得了较高的认受性。这对于将知识翻译学作为学科来建设的构想,无疑是有重要促进作用的。

此外,还有一种发生在学术事实层面的有利元素。据不完全统计,自《当代外语研究》2021 第 5 期刊发杨枫的《知识翻译学宣言》(卷首语)文章以来,截至 2023 年 2 月,在短短两年不到的时间里,该刊已发表了 9 期共 20 多篇"知识翻译学"专栏论文,另加《上海翻译》《外语教学与研究》等其他重要刊物登载的相关文章,即已刊发"知识翻译学"文章共计 30 余篇。这是一个实实在在的学术事实。特别是由于《当代外语研究》在此时间段里,期期都有"知识翻译学"专栏文章发表,因此在某种意义上,该刊或可被视为"知识翻译学"研究的特色期刊或旗舰刊物,为学科建构提供了良好的发展平台和基础。

不仅如此,知识翻译学的学科思想也得到了广泛的社会响应。例如,相关文章的知识翻译学核心内容和观点发表之后,先后被《社会科学文摘》和《社会科学报》摘登,《中国社会科学报》更是于 2022 年 6 月 13 日头版刊载专文介绍,并相继获得人民网、中国新闻网、环球网等各大媒体报道。所有这些无不从不同角度说明,知识翻译学思想的提出,既反映当下译学蓬勃发展的学科需求,同时也切中我国翻译和翻译研究的社会功能,十分契合专业领域和社会范畴的认知期待。

当然,在充分肯定知识翻译学作为学科建构层面各种有利元素的前提下,也不能忽略学科建构发展过程中可能存在的一些不利或"不顺"的元素。首先是学科本质认知和阐释层面的"不顺",表现为对其学科本质认知和阐释的众说纷纭。例如，一些人按照知识翻译学的理论框架，将翻译界定为"一种知识行动"，它在知识传播过程中至少展示三重作用："迁移外来新知……生成结构性翻译知识""转化外来知识……对其进行再概念化和再语境化，生成重构性翻译知识""围绕翻译的知识做出探索，推动这些知识的进一步演化与完善，生成议题性翻译知识"（喻旭东、傅敬民，2022：29）。另一些人认为："知识既是翻译的理论，又是翻译的方法"（杨枫，2021b：2）；或将"知识翻译学"界定为既是理论又是方法（蓝红军，2022：34）；或认为"知识翻译学"不是指"翻译学本身，而是一种翻译学理论"（孟祥春，2022：58）。还有一些人则认为："翻译活动是知识表述语种转换与传播的行为……知识翻译学实质上就是元翻译学"（岳峰、陈泽予，2022：71）；或认为翻译学携自然科学、社会科学和人文科学三大知识门类而构成"知识翻译学"，因而它是一门"超学科或元学科"（杨枫，2021a：2）；抑或认为："翻译研究不应单纯是一个跨学科或多学科领域，更应是调节人类知识非对称状态的一个超学科领域"；或者说，由于"翻译以全球知识互联互通为使命"，因此它"无疑也是一个应对世界性复杂问题的超学科领域"（李瑞林，2022：57）。如此等等，莫衷一是。这种现象对于将知识翻译学作为学科的建构和发展而言，显然是一种"不顺""不利"的元素。

其次是存在异语命名层面的"不顺"。我们认为，异语即不同语言之间对同一概念或事物的差异化表征，是一个客观的哲学或学术存在。不充分认识和接受这一事实或差异化表征特性，任何新概念、新学科都可能遭遇建构和发展上的不顺和不利。前面已经指出，在中文语境里，我们将"学"字作为后缀，很容易与其他词构成表达"学科"意义的专业术语，如"人类学""人口学""文化学"等。因此，"知识翻译学"一说的构成符合汉语构词法和语用习惯，因此它作为学科名称并无不妥，也并非不合法或不可行。然而，在其他语言里，情况未必如此。例如，在英文语境里，我们通过各种搜索引擎进行检索，未能查寻到英文母语文献中存在

诸如 "Transknowletology" "Knowledge Translatology" 或 "Knowledge Translation Studies" 之类的用法。尤其是 "Transknowletology" 一词，虽然它是由《当代外语研究》杂志编辑部"经讨论"而正式"确立"的"知识翻译学"的英文名称（杨枫，2021a：27），但它似乎既不符合英文构词法，又无证据表明能得到目标语母语环境接纳，而且即使要用，其显现的意思也是"翻译知识学"，而不是"知识翻译学"，因此用它作为"知识翻译学"的英文名称似乎并不理想。对任何目标语而言，不管是英语或汉语，任何新词的创立不仅要符合相关语言的构词法和表述习惯，还要能在作为目标语的母语环境中流通。否则，由造词者尤其是非母语造词者为特定目标语创造的"新词"，哪怕在非母语者所写的文献中被广泛使用，但如果在语言层面不被母语者接受，或始终不能在母语环境中流通，那么所造出的任何新词也就没有了存在的意义。

此外，还可指出存在于"知识翻译学"的学科定位和关系层面上的"不顺"，而此种"不顺"却又是由现有观点的相互矛盾或冲突引起的。例如，如果说知识翻译学是元学科或超学科，那么"翻译学""知识学"又是什么？如果将知识翻译学视为独立学科的观点能成立，那么它与其他学科（如语言翻译学、文化翻译学、社会翻译学、传播翻译学、认知翻译学乃至翻译知识学、翻译语言学、翻译文化学、翻译社会学等学科）的关系又是什么？如果将知识翻译学视作理论的观点能成立，那么我们又应怎样从本质上区分"知识翻译学是理论""知识翻译学是学科（领域）"与"知识翻译学有（属于自己的）理论（体系）"？如此等等。

针对上面提出的学科本质和学科关系问题，我们有以下疑问：知识翻译学的本质到底是什么？在知识翻译学这一整体概念中，知识和翻译之间究竟是一种怎样的关系？以及我们应当以怎样的方式才能利用好学科建构中的"顺"（有利元素），克服当中的"不顺"（不利元素），从而推动学科健康地向前发展？我们需要从辩证主义的、多维度立足的认知视角出发，才能做出正确合理的阐释。这种阐释至少涵盖以下几个方面：

首先，按照一般解释，知识学或知识论（金岳霖，1983; Machlup, 1980; Lemos, 2007）是关于知识与知识活动的哲学／人文科学，翻译学是关于翻译与翻译活动的哲学／人文科学，而这两者的交叉或交融领域即构成新的学科——这是知识配对翻译或翻译配对知识认知的必然，也是知识学配对翻译学或翻译学配对知识学发展的结果。这是符合学科发展的一个共识，这一共识需要坚持。

其次，经由两个不同学科交叉或交融而生成的新学科，其本质特性必然是两者之间的"交互性""交叉性""交融性"或"跨界性"。但需强调两点：（1）新学科之于母体学科，会因侧重点的不同而出现互不相同的两个分支：如以翻译学为中心则为"知识翻译学"，以知识学为中心则是"翻译知识学"，类似于"语言翻译学"对"翻译语言学"、"社会翻译学"对"翻译社会学"；（2）任何一个新生体都不会脱离母体而独立存在，只会是一个"部分独立体"或"半独立体"。因此，"知识翻译学"不会也不可能是一个完全自主的、真正的独立学科，而是跨知识学和翻译学的一个间性学科。具体来说，就如翻译研究中的其他学科领域一样（如语言翻译学、文化翻译学、社会翻译学、认知翻译学、生态翻译学等），"知识翻译学"也只能作为"翻译学"大学科麾下的一个"子学科"／"分支学科"，而非"元学科"。

再次，不同语言（如中英两种语言）之间对同一概念或事物在认知和命名层面上的差异化表征，是一个客观的哲学和学术存在，我们需要承认和接受这一事实，允许中英表征差异性的合理存在。例如，在中文语境里，我们可以毫不犹豫地使用"××翻译学"作为特定新生学科或子学科的名称，但在英文语境中则可能没有逐字对应的术语，而需要以不同的表征方式来指称。例如，"翻译传播学"在中文语境里可作为名正言顺的学科名称使用，但到了英文语境中却似乎没有"translational communication""translation-communication studies"之类的用法，而常见的符合英文逻辑的表述习惯的语词是"(the study of) translation and communication""(the study of) translation as communication""(the study of) communicative translation"或"a translational/translatological approach to communication"等（谭载喜，2023：26）。同理，"知识翻译学"能否对应成"Transknowletology"（中国学者新造词）或"Knowledge Translatology""Knowledge Translation Studies"等，这值得存疑。如果我们遵循英文术语必须符合英文表述习惯，以及意义表述清晰、精准、易懂的术语构词原则，将"知识翻译学"对应成"Knowledge-oriented Translatology""Knowledge-oriented Translation Studies""Knowledge-oriented Approach to Translation"或"Knowledge Theory-based Approach to Translation"等，这或许既符合中文原意，同时又能为英语受众所广泛接受。

5.11 翻译的国学途径

所谓"翻译的国学途径"，是本书创写的一个意涵宽松的语词，用来统指以传统中华文化与学术思想或中国古代学说为指导思想或理论基础的翻译研究途径。

回顾20世纪80年代以来的译学发展，我们不难发现，中国翻译理论工作者在较大规模引进外国译学思想的基础上，不断进行译学反思与传统话语挖掘，从中华文化传统或中国古典哲学中发掘可用于当代译学研究和理论创新的各种中国元素，进而提出各种中国特色翻译思想。如罗新璋（1984）、刘宓庆（1989）、张柏然、姜秋霞（1997）等学者提出的"建设中国特色翻译理论"主张，以及其他学者（如许渊冲，1992；郑海凌，1999；钱纪芳，2010；吴志杰，2011；孙迎春、周朝伟，2011；魏建刚，2015；陈东成，2016等）提出的源于孔老思想的"中庸说""和谐论""太和论""大易说"等。笔者认为，凡包含此种传统中华文化哲学和学术元素的翻译研究途径，均可覆盖在本节所用的"翻译的国学途径"这一概念之下。

应该说，自罗新璋、刘宓庆、张柏然和姜秋霞等人于20世纪80、90年代提出中国翻译研究应当重视挖掘传统中国文化和建设中国特色翻译理论的主张以来，中国译学领域出现的中国文化意味最明显的翻译途径，莫过于各种围绕"易经"思想而提出的"易学翻译途径"。例如，20世纪90年代初，许渊冲发表《译学与〈易经〉》一文，文中认为他所提出的"译诗八论和《易经》的八卦有相通之处"（许渊冲，1992：83）。许渊冲在文中对这些"相通之处"逐一进行讨论，从而开创了明确将《易经》与翻译研究联系在一起的先河。数年后，郑海凌提出翻译标准的"和谐说"，他在论述其理据时指出，"周代崇尚'中和'，《易传》有'刚柔得中'的说法"（郑海凌，1999：3），因而在某种程度上也将易学的相关理念引入翻译研究之中。进入21世纪尤其是2010年以后，在国家进一步鼓励学术创新以及"各种'××翻译学'层出不穷"（潘文国，2021：272）的大环境下，译学与易学的结合逐渐成为学界关注的一个重要话题，先后出现了对"和合翻译思想"和"和合翻译学"的探索（钱纪芳，2010；吴志杰，2011）、运用"易学视角"来诠释翻译的本质与译者的行为（孙迎春、周朝伟，2011），以及从历史出发来探寻"中国传统译学之易学影响"（魏建刚，2015）等，最后随着陈东成于2016年出版的《大易翻译学》而使相关研究达到一个新的标志点。自此，"大易翻译学"作为译学研究的一个新名词正式登场，并获得学界较多的概念认同。连同"生态翻译学"等概念一道，"大易翻译学"也就成为近年来中国翻译研究领域以"××翻译学"冠名的、较具意义的译学新概念。

本节拟将"援易入译"的"译学 + 易学途径"作为翻译研究领域"国学途径"的范例来重点讨论，以助力未来在中国译学领域涌现更多的以传统中国元素为基础的潜在"中国式"译论。

上面提到的所谓"援易入译"，即指从易经文化中撷取易学养分，将其引入译学园地，滋养译学之树，使其能开译学之花，结译学之果。用当下的流行语言来说，就是挖掘《易经》智慧，为翻译问题提供中华文化哲学的解决方案。其实,中华翻译理论或翻译话语,自古就浸淫着精深无比、无处不在的易学智慧。罗新璋指出,"唐朝贾公彦所作的《周礼义疏》里提到:'译即易,谓换易言语使相解也'"(罗新璋,1984:1);北宋高僧赞宁也说过:"译之言易也"(罗新璋、陈应年,2009:92)。因此,"翻译学也可以说是《易经》,'换易语言'之经"(许渊冲,1992:83)。但必须指出,以明确的语言将译学和易学结合起来进行研究的工作,直至20世纪末期才真正开始。如上所述,最早将翻译研究与《易经》思想联系在一起的学者是许渊冲(1921—2021)。他于1992年发表的那篇《译学与〈易经〉》,可以说是"援易入译"研究领域的开山之作。

许渊冲在上述文章中,将自己提出的"译诗八论"(或泛称"译学八论")分别对应至《易经》八卦,并提供如下解释(许渊冲,1992:83,88):一论即"译者一也",其所谓"一也"用英文表述可勉强译成"identification",意即"译文应该在字句、篇章、文化的层次上和原文统一";它对应乾卦(☰),表示上中下各个方面基本统一。二论即"译者依也",其所谓"依也"用英文表述可勉强译成"imitation",意即"译文只能以原文字句为依据";它对应离卦(☲),表示上下都统一了,中间还不统一。三论即"译者异也",其所谓"异也"用英文表述就是"innovation",意即"译文可以创新立异";它对应坤卦(☷),表示从内容到形式(上中下)都不统一。四论即"译者易也",其所谓"易也"可译成英文的"transformation"或"rendition",意即"翻译要换易语言形式";它对应巽卦(☴),表示上面两层统一,下面一层不统一。五论即"译者意也",其所谓"意也"可译成英文的"representation",意即"翻译要传情达意,包括言内之情,言外之意";它对应兑卦(☱),表示上面一层不统一,下面两层的深意却是统一的。六论即"译者艺也",其所谓"艺也"译成英文是"re-creation",意即"文学翻译是艺术,不是科学";它对应坎卦(☵),表示上下看来似乎都不统一,其实中心是统一的。七论即"译者益也",其所谓"益也"可英译为"information"或

"instruction",意即"翻译要能开卷有益,使人'知之'";它对应艮卦(☶),表示只要能使人"知之",不妨改变形式来传达原文的内容。八论即"译者怡也",其所谓"怡也"可英译为"recreation",意即"文学翻译要能怡性悦情,使人'好之'、'乐之'";它对应震卦(☳),表示只要译文能使人"好之""乐之",表层形式可以不同,深层内容却是一致的。

按照许渊冲的解释,以上"译学八论"之中,一至三论为翻译的方法论,简称"三 I"(Identification, Imitation, Innovation);四至六论为翻译的认识论,简称"三 R"(Rendition, Representation, Re-creation);七八论则为翻译的目的论,简称"IR"(Information, Recreation)。综合起来,可将此"译学八论"用英文简单表述为:"The Principles of 4 I's and 4 R's in Translation"。许渊冲在提出上述译学八论对应《易经》八卦的理论构想后,即以唐玄宗诗作《经邹鲁祭孔子而叹之》和宋代诗人辛弃疾作品《采桑子·少年不识愁滋味》的几种英、法译文为例,通过对它们字斟句酌的分析,来说明其理论构想的可行性。并且,在完成对译学八论关联《易经》八卦的讨论后,作者还在文章的最后部分,针对其所选译诗中的几处代表性例句,将关联八卦的讨论扩展至涵盖全部六十四卦,从而增加了相关讨论的全面性。

当然,许渊冲的上述讨论也自然有其局限。文章有时被认为"只是利用了'易'的多异性"而已(潘文国,2021: 273),而且文中所呈现的东西也的确算不上是"译学 + 易学"的系统性研究成果。然而,应该肯定的是,文章作者以其独特的"敢为天下先"的个人风格,将其"译学八论"与《易经》八卦对应起来,并结合翻译实例进行分析和讨论,在没有任何先例可循的情况下,这种努力称得上充满了创意,足以构成"援易入译"研究领域的第一标志点。尤其是文中将译学"八论"先联《易经》"八卦"后至"六十四卦"的创新做法,在研究方法上为后来的"援易入译"之工,包括《大易翻译学》作为译学模式的系统建构和发展,都提供了可资参考的范例。

如果说许渊冲的开创性论文《译学与〈易经〉》可被视作当代"援易入译"研究领域的第一标志点，那么陈东成于2016年发表的《大易翻译学》则可被认为构成了"译学 + 易学"（或"易译学"）领域的一个更新的标志点，因为它不仅为"易译学"的研究范式起了名，而且更是"在尝试真正地'援易入译'，希望'充分发挥大易的智慧，以易治译'，在易理基础上'提出并论证了一系列译学观点……'，可谓别开生面"（潘文国，2021: 273）。也就是说，《大易翻译学》的出版，标志着"易译学"已由"援易入译"的零散探索阶段，进入到了"以易治译"的体系构建阶段，并由此为"以易弘译"的深化研究与进一步发展，提供了可以作为参照的重要基础。

《大易翻译学》全书共13章，覆盖的话题包括：大易翻译学的哲理依据，《周易》思想和学说观照下的翻译本质、翻译标准与策略、翻译原则与方法、翻译审美、翻译伦理（包括再现伦理、服务伦理、交际伦理、存异伦理、译者伦理）、翻译风格、翻译距离、翻译损益、翻译批评、翻译生态环境等。在大易翻译学的理论框架下（陈东成，2015，2016，2021），翻译被认为是一种生命运动，其生命之旅可按《易经》的阴阳之道从"交感化生""变化会通""保合太和""终则返始"等方面进行诠释；翻译的生命之旅循环往复，永无绝期，每次"回归"是为下次"出发"作准备。拓展来说，大易翻译学汲取易学和译学两个学科的营养，从跨学科的角度对相关问题加以审视、分析、论证；其思想进路为：以"翻译"为经，以"大易"为纬，经纬交织，从哲学高度将"体（道）""相""用"贯通，以致"成务"，建成新的翻译范式，并以此为世界译学领域贡献中国特色的翻译思想和理论。

笔者认为，从"援易入译"到"以易治译"，再到"以易弘译"，代表着从深邃浩瀚的中华哲学和文化之壤汲取精华以培育和助长中华译学之树的努力，是一种构建中国翻译学的努力。换一个角度来审视，我们可以说：如果要构建中国翻译学，或者说要构建中国特色翻译理论，除了可以借鉴外来译学理论，以丰富和发展我国译学理论之外，更重要的是必须"立足于中华民族的语言、文化、思维方式""从本民族的语言与文化现实出发，从汉—外、外—汉语言文化对比研究的实际情况出发"，并"根据本国的语言特点，透视语言中所反映的文化精神"来展开研究（张柏然、姜秋霞，1997：8）。

众所周知，《易经》是一部旷世奇书，"是经典中之经典，哲学中之哲学，智慧中之智慧"（南怀瑾，2008：5）。《大易翻译学》的作者正是秉承"立足于中华民族的语言、文化、思维方式"以构建中国特色翻译理论的信念，将探寻的目光转向《易经》这部能解宇宙人生密码的中华宝典，最终从中挖掘到可用以阐明翻译本质和方法的哲学道理，包括上面所述观点涵盖的相关道理，如"一阴一阳之谓道""生生之谓易""天人合一""中正和合""保合太和""求同存异""修辞立诚""贵时通变""与时偕行""革故鼎新"等（陈东成，2015：73）。这些也就构成了国内"易译学"由许渊冲"译学八论"对《易经》八卦的"援易入译"初始探索，至陈东成全方位"以易治译"的体系构建，再至当下"以易弘译"理论意识不断深化的发展特点。在某种意义上，因为有了《大易翻译学》一书的出版和一系列相关文章的发表，才有了大易翻译学这一颇具中国特色翻译理论范式的形成和传播。而此范式的学术价值和意义，则主要在于它"抓住了易经与译学各自的精髓，以易道推演译事，探寻译道；易为体，译为用，体用一源，易译相通"（李伟容，2020：116），因而为"易译学"提供了一个系统研究的范例。

《易经》（《周易》）作为大道之源、中华文化的宝典，它所蕴含的无穷思想和智慧"是取之不尽、用之不竭的，《大易翻译学》只取一瓢，已有建树，这启示我们，作为后来者完全可以继续挖掘《周易》的智慧，或拓宽大易翻译学研究，或再立新说，又或指导翻译实践"（同上）。当然，笔者认为，在我们继续将易学思想引入译学研究（"援易入译"），用以建构译学理论、解决翻译问题（"以易治译"），推动翻译理论发展不断走上新台阶("以易弘译")的过程中,我们需要始终保持清醒的学术头脑,并运用正确的研究方法,不让我们为发展中国特色翻译理论所做的努力走偏方向。研究者需要注意以下两点:

1)必须聚焦"易学 + 译学"的衔接界面:易学作为研究万事万物运行规律及其相互关系的哲学学问,自然可以用来诠释作为人类文化交流即跨语交际活动的翻译,但在这一诠释过程中,研究者必须重视易学思想如何契合和适用于理论化翻译问题的研究,并使用具体而针对性强的语言来描述易学对于译学研究的契合性和适用性。也就是说,如果不能将"援易入译"或"以易治译"的努力有效地落实到它与具体翻译理论的对接,及其对指导翻译实践的作用上(诸如许渊冲的译学八论对《易经》八卦的做法不失为一种有益的尝试),那么就很难说这种努力是成功的。

2)在"翻译学"这个学科总名称之下,可以采取各种各样的范式和角度作为研究的切入点,这些范式和角度,或相关的研究途径和方法,永远是多元的、可以创新的。即是说,我们可以在研究中不断提出新的思想和理论模式,建立起新的分支学科即"××翻译学",如同语言学之下分支出来"应用语言学""社会语言学""心理语言学""神经语言学""语料库语言学"以及解释语言的具体理论模式(如转换生成语法、"格"语法)一样。而所有"××翻译学"的产生,都应出于相同的初心,都是为了从不同的视角,来回答"何谓翻译""如何翻译""为何翻译"等可能出现的各种根本性译学问题。同时,由于相关的研究范式和途径是多元且可以不断创新的,因此任何一种新的翻译理论或研究范式被构建之后,都需要在已有基础上不断深化,不断提出新思想,发现和解决新问题,这样才能使相关理论不断优化,长期发挥其应有的活力和价值。

5.12 翻译的语料库途径

翻译研究进入20世纪80年代即作为独立学科发展的年代起,便开始由传统上纯属单一关注语言转换的学科领域，转为需要多学科参与其中、相互连通相互影响的"跨学科"或"交叉学科""边缘学科""居间学科""间性学科""多学科交互领域"，英文语境下称之为"Interdiscipline"或"Transdisciplinary Field of Study"。所谓翻译研究为"跨学科""交叉学科"或"多学科交互领域"等，就是本书在绪论中已经指出的，"是介于语言学、文艺学、社会学（包括国情学、文化学等）、心理学、信息论、计算机科学等学科之间的综合性的"学科领域。其中，最重要的一个特质，就是它虽然在本质上不属于"自然科学"而只是"人文科学"领域，但它却可借助或倚重某些"自然科学"或属于严格"科学技术"领域的手段，如计算机科学的手段、数字统计（统计学）的手段等，来推进它的发展，或拓宽、扩大它的学科疆域。在众多倚重科学技术而发展的翻译途径中，广为人们知晓的包括翻译的语料库途径、实证学途径（涵盖"出声思维记录""键盘记录技术""眼动仪运用技术"等）和"人工智能（AI）途径"（此为"机器翻译"的高阶途径）。

翻译的语料库途径（Corpus Lingusitics-based Approach to Translation）得益于语料库语言学所涉"语料库"基本理念而产生。语料库语言学是西方行为主义心理学理论影响下的产物，其发展始于20世纪60年代，迄今已有60多年历史。其核心概念"语料库"（corpus），是指经科学取样和加工的电子文本库或数据库，库中所存均为相关语言实际使用中真实出现过的语言材料；库容量并无固定标准，可以很小（小至任何单个课题所采集和建立或为其研究目的服务的小型数据库），也可以很大（大至容纳数百万、数千万甚至数万万字的大型或超大型数据库），具有可以不断动态补充的开放型特质。研究者借助计算机分析工具，对库中数据即"语料"（自然语言文本材料）进行统计、检索和词性、句法标注以及句法语义分析，并通过语料库在语言定量以及定性分析层面的此种功能，来研究如何将分析结果应用在词典编纂、语言教学、自然语言理解和机器翻译等各个领域。

最早将语料库语言学研究方法，尤其是其"语料库"理念运用于翻译研究的学者之一，是英国曼彻斯特大学贝克教授。主要以《换而言之：翻译教程》(*In Other Words: A Coursebook on Translation*, 1992)、《翻译研究百科全书》(*Routledge Encyclopedia of Translation Studies*, 1998)、《翻译与冲突：一种叙事性阐释》(*Translation and Conflict: A Narrative Account*, 2006)等书籍著称于当代西方翻译研究领域的贝克，其实也曾凭借其在1993年发表的《语料库语言学与翻译研究：含意与应用》("Corpus Linguistics and Translation Studies: Implications and Applications"; Baker, 1993: 233-250)，以及于1995年发表的《翻译研究语料库概论及关于未来研究的几点建议》("Corpora in Translation Studies: An Overview and Some Suggestions for Future Research"; Baker, 1995)而成为翻译语料库研究领域的"领头羊"。

在笔者看来，对于翻译的语料库研究途径而言，最重要的任务当然是设计、建制和应用各种与翻译相关的双语语料库（bilingual corpora），如"中英/英中"语料库、"中俄/俄中"语料库、"中日/日中"语料库，以及多语语料库（multilingual corpora），如"中英法"/"英中法"/"法中英"语料库、"中英俄德"/"英中俄德"/"俄中英德"/"俄中德英"语料库等。这些"双语"或"多语"语料库可以包括贝克所讨论的"平行语料库"和"可比语料库"。按照贝克的解释，所谓"平行语料库"（parallel corpus），是指"将语言A的原创文本与它们译入语言B的翻译文本排列一起而构成的语料库"（Baker, 1998: 51）；而所谓"可比语料库"（comparable corpus），是指"将一种语言如英语的原创文本，与从一种或多种语言译入英语的（关于同一话题的）文本排列在一起而构成的语料库"（Baker, 1998: 52）。至于人们常说的"多语语料库"（含"双语语料库"），如果不被特别给予笔者在上面所说的那层关联翻译的意涵，那么就是指按相同设计标准在不同语言中研制的两个或多个单语语料库的组合体，即其中的所有文本"并非翻译文本，而全部属于各自语言中的原创文本"（Baker, 1998: 52）。贝克认为，虽然这样的"多语语料库"可以用于对比语言学，也可用于双语词典编纂，但未必对理论翻译研究有多大价值（同上）。

在我国，翻译语料库研究工作整体上虽然起步稍晚，但正如胡开宝所指出，"我国翻译学界人员能够通过出国访问、参加国际学术会议或阅读最新国际学术期刊文章等途径，及时了解国外技术与人文相结合的趋势，掌握翻译研究应用技术的最新发展动向，并在消化、吸收国外学术研究成果的基础上，开展以语料库技术、键盘记录技术和眼动仪应用为基础的翻译研究，取得了较为丰硕的研究成果"（胡开宝，2018: 313）。这是一个可喜的成就。笔者于 2023 年 12 月 30 日通过"中国知网 CNKI"，就 1992 年（该网所能提供的最早年份）至 2023 年（截至笔者查阅时间的 2023 年 12 月 30 日）以"翻译语料库"为主题词发表作品的情况进行了考察，获得了与之相关的几组有趣数据，足以证明这一点。现将此数据以表格形式分类呈现如下（见表 5.12-1 至表 5.12-6）：

表 5.12-1 作品数量、相对比及发表类别分布

总库	期刊论文			学位论文	会议论文	报纸文章	书籍	其他成果
	学术期刊	学术辑刊	特色期刊					
3 573	2314	105	249	795	90	4	4	12
	2 668							
100%	75%			22%	2.5%	0.1%	0.1%	0.3%

表 5.12-2 作品主题分布

语料库	平行语料库	翻译策略	机器翻译	翻译教学	翻译文本	双语语料库	基于语料库的	平均句长	语料库翻译学	翻译风格	翻译共性	双语平行语料库	翻译方法	翻译过程	翻译语料库	可比语料库	译者风格	翻译学	基于语料库的翻译研究
498	408	304	256	183	163	158	145	145	144	142	142	138	123	118	106	103	100	100	97
14%	11%	9%	7.2%	5.1%	4.6%	4.4%	4.1%	4.1%	4%	3.9%	3.9%	3.8%	3.4%	3.3%	3%	2.9%	2.8%	2.8%	2.7%

总库：3 573 篇（1992—2023，查阅日期：2023.12.30）

表 5.12-3　作品学科分布

外国语言文字	中国语言文字	文艺理论	教育理论与教育管理	高等教育	中国文学	自动化技术	医学教育与医学边缘学科	中医学	新闻与传媒	体育	旅游	中等教育	法理、法史	信息经济与邮政经济	一般服务业
2348	539	525	30	24	15	15	15	13	11	10	10	6	6	3	3
66%	15%	14%	0.8%	0.7%	0.4%	0.4%	0.4%	0.4%	0.3%	0.3%	0.3%	0.2%	0.2%	0.1%	0.1%

总库：3 573 篇（1992—2023，查阅日期：2023.12.30）

表 5.12-4　作品研究层次分布

应用研究	开发研究、业务研究	技术研究	学科教育教学	应用基础研究	技术开发	开发研究	应用基础研究	开发研究、政策研究	应用研究、政策研究
380	380	57	53	5	4	3	2	2	2
43%	43%	6.4%	6%	0.6%	0.5%	0.3%	0.2%	0.2%	0.2%

总库（不完全统计）：888 篇/10 层次（1992—2023，查阅日期：2023.12.30）

表 5.12-5　作品基金立项分布

国家社会科学基金	教育部人文社会科学研究项目	湖南省哲学社会科学基金	国家高技术研究发展计划（863 计划）	湖南省教委科研基金	江苏省教育厅高等学校哲学社会科学基金项目	国家重点基础研究发展规划（973 计划）	中央高校基本科研业务费专项资金项目	江苏省教育厅人文社会科学研究基金	陕西省教育厅科研计划项目	中国博士后科学基金	辽宁省哲学社会科学规划基金项目	国家留学基金	广东省哲学社会科学规划项目	福建省社会科学规划项目	安徽省教育厅人文社会科学研究项目	广东省高等教育教学改革项目	浙江省教育厅科研计划
287	53	24	19	18	18	14	14	14	14	12	10	9	9	9	9	9	9
52%	10%	4%	3%	3%	3%	2.5%	2.5%	2.5%	2.5%	2%	1.8%	1.6%	1.6%	1.6%	1.6%	1.6%	1.6%

总库：551 项（1992—2023，查阅日期：2023.12.30）

表 5.12-6　作品年份分布

年份	篇数	平均	占比
1992	1		
1994	1		
1995	2		
1997	5	31/10=3.1（年均）	0.9%
1998	5		
1999	2		
2000	9		
2001	6		
2002	21		
2003	23		
2004	19		
2005	36	370/8=46.3（年均）	10.2%
2006	41		
2007	67		
2008	74		
2009	89		
2010	138		
2011	175	676/4=169（年均）	18.9%
2012	172		
2013	191		
2014	201		
2015	264		
2016	241		
2017	280		
2018	269	2,496/10=249.6（年均）	70%
2019	286		
2020	273		
2021	280		
2022	226		
2023	176		

总库：3 573 篇（1992—2023，查阅日期：2023.12.30）

以上六个分类表格所呈现的数据,包括各表中的数目、百分比及相关的基本文字信息,应该说不难读懂,无须另作解释。但为了帮助读者更深入地了解数据背后的关联意涵,我们则可对它们作进一步解读:首先,表5.12-1所呈总库作品数多达3 573篇,其中99.5%(即75%+22%+2.5%)为面向研究领域的"期刊论文+学位论文+会议论文",只有极少数为面向社会大众的"报纸文章",我们可以看出近30年来,"翻译语料库"研究是我国学术领域一个十分热门的话题。

其次,如果我们仔细审视表5.12-6所呈现的"作品年份分布"数据,则能清楚地看到,我国在这一热门话题领域的研究热度呈逐年升高的趋势:从起步阶段即1992—2001年每年仅个位数的成果出产量(年均3.1篇),到2002—2009年每年两位数的作品发表(年均46.3篇),再到2010—2013年年均成果三位数(年均169篇),又进一步从原先年均1字头的三位数,提升到2014—2023年年均2字头三位数的发表量(年均249.6篇),并自2014年起便长时间地保持着这种高产出的发展势头(2013年稍微回落除外)。此外,从表5.12-2、表5.12-3和表5.12-4还能看出,研究成果所涉及的主题分布、学科分布和研究层次分布,也都相当广泛和多样化。无疑,这样的研究发展十分令人鼓舞。

此外,我们也清楚看到,在过往30年的发展中,"翻译+语料库"这一学术领域获得了来自国家和地方一级政府的大力支持。表5.12-5的"作品基金立项分布"数据显示,国家层面立项资助的课题总数有396项["国家社会科学基金"287项+"教育部人文社会科学研究项目"53项+"国家高技术研究发展计划(863计划)"19项+"国家重点基础研究发展规划(973计划)"14项+"中国博士后科学基金"14项+"国家留学基金"9项]。省级立项资助课题总数最多的是湖南省,多达42项(包括"湖南省哲学社会科学基金"24项、"湖南省教委科研基金"18项),其次是江苏省32项(包括"江苏省教育厅高等学校哲学社会科学基金项目"18项、"江苏省教育厅人文社会科学研究基金"14项);其他省级(包括广东、陕西、辽宁、福建、安徽、浙江等省级）立项资助的项目也从 9 到 10、12 项不等。所有这些，都是实实在在的支持。正因为我们一方面有中国翻译研究者对于翻译的语料库研究途径的情有独钟，另一方面有政府的这种持续的、大力的支持，我们的研究工作才能取得上述表中所呈现的辉煌成绩。

当然，也毋庸讳言，国内学者在翻译语料库研究中的最大贡献，与其说是在基础理论研究上有特别原创性的突破，不如说主要表现在涉及汉语语料的双语和多语翻译文本语料库的应用研究上，也就是贝克所定义的各种"平行语料库"和"可比语料库"的应用研究，尤其包括各种以"基于语料库的……"为题的应用研究，如"基于历时语料库的……研究""基于共时语料库的……研究""口译多模态语料库的……研究""笔译多模态语料库的……研究""基于多模态语料库……研究""基于对应语料库的……研究""基于可比语料库的……文本对比研究""基于汉英/英汉平行语料库的……形象建构研究""基于大型语料库的……研究""基于自建语料库的……研究""基于在线语料库的……翻译研究""……翻译风格的语料库考察""……视角下的……双语语料库构建""语料库视角下的……研究""语料库翻译学视域下的……研究""基于平行语料库的……研究"等。

必须承认，在涉及"翻译的语料库研究途径"〔corpus approach(es) to translation〕或"语料库翻译学"（corpus translation studies / corpus translatology）究竟是翻译学领域的一个分支学科还是一种研究方法的问题上，人们可能存在不同看法。就像人们对待翻译的其他研究途径上的观点一样（如翻译的语言学、文化学、交际学、社会学、认知学、生态学、知识学和国学途径等），一些人认为它们是一个分支学科，因为它们像"语料库语言学"一样，需要立足于真实的语言文本（包括"平行文本""可比文本"等）数据，对翻译语料库进行系统性观察，并对观察结果或研究发现进行理论升华和创新，从而构成作为整体存在的领域即"学科"或由翻译学与语料库研究衍生出来的"分支学科"；另外一些研究者认为翻译语料库研究或语料库翻译研究并非翻译学的又一个分支学科，而是一种研究方法或研究范式，因为它的主要目的和功能在于研究者可以通过它所提供的真实语言文本（包括源语文本与目标语文本）的对比分析来回答某些问题，包括涉及"语言共性研究""源文本目标文本对比特征研究""译者风格研究""翻译规范研究""翻译教学中的案例对比研究"等方面的问题，而这些问题通过其他途径很难在高效性、精准性和科学性层面上能与之比拟。

然而，在笔者看来，对于以上两种观点，我们不赞成用非此即彼的方式来看待，因为它们其实是两者特征兼具，或者说是属于所谓"既是……也是……"的属性范围。例如，就翻译的语料库研究或语料库翻译研究而言，一方面它可以是作为研究范围的学科领域，另一方面又是可用来协助研究语言共性、源文本与目标文本对比、译者风格、翻译规范、翻译教学案例分析的工具。也就是说，如何对此种研究途径进行属性认定，主要在于从何种角度或出于何种目的去判断。不同的人之所以看法不同，主要是因为各自的视角不同，目的不同。笔者提倡从更宏观、更包容的角度来看研究途径的内涵和功能。归根结底，相关途径究竟是什么并不重要，重要的看它们能做什么，能不能让我们更合理且更有效地认知翻译和翻译学作为研究对象的本质特性。如果能做到这一点，那么翻译研究特定途径的目的即已达成。

5.13 翻译的AI（人工智能）途径

如果说以上所谈翻译语料库途径需要有现代科学技术手段（如计算机科学和统计学技术手段）的参与或协助才能成事，那么本节关于翻译的AI（人工智能）途径，则本质上其本身就是一种技术。或者说得更准确一点，这是一种关于翻译和翻译研究的真正意义上的科技途径。

所谓"翻译的 AI 途径"或称"AI 翻译或 AI 翻译学途径"，其实就是一种"机器翻译或机器翻译学途径"。只不过,"机器翻译或机器翻译学"即"电子翻译或电子翻译学",是指"前 AI 阶段的翻译(学)",而"AI 翻译或 AI 翻译学"则指高阶的"机器翻译(学)"。换言之,两者之间的区别并不在其本质属性,而只在其科技含量的新旧级别上。

因此,如要讨论翻译的 AI 途径,就必须先从"机器翻译"(Machine Translation / MT)即"电子翻译"(Electronic Translation / E-Translation)入手。我们知道当今社会是一个信息主宰的社会,它有几个显著特点:"信息存储方式的数字化;信息处理方式的自动化;信息传输方式的网络化;信息应用方式的产业化"(傅兴尚、许汉成、易绵竹、李向东,2009: 1)。根据 20 世纪 80 年代的统计,"全世界每年出版图书 50 万种以上,其中科技图书 12 万种……出书品种和印数每年分别以 4% ~ 6% 的速度递增"(冯志伟、杨平,1987: 1)。面对如此浩瀚的图书资料和文献,如要将它们一一翻译成本国语言,靠传统的手工操作是无法完成的。显然,要满足如此大量的翻译需求,就只有依靠与数字化、自动化、网络化、产业化密切相关的工作手段——自动转换,也就是电子翻译,俗称机器翻译。

中国是继美、英、苏后第四个开展电子翻译,即机器翻译研究的国家。中国最早的机器翻译研究可以追溯到 1956 年中国科学院主持的国家自然科学研究项目"机器翻译、自然语言翻译规划的建立和自然语言的数学理论"。此后,中国的机器翻译经历了坎坷的发展道路,也取得了不少可喜的成就。20 世纪 70 年代末 80 年代初,随着中国改革开放和科学技术交流的发展,翻译的需求空前强烈,机器翻译的研究也因此异常火热,人们对机器翻译的认识逐步成熟。

纵观我国机器翻译的历史,大致可以分为三个阶段(见表 5.13-1):(1)试验阶段,1956—1974 年;(2)复苏阶段,1975—1986 年;(3)应用阶段,1987 年至今。其中,第三阶段又可以分为两个次阶段:商业化阶段(1987—1994 年)和人机互动及 AI 阶段(1994 年至今)。

表 5.13-1　中国机器翻译 / 电子翻译发展三阶段

阶段		时间	主要特征
试验阶段		1956—1974	机器翻译启动
复苏阶段		1975—1986	开发全文翻译模式
应用阶段	商业化阶段	1987—1994	开发商用翻译模式
	人机互动及 AI 阶段	1994—现在	开发机器辅助翻译模式及 AI 深度学习与翻译模式

1. 试验阶段

如前所述，中国机器翻译研究始于 1956 年的"机器翻译、自然语言翻译规划的建立和自然语言的数学理论"项目，这是中国第一个机器翻译研究计划，于 1957 年正式展开。据项目主持人刘涌泉报告，1958 年 8 月，中国科学院计算技术研究所成立机器翻译研究组，该组在语言研究所的密切配合下专门进行俄汉机器翻译。同年 11 月，中国科学院语言研究所正式成立专门研究小组，该组与计算技术研究所合作研究俄汉机器翻译，并与北京外国语学院（现更名为北京外国语大学，简称"北外"）合作研究英汉机器翻译。同年 12 月，北外俄语学院与华南工学院（即现在的华南理工大学）也成立了机器翻译研究小组，前者研究俄汉机器翻译，后者研究英汉机器翻译。1959 年 3 月，北外又成立了英汉机器翻译研究小组。此外，中国科学院情报研究所、哈尔滨工业大学也在不同程度上开展或准备开展机器翻译研究工作（刘涌泉，1959：563）。统计起来，1958 年到 1959 年的两年中，各种语对的机器翻译研究小组相继成立。其中，英汉翻译研究小组有两个，俄汉翻译研究小组有三个。1959 年国庆节前夕，中国科学院语言研究所与计算技术研究所联合开发出中国第一个俄汉机器翻译系统，该系统以 2030 个俄语单词构成的词库为基础，在我国第一台大型通用快速电子数字计算机上对 9 组比较复杂的俄语句子进行了机器翻译的成功试验。此后，中国科学院和北外组成的联合研究小组吸取前一个俄汉机器翻译系统的经验教训，研制出一个简单的英汉机器翻译系统。

1961年，国内各机器翻译研究小组汇聚一堂，讨论机器翻译的得失，并出版了中国第一部机器翻译研究集《机器翻译》。机器翻译（也称电子翻译）从此成为语言学专家、计算机研究专家、翻译工作者普遍关注的话题。

1966—1974年间，机器翻译的研究完全停滞。这一时间恰巧与美国语言自动处理咨询委员会（Automatic Language Processing Advisory Committee，ALPAC）颁布《语言与机器》（Language and Machine）黑皮书从而给西方机器翻译研究带来扼杀性灾难的时间吻合。该黑皮书声称，"机器翻译目前和未来都没有太大的实用价值"（Hutchins, 1986: 167），因而主张取消对机器翻译研究的资金支持。

2. 复苏阶段

1975年，中国机器翻译研究重现曙光。1975年12月，在当时国家科委的支持下，由中国科技情报所主办，机器翻译研究协作组成立，组织中国社会科学院语言研究所、中国科学院计算技术研究所、北京化工研究院、冶金部情报所、上海科技情报所和林科院情报所等单位的研究人员，继续开展几乎完全中断了的机器翻译研究工作，并于1976年成功研制出JFY-I英汉机器翻译系统。JFY-I英汉机器翻译系统由一部电子词典和一个自动语法处理系统构成。研究人员利用该系统对500个冶金文献题录进行编程试验，结果令人满意。后来，冶金文献扩充到2000词，具有全文翻译功能的JFY-II全文翻译系统也被开发出来。

1980年9月，首届全国机器翻译研讨会在北京举行，全国26个科研情报机构和高校的60多名代表参加会议，提交论文34篇。会议结合国际上机器翻译的发展状况，回顾了我国机器翻译的马鞍型发展过程，并提出加强统一领导，在试验基础上深入开展机器翻译研究，以早日实现实用化的发展目标。1981年,由中国学者研制的第一个多语言机器翻译系统,在法国格勒诺布尔大学（University of Grenoble）的FAJRA系统上对汉法、汉英、汉日、汉德机器翻译进行了测试,后来又在马来西亚举行的计算机科学与计算语言学国际研讨会上进行了演示和介绍。从此,中国机器翻译研究引起了国际学术界的关注。

1986年,中国邮电部邮电科学研究所研制出一台针对电信文献的汉英机器翻译系统,该系统具有一个比较复杂的译后编辑系统,译出的译文具有较高的可读性。尽管这个时期的机器翻译系统大多局限于比较狭小的专业文献翻译领域,如电信、冶金文献等,商业化应用价值还非常有限,但是重新高涨的研究热情极大地推动了中国机器翻译研究的复苏,这无疑为下一阶段机器翻译研究的深入发展和商业化应用打下了较好的基础。

3. 应用阶段

1987年以来的时期属于机器翻译的应用阶段,这一阶段又可以分为两个次阶段:（1）机器翻译的商业化阶段;（2）人机互动机助翻译（CAT）以及随后的AI翻译阶段。

1987年,国防科技大学"科译-I号"英汉机译系统的成功研制,标志着中国机器翻译取得了突破性的进展。次年,中国计算机软件开发和服务公司将其更名为"译星I号"并推向市场,从此揭开了中国机器翻译系统商业化发展的序幕。后经多次改进,"译星"的翻译质量不断提高,并于1991年荣获国家优质产品奖。

"译星"软件基于其最初的设计者董振东提出的逻辑语义结构,由四个主要的处理器构成:（1）以动词为中心的原文线性逻辑结构分析;（2）根据各结构与动词的逻辑关系对各结构进行分层,画出以动词为核心的语义结构树;（3）把这种线性结构层自动翻译成译语,必要时通过人工进行一定的修改;（4）再以动词为中心,将译出的译语线性结构句扩展为更加可读的译语文本。此外,该系统还设计了一个由软件使用者修改扩展的开放的语法规则库,一个翻译控制系统,一个英语词汇分析器,一个译前编辑系统,一个译后编辑系统。"译星"的成功得益于软件设计中的上述几大特色。该系统的研究报告显示,"译星96"粗成品的可读率高达85%(杨沐昀、李志升、于浩,2000:46)。后来,译星软件又采用了翻译记忆(TM)、词典检索(dictionary retrieval)等新技术,翻译质量得到进一步提高,可处理的语言对也从英汉扩展到汉英、汉日、韩汉等多种语言对,应用范围日益扩大。

最新的"译星"软件由五个模板组成:(1)应用软件平台;(2)翻译平台;(3)翻译记忆库;(4)机译系统;(5)应用平台。应用软件平台从应用软件上获取待翻译的文件,并将文件传送到翻译平台,翻译平台将文件信息提交到翻译记忆库和机译系统,得出一个译文,经过一定的人工处理,然后将译文传送到应用平台,并将最终译文返回到应用程序予以保存。

"译星"软件目前在计算机用户中使用广泛,联想、汉王、蒙恬等软件中都集成有"译星"翻译系统,其开发出一种网上自动翻译系统,可为远程用户提供全文翻译、网页翻译、电子邮件翻译、多语种聊天等服务。WAP手机上甚至也集成有"译星"汉英、英汉翻译系统,从而使得英汉/汉英翻译服务更加及时便捷。

除了"译星"这款比较成熟的机译软件外,还有其他一些机译软件在20世纪90年代早期投放市场,如1990年的"Sino-Trans英汉机译系统"、1992年的"高立英汉机译系统"和"863-MT/EC系统"、1994年的"Matrix EC系统"等。句法分析、语义分析、语境分析相互结合,使得机译系统的效率和准确率大大提高。根据当时的日本电子工业发展协会(Japan Electronic Industry Development Association)颁布的标准,由国防科技大学研制的"Matrix EC系统"的处理速度是当时世界最快的(杨沐昀、李志升、于浩,2000:26)。后来深圳桑夏公司与国防科技大学联合,开发出"光"(Light)英汉翻译系统系列软件,建立了中国第一个免费翻译网站"看世界"(Read World)。

这一时期的机译系统，几乎都是在追求全自动翻译的理念下开展研究的，而翻译结果却往往难如人意。现在想来，失败是在所难免的，原因如下：(1) 自然语言远非电脑程序的语法语义规则描述的那么简单，人脑这个"黑箱"里的语言处理和理解牵涉到心理、神经、认知等多种复杂因素；(2) 一种语言中语义的表达和理解已经非常复杂，牵涉到双语或多语的处理就更是如此；(3) 翻译成功不能完全依赖于一个机译系统，术语库、信息检索系统、翻译记忆技术等相关技术的优化，开放性句法语义规则调整系统的建立，不同系统协调性能的优化，良好的文字传输和文字识别系统的建设等，都与高效率的适用性机译系统密切相关。机译系统仅仅是"电子翻译"的一个组成部分，计算机不是唯一的装置和器械。理性的看法应该是让计算机成为人工翻译的辅助。在这种理念的促动下，中国的新一代电子翻译系统——CAT开始出现。目前流行的CAT机译系统是"雅信CAT"。

1994年，交大铭泰（北京）软件有限公司的研究人员一反追求机器全自动翻译的传统理念，提出把机器处理和人工编辑结合起来，开发出了一种人机互动的机器翻译系统。该系统以巨大的语料库和例句库为基础，采用先进的翻译记忆技术、统计技巧和机译技术，开始了更加理性的机器翻译发展道路，也为机器翻译软件赢得了更加广阔的市场和信誉。全自动机器翻译只是一种乌托邦的理想，人机互动的机器辅助翻译（CAT）才是理性的机器翻译研究路径。

进入20世纪90年代人机互动的机辅翻译（CAT）时代后，随着现代科技尤其是AI技术的开发，机器翻译研究进一步向前演进。当时，自然语言处理（Natural Language Processing）研究的一个突出发展标志，是将统计学方法运用于语言研究，进而提出了语料库语言学。由于语料库语言学从大规模真实语料（包括文本材料和言说语音材料）中获取语言知识，因而增加了我们认识自然语言规律的客观性和准确性。于是，基于大规模语料统计和分析之上的技术和方法得到开发，大大促进了同样基于语料库数据统计和分析的机器翻译技术和方法的发展和优化，使得语料库语言学对机器翻译研究的发展产生了前所未有的重要影响（参阅 5.12 节的相关讨论）。通过"机器学习"（Machine Learning）以及机器"深度学习"（Deep Learning）技术的发展和完善，并通过数据挖掘、大数据检索、多语言图文识别（OCR）、自然语言理解（NLU）、语音识别、文本分析、知识图谱和神经网络机译（NMT）技术的应用，AI 翻译，也就是 AI 版机器翻译（AI-enhanced Machine Translation）得到迅速发展。此种翻译亦可称为智能翻译或智能机译（Smart Machine Translation/SMT），其翻译软件（包括文本转换和同传翻译软件）无论用于网络还是同声即时传译，质量都很高，有时甚至达到可与真人翻译相媲美的水平。

从技术层面对机器翻译到目前为止的发展进行总结，可以大致区分为三种技术路线：(1) 规则机器翻译；(2) 统计机器翻译；(3) 神经网络机器翻译。拓展来说，即指：(1) 基于规则的机器翻译（Rule-based MT），就是制定规则进行词汇、句法等层面的分析，将源语中的每个词汇直接转换成目标语言中的词汇，然后拼接起来成为翻译结果。(2) 基于统计学分析的机器翻译（Statistics Technology-based MT），其核心是借助大型语料库数据和统计学方法，设计概率模型对翻译过程建模，然后得出翻译结果。(3) 基于深度神经网络学习的机器翻译（Deep Neural Networks-based MT），即利用"机器学习"和"深度学习"技术，建构"端对端序列生成模型"，将输入序列变换成输出序列，前者聚焦如何表征输入序列即如何"编码"，后者聚焦如何获得输出序列即如何"解码"。就以 AI 技术增强的神经网络机器翻译而言，机译中的"变换"过程"不仅包括了编码和解码两个部分，还引入了额外的机制——注意力机制，来帮助我们进行调序"（王振杰、周萍等，2020: 210）。

综上，机器翻译技术的迭代发展，让我们看到了人类智慧和科技进步的力量。机器翻译从无到有，从词对词"硬译"（基于词典编码的初阶机译），到句对句"直译"（基于语料数据和统计学方法的中阶机译），再到语篇互对"意译"（基于机器神经网络的高阶机译）；又从初阶"硬译"

的不堪卒读，到中阶"直译"的海量译前编辑和译后加工，再到如今高阶"意译"的较高可懂性和可读性，无疑地给亘古而常青的人类翻译工作及其研究，带来了一次又一次的革命和冲击。

然而，从人类智慧和人类文明演进的历史角度来看，即使是到了当下的 AI 高阶机译时代，我们也无须对诸如机器翻译是否会最终完全取代人工翻译、人类翻译最终是否会止于机器翻译之类的问题，而感到过度担忧。在笔者看来，说到底，机器翻译的"才华"与"能力"，以及由此产生的机译质量的高低，依赖于人类本身的工作和智慧，因为建基于"机器学习"与"深度学习"的 AI 翻译技术，其"学习"或"深度学习"的根本基础是人类整体展现出来的翻译智慧和翻译经验。或许，就人类个体即具体的译者而言，在处理文化、经济和科学技术等一般领域的文本翻译时，其译速无法与机译比拟，译品质量也可能不及 AI 机译，但在人类作为整体的翻译智慧和能力层面，即便是高阶的 AI 机器翻译也是不能超越的，至少在需要最多创造性思维的文学翻译（包括诗歌）领域更是如此。当然，人类智慧在不断发展，不断创新，包括 AI 翻译在内的科学技术也会不断发展，不断创新。因此，我们相信中国机器翻译高阶的 AI 阶段，以及在可以预见的未来可能出现的后 AI 发展阶段，始终具有值得期待的光明前景。

第 6 章 翻译学与语义研究

翻译学是研究翻译的科学，也就是说，翻译是翻译学的研究对象。翻译是一个有指导原则、有衡量标准、有操作规则、有行动目的的过程，这个过程包括对语言意思的理解、转换、表达和检验等各个步骤。其中，"意思"是关键字眼。不懂外语的人阅读外文或听到外语时，常常会问懂得外语的人："这话是什么意思？"言下之意，就是懂得外语的那个人知道原文意思，可以用本国话传达过来。从这简单提问中不难悟出一个深刻道理："意思"或"意义"是翻译中必须处理的核心问题。译者要做出一篇与原文对等的译文，就必须在意义的理解和表达上作文章。他（她）不仅要懂得原文的意义，而且要懂得译文读者可能怎样去理解传译过来的意义，用奈达的观点解释，是要懂得怎样才能保证读者"对译文（的意义）不产生误解"（谭载喜，1999：11）。

在语言的翻译中，语言的意义到底应有何种地位，这在翻译理论界长期以来是一个看似简单而实际上未能真正解决的问题。从事翻译或翻译研究的人，尤其是较为传统的译论者，都喜欢使用"死译""直译""意译""活译"等术语来描绘翻译的过程或方法，把字面靠近原文、实际意思不一定对等的翻译归为直译或死译，把着眼于原文意思或内容、字面脱离原文的翻译归为意译或活译。这就意味着，语言（说得确切一点是言语）可以切分为两部分：意思和形式。因此翻译既可以基于意思，也可以基于形式。

不言而喻，翻译中遵循什么样的标准，采用什么样的方法，势必受制于话语体裁、翻译目的、译者个人风格等各种因素。但首先，意义和形式究竟能不能分开？应不应分开？如果语际翻译的核心问题是处理语义问题，那又如何理解语义？它的定义是什么？它的层次有哪些？它和代表它的符号的关系又是什么？等等。对于这些与翻译密切相关的基本问题，翻译学不能不首先予以重视。翻译学的重要任务之一，就是对语义进行具体的科学分析，为翻译操作提供一个可靠的理论基础。

6.1 语义的定义

所谓语义，就是语言的意义。更准确地说，语义是"言语"即具体话语的意义，因为语言只有在实际运用中才有意义可言，而作为系统而言的整个"语言"，无论是汉语、英语或任何其他语言，都无法在语言系统的层面来谈论它们的所谓"意义"。我们都知道，语言是人类的交际工具，而要起到交际作用，它在运用中就必须具有意义，能够表述思想，传达信息，呈现感情。用信息论的观点说，任何一个言语产物，如果不传达至少是某个方面的信息即某种意义，那它就没有存在的价值。

然而，语义本身的意义是什么？如果不首先弄清楚这个问题，便无法谈论与语义相关的其他问题，尤其是语义在翻译中的地位和语义的对等问题。苏联翻译理论家巴尔胡达罗夫在《语言与翻译》（1985）一书中，对语言学界较为流行的几个有关语义的观点进行了批评，并提出了自己的解释，颇具启发性。我们参照巴尔胡达罗夫的方法，结合国内外的相关研究成果，把人们对于语义的解释归纳为如下四种：

1. 心理主义的定义

这种定义认为语言意义是一种心理构成，是实物、现象和关系在意识中的反映，属于人的意识领域和思想范畴。按照这种定义，又可以作出几种不同的解释。首先，有人认为，语义是一种心理现象，因为语言本身就是一种存在于大脑之中的心理现象。例如，美国现代语言学家乔姆斯基根据儿童掌握语言异常迅速、异常完善的特征，得出结论：人的大脑中存在一个习得语言之前业已成熟的、先天具有的语言机制，一切言语包括言语的意义皆由它生成和理解。

其次，也有人认为语义虽然是一种心理现象，但代表它的语言符号却是物质的、非心理的，即语言是物质和思想的混合体：语言的声音形式和书写形式客观地存在于人体之外，言语意义则存在于人的思想之中，形式和意义分开存在，一起构成言语客体。这种论点在翻译界特别盛行。比如我们在前面提到的，人们在谈论翻译问题时，总喜欢把形式和内容，或形式和意义分开来谈，仿佛它们是两个相互独立的存在。

此外，还有人认为，虽然言语意义是一种心理现象，但它并不包括在言语之内，而是在言语之外。也就是说，言语或语言符号只是一个空壳，一个纯形式，而没有内容，意义和内容是符号结构之外的东西。这样，就把语义和形式归属于心理范畴和物质范畴，而不是同一范畴即言语范畴的两个部分。

另外有些人则认为，意义是一种朦胧的东西，难以用明确的语言加以界说，正如俗话说的，"可以意会，不可言传"，因此把意义看成一种神秘现象。

然而，所有这些观点不论哪一种，都离不开把意义看作一种心理现象，即认为意义是符号在大脑里的反映。这些心理主义或心灵主义的观点都可归纳为传统哲学，尤其是笛卡尔（René Descartes, 1596–1650）哲学的观点。它们的主要缺陷是，无法解释所有语言符号或言语符号的意义。比如，看见过宇宙飞船或其照片的人会懂得"宇宙飞船"的意思，因为他脑子里会有宇宙飞船的映象，但没有见过宇宙飞船，甚至连听都没听见过的人，脑子里又怎么能正确地产生出宇宙飞船的形象呢？特别是遇上抽象的概念，脑子里又怎么能有形象反映呢？词的意义越抽象，脑子里就越难产生正确反映该词的映象。再则，一个语言符号的心理映象是否客观地反映了该符号的实质，任何人也无法判断，因为谁也不能钻进另一个人的脑子里去检查。可见，关于意义的心理主义的定义既不能解释一切语言符号的意义，也不能给意义解释提供客观的证据。

2. 语言学的定义

这是某些现代语言学家倡导的，也是普通人使用得最多的定义。按照这种定义，"任何语言符号的意思，就是把该符号翻译成另外一个符号，特别是翻译成另外一个'更加发展成熟了的'符号"（Jakobson, 1959: 232-233）。我们在日常谈话和写作中解释语言符号的意思时用的就是这样的定义；所有现存的字典给词条下定义时也是采用这种做法：单语字典采用"语内翻译"，双语字典则采用"语际翻译"来加以解释。

语言学定义的最大优点是通俗易懂，较为实用。对一般人来说，用这样的定义去解释语言符号的意义完全够用。但它含有一个前提，就是当人们把某个符号翻译成另外一个符号以解释其意思时，听者或读者对这另一个符号必须是熟悉的，否则所作解释就会失效或不能释疑，因为这样可能导致进一步的提问。例如，2024年2月中国载人航天工程办公室向外公布，中国载人月球探测中准备使用的月面着陆器的名称为"揽月"。如果我们向不知情者将"揽月"解释为"月面着陆器"的意思时，听到或读到这一解释的人需要事先或同时熟悉"月面""着陆器"是何意思，并熟悉"揽月"一词与毛泽东诗句"可上九天揽月"的原典关联，否则听者或读者会继续追问"何谓月面？""何谓着陆器？"，甚至"为何采用'揽月'作为名字？"等。这样一来便暴露了一个问题，即这种语言学的定义并没有从根本上或从哲学的高度解决"意义"究竟是什么的问题。

3. 符号学的定义

符号学的定义认为，意义是一种关系，即符号（语言单位也是一种符号）与符号所标示事物之间的关系。任何符号都是有意义的，因为它能说明符号之外的某个东西；如果符号不标示符号之外的某个东西，那它就不是符号，而是"非符号"。用巴尔胡达罗夫的话说："符号同符号之外的某个东西的这种关系就是符号的意义。……'了解'某个语言单位的'意义'，就是了解该单位（信号或图形或音组等）说明的对象，即'它所标志的东西'"（巴尔胡达罗夫，1985：38）。明确了这一点后，还必须说明两个问题：（1）任何符号（包括语言符号）均由两个方面构成，即表达形式和意义，但这两个方面"是相互联系、相互制约、互为前提的，因为没有不具有意义的形式，也没有不通过某种形式而能表达的意义"（巴尔胡达罗夫；见蔡毅等，1985：37）；（2）语言符号的意义并不像心理主义者所认为的那样存在于人的意识或大脑中，而是同语言符号的形式一样存在于言语之中。

当然，它不是有形的物质，并不像语言的声音形式或书写形式那样可以真切感受，但正是由于它在言语中的存在，言语符号才得以被人们作为符号感受到。

显然，符号学给意义所下的定义摆脱了心理主义定义的主观性和神秘性，因而更具客观性、科学性。同时，符号学定义比语言学定义更加直截了当地触及意义本身，而不留有需作进一步解释的余地，因此比语言学定义更为确切，更有说服力。但也必须指出，特别是从翻译的角度看，对语义的认识不能局限于单纯的符号学理论。翻译中所涉及的不会是抽象的符号系统，而是具体的、活生生的言语符号。这些言语符号产生于特定的时期、特定的社会、特定的场合，具有特定的文化背景，因而具有特殊的意义。早在20世纪40年代，美国语言学家布龙菲尔德（Leonard Bloomfield, 1887–1949）就在《论意义》（"Meaning"）一文中，从行为主义的立场对意义产生于场合的观点作了说明："言语形式在一切表述中所共有的场合和动作特征即是该言语形式的意义。"（Bloomfield, 1943）

另一位美国语言学家哈里斯也作了类似的解释："给一个语言形式的意义下定义，最好的定义也许是把它描述为使用该语言形式的一切场合所没有的特征。"（Harris, 1940）英国语言学家和翻译理论家弗斯、卡特福德等人受社会学家马林诺夫斯基（Bronislaw Malinowski, 1884–1942）的语言场合论的影响，强调言语形式的意义主要受言语使用场合的支配，等等。所有这些观点都说明了前面所指出的道理，即单纯的符号学理论是有局限性的。只有把符号学同社会学结合起来，并借助于语言学、交际学等其他学科的理论，才能使符号学理论充分地运用于翻译研究。

4. 翻译学的定义

这一定义是我们所倡导的定义，它从翻译学的角度研究和界定语义。其最大特点是，它比符号学更强调内容和形式的统一，并在翻译中处理语言或言语/话语的意思时提倡进行功能对等的转换。翻译中要做到译文与原文功能对等，首先必须全面理解原文的意思。而这种全面理解则取决于译者对原文的一切因素,从句法到词汇、从词汇到语音、从句子到单词、从本义到转义、从所指到联想,等等,都进行分析。这就使翻译学得出这样一个合乎逻辑的结论:(1)原文中任何一个成分都具有意义,如句法有句法意义,词汇有词汇意义,修辞有修辞意义等;(2)意义是形式与内容的一个不可分割的结合体。某个言语形式(包括口头和笔头形式)之所以被看作言语形式,是因为它具有意思,否则它就不是言语形式。同理,某个作品之所以被认为传达了某个信息,反映了某种思想,表现了某种风格,是因为作品的形式整体地表达了作品的意思。作品的意思寓于作品的形式之中,而形式又因具有意思才能发挥其作用。按翻译学理论框架来下个确切的定义:实际运用中的语义是指存在于言语符号同该符号标志物之间、同符号使用者和使用场合之间,以及同其他符号等因素之间的关系。这个关系是一个错综复杂的关系网,言语符号的意义即体现在这个关系网上。翻译中对意思的处理,也就是对这个关系网的处理,如果不协调好关系网中的各个环节,并在译文中产生出相应的关系网,就谈不上是成功的翻译。运用翻译学途径的语义研究集中了语言学和符号学的优点,从各个层次进行语义分析,再将此分析结果运用于翻译实践,因而是我们提倡的途径,由此产生的语义理论也就是我们所坚持的理论。

6.2 语义的层次

翻译学的语义理论认为,语言意义不是由单纯一种关系,而是由多种关系构成的。也就是说,语义是一个笼统概念,它覆盖了多个层次或层面的意义。翻译学语义理论的一个重要任务,即是从这些层次上对语义加以系统的研究,从而为语义的功能对等传译提供理论根据。

语义究竟可以区分为哪些层次、哪些方面呢?我们认为,奈达在《从一种语言到另一种语言》(de Waard & Nida, 1986)一书中提供了可供借鉴的理论框架。下面我们参照奈达的框架，从句法、修辞、词汇三个层次和"所指""联想"两个方面，来探讨语言的意义。

1. 句法意义

句法意义指语言的结构关系，亦即话语成分之间的相互关系，这种关系可分为横向关系和纵向关系两大类。横向关系指句子中各个成分的搭配关系。例如，"知识是珍贵宝石的结晶"这句话，它所包含的搭配即横向关系可由图 6.2-1 表示：

知 识 是 珍 贵 宝 石 的 结 晶

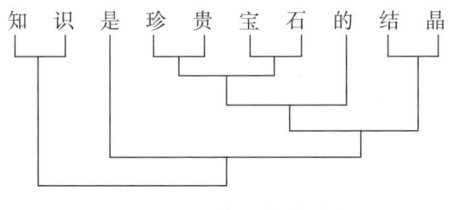

图 6.2-1　横向句法关系

这个句子里有 10 个字，或者说有 10 个语素。先由语素构成单词"知识""珍贵""宝石""结晶"，再由单词构成词组"珍贵宝石""珍贵宝石的结晶"以及"是珍贵宝石的结晶"，最后合成句子。从这个简单句的直接成分分析中，我们发现，各个成分的位置相对固定，不可随意调换。主语在前，谓语在后，这是该句的结构意义。当然，句子成分的位置并不是任何时候都不能调换，但调换后句子的意思会发生变化，或是使某个成分得到强调，或是整个意思变得面目全非。下面这段有趣的故事足以说明这个问题：

据说某某相声大师有个小外孙，一直跟他妈在苏州长大，不会讲北京话。大师对他说，要学相声不会讲北京话可不成，告诉他到幼儿园见到老师时要用普通话问候，问一声"你好吗？"大师送小外孙进了幼儿园，老师来了，小外孙一紧张，见到老师就说："你妈好？"老师很纳闷：我妈已去世好几年了，这孩子怎么认识她？大师在一旁听了很生气，回家训斥小外孙。第二天又送他上幼儿园，孩子见了老师便说："好你妈！"这样还是不对。到了第三天上幼儿园，孩子见到老师便恭恭敬敬地鞠了一躬，说：" 妈你好！" 大师听了真是啼笑皆非。下面分别用横向句法关系图（图 6.2-2、图 6.2-3、图 6.2-4）表示，各句的不同意思即一目了然。

图 6.2-2　横向句法关系　　图 6.2-3　横向句法关系　　图 6.2-4　横向句法关系

由此可见，不同的词序、不同的搭配和不同的词与词之间的关系，会产生不同的意思。当然，汉语作为声调语言（tonal language），字的声调及其轻重读音在字义的改变层面也会起到重要作用，如上面三句中各字的不同轻重读音，配合不同的词序而使句义发生了改变。

至于句子结构的所谓纵向关系，则是指句子成分的替代关系。例如，把上述句子"知识是珍贵宝石的结晶"中的"知识"替换成"它"或"书籍"，仍然能使句子保持语法上正确。这就是说，凡是在语法功能上能相互替换的词，都具有相同的句法意义。

2. 修辞意义

修辞意义与句法意义有共同之处，两者都涉及词语搭配和句子结构。但它们的不同点主要在于：(1) 修辞意义涉及的范围更广，它不仅存在于句法结构，而且存在于词汇结构、音韵结构中；(2) 修辞意义的可变因素远远多于句法意义。例如，一个作者在创作中什么时候运用修辞格，以及运用什么样的修辞格，均无固定规则约束；(3) 句法意义的分析观一般为"是非"观，即分析句子是正确还是错误，而修辞意义的分析观则一般是"好坏"观，即分析句子是好还是不好、得体还是不得体。

修辞意义的分析，可以分为微观分析和宏观分析两种。微观分析指对具体修辞格如比喻、双关、对偶、倒装、押韵、拟声等意义的分析，是一种局部分析；宏观分析指对整个话语风格如朴素风格、典雅风格、浪漫风格等方面的分析，是一种整体分析。微观修辞意义是宏观修辞意义的构件，宏观修辞意义便是微观修辞意义的总体表现。试剖析下列话语：

……忽见丫环话未报完，已进来一位年轻的公子：头上戴着束发嵌宝紫金冠，齐眉勒着二龙抢珠金抹额；穿一件二色金百蝶穿花大红箭袖，束着五彩丝攒花结长穗宫绦，外罩石青起花八团倭缎排穗褂；登着青缎粉底小朝靴。面若中秋之月，色如春晓之花，鬓若刀裁，眉如墨画，面如桃瓣，目若秋波。虽怒时面若笑，即嗔视而有情。(《红楼梦》第三回)

这是黛玉进荣国府后宝玉在黛玉前的第一次亮相。从微观修辞意义上分析，曹雪芹主要使用了排比结构和比喻。排比结构有"头上戴着"和"齐眉勒着"，"束着……"和"登着……"，"面若……"和"色如……"，"鬓若……"和"眉如……"，"面如……"和"目若……"，"……而若笑"和"……而有情"等。这些排比结构的修辞意义在于它们使语言节奏鲜明，便于诵读，有较强的感染力。另外，曹雪芹用"中秋之月""春晓之花""刀裁""墨画""桃瓣""秋波"等一连串的比喻，把宝玉明净、英俊、多情、充满活力的容貌勾画得淋漓尽致，栩栩如生。"淋漓尽致，栩栩如生"便是这些比喻的微观修辞意义。从宏观修辞意义上分析，可以指出两点：其一，这些修辞格的使用合乎体裁要求，即《红楼梦》为文学作品，不是科技文章，需要运用各种修辞手段来加强其文学效果；其二，这些修辞格使用自然而得体，读起来既朗朗上口，又无矫饰浮艳之流弊。在整部《红楼梦》中，作者通过使用丰富的词汇、大量的比喻、多变的结构、准确的笔触、清新的格调、生动的形象，为读者勾勒出一幅斑斓绚丽、光彩夺目的超级画面，使我们深刻地体味出，微观修辞意义与宏观修辞意义如何有机地交织在一起，才能产生出理想的艺术效果。创作如此，翻译亦然。

3. 词汇意义

这是语义整体的主干，是语义研究中人们谈论最多的部分。人们往往一提到语言的意义，便会立即想到词汇意义，因而总是在两者之间画等号。我们通过上面对句法意义和修辞意义的分析，已经证明这种观点是不正确的。任何一篇话语的意义，都是句法意义、修辞意义和词汇意义的总和，而不是单独哪一方面的意义。阐明了这一总原则,我们便可以肯定词汇意义在语言意义研究中的主导地位,因为思想的表达、感情的传递、信息的交流,主要依靠的便是词汇这个载体。

词汇意义指语言符号本身的意义,它包括语素、词、词组的意义。语素意义是最小或最基本单位的意义。英语语素通常有三大类:(1)词根,如 work(工作)、create(创造)、great(伟大);(2)词缀,如 work*er*(工人)、*re*create(再创造)、great*est*(最伟大);(3)屈折形式,即一般加于词尾的、语义上可与词干分离的语法范围,如动词现在时的第三人称单数、名词的复数等。在汉语中,语素可与单字画等号,即一个汉字就是一个语素,如"智者千虑,必有一失;愚者千虑,必有一得"这段话有 16 个字,也就是 16 个语素。但汉语中有的语素具有独立词的地位,如"千""虑""一""得"在上述引语中就是作为这种独立词而使用的,它与英语的单音节词根颇为相似。英语单词可由词根单独构成,如上面的 work,create,great;也可由词根加词缀构成,如 worker,recreate,greatest,其语义均由各语素的意义相加而成;或由连字符组合多个词而构成,如 hard-working(勤劳的)、good-for-nothing(废物)等。其语义有时为各成分的简单联合而成,如 hard-working,有时则需加以综合,如 good-for-nothing 等。汉语的词除上面提到的单字词外,还有多字词,如"仿佛""扑克""哗啦""朋友""建设""高矮""金黄""绿化""可爱"等。多字词的语义有时是各个独立语素意义的联合,如"朋友""建设";有时是一主一次的配合,如"金黄""绿化""可爱";有时则是互为依存的综合,如"仿佛""扑克""哗啦"。至于词组,英汉都分为普通词组和固定词组。普通词组即可随意组合、拆分、扩展或更换的词组,如名词词组(伟大的中国)、动词词组(挺起腰杆走路)、形容词词组(又白又胖),等等。普通词组的语义由各成分的语义相加而成,一般不构成语义理解上的困难。固定词组即结构相对固定,一般不能随意拆分、扩展或更换的词组,可包括:(1)专门术语,如 Union Jack(英国国旗)、"转换生成""构成语法"等;(2)成语,如"三心二意""见多识广""诲人不倦"等;(3)惯用语,如"大锅饭""走后门""求爷爷告奶奶""恨铁不成钢"等。不论是汉语或英语,固定词组都有固定的词义,而这个词义一般不能简单地由各个成分的意义相加。例如,英语的 Union Jack(英国国旗)并不是简单地指 Union(联合)加 Jack(船首旗);"Barking up the wrong tree"(找错了对象;弄错了目标)并非"刨错了树皮""吠错了树";"Let sleeping dogs lie"(别惹是非;多一事不如少一事)并不是"让睡觉的狗狗躺着";"Bury the hatchet"(言归于好;化干戈为玉帛)也不是简单指"埋葬斧子"等。同样,汉语的"三心二意"并不是说"(某某人有)三个心两种意";"不三不四"并非指"既不是三也不是四";"杯水车薪"不是指"用一杯水去救一车着火的柴";"走后门"也不真正意味着"从房子后边的门走进去"等。

为了在实践中正确判断词汇意义,或正确使用词汇,我们的语义研究必须确立如下四个原则:

第一,词汇单位在特定上下文里的确切意思,一般是最符合该上下文的语境意思。也就是说,词义的正确理解取决于相关上下文或语境,而不是对孤立词语的理解。例如,在"John is going to the bank to get some cash"(约翰在去银行取钱)和"John is going to the bank of the big river"(约翰在去大河岸)这两个英文句子中,"bank"是一个多义词,既可指"银行"也可指"岸",如无上下文就不好判断该词的意思;其确切意义表达皆取决于语境,前句中"to get some cash"(去取钱)和后句中"of the big river"(大河的)即为各自的语境因素。所谓"语境"因素,可以指相关语句的直接上下文,如此处分别与"bank"搭配使用的"to get some cash"和"of the big river",也可以指相关语句使用的间接上下文或社会场所,包括正在谈论的话题或话语发生地点等。

第二,一般情况下,一个语境或上下文只允许一词一义;在少数情况下,一个上下文可允许一词多义。这种一词多义现象的实际运用,主要见于有意识的言语行为如双关语的运用中。例如，我们在 5.1 节讨论过的肯德基广告"(At KFC,) we do chicken right"，其中"right"一词属于一词多义的范围。这句简单的"we do chicken right"不仅可以译为"我们的鸡做得很正宗"，还可以译为"我们做鸡的右半边""我们做鸡，朝右看""我们行使做鸡的权力""我们做鸡，你说对了"等。各个译文在意思上互不相同，彼此之间并不关联。因此，我们也可以说，以上对"right"一词的所有中译文，无论哪一个都不能单独称之为英文原文的理想对等译文。

同样在 5.1 节讨论过的还有汉语中一些不可译的双关语，如毛泽东著名诗句"我失骄杨君失柳，杨柳轻飏直上重霄九"中的"杨柳"，还有最能反映中国人特有语言智慧的歇后语，如"千里送鹅毛——礼轻情意重""孔夫子搬家——净是书（输）""冬瓜皮做甑子—— 不蒸（争）气""外甥打灯笼——照舅（旧）""梁山泊的军师——吴（无）用""壁上挂帘子——不像画（话）""河边洗黄连——河（何）苦""电线杆上绑鸡毛——好大的掸子（胆子）""百尺竿头挂剪刀——高裁（才）""老爷下轿——步（不）行"等。所有这些表达形式巧妙地运用词汇谐音、幽默风趣、脍炙人口的汉语特征，都属于无法翻译或很难翻译成另一种语言的语言现象。

对于此种由一语双关或一词多义现象营造的语言效果，在进行跨语交际或跨语传播过程中，或是完全不可译，或是极难达致令目标受众的反应完全同于源语受众的程度。这就是翻译的一个本质特征：译文效果或不及或超越原本，译者的终极目标不是去追求译文与原文效果的一模一样，而是尽量使译文效果相较于原文不要太过不及，或无量和无限地去超越原本。

第三，语言中没有完全同义的词汇，跨语交际中也没有意义完全对等的表达形式。在语言的实际运用中，可以用两个或更多个词汇单位表示同一所指物，如"keep off the grass"和"keep off the lawn"都表示"不要踏草"，但其中的"grass"和"lawn"却不同义，一个指"草"，一个指

"草坪"。再如，在"人众热气大，柴多火焰高"一句中，"众"和"多"都指多，但却不可说"柴众"。又如，"总统昨天丧命"和"总统昨天逝世"，虽然都指总统"死了"，但各自的联想意义大相径庭。简言之，任何两个同义词，都不可能在意义上完全等同，原因在于它们不可能指完全相同的事物，或不具相等的修饰价值，或不能引起相同的联想。属于同一语言系统的同义词如此，属于不同语言系统的"同义词"即翻译对等词就更加如此。

第四，虽然如前所述，翻译学倾向于采用社会符号学、诠释学、功能学或传播学等方面的手段，以便对语义进行较为科学的、实用的解释或界定，但它不排斥也不应排斥语言学的定义，因为这种定义具有较大的语用价值。翻译学的语义理论认为，就一般译者和一般语言使用者而言，解释符号意义的最佳方法是借助于其他符号。但翻译学对语义的解释比语言学对语义的解释更全面，因为其内涵具有这样的观点：具有解释功能的符号应当包括言语符号和非言语符号两大类，而不只限于语言学对语义解释中所指的言语符号这一类。当我们解释"胡子"一词的意思时，可以说"胡子"即"嘴周围和连着鬓角长的毛"，也可以把它与同一语义场里其他词如"头发""汗毛""胸毛"等加以对比区分。显然，这两种解释都是借助于其他语言符号的解释。但如果某某人说："瞧，胡子准备发言了"，听话人一定会明白"胡子"并不是指某种长在人嘴上的、可以开口说话的怪毛，而是指人即某个长了胡子的人。使听话人立即懂得"胡子"的语用意义的主要因素，主要不是言语符号本身，而是非言语符号的情境或场合（当然也不能排除言语情境即上下文的使用）。我们可把此类非言语符号称为"社会符号"。在词语的理解和表达中，社会符号有时可以起决定性作用。例如，两个说英文的朋友之间发生了不愉快的事，其中一人想消除不愉快，他可能会说："All right, care for a drink？"（好了，愿意去喝杯酒吗？）话说得直截了当，但其实际意义并不是简单地表示请人喝酒。如果两人真的一起去喝酒，那他们很可能是和好如初了。在这里，"一起饮酒"便是表示彼此关系融洽的社会符号。在许多情况下，我们往往必须充分认识这些社会符号，才能真正吃透词语的意思。

6.3 所指意义与联想意义

按照我们对于语义这一概念的理解，言语符号的意义是指言语符号与所指物，以及言语符号与其使用者、使用场合等之间的关系。从这个意义出发，语言的意义除了从上述句法意义、修辞意义和语汇意义三个层次进行分析外，还可从另一侧面来认识，即把语义分为所指意义和联想意义两个组成部分。实际上，句法意义、修辞意义、词汇意义和所指意义、联想意义是交叉重叠的语义现象。说得通俗一些，无论是词汇意义，还是句法意义、修辞意义，都有所指意义和联想意义之分。在翻译中对原文语句进行分析，当我们说某个句子是"由主语和谓语构成"，是一个"正规句"，或者说它是"书面语"，或者说某个句子"缺了主语，少了宾语"，是一个"不规范句""次标准句""错句"，等等，那么我们就是在谈论该句句法意义的"所指"和"联想"；而如果我们说某个句子是一个"倒装句""排比句"，因而"起了强调作用""有新颖感""有艺术效应"等，那么我们就是在谈论该句修辞意义的"所指"和"联想"。至于词汇意义的真实体现则更是离不开"所指"和"联想"这两个方面。

要有效分析一个词的所指意义和联想意义，还必须强调一个道理：语言中的大部分词都不止一个意思。例如，据统计，在一本仅 5 000 词条的希腊语《新约》词典中，总共列有 25 000 项意思，平均每个词就有五项。汉语中"打"这样一个较为简单的词，其语义不少于 26 项之多。因此，人们无法笼统地给一个词下定义，而只能对词的特定意思进行界定。

一个词的特定所指意义主要由区别性特征构成，这些特征可以标明有关词项在特定的上下文里，指的是哪个物体、动作或抽象概念和关系。要确定哪些东西是构成词义的区别性特征，我们可以采用奈达在其翻译理论中倡导的两种方法：一种是语义场对比法；另一种是上下文确定法。所谓语义场对比法，是指把一个词项置于一个语义场，并将它和同一语义场里其他词项之间进行意义对比，找出区分它和其他词项意义的特征。所谓上下文确定法，是指把词置于特定的上下文里，通过词的搭配关系来确定词义。一般词典给词项下定义时，往往通过上下文，即提供例词、例句来加以解释。对于一般语言使用者，这种解释十分有用。但要做好翻译，仅仅了解词的实用语境还不够，还必须通过语义场的对比分析，识别词义的各个方面和层次。这样，才能咬准原词的意义，为确切地选择译词提供依据。

词汇的联想意义，指的是含蓄在所指意义之内、伴随所指意义出现、人们识别所指意义时联想到的意义。在语言的翻译尤其是文学作品的翻译中，最为关键而又最难把握的，不是词语的所指意义，而是联想意义。

要正确地分析和把握语言的联想意义，最有效的途径是追根溯源，挖掘构成联想意义的因素。我们认为，联想意义的产生与语用中的社会情境、语言情境、时间背景和语言使用者等几个方面的因素有关。一个词项，出现在何种社会场合里，与何种词语搭配，是谁在何时使用，这种种因素都能使人对该词产生某种联想。而在这些因素中，语言使用者即人的因素最为复杂，最为重要，因此有必要重点阐述。

我们发现，在言语实际中，如果人们经常使用某个词语，那个词语就可能染上一层与说话人相关的特殊意义。常言道："文如其人"，这就是言语意义与言语使用者的关系问题。什么叫"文如其人"？可以作出两种解释：一是指文章的行文方式即风格能反映作者的个人特性，如平易、冷峻、精悍是鲁迅杂文的鲜明个性，熟悉鲁迅笔触的读者无须看到作者的署名即能猜出是他的作品。另一种解释可以是微观的解释，不是指"文章的风格像作者本人一样"，而是指作品中的人物各自具有独特的个性特征，这种个性特征从各个人物的言谈中即能辨出。例如，《红楼梦》中的各色人物都有反映自己性格的言语特点：黛玉言语冷淡、尖刻、含蓄，时时反映出一个聪颖女子从小寄人篱下的苦闷幽怨、大家闺秀的孤傲清高性格和对宝玉爱意藏而不露、欲爱不能的压抑心境；宝钗言语淡雅、庄重、浑厚，处处体现了一个春风得意者的满足心理和封建道德维护者的处世哲学；宝玉言语缠绵、畅达、率直，无不表露出这个女子般少年的多情性格、"不学无术"者的天赋诗才和贵族叛逆者的愤懑愁恨；此外，王熙凤言语刻薄、狡黠，刘姥姥言语朴素、粗犷、充满乡土气息等。所有这一切说明，人物的言语能反映人物的性格，可谓"闻其声而知其人"。为何如此？归根结底，是言语的联想意义在起作用。而这些联想意义的产生，又是因为人的因素在起作用。人物不同，人物言语的联想意义也就各异。

为了从本质上对这种引起联想意义的人的因素有个较全面的了解，我们可以从语言使用者的文化水平、职业性质、教养程度、社会地位、年龄性别等多个方面加以剖析。

语言使用者的文化水平，往往给他们所用的词语附加一层意思。文化水平高的人，一般使用所谓"标准语言"。从语言的角度看，"标准语言"是指言语合乎规范，没有或少有逻辑、语法、书写等方面的错误，一般也不带明显的地方特征。从超语言或非语言的角度看，"标准语言"常和名人、名著以及正式书刊，尤其是权威性出版物联系在一起。相反，没有文化和文化程度较低的人使用语言时，往往表现出较多的不合规元素。语言学界把这种不合标准语言规范的言语行为叫作"不标准语言"或"次标准语言"。因此，特别是在话语一级，"标准语言""不标准语言"或"次标准语言"便各自具有一定的联想意义："标准语言"使人联想到"说话人受过较好教育、有较高文化程度"，"是名人、文人、学者"等；"次标准、不标准"的语言则伴随有"说话人所受教育程度低，或至少不属文化名流"的意思。在任何一个社会里，标准语（包括书面语）一般享有"特权"，为人们普遍模仿。但这种模仿必须得体，否则会弄出笑话来。例如，萧伯纳（George Bernard Shaw, 1856-1950）的讽刺名剧《卖花女》，叙述一个上层绅士为了改造一名卖花女郎，教她说标准英语，结果闹出一连串的因模仿发音过头而引起的笑话。这类由模仿不到位而引起的笑话，在外国人学习汉语或中国人学习外语的过程中屡见不鲜。又如，一些人说话写文章，为了显示自己受过良好教育、学识过人，便不分场合、不看对象地使用冷僻、古雅、陈旧的辞藻，或不分场合、不得体地文白混用，因而给读者一种"卖弄学问"的感觉。这样，由错误或滑稽模仿或因其他因素影响产生的"洋泾浜"式的语言和"卖弄学问"的语言，便都附上了各自诸如此类的联想意义。

其次，语言使用者的职业性质也会使词语染上与之相联的意义。不同的行业会有不同的行话或专业用语。对同一事物，懂行人讲的是内行话，不懂行的却可能只讲外行话。例如，懂生物的人都知道鲸是哺乳动物，不懂生物的人却多半叫它"鲸鱼"。每一门专业都有各自的专门用语即术语，如"当事人""债权人""债务人""抵押""知识产权"等是法律用语；"胆血症""麻疹""体腔""胸膜"等是医学用语；"音素""词素""语素""主语""谓语""宾语""偏正结构""表层结构""深层结构"等是语言学用语，如此等等。正因为各门职业都有自己的专门用语，所以这些词语都有一层与各专业相关的联想意义。"内行不讲外行话"，这既是对联想意义产生于职业特点的描写，也是翻译中对正确传递这种联想意义的要求。

此外，词语的联想意义还可能来自说话人的教养因素。一般来说，使用所谓"礼貌语""文雅语""委婉语"等，能引起"说话人有教养"的联想，而使用所谓"粗鄙语""禁忌语"或"脏话"等，则可能引起"说话人无教养"或"少教养"的联想。

有时，词语联想意义的产生与说话人的社会地位因素有关。不论在哪个社会，不管人们的社会地位与职业性质之间有无直接联系，人们的语言都会因为人们的所属社会群体（即社会阶层）或职业群体的不同而有所不同。所谓"上层人物的语言"（或"达官贵人的语言"）、"下层人物的语言"（或"黎民百姓的语言"）、"知识分子语言""工农语言""干部语言""都市人语言""乡下人语言"等，其实就是反映一种带社会标记的联想意义。而这些联想意义又有褒贬之分。例如，"知识分子语言"可以表示褒义或中性意义的"受过教育的或有知识的人的语言",有时也可含贬义而表示"迂腐的、书呆子的语言";"干部语言"表示褒义或中性意义的"有政策或政治头脑、能紧跟政治形势的人的语言",也可与贬义的"官样语言""官腔""干部腔"相对应;"农民语言"可以表示"质朴、粗犷的语言",含褒义或中性意义,与之相对的贬义语言是"乡巴佬语言""土包子语言"等。

另外,词语的联想意义还与说话人的年龄、性别,以及说话时间、背景有密切关系。正因如此,语言中便有了"老人用语""儿童用语""妇女用语""过时用语""陈旧用语""古语""现代用语"等许多不同的语域。所有这一切,都属于词语联想意义,而不是所指意义的范畴。

从翻译和翻译学的角度来探讨语义问题,或者说把语义特别是对比语义研究引入翻译理论研究的范围,是我们多年来锲而不舍的课题。只有对语义进行系统的研究,从多角度、多层次充分认识和掌握包括联想意义在内的语言的各种意义,我们才可能真正有意义地来谈论所谓"直译""意译"或"等值翻译""意译对等翻译""功能对等翻译"等所有这类无不从根本上涉及"翻译即译意"的译学本质问题。

第 7 章
翻译学与词汇研究

我们在前章讨论语义问题时，已经触及词汇层面的意义问题，但我们不能仅仅满足于将词汇作为与语法、修辞的并列范畴来讨论，而是更要从翻译中不可或缺的跨语词义对比角度，来认知词汇的本质特征。这是因为词汇是人类的语言和生活经验最紧密的衔接点。人们如果想把客观物质世界和主观抽象思维用语言表达出来，就必须首先选择适当的词汇。由于生活经验的相同与不同，人们在词汇的选择方面也就存在着共同特点与差异。对词汇的这类基本特征进行研究，也自然是翻译学所必须承担的任务。我们立足于跨语交际的视角，对英汉语进行词汇层面的对比分析，发现两者之间存在以下四个基本特征：词汇偶合、词汇并行、词汇空缺、词汇冲突。本章将对这四个基本特征逐一展开分析和讨论，以强化我们对翻译所涉语言对比研究重要性的认知，以便跨越障碍，顺利达致跨语沟通。

7.1 词汇偶合

首先必须指出，两种语言在选择词汇时，不可能出现绝对的一致，因为人们的生活经验往往是互不相同的。即使在同一语言里，也不可能出现两人经验绝对一致的现象。人们对生活总是有着不同的体验，对客观世界有着不同的认识，因此彼此用词、理解词义的方式、角度也总是不一样（Nida & Taber, 1969: 4）。然而，我们都属于人类，生活在同一物质世界里，自然生活条件基本上是相同或相似的。因此，我们各自的语言中就存在着不少选词、用词上的相同之处。我们把这一语言特征称作"不同语言之间的偶合现象"。按词汇数量的比例来说，这种偶合现象在描写客观事物时似乎最为明显。例如，汉语和英语把"人体上肢前端拿东西的部分"分别称为"手"和"hand"，把"人和动物身体下部接触地面的肢体"叫作"脚"和"foot"。这里，"手"和"脚"与"hand"和"foot"所表示的东西一样，彼此意义也就偶合。有的词不仅本义相同，而且各自语言中的引申义也很吻合。举"头"与"head"为例说明之。这两个词在汉语和英语里的意思是：

1）"动物身体的最前部分"或"人身体的最上部分"，例如，"狗头"——"dog's head"；"他头上戴着一顶帽子"——"He has a hat on his head"；

2）"统治者""领袖"，例如，"国家元首（首即头）"——"head of government"；"公司的头"——"head of the company"；

3）"植物茎顶端的圆紧部分"，例如，"莴苣头"——"a head of lettuce"；"一头白菜"——"a head of cabbage"；

4）"形状或位置类似头的东西"，例如，"针头"——"the head of a pin"；"钉子头"——"the head of a nail"；"锤头"——"the head of a hammer"；"斧子头"——"the head of an axe"；

5）用于各种固定词组中，例如，"从头至脚"——"from head to foot"；"出人头地"——"over the heads of others"；等等。

汉英的这种语义偶合现象，还可以通过"心"与"heart"两词的对比举例做进一步说明。这两个词在汉语和英语里不仅有相同的基本定义："人和高级动物体内主管血液循环的器官"，而且还有着许多语义相同或相当的语言表达。因此我们可以认为，"心"和"heart"的语义是基本偶合的。例如：

"倾心"——"to give one's heart to"；

"放心"——"to set one's heart at ease"；

"灰心"——"to lose heart"；

"关心"——"to take to heart"；

"伤心"——"to break one's heart"；

"心对心"/"心连心"——"heart to heart"；

"衷心"——"heart-felt"；

"善心"——"kind heart"/"kind-hearted"；

"黑心"——"black-hearted"；

"硬心肠 / 狠心"——"hard-hearted";

"从心底里"——"from the bottom of one's heart";

"全心全意"——"whole-hearted"/"heart and soul";

"半心半意" / "三心二意"——"half-hearted";等等。

然而，一般说来，汉语和英语的词汇通常并不相互偶合，而只是相互对应。就是说，对同一客观事物或思想，两种语言可能使用不同的方式来表达。我们把这种彼此对应的、表达相同意思的不同词汇现象叫作"词汇并行"。

7.2　词汇并行

汉语和英语用不同方式来表达同一事物的现象，在单词以上的语言表达法里特别突出。譬如，我们常用"犹如雨后春笋"这个短语来比喻新事物大量涌现；而在英语中则有"just like mushrooms"（犹如蘑菇一样众多）这样的说法。两者形式虽不一样，但在表示"众多"这一层意思上，它们是并行的、相互对应的，因此可以互译。再如"He is in the doghouse"这个英语句子，如果译为"他在狗窝里"，译文就与原文字面上偶合；但如果译成"他名声扫地了"，那么，译文与原文在语义上则是一种并行现象。必须注意的是，英语的"He is in the doghouse"可以有上面两层含义，而汉语的"他在狗窝里"则没有"他名声扫地了"的意思。

汉语和英语都说"他狡猾得像狐狸""他是只狡猾的狐狸"/"He is as sly as a fox""He is a sly fox"，但在非洲的伊博语中，人们却说"他狡猾得像乌龟"。英美人视玫瑰为珍品，中国人却以菊花为国花；英语说"He is as thin as a shadow"（他瘦得像影子），汉语则说"他瘦得像猴子"；英语说"(He is) as poor as a church mouse"（穷得像教堂里的耗子），汉语则说"穷得像叫花子 / 乞丐"；英语说"to spend money like water"（花钱如水），汉语则说"挥金如土"；英语说"fishing in the air"（空中钓鱼），汉语则说"水底捞月"；英语说"six of one, half a dozen of the other"（六个对半打），汉语则说"半斤对八两"；英语说"to put a fifth wheel to the coach"（给车安第五个轮），汉语则说"画蛇添足"；英语说"to lead a dog's life"（过着狗的生活），汉语则说"过着牛马生活"；如此等等。

上面这样的表示法，常被称为习语。因此在习语的翻译中，我们往往可以采用并且有时必须采用"并行"翻译的方法，即用形式不同但喻义相同或相似的目标文本来取代源文本。

但在不同的语言之间也不单是存在着词汇偶合与词汇并行的现象。往往我们会发现，语言中有着不少的"语义空缺"现象。正如拉铎（Robert Lado, 1915–1995）指出的那样，"我们把生活经验变成语言，并赋予语言意思时，会受文化的约束和影响，而各种语言则由于文化的不同而互为区别。有的语义存在于一种语言之中，但在另一种语言中却不存在。"（Lado, 1957: 71）

7.3 词汇空缺

语言之间的词汇空缺现象是一种普遍存在而又给翻译造成较多困难的现象，可以概括为：（1）由于生活环境、生活经验不同而引起的词汇空缺；（2）由于风俗习惯不同而引起的词汇空缺；（3）由于宗教信仰不同而引起的词汇空缺；（4）由于对客观世界认识不同而引起的词汇空缺；（5）由于纯语言方面的原因而引起的词汇空缺。

首先谈第一类。辩证唯物主义认为，语言是客观世界的反映，是一种社会现象。人们在一种什么样的环境里生活、劳动，就会产生什么样的语言。如果某一事物在人们所生活的客观环境里不存在，那么语言中就可能出现空缺。比如在英国，竹子不是一种土生土长的植物，因此语言中就缺乏这方面的原始词汇。汉语中的"笋"字只能译成"bamboo-shoot"

（意即"竹芽"），甚至连"bamboo"这个词也是从外来语借引过去的。又比如"salad"（色拉）这种凉拌蔬菜源于法国，英国人最先没有这道菜，语言中也不存在这个词，因此只好从法语中原封不动地移植过来。汉语也是如此。

英国天气变幻无常，阴雨天多，人们对天气便产生了一种特殊的感觉，因而喜欢谈论天气。不论在乡村还是在城市，"Lovely weather, isn't it?"之类的话就成了最方便、最不得罪人的见面语。在我国，吃饭问题长期以来都是人人特别关心的问题，因而成了人们经常议论的话题。人们见面时总爱说"吃过了吗？""吃了吗？"之类的话。在一般情况下，说话人并不十分关心听话人是不是吃了饭，而只是打个招呼罢了。但如果向某个英国人问起"吃过了吗？"他首先的反应可能会是"怎么，没吃过你会请我吃？"有时，还可能对问话人产生反感："怎么搞的，一见面就问我吃没吃，没吃又干你什么事？"由于这种文化上的差异，汉语中出现的许多围绕"吃饭"问题所建立的词语和表达法，在英语中就很难找到字面对应的表达法。比如，我们说"吃闲饭""吃大锅饭""吃香""吃不开""吃不消""吃不下""吃不住""吃老本""吃苦""吃亏""吃软不吃硬""要饭的""饭桶""饭碗"等，译成英语就无法字字对应了。虽然英语也有"He has taken the bread out of my mouth"（"他从我嘴里拿去了面包"），以表示"他抢走了我的工作"，但英语不说"He has taken away my rice-bowl"或"He has taken away my plate"。然而，"他抢了我的饭碗""他砸了我的饭碗"却是地道的汉语表达形式。

所谓生活环境和生活经验的问题，还牵涉特定语言、文化中的人或物。每一种语言中，都有不少只与使用该语言的人物密切相关的表示法。比如汉语中有"盘古开天辟地"之说，其中"盘古"为中国传说中人物，而西方则无此传说。可以说，"盘古"这个名字所具有的含义，是一种独一无二的文化现象，只存在于中国的语言和文化中，而不存于英语等西方语言之中。因此，诸如"盘古""嫦娥""牛郎""织女"等一类具有浓烈中国文化气息的词语，在一般外国读者眼里是十分生疏、不易即时理解的。

中国文化语词对于外国读者如此，文化个性强的外国词语对于中国读者，又何尝不是如此？例如，古希腊文化拥有各种各样的神，有主神宙斯，太阳神阿波罗，文艺女神缪斯；古罗马文化也有春天女神维纳斯，小爱神丘比特，等等。所有这些都被后世欧洲文化所接受，成了欧美人的共同文化遗产。对于中国人来说，这些东西却具有欧美文化的个性，与中国文化是不相通的。在翻译包括此类人物名称的表达形式时，读者往往需要借助补充说明或加注解释的方法，才能把原意表达清楚。当然，语言中的有些文化负载词汇被直译或音译成另一语言后，其特有的文化关联意义有可能被目标语言文化接纳或部分接纳，而成为目标语使用者或部分使用者所熟悉、所知晓的元素，就如"耶稣""丘比特""麦克白""罗密欧与朱丽叶""堂吉诃德"等音译西方词汇的文化意义至少为部分中文读者所熟悉和接受一样。但一般而言，翻译中对于文化负载词汇的处理需要特别注意，以避免在目标语言文化中空缺的源文本意义无法被目标读者准确获取。

另外，一些地名用在语言中时，常常带有浓厚的民族和地域特色。比如在"to carry coal to Newcastle"这个常见的英语表达中，Newcastle是一个地方，以盛产煤著称，用在这个习语里时它就有了一层特殊的含义。这层含义只适用于英语，因此，如果不加任何注释地直译成汉语，其喻义就空缺了。

诸如此类并非与语言而与文化有关的差异或词汇空缺，在各种语言里都屡见不鲜。如果翻译时处理不当，译文就不会取得满意的效果。译者的任务，是为译文读者创造条件，或采用意译，或采用直意结合，或对文化疑点附加说明，引导读者接受外来文化。假如把"东施效颦"这个短语简单地译成"Dong Shi imitates Xi Shi"，原文的含义就没有译出来。东施是谁，西施又是怎样一个人物，只有中国读者才能理解。如要译文读者也能明白"东施效颦"指的是"The ugly imitates the beautiful in such a distorted way that the ugliness of the ugly becomes even worse",那么就得对译文进行解释性加工。

其次,由于风俗习惯的不同,不同的语言之间可能出现与之相应的词汇空缺现象。中国人把生孩子、娶媳妇、贺生日称为"红喜",把死人的事称为"白喜",语言中也有"红白喜事"的表示法。对于没有接触过我国文化的欧美人来说,把生儿育女娶媳妇说成"红喜",并不费解,因为英语中也把喜庆日称为"red-letter day"(红字母日);但把死了人也当成一大"喜事",这就令人费解了。因此,对比欧美文化,把死了人称作"白喜"是我国文化或主要包括我国文化在内的东方佛教文化的独特现象。

许多西方人认为世界是上帝创造的,世上一切也都按上帝的旨意安排;而在许多中国人心目中可能只有"主宰自然界"的天老爷。"上帝"(God,Dieu,Gott)和"天老爷"所代表的对象不同,含义也不一样。特别是"上帝"这个概念,具有较浓的基督教色彩,是欧美文化的个性。虽然我们可以把英语的"My God"译成"天哪!",把法语的"Dieu soit loué"译成"谢天谢地",但反过来把汉语的"天"译成尤其是首字面大写、特指"上帝"的"God"或"Dieu",有时就不太适合了。翻译古典文献时尤其如此,因为那时的中国人根本就没有"上帝"的概念。否则,欧美读者还以为中国人历来就熟悉基督教。另外,在我国文化中,我们有道教的"玉帝",有佛教的"阎王",有神话中的"龙王",而这些概念在欧美文化中却不存在。再如,汉语和英语中都有"龙"的字眼,但"龙"在英语文化中是没有"地位"的爬行动物,是可憎恶的象征。在汉语中则恰恰相反。在我国古代,龙是皇帝的象征,后来又引申为高贵、珍异的象征,语言中也就相应出现了"龙颜""龙袍""龙床""望子成龙"等褒义表达法。从这种意义上说,"龙"是我国文化的"特产",是一种文化个性。当然,究竟怎么翻译"龙"这个中国人心怀特别感情的中华图腾和文化符号,例如在将其译入英文时,是按传统惯常做法使用"dragon",还是按有些以中文为母语的英译者所建议的将其译为"Loong",这值得深入思考。笔者认为,对于此类深具文化意蕴的用词,不同的译者,立足不同的视角,遵循不同的原则,可以采用不同的译法,但同时还需要考虑常用译法的约定俗成与可接受度,以及目标文本与源文本相对文化力量的影响等多种因素。

  在文化传统上,中国人建屋筑坟讲究看风水,认为风水好坏可以影响其家族、子孙后代的盛衰吉凶。这种观念在欧美文化中不存在或至少不盛行。在欧美文化里,人死后大多葬在教堂墓地,没有风水可言;修筑房屋虽然也看方向,但那主要是为了房屋建筑本身。中国人办事讲究选择吉日,在许多地方,人们十分忌讳单日办事。百年好事,总想选个逢双日或"黄道吉日"。在欧美人的心目中,单日与双日没有什么特殊含义,也没有多少"黄道吉日"的概念,但他们却忌讳"13",认为这是个不吉利的数字。有些欧美酒店甚至不设第 13 号房间或第 13 层楼的编号,从第 12 直接跳到第 14。正如欧美人对中国文化中单双日的微妙含义感到陌生,中国人有时对欧美文化中不吉利的"13"或"星期五"也颇为费解。

  再次,人们由于对客观世界认识的不同,也会使语言产生词汇空缺现象。换言之,有时人们虽然生活在同一客观环境里,但对某些客观事物却各持己见,对代表那些事物的语言赋予不同的意义。例如,汉语和英语中"狗"的含义有时大不一样。中国人和英、美等国人养狗的目的与态度互不相同。在西方,养狗不仅是为了用来打猎、看家,而且常常是为了作伴。有的人无儿无女,便拿狗来代替。据《星期日泰晤士报杂志》1980 年 7 月 7 日刊登的一份报道,美国加利福尼亚州的狗能得到相当多的"优待"和"特权"。它们有吃、有穿,还有音乐家专门为之谱"狗曲",得病时可请狗医,还可请心理医生来治"心病";当主人外出度假时,它们还可以享受"最优惠的'假期'待遇",比如可以住在装有空调设备的"高级狗旅馆"里。但是在中国的传统文化里,这种现象一般不存在,或者说较为罕见。当然,随着时代和人们观念的变化,现代中国人对于养狗特别是养宠物狗的看法也发生了很大的改变。但即便如此，中国人和英美人在文化传统上对狗所持的不同态度，已经根深蒂固体现在了各自的语言中，这从以下例子可见一斑。

- 汉语表达形式：

"狗腿子"（lackey）；"狗杂种"（bastard）；"狗养的""狗崽子"（son of a bitch）；"狗胆包天"（monstrous audacity）；"狗急跳墙"（a cornered beast will do something desperate）；"狗屁"（horse-shit; rubbish）；"狗嘴里吐不出象牙"（a filthy mouth can't utter decent language）等。

- 英语表达形式：

"Love me, love my dog"（爱屋及乌）；"top dog"（优胜者）；"lucky dog"（幸运儿）；"dog-tired"（精疲力竭）；"to lead a dog's life"（过着牛马不如的生活）；"to die like a dog"（可怜地死去）；"to help a lame dog over a stile"（助人于危难）等。

从以上汉英表达法及其互译形式，我们可以发现两者在语义上大不相同：在英语中，虽然"dog"间或也含有贬义，如"that/this dirty dog"（那个狗东西）、"They say English is going to the dogs"（人们说英语快完蛋了），但一般说来，这个词或含有这个词的各种用法大都含褒义或中性意义。从这一角度上说，"狗"和"dog"除了它们的本义互相偶合以外，其余引申义、喻义基本上是属于彼此语义空缺的范畴。

语言中的词汇空缺现象还有因语言本身等方面的原因而引起的。有的语言形式在特定的语言里有着特殊的含义，而这些语言形式很少能在其他语言中找到完全相应的偶合体。例如，汉语和英语中都有同音词，因而语言中就出现了大量的双关语。可是，如果把双关语直译成另一种语言，就很难能够保留其双关语的效果。再如，汉语和英语都有内向破裂音，用文字表示，英语是"tut-tut"，汉语是"啧啧"，但这两个相同的发音在两种文化中却有着截然不同的用途。中国人通常用"啧啧"声表示"赞叹"，而英美人发"tut-tut"音时，则是对某人或某物一种轻蔑的表示。再比如诗的翻译，由于诗是一种特殊的语言表达形式，语言之间彼此不一样，特别是格律诗，汉语和英语从格式、韵律到韵脚都相差很大，所以翻译起来较之散文翻译难度大得多。

此外，超语言形式如动作、手势等形体语言的不同，有时也会造成语言间的语义空缺现象。比如法国人、英国人常用耸肩的动作来表示"我不知道"的意思，而中国人则没有这种习惯。

按照中国人的传统习惯，人们不"kiss good-bye"（吻别），不"kiss somebody good-night"（与某人接吻道晚安），不"blow somebody a kiss"（予人以飞吻）等。因此，虽然上述英语表达形式在熟悉西方文化习惯的人看来并不奇怪，但传统上或对从未接触过西方文化的人来说，有时并不好理解。

必须指出，语言之间存在词汇和语义上的空缺，完全是一种自然现象。如果一种语言缺乏与另一种语言偶合的词汇，那它就会有并行的表示法；如果偶合、并行均不存在而出现语义上的空缺现象，那么，人们就会通过借用、引进外来语的方式，使得两种语言在表达形式上出现偶合或并行。

在翻译中，词汇的借用和引进可有以下四种形式：音译、直译、改编、意译。

1）音译：人名、地名以及某些表示新概念而本族语里又找不到适当词汇来表示的词，均可采用音译法介绍到目标语言中去。如人名：（汉译英）Confucius, Mencius, Li Bai, Du Fu, Lu Xun, Sun Yat Sen, Mao Zedong, Zhou Enlai, Deng Xiaoping 等；（英译汉）莎士比亚、狄更斯、萧伯纳、金斯里、乔姆斯基、丘吉尔、马克思、恩格斯、伊丽莎白等。地名：（汉译英）Beijing, Shanghai, Guangdong, Jiangsu, Taiwan, Hong Kong 等；（英译汉）英格兰、苏格兰、威尔士、爱尔兰、伦敦、爱丁堡、埃克塞特等。词汇：（汉译英）kowtow（磕头）、litchi（荔枝）、coolie（苦力）等；（英译汉）引擎（engine）、马达（motor）、沙发（sofa）、逻辑（logic）、幽默（humor）等。

2）直译：有许多生动的、含有浓厚的原语文化特色的词汇和表达法，音译成译文语言有失其生动，并且如果音译过多会难以理解，因此这时可以采用直译的方法。比如，"paper tiger"和"to lose face"最先就是从汉语的"纸老虎""丢脸"直译过去的。"微波""超市""以眼还眼""以牙还牙""趁热打铁"等词语也都分别是"microwave""supermarket""eye for eye""tooth for tooth""Strike while the iron is hot"英语词句的直译形式。

3）改编：所谓"改编"，指的是音译或直译加意义补充的翻译。在"改编译法"中，译者常常在原文和译文中做出妥协。一方面想在译文中尽可能地保持原文语言的特征；另一方面则希望译文含义明确，使读者一目了然。比如，汉语的"班门弄斧"这个短语，可译成"(This is like) showing off one's proficiency with the axe before Lu Ban the master carpenter"，其中"鲁班"变成了"手艺高超的木匠鲁班"（Lu Ban the master carpenter）。不然，鲁班究竟是个什么人，不知道典故的外国读者就会感到茫然。这类译法在英译汉中也很常见，如"可可糖""鸦片烟""苏打片""扑克牌""吉普车""卡车""来复枪""啤酒""威士忌烈酒""高尔夫球""尼龙布"等，其中"糖""烟""片""牌""车""枪""酒""球""布"等即是起意义解释作用的字眼。

4）意译：填补语言中的词汇空缺，采用"并行法"即意译法是一种常见的有效方法。其实，在"并行"和"空缺"之间似乎存在一种互补关系。如果某一语言现象在译文语言中只能用意义相同的不同语言形式即"并行"的词汇来翻译，那么就等于说译文语言中便存在着一个"词汇/语义空缺"。比如把"狗嘴里吐不出象牙来"译成"A filthy mouth can't utter decent language"（脏嘴说不出干净话）便是一种"并行"的译法。另外，有许多词以及由这些词所代表的思想概念最先只存在于某种语言里，当把这些词或概念介绍到另一种语言时，我们可采取音译或直译，同时也可以采取意译。由于意译文从语音、语法、语义等各方面都合乎译文语言的语言规范，因此最容易被读者所接受。比如将 communism，socialism，democracy，proletariat, metaphysics 等外来词变成"共产主义""社会主义""民主""无产者""形而上学"时，可以说最先是意译的结果。同时，由于"共产主义""无产者"等词完全是按汉语的构词规则，用汉语的构词材料构成的，因此这种意译只不过是属于一种概念的借鉴而已（张静，1980：52-57）。

7.4 词汇冲突

所谓"词汇冲突"，指的是语言与语言之间存在着矛盾，或者说某些语言现象之间存在着相互对立的关系。这种矛盾、对立主要体现在以下两个方面：一是语言的含义；二是使用语言的方式。

存在于语言含义方面的冲突问题，我们在前面已间接地提到过。一方面，我们可以说"dog"这个英语词有些含义在汉语中是"空缺"的；但另一方面，如果我们从不同的角度出发，同样可以说英语的"dog"和汉语的"狗"只不过是含义不同，因而是一种"词汇冲突"现象。

再比如，汉语中有"夹着尾巴""夹紧尾巴"的说法，英语中亦有"with the tail between the legs"的说法。两者从字面上看来，似乎是一种"词汇偶合"。但实际则不然，两者在语义上是矛盾和冲突的。英语的"with the tail between the legs"（夹着尾巴）是"垂头丧气""狼狈不堪"的意思；而汉语的"夹着尾巴"/"夹紧尾巴"则至少有两层意思：第一层意思似乎可与"with the tail between the legs"偶合，如"反动派被打倒，帝国主义夹着尾巴逃跑了"中的"夹着尾巴"就是这层意思；第二层含义可以从《毛泽东选集（第五卷）》的下列引文中归纳出来：

> 俗话说："夹紧尾巴做人"。人本来是没有尾巴的，为什么要夹紧尾巴呢？好比那个狗，有翘尾巴的时候，有夹尾巴的时候。大概是打了几棍子的时候就夹尾巴，大概是有了几批成绩的时候它的尾

巴就翘起来了。我希望，我们所有的同志，首先是老同志，不要翘尾巴，而要夹紧尾巴，戒骄戒躁，永远保持谦虚进取的精神。（毛泽东，1977: 152）。

从以上引文中不难看出，"夹紧尾巴"并不是"to tuck / with the tail between the legs"的意思，而是表示"谦虚""不骄傲"。另外，汉语的"翘尾巴"却根本没有相应的英语表达法"to stick up the tail"用以表示"不谦虚"或"自以为了不起"。因此我们说，"尾巴"和"tail"在很多情况下，其引申语义是互相冲突的。翻译中遇到此类词汇时，译者必须倍加小心，在既无脚注又无解释性的词汇增补时，应当尽量避免直译。否则，译文与原文就会形合神离，引出歧义。

这种词汇冲突现象的产生，有时与社会制度密切相关。也就是说，社会制度相同，有关文化之间的差异有时相对比较少；社会制度不同，差异就相对多一些。比如，一个国家在封建社会的文化，与另一个国家在同等社会的文化可能相距较近，但与它在资本主义社会或社会主义社会的文化就会相距较远。在同一历史时期，在不同的文化里，由于社会制度不同，人们对世界的认识，赋予客观事物和主观概念的价值，对反映这些认识和价值的语言表达，可能存在着不同的观点。例如，在中国，工人阶级享有较高的政治地位，但在英、美等资本主义国家，"工人阶级"（working class / working class people / working people 等）含有"下层阶级"的意义；"纳粹""法西斯"等词所代表的概念，在法西斯专政时期并无贬义，而是响当当的褒义词。

英文里常说的"语言中的假朋友"（false friends in language use），其实就是指异语之间（如汉英、英法、中日语等之间）用词表面相同，而实际语义大相径庭或相互冲突甚至完全相反的语言现象，相当于同语内（如汉语或英语内）的"同形异义""近形异义"现象。例如，英文的"eat one's words"与中文的"某某人食言"在字面上几乎完全一样，可纳入词汇"偶合"范畴，但"eat one's words"的实际含义是"收回前言""收回自己已经说的话"，而不是指中文"食言"所表达的"说话不算数""不守信用""不履行诺言""失信"的意思。前面所举例子"with the tail between the legs"与"夹着尾巴"其实也归属此种"语言中的假朋友"之列。再如，中文有"儿戏"一说，英文里也有"child's play"的表达法，两者字面意义都是"儿童游戏""小孩游戏"。但中文的"儿戏"常用其喻义，用来指"处事轻率""轻视""不严肃"等，譬如"这种事情很危险，可儿戏不得""不可把健康当儿戏""爱情不是儿戏"；而英文的"child's play"则指"小孩做的事情，此种事情在大人看来是简单的，单纯的，易做的，或是无甚意义的"，因此更接近于表示"小儿科""微不足道""小菜一碟"等方面的意思，譬如"With your wisdom and capability, solving that little problem would be mere child's play"（有你的智慧和能力，解决那样一个小问题简直是易如反掌的事）、"The physical injury he inflicted on himself was child's play compared with the damage he did to the company"（他使自己身体受到的伤，相比他给公司造成的损害是微不足道的）。

在英法两种语言之间，此类"假朋友"就更多了。例如，法文词"actuel"与英文词"actual"在形式上相似，但前者的意思是"当前的"，相当于英文词汇"current"，后者的意思则是"实际的""现实的"，其英文同义词是"real"。又如，英文单词"ancient"在字面上与法文单词"ancien"几乎完全一样，但在意思上却是彼此冲突的：英文单词"ancient"指"古时；古老；古代的"，法文单词"ancien"虽然偶尔也可指"古代的"，但一般却只用来表示"旧的；从前的；年长的；资历深的"，譬如："un ancien combattant"（指"老兵"而非"古代的兵"）、"ancien maire"（前市长）、"voiture ancienne"（旧车）、"J'ai dîné avec mon ancien professeur hier soir"（我昨晚和我以前的老师一起吃晚饭）等。以下再看几个英法对照的"假朋友"：

- 英文：journey（旅行）——法文：journée（白天；日间）

  Have a pleasant journey：祝旅行愉快！——Bonne journée：祝一天愉快！

  （与"journey/旅行"意思对应的法语单词为"voyage"）

- 英文：sensible（理智的；合理的）——法文：sensible（敏感）

  She is very sensible：她非常理智——Elle est très sensible.（她非常敏感）

  （与"sensible/理智的；合理的"意思对应的法语单词为"raisonnable"）

- 英文：location（地点）——法文：location（租赁）

  A secret location（一个秘密地点）——La location de voitures（汽车租赁）

  （与"location/地点"意思对应的法语用语为"un lieu"）

- 英文：library（图书馆）——法文：librairie（书店）

  （与"library/图书馆"意思对应的法语用语为"bibliothèque"）

- 英文：coin（钱币）——法文：coin（角落）

  A coin（一枚硬币）——Dans le coin（在角落里）

  （与"coins/多枚钱币"意思对应的法语为"pièces de monnaie"）

此外，在两种不同的语言之间，其使用方式也往往相互冲突。比如用英语写作和说话时，应当尽量避免用词重复。一篇新闻报道里，可用许多不同的字眼或称呼来指称同一个人。例如，英国第49任首相是玛格丽特·撒切尔（Margaret Hilda Thatcher，1925–2013），第57任首相是里希·苏纳克（Rishi Sunak，1980– ）。在报道撒切尔的同一篇新闻稿里常常可能使用如下名字："Mrs. Thatcher"（撒切尔夫人）、"she"（她）、"the Prime Minister"（首相）、"the Iron Lady"（铁娘子）、"the leader of the Conservative Party"（保守党领袖）、"the first woman Prime Minister (of the United Kingdom)"（联合王国第一位女首相）等；同样，在报道苏纳克的同一篇新闻文章中也常用如下名字："Mr. Sunak"（苏纳克先生）、"he"

（他）、"the leader of the Conservative Party"（保守党领袖）、"the Prime Minister"（首相）、"UK's first non-white Prime Minister"（联合王国第一位非白人首相）、"the first Prime Minister (of the United Kingdom) of Indian descent"（联合王国第一位印度裔首相）等。然而，在类似的汉语文章中，对于同一所指往往不宜使用过多的不同名称。如果用得过多，会使文章显得不自然，有时甚至还会引起语义含糊、混乱。

第 8 章
翻译学与中国译论研究

我们在第 3 章曾指出，翻译学作为人文科学学科的基本任务，是对翻译中出现的一切问题进行描写。所谓这一切问题，除了主要涉及翻译实践以及用以指导实践的应用性翻译理论问题外，还涉及与翻译实践并不密切关联的纯理论层面的问题，包括我们对于翻译史学问题的探究。虽然翻译史学研究并不直接关联翻译实践，但研究历史、了解历史，却又是任何一门学科（包括翻译学科）的发展所不可或缺的重要内容。古人云："以史为镜，可以知兴替。"（《旧唐书·魏徵传》）古人同时又告诫今人："执古以绳今，是为诬今；执今以律古，是为诬古。"（魏源《默觚·治篇五》）读史明智，鉴往知来。

因此，本书作为从学科层面系统研究翻译问题的理论著作，始终都贯穿着对译论（包括中国译论和西方译论各自发展的现状与历史）的关注，以及对中西译论的本质探索。本章聚焦讨论中国译论。

8.1 何谓中国译论

要探究何谓中国译论及其本质特征的问题，我们可先从中国译论的发展现状以及我们对它的基本认知态度入手。20 世纪 70 年代末 80 年代初，随着中国改革开放政策的实施，国家的政治、经济、文化的发展力得到全面释放，翻译研究也出现了空前良好的发展局面，主要表现有三：一是规模引进外国（尤其是西方和苏联）的当代翻译理论；二是由此促成我们现代翻译理论意识的快速觉醒；三是伴随这种理论意识的觉醒，以及通过将国际译学发展作为历时与共时的背景参照，我们的翻译研究从一开始引进外来思想的同时，就展现出对自身译论传统的反思和自信。罗新璋先生在《我国自成体系的翻译理论》（1983a）一文中指出："我国的翻译理论自有特色，在世界译坛独树一帜。"显然，这是对中国译论反思和自信的一个标志性宣示。回顾 40 多年来我国的译学发展，从发轫于改革开放之初的"引进外国译学思想"，到"现代翻译理论意识觉醒"和"传统翻译话语挖掘"，再到后来且一直坚持至今的"译学反思""积极参与国际译学对话"和"中国翻译理论创新"，连同进入 21 世纪以来声势日隆的"建立中国特色翻译理论""构建翻译学中国学派"的诸多努力，我们在译学领域的确取得了耀眼的成就。特别是在如何通过概念和理论创新向世界译学思想库贡献中国智慧的征程中，我们的翻译研究更是不断显现出充满勃勃生机的"中国式"发展新景象。

毋庸置疑，这是令人感到自豪和鼓舞的当下的中国译学现象。然而，译学发展如同其他所有领域的发展一样，我们越是自我感觉良好，就越需要保持清醒头脑，正确认识自己，确保我们的发展建立在稳固而科学的基础上，让它具备强大的韧性和可持续性。这就需要我们以此思想为出发点，并立足对中国译论以至整体译学性质和研究使命的宏观认知，围绕如何界定"中国译论"，如何认识"中国译论"所需具备的根本性特质，包括它的"中国性"和"世界性"特质以及如何拓展这些特质的问题展开讨论。

其次，我们还需提一提与定义"中国译论"相关的另一译学概念，即"中国特色翻译理论"。这是近年来许多学者乐用的时兴概念。所谓"中国特色翻译理论"，按照冯全功的解释，是指"基于中国传统理论和思想话语资源发展而来的翻译理论，包括传统哲学、美学、文论、修辞、画论、书论等，严复的'信、达、雅'、傅雷的'神似'、钱钟书的'化境'等都是具有中国特色的翻译理论"（冯全功，2021：164）。而作为本章基础概念的"中国译论"（或曰"中国翻译理论"），其意义范围显然超于冯全功所诠释的"中国特色翻译理论"。

具体而言，笔者认为，"中国译论"这一概念有两个所指：一是指中国传统翻译理论，即从中国古代到现代或现当代之前的、发生在中国的翻译理论。例如，当我们说"彦琮的《辩正论》是中国译论的重要代表"时，其实是在说"彦琮的《辩正论》是中国传统译论的重要代表",聚焦点是"传统"而不是"当前"。在这一点上,中国传统译论就自然而然地应被认定为属于冯全功所说"中国特色翻译理论"的范围。二是指传统译论在现当代中国被传承和发展而出现的翻译理论,即中国的现当代翻译理论,聚焦点是"现代"和"当前",而不是"传统"。这些现当代中国翻译理论由于未必是或完全是"基于中国传统理论和思想话语资源发展而来"的理论,因此有可能会被一些人认为不具"中国特色",如20世纪20至40年代新文化运动以来的一些翻译理论(包括鲁迅、瞿秋白等人的翻译理论和主张)和改革开放以来出现的某些理论主张,尤其是某些源自外国译论的思想和主张。但不管能不能将这样的理论和主张冠上"中国特色"几个字,我们至少在某种意义上都有理由认为,它们属于"中国译论"所覆盖的范围。因此,根据以上两个不同的区分,我们可得出以下三点认识:第一,这些区分均属基于历时发展视角而做出的区分,前者指已成历史的中国译论,后者指正在进行中的中国译论。第二,从相关概念的功用性质看,前者是翻译史学的研究对象,后者则是当前中国译论者希望产生或正在产生的研究成果。第三,从地理文化双重属性的角度看,"中国译论"既可指发生在中国的译论,也可指中国和(本土)中国人的译论。在第三点中,所谓"发生在中国的译论",抑或"中国和(本土)中国人的译论",虽然可理解为是指"发生在中国这个地方的"或"由(本土)中国人提出的"译论,但这个阐释只是对相关意涵理解的优先项而非绝对项,因为相关译论未必需要百分百地发生在中国,提出或创造出某个具体译论的人也未必需要是"土生土长"的中国人。例如,赵元任(1892—1982)为外籍华人,其翻译思想却可归入"中国译论",再如为中国译论做出了开拓性贡献的支谦以及后来的鸠摩罗什、利玛窦(Matteo Ricci, 1552-1610)等人却并非当时的本土中国人。

这就是说,"中国译论"在某种意义上是一个模糊概念。我们虽然不能说它没有明确的意义内核——因为无论我们怎么定义它,其基本内涵中都一定需要包含"中国"或"关联中国"这个元素，否则我们所谈论的就根本不会是中国译论——但我们同时也可以看出，"中国译论"概念的外延是宽泛的，动态的，并非亘古不变的。基于这一点，本书在对待何谓中国译论的问题上，不做严格的意义区分，而是采取一种包容开放的姿态，把所有相关元素都综合进来，为中国译论提供一个较为宽松的解释，将其界定为：一般发生在中国或由中国人（包括本土和非本土中国人）所产生并根植于中国文化、依托中国语境的翻译话语。

必须指出，此定义中的"翻译话语"是一个容易引起争议的用词，因此需要稍作拓展讨论。笔者认为，所谓"翻译话语"，是指关于翻译问题的语言阐述；而有关翻译的任何"话语"或"语言阐述"都或多或少地具备理论性，由此衍生的"中国翻译话语"，在某种意义上也就相当于"中国翻译理论"。可以说，笔者关于"话语"概念的这个解释主要是一种语言学性质的解释，未必相同于其他学者，如张佩瑶（Martha Cheung, 1953–2013）（2006: 1–2）、潘文国（2012: 3）对它的认知和解释。但由于本书在此主要是讨论作为语言或语言文化层面的"话语"，而非张佩瑶、潘文国等人所用的福柯式"政治"或"文化政治"层面的"话语"和"话语权"，因此不拟拓展讨论张佩瑶或潘文国在"中国译论"与"中国话语"问题上的不同区分。笔者曾于 2009 年在英文期刊 *The Translator: Studies in Intercultural Communication* 发表了一篇题为 "The 'Chineseness' vs. 'Non-Chineseness' of Chinese Translation Theory: An Ethnoconvergent Perspective" 的文章，文中针对"中国翻译话语"与"中国翻译理论"两个概念进行了诠释，后来又于 2019 年在韩子满、李德凤编辑的文集 *Translation Studies in China: The State of the Art* 中发表 "Chinese Discourse on Translation: Views and Issues" 一文，就如何使用"中国翻译话语"与"中国翻译理论"两个术语的意义所在，作了进一步阐发。笔者在两篇文章中表达的基本观点是："中国翻译话语"与"中国翻译理论"作为两个相互独立的概念和术语，应当并存于译学研究中；两者间的主要区别在于：（1）"话语"比"理论"的语义范围更广，因为任何一个理论或观点/观念，都会由话语构成，或都包含在特定的话语之中；（2）虽然在对待中国翻译传统中是否存在"中国翻译理论体系"的问题上，学界可能存在意见分歧，但对于中国翻译传统中是否包含着"自成体系"的"中国翻译话语"这样的说法，人们应当不会反对；（3）"中国翻译话语"不仅关涉"中国翻译理论"本身，同时也关涉中国翻译理论所蕴含的更广泛的中国文化，这个认知无疑能为我们的讨论提供一个更为坚实的文化基础。笔者因此认为：尽管上述两个概念存在意义上的区别，但中国既有讨论翻译问题的翻译话语传统，同时也有作为翻译话语结晶的翻译理论，我们在研究中不必拘泥于只用"中国翻译话语"或只用"中国翻译理论"，而是应当根据研究内容和相关语境的实际需要，同时使用这两个译学概念和术语，正如在讨论西方译学传统时，我们既可使用"西方翻译理论"，也可使用"西方翻译话语"一样（参见 Tan, 2009: 291-292; 2019: 10-13）。

从以上定义出发，"中国译论"的概念范围至少涵盖四种情形：（1）既发生在中国又由中国人（指语言文化而非国籍属性而言的本土中国人）产生的翻译理论；（2）发生在中国却不由本土中国人产生的翻译理论；（3）不发生在中国却由本土中国人（或中国裔外国人）产生的翻译理论。这三种情形中无论哪一种，一般都离不开具有"以中国文化语境为依托"或以中国语言文化自我为基本落脚点的属性特征。除此之外，还有一种情形：（4）对于由中国人书写或翻译成中文的关于外国翻译发展和译学思想的成果，至少在某种意义上也可被视为中国译论的组成部分，正如谢天振（2003: 239）认为，"翻译文学就是中国文学的一个组成部分"。这么一来，中国译论（传统时期）的涵盖范围，除了道安、道朗（南北朝时期僧人，生卒年不详）、玄奘、彦琮、赞宁、徐光启（1562—1633）、魏象乾（生卒年不详，1739 年中翻译科进士）、马建忠（1845—1900）、严复等古代至近现代本土中国人所阐发的翻译理论或思想外,也自然包括支谦、鸠摩罗什、利玛窦等非本土中国人以及赵元任等外籍华人的翻译理论和思想;同时还包括由当代国人书写(尤指用中文书写)以及用中文编译或译介的源发于外国的翻译研究成果(包括外国翻译史学研究领域的成果),如谭载喜(1991,2004/2022,2021),王克非(1997),许钧、袁筱一(1998),蔡毅、段京华(2000),陈德鸿、张南峰(2000),郭建中(2000),廖七一等(2000,2001)和刘军平(2009)等人发表的相关外国(包括西方)翻译史学作品;以及许多以"××学""翻译××学""××翻译学"冠名,或多或少带有"他者"痕迹的译学新理念,如"译介学"(谢天振,2003)、"文化翻译(学)"(王宁,2022)、"翻译生态学"(许建忠,2009)、"生态翻译学"(胡庚申,2013)、"认知翻译学"(王寅,2012;文旭,2018)、"翻译传播学"(尹飞舟等,2021)和"知识翻译学"(杨枫,2021)等。

8.2 中国译论的"中国性"

这是本章关注的核心概念之一,与上节讨论的内容密切相关。我们在前面指出,"中国译论"是一个模糊概念,并提倡以包容开放的姿态来定义和诠释它的意义范围。对于中国译论的"中国性"概念,我们也以同样的姿态来审视,将它与潜在的其他词汇进行宽松的同义处理。即是说,笔者认为,中国译论的所谓"中国性",在所指意义上相等或基本相等于"中国特性""中国特色""中国特质"或换一种表达方式的"中国式(译论)"等。我们希望这样,能把讨论的重点落在相关概念的意义内核上,不致因为作过多的词义限定和区分而引起理解上的混乱。基于这个认知,并为了方便讨论,我们在此将中国译论的"中国性"粗线条地分为"传统中国性"与"现当代中国性"两个类别,并将与其对应的两个时间段分别称为"传统时期"与"现当代",时段划分则主要参考罗新璋、陈应年(2009)提供的模式:(1)"传统时期",涵盖"古代部分""近世部分"（明末清初）和"近代部分"（清末民初）;（2）"现当代"，涵盖"现代部分"（五四时期至中华人民共和国成立）和"当代部分"（自中华人民共和国成立至当下）。分论如下：

1. 中国译论的"传统中国性"

中国译论的"传统中国性"可从三个不同视角来讨论：人本视角、文本视角、译本视角。（1）立足"人本"即立足"以译者、译论者为本"的视角。我们所挖掘出来的中国译论"传统中国性"，就是古代支谦、道安、道朗、鸠摩罗什、玄奘、彦琮、赞宁等，近世徐光启、利玛窦、李之藻（1565—1630）、李天经（1579—1659）等和近代魏象乾、马建忠、林纾（1852—1924）、严复等译者和译论者其人，以及与他们关联的一切翻译思想成果及其思想表现方式。（2）立足"文本"即立足"以文化为本"的视角。立足中国译论赖以生根的母体文化——中华文化，我们不难发现，中国译论的"传统中国性"主要体现在重实践实用、重悟性思维、重忠信理念、重思想传承、重表述简洁等多个方面。（3）立足"译本"即立足"翻译本位"（或曰"以翻译本体为本"）的视角。中国译论的"传统中国性"至少可从支谦时代对于翻译方法的"文""质"之分、道安时代的"五失本""三不易"、玄奘时代的"五不翻""译经流程十一步（翻译分工）"、彦琮时代的"译者八备"和赞宁时代界定翻译本质的"译即易"（"译之言易也"）等各个方面体现出来。

当然，以上三个视角只是相对而非绝对意义上的区分，因为中国译论（其他译论系统也同样如此）从来都是由"人"（译者、译论者）在自身语言文化影响和制约的背景下，依据自己对翻译的思想认知而发展来的。三者在"传统中国性"的生成与发展过程中，既不相同却又紧密关联。例如，就译论者其人而言，上面提到的众多中国传统译论者，他们以及他们所发表的翻译思想及其思想表达方式，如支谦的"以义出音，近乎质直""因循本旨，不加文饰"，道安的"五失本""三不易"，道朗的"随意增损，杂以世语……如乳之投水"，玄奘的"五不翻""译经流程十一步"，以及严复的"翻译三难：信、达、雅"等，理所当然地代表着中国译论的"传统中国性"。就译论家置身其中的文化传统而言，中华文化和思想传统在其教化人们认识世界和了解人生的过程中，都强调人的悟性，强调人对事物的那种往往无法言表、只能意会的领悟。其反映到翻译研究中，也就同样出现了悟性多于理性思考的问题，如严复将"信、达、雅"说成是"翻译三难"，后人则将其奉为"翻译三原则"，这个定性无疑是后人"悟性"所致，或者说严复本人虽未明说"翻译三难"即"翻译三原则"，但亦不能排除他实际上已经"悟"出了这个道理。

换一个角度来审视，正如钱钟书（2007：1748）所指出，"支谦《法句经序》：'仆初嫌其为词不雅'……座中咸曰：老氏称'美言不信，信言不美'；……'今传梵义，实宜径达。'……严复译《天演论》弁例所标：'译事三难：信、达、雅'，三字皆已见此"。这既说明了严复的翻译学说是对中国古代翻译和哲学先贤思想的直接传承，体现了中国人如何有机地将"中国人为人处世'信'为先"的信条融入中国译论的译学智慧，同时更是通过"三言两语，就是一个论点，一种标准"，而彰显了"我国古典文论语贵简要"的语言文化特质（罗新璋，1983b：10-11）。

概言之，所有这一切，从中国传统译者、译论者其人到各自的翻译实践和翻译思想，从影响中国译论形成的中华文化语境到具体中国译论作为体系构件的发展，再到中国译论的各种表现方式，无一不是笔者所言翻译理论"传统中国性"的标志性符号。这一点，是需要得到充分肯定的。

2. 中国译论的"现当代中国性"

依照以上观点，中国传统对于翻译问题的一切理论话语和话语方式，皆为中国译论"传统中国性"的表征，而这些传统表征就相等于人们心目中的"中国元素"。然而，我们却不可把两者的相对关系反转过来，将"中国元素"简单地定义为等同于中国译论的"传统中国性"，因为"中国元素"（即"中国性"）不仅存在于中国传统译论，同时也存在于中国现当代译论之中。

从广义（或"传统特色译论"意义）上说，中国现当代翻译研究对于翻译问题的一切理论话语和话语方式，也应当被视为中国译论的"中国性"（即它的"现当代中国性"）。我们可同样立足于"人本""文本""译本"三个视角来进行总体归纳。当然，这种三个视角的区分也只能像前面所指出的，是一种相对而非绝对意义上的区分。

从"人本视角"看，中国译论"现当代性"的典型符号可以包括：现代译论期的鲁迅、瞿秋白（1899—1935）、郭沫若（1892—1978）、茅盾、林语堂、朱光潜（1897—1986）、金岳霖（1895—1984）等；当代译论前期的郭沫若、茅盾、赵元任、董秋斯、傅雷、钱钟书等；新时期的许渊冲、金隄（1921—2008）、刘宓庆等代表性译论家以及他们的理论和思想。从"文本（即以文化为本）视角"以及从"译本（即翻译本体）视角"看，"现当代中国性"除表现在与"传统中国性"几个重要的涉及"中华文化"和"翻译本体"的特质如"重实践实用""重历史传承"相同或相似外，更为突出的特质则表现在"重理性思维""重他者借鉴""重思想创新"等方面。其中，所谓"重理性思维"是相对于传统中国性"重悟性思维"而言的，因为在现当代，尤其是在最近40多年的中国翻译研究领域，董秋斯（1951/2009: 601）所点评过的那种认为"翻译是一种艺术，只能'神而明之，存乎其人'，不受任何理论的约束"的思想倾向，或者说中国人过往十分强调的"悟性思维"，已被抽象思维的理论求索所取代、所超越——自改革开放以来发表的成千上万的翻译理论文章和书刊，足以从一个侧面说明这一点。所谓"重他者借鉴"是指现当代中国翻译研究，尤其是改革开放初期至新千年早期的中国翻译研究对于外来译论的较大规模译介和内化、进化，包括对大量外来译学概念和术语的本地化借鉴和应用，例如，"语言翻译学""文化翻译学""源文本""目标文本""动态对等""功能对等""读者反应""接受理论"等，这些被我们接受或内化（或曰本土化、本地化）了的外来思想和概念、术语，其实是不应被持续或永久地贴上

"外国思想""他者思想"的标签的。就如"哲学""美学""逻辑""语法""社会主义"等一系列人们耳熟能详的诸多概念和术语，虽然它们原初并非出自中国本土，但发展至今我们又有谁会刻意去标签它们不具"中国性"呢？至于"重思想创新"这一现当代中国译论的重要特质，除了体现在前面已经提及的、中国学者提出和发展的各种以"××学""翻译××学"或"××翻译学"冠名的"跨学科"新理念之外，则主要是指随着外来理论引进的潮起潮落而不断出现于中国国内"向历史掘瑰宝""向传统挖特色"的各种学术努力上。尤其是就近些年的"创新"研究而言，最为突出的一个声音，就是要在研究上不断强化中国译论的"中国特色"。从最早罗新璋（1983a）所说的中国翻译理论"自有特色"论，到随后桂乾元（1986）、方梦之（1988）、刘宓庆（1989）、张柏然（2008）等人呼吁的"建立中国特色翻译理论""挖掘中国翻译理论基本模式"或"构建中国翻译学"，再到许渊冲（2002）、潘文国（2013）、杨镇源（2021）、陈东成（2021）等人提出的"构建中国翻译学派"或"构建翻译学中国学派"等，无不尝试通过凸显翻译理论层面的民族性来实现各自所追求的理论创新性。

综上，我们可以明确地指出，中国译论的"现当代中国性"是中国现当代译论者展现出来的理论特质。这种特质所反映的，不是也不应该是对传统的简单重复，而是一种在传承过往思想基础之上的向前推进。在这一向前推进的征程中，未必凡事都要回到传统，有时可能还恰恰相反，需要对被广为认同的传统进行批评，破旧而立新。例如，瞿秋白在与鲁迅先生讨论翻译问题的来往书信中谈论到严复。瞿秋白对严复的"信、达、雅"不以为然，他说："严几道的翻译，不用说了。他是：译须信雅达，文必夏殷周。其实，他是用一个'雅'字打消了'信'和'达'"（瞿秋白，1931/2009：336-337）。对此，鲁迅表示赞同，认为严复译得"最好懂的"书是《天演论》，它"桐城气息十足，连字的平仄也都留心。摇头晃脑的读起来，真实音调铿锵，使人不自觉其头晕……他的翻译，实在是汉唐译经历史的缩图。中国之译佛经，汉末质直，他没有取法。六朝真是'达'而'雅'了，他的《天演论》的模范就在此"（鲁迅，1931/2009：345）。当然，今天看来，瞿秋白和鲁迅二人对严复的此种批评，尤其是对其所提"信达雅"作为翻译原则潜在特质的认识，并不十分客观、准确。然而，我们不能因为他们的这种"反传统"的"新文化"姿态，而将他们的翻译主张排除在中国译论的"现当代性"重要构件之外。也就是说，只要符合前面所给定义，都理所当然地应被认为具有"中国性"，无论其涵盖范围是传统的中国性，还是现代或当下的中国性；也无论它们对于特定的中国翻译思想是表示认同，还是不认同。这一标准，也同样适用于对其他类似情境的解释。

8.3 中国译论的"世界性"

这是本章聚焦的另一核心概念，它与中国译论的"中国性"相辅相成，构成对应的基础概念。就其意涵而言，所谓中国译论的"世界性"是指：在中国文化中被创造、传承和不断演进的译论所描述或诠释的关于翻译的普遍性特质；或者说是指中国译论描写和诠释的、超越汉语言文化翻译的普适性部分，关涉翻译活动的普遍特征、共性特征、共同特征或共享特征，用英文表述即："features of the universalness of Chinese translation theory"，或"universal features / general features / shared features (of Chinese translation theory)"。应该指出，中国译论的"世界性"特质并非我们独有的一种译论特质，其他民族或语言文化的翻译理论也同样具有这样的特质。事实上，我们在翻译研究中已经形成的一个基本共识是，翻译学主要包括三个组成部分：(1) 普通翻译学；(2) 特殊翻译学；(3) 应用翻译学（参阅 Holmes, 1972/1988; Toury, 1995: 10）。普通翻译学主要研究翻译的一般规律、翻译的一般过程和一般翻译方法论；特殊翻译学主要研究两种具体语言的互译问题，涉及这两种语言和文化的对比，揭示出它们之间有规律的和无规律的、对应的和不对应的、彼此融合的和彼此冲突的方面，然后提出能指导两种具体语言互译的理论；应用翻译学则主要研究如何把普通译学和特殊译学的理论运用于翻译实践、翻译教学、翻译批评、翻译工具书的编纂和机器翻译，从微观层面研究翻译目的、功能、标准、程序和方法等方面的问题。在这三个组成部分中，普通翻译学关心的有关"翻译的一般规律、翻译的一般过程和一般翻译方法论"等的研究，所要达成的结果，是对翻译本质的普遍性特质作出描写和诠释。一般而言，任何翻译理论中凡是涉及对翻译本质、翻译原则和翻译方法论等问题进行一般性描写和诠释，实际上就是为了研究关于翻译的"世界性"（亦即翻译的普遍性）特质。显然，我们在此讨论的中国译论的"世界性"特质，也就是中国译论中属于普通翻译学范畴的部分所要研究和解决的问题。

换言之，在建构中国特色翻译理论或建构中国流派翻译学理论的征程中，我们的使命所在，不是为凸显"中国性"而强调"中国性"，也不是一定要将"中国性"等字眼时刻挂在嘴边。那样做，可能显得我们的研究会较表层、浅层，有时还可能在文化"他者"身上产生"反效果"。我们的终极目标，应当放在找寻和建构中国译论中的"世界性"特质上，搭建"中国性"和"世界性"之间的最大公约数，通过运用文化"他者"能够看懂理解的、凸显中国译论"世界性"特质的表征方式，使我们的"中国式"翻译思想和理论潜移默化地"走入世界"。基于这样的认识，我们同样可通过"传统"和"现当代"两个方面来讨论中国译论的"世界性"问题：

1. 中国译论的"传统世界性"

中国译论中涉及翻译本质问题的传统话语，在语言表层一般属于局限于汉语言文化翻译的个性特征，属于特殊翻译学所关心的内容。但在深层意义上，有许多问题实际上却触及了超越汉语言文化的翻译本质，或者说它们在根本层面所触及的，是翻译的"共性特征"，即笔者所提的翻译的"世界性"特征。为了节省篇幅，我们对中国译论传统中最具代表性的一些表达"中国性"特质的表层话语，以及可由它们衍生而来的表达"世界性"特质的深层解读，删繁就简地以表格形式呈现如下（见表 8.3-1）。

表 8.3-1　中国译论的"传统世界性"解读

表层话语	深层解读
● 翻译中的"文"与"质"： 支谦言："将炎虽善天竺语，未必晓汉。其所传言，或得胡言，或以义出音，近于质直……是以自竭，受译人口，因循本旨，不加文饰。"（支谦，2009：22）	→ "意译"与"直译"二元区分 （1）这大概是中国译论史上最早的翻译方法论； （2）"意译"与"直译"的二元区分是一个具有"世界性"特质的翻译方法论话题。自古至今，概莫能外。
● "五不翻"： 玄奘法师论五种不翻："一、秘密故，如'陀罗尼'（dhāranī）……。二、含多义故，如'薄伽梵'（Bhavavat），具六义……。三、此无故，如'阎浮树'（Jambu）……，中夏实无此木。四、顺古故，如'阿耨菩提'（Anu Bodhi）……，非不可翻，而摩腾以来，长存梵音。五、生善故，如'般若'（Prajnā）尊重，'智慧'轻浅。"（周敦义，2009：93）	→ "不翻"即"音译"，是翻译的普遍现象 （1）这是中国译论史上最早出现的关于"音译"作为一种翻译方法的讨论； （2）存在于所有翻译体系的"音译"，是一种关于翻译的"世界性"特质。虽然采用"音译"的缘由、条件以及它的使用程度与具体表现方式会因时空及语境的不同而不同，但它作为一种翻译手段却是"世界性"的。
● 唐代佛经译场"职司十一种"： （1）译主；（2）证义；（3）证文；（4）度语；（5）笔受；（6）缀文；（7）参译；（8）刊定；（9）润文；（10）梵呗；（11）监护大使。（杨廷福，2009：73-87）	→ 团队翻译，分工负责 （1）这是玄奘主持下实施的译经流程，是中国译论史上最明确的团队翻译策略：分工精细，各司其职； （2）此种分工合作的团队翻译原则和程序，深具超越时空限制的"世界性"意义。
● "译者八备"： 彦琮言："诚心爱法，志愿益人，不惮久时，其备一也。将践觉场，先牢戒足，不染讥恶，其备二也。荃晓三藏，义贯两乘，不苦暗滞，其备三也。旁涉坟史，工缀典词，不过鲁拙，其备四也。襟抱平恕，气量虚融，不好专执，其备五也。耽于道术，淡于名利，不欲高衔，其备六也。要识梵言，乃闲正译，不坠彼学，其备七也。博阅《苍》《雅》，粗谙篆隶，不昧此文，其备八也。"（彦琮，2009：62-63）	→ 合格译者的先决条件与行为准则 （1）彦琮所阐述的关于译者必备的八项条件，本质上可概括为两项：译者的"人格"（品格、德行）与译者的"译格"（能力、资格）； （2）不论在任何时代，任何国度，任何环境，作为合格译者，都必须具备合格的"人品"（行为上符合翻译伦理准则，或符合项目赞助组织方等认可的译者品格），以及合格的能力和资质（能胜任所承接的翻译任务）。这无疑是在对译者要求上的一个"世界性"特质。

（续表）

表层话语	深层解读
● 翻译比喻的运用： 鸠摩罗什言："（翻译）有似嚼饭与人。"（鸠摩罗什，2009: 34） 道安言："诸出为秦言便约不烦者，皆蒲萄酒之被水者也。"（道安，2009: 28） 道朗言："随意增损，杂以世语，缘使违失正本，如乳之投水。"（道朗，2009: 59） 赞宁言："翻也者，如翻锦绮，背面俱花，但其花有左右不同耳。"（赞宁，2009: 88）	→ 翻译是一项具有"可比性"的人文活动 （1）运用关于翻译的比喻话语，更能生动、形象地刻画翻译现象，帮助人们从理论上更好地认识翻译本质； （2）翻译比喻广泛运用于世界各国翻译理论话语，是一个跨越语言文化和翻译理论体系的"世界性"存在。
● 翻译的用名与功能： 《礼记·王制》言："达其志，通其欲，东方曰寄，南方曰象，西方曰狄鞮，北方曰译。" 赞宁言："译之言易也，谓以所有易所无也。"（赞宁，2009: 92）	→ 翻译的用名因地而异；翻译的功能在于助人沟通，打通世界 （1）翻译的用名因地而异，名异而义同； （2）翻译的功能即助人沟通，互通有无；正所谓：翻译即传通；翻译即交易、替换。 此等特质皆为翻译的"世界性"特质。
● 翻译的"信"： 支谦引老子言"美言不信，信言不美"（支谦，2009: 22） 严复言："译事三难：信、达、雅"（严复，2009: 202）	→ "信"即"求真""忠实""忠信""忠诚" （1）翻译须以"信"为先，不"信"或不"忠实"的翻译是不合格的翻译； （2）译文乃原文在译语中的再现，"忠信"/"忠实"是关于翻译本质（就翻译本体而言）的一个亘古不变的"世界性"特质。

从表 8.3-1 所呈内容不难看出，中国译论的"传统世界性"特质，是我们从中国传统译论的"表层话语"（左栏）中解读出来的。即是说，中国传统译论的相关原始话语，其实并未直接触及翻译的"世界性"问题。表中所呈现的这个从"表层话语"到"深层解读"的动作，是由作为相关话语历时解读者的我们在今时今日，而非由原始话语者们在历史上的当时所完成。因此，很难确定怎样的解读才是各个原始话语深层意图的准确再现。然而，在笔者认知中，根据相关原始话语所传达的文本意义及其表述语境，表中对"表层话语"所提供的各个对应的"深层解读"，虽然未必说得上十分准确，但至少在某种程度上，从这些表层话语中如此解读到中

国传统译论的"世界性"特质,应该是不无道理的,可取的。

2. 中国译论的"现当代世界性"

随着时代的演进和国际文化(包括翻译文化)交往的日益增多,到了现当代,中国译论者对于翻译本质的认知和对于翻译问题的总体理论意识逐步提升。自20世纪中期,尤其是自20世纪70年代末80年代初发展至今,无论在话语表层还是理论深层,中国译论都越来越多地展现出了对翻译"世界性"本质特征的科学认知和理论贡献。为了节省篇幅,我们对于中国译论所涉潜在"世界性"特质的表层话语及其深层解读,同样以表格形式简述如下(见表8.3-2)。

表8.3-2 中国译论的"现当代世界性"解读

表层话语	深层解读
● 翻译的"信"与"不顺"、"顺"与"不信": 鲁迅言:"我是至今主张'宁信而不顺'的"(鲁迅,2009: 346);"你(指鲁迅)的译文,的确是非常忠实的,'决不欺骗读者'这一句,决不是广告"(瞿秋白,1931/2009: 335) 赵景深言:"宁错而务顺""……严复的信、达、雅三个条件,我认为其次序应该是达、信、雅"(转引自瞿秋白,1931/2009: 337)	→ 针对原文的"信"/"忠信",与针对译文的"顺"/"通顺",是翻译中的两个基本概念;而翻译的所谓"信"(忠实于原文)常被认为与"不顺"(译文表达不顺畅、不地道)挂钩,"顺"则与"不信"挂钩,从而形成了翻译中永存的一对基本矛盾:相对而言,要么"美言不信"/"美而不忠",要么"信言不美"/"忠而不美";也就是说:尤其是就文学翻译而言,在保持译文优美和对原文忠实方面,很难做到两全其美。古今中外的翻译认知,概莫能外,都围绕如此矛盾而展开。这无疑是一种翻译的"世界性"。
● 翻译的"读者"因素: 鲁迅言:"我们的译书……首先要决定译给大众中的怎样的读者。将这些大众,粗粗地分起来:甲,有很受了教育的;乙,有略能识字的;丙,有识字无几的。……就是甲乙两种,也不能用同样的书籍,应该各有供给阅读的相当的书。"(鲁迅,1931/2009: 346)	→ "读者"("受众")是任何翻译过程必不可少的一个构成因素,因为: (1) 在"作者——译者——读者"的三角关系里,"译者"首先是"解读"/"解构"作者的"读者"; (2) "解读"等同于"翻译"; (3) 不同的"(解)读者"也都因此意味着或呼唤着需要有不同的翻译。 因此,现当代中国译论触及翻译活动中的"读者"因素,也就触及了翻译的"世界性"特质。

（续表）

表层话语	深层解读
● 翻译效果上的"形似"与"神似"： 傅雷言："以效果而论，翻译……所求的不在形似而在神似。"（傅雷，1951/2009：623）	→ "似"即"信"，即"忠实"，强调的是不同层面（语言表达与精神风貌层面）的"像原文"或"忠实于原文"。文学翻译一般讲究"神似"而非"形似"，这是文学翻译中被较多人认同的一个"世界性"特质。
● 翻译的"化境"： 钱钟书言："文学翻译的最高标准是'化'。把作品从一国文字转变成另一国文字，既能不因语文习惯的差异而露出生硬牵强的痕迹，又能完全保存原有的奉为，那就所得入于'化境'……换句话说，译本对原作应该忠实得以至于读起来不像译本，因为作品在原文里决不会读起来像经过翻译似的。"（钱钟书，2009：774-775）	→ 翻译的"化境"即指"归化式"翻译类别，与"异化式"翻译类别形成对应。"归化式"翻译作品侧重于"译本对原作应该忠实得以至于读起来不像译本"，而是像用译文语言创作的作品；"异化式"翻译作品则是在表达形式上带有明显"翻译腔"的译文。将翻译类别区分为"化境式"/"归化式"与"异化式"翻译，同样是关涉翻译"世界性"特质的问题。
● 翻译的"效果对等"： 金隄言："等效翻译所追求的目标是：译文与原文虽然在形式上很不相同甚至完全不同，但是译文读者能和原文读者同样顺利地获得相同或基本相同的信息，包括**主要精神**、**具体事实**、**意境气氛**。这就叫作等效或基本等效，这个目标应该适用于一切种类的翻译。"（金隄，1998：43）	→ 从传统翻译本质论的"信"字概念，到当代"效果对等"一说的出现，这是在**概念表述上涉及翻译"世界性"特质的一种与时俱进**。"对等"概念相较于传统的"信"或"忠实"更为科学、客观。文学译论特别喜欢使用的翻译概念"忠实"，指的是一种"态度"，这"当然是译者的态度了。但是'忠实的译文'又转而指译文质量。'对等'不涉及译者的态度，概念比较明确一些"（金隄，1998：21-22）。因此，提倡以"对等"取代"忠实"，更能凸显其翻译的"世界性"特质。

如果说表 8.3-1（左栏）呈现的"表层话语"具有较为明显的局限于汉语言文化翻译的个性特征，因而需要颇费一定心思，才能从左栏中国传统译论的"表层话语"合理地获得右栏中对于相关话语的"深层解读"，那么表 8.3-2 所展现的现当代中国译论内容，由于在概念和术语的使用上都已逐渐现代化、当代化，因此从左栏"表层话语"到右栏"深层解读"

的过渡，就一目了然地呈现出平稳顺畅以至同步发展的特征。正如前面所指出的，中国译论发展到现当代，尤其是自 20 世纪 70 年代末 80 年代初以来，译论者主要关注的，已不再局限于狭隘的翻译方法和技巧论，而是超越对具体翻译操作方法和技巧的关心，进入更加广泛的涉及翻译原则和翻译本质论的研究领域，进到既关心翻译方法和技巧、又将翻译和翻译研究作为人文科学来探索的学科领域，从而越来越多地展现出对翻译"世界性"本质特征的认知与探究。这是现当代中国译论的发展必然，也代表着现当代中国译论朝着世界译学中心舞台的方向奋进。

8.4 中国译论的进阶思考

综合以上各节讨论的内容，我们可将所要表述的主要思想归纳为以下四点：

1）中国译论，作为自成体系的中国人的翻译思想的翻译话语结晶，孕育、生长与成熟于世界的东方。它以其独特的魅力屹立于世界的东方，屹立于世界的民族译论之林，它的独特魅力和强大生命力不仅在于其自具特色的"中国性"，更在于它与生俱来的"世界性"，在于它孕育、生长与成熟于生生不息、海纳百川与立意贡献世界、贡献人类命运共同体的中华文化之中。中国译论在当下和未来的持续发展和构建过程，是一个需要科学理性思维和充满创意的劳动过程。在这个过程中，我们需要始终同时具备"中国性"和"世界性"的双重译学思想意识：没有了"中国性"，就无所谓中国译论的存在；没有了"世界性"，中国译论或翻译学的中国贡献就可能行之不远。对中国译论的理论话语及其深层意义进行解读，我们不难发现：同时具备翻译理论的"中国性"和"世界性"，这其实就是中国译论得以建构与发展的本质特征。历史发展如是，未来方向也同样如是。

2）作为中国译论者的我们，不必怀疑自己在理论研究中所具备的天然"中国性",或对这个"中国性"缺乏自信。我们根植中国文化,根植以中文为创意和表达的语言主体,立足中国文化,立足科学的翻译"世界观",所生成的翻译理论就一定会是具有"中国性"特质的翻译理论。哪怕是通过译介手段引入中国语言文化的"他者"译论或思想,也会在翻译再现过程中呈现出至少是某种程度的"中国性"。在某种意义上,最近40多年来中国译论研究的演进模式和轨迹,本身就是一种中国译论的"中国性",一种有别于译学"他者"的、凸显"现当代中国翻译研究发展特色"的"中国性"。因此,只要我们锲而不舍,踔厉前行,我们所做出的贡献就一定是具有中国特色的贡献,是"中国学派"的贡献,是中国人的贡献。

3)我们在翻译研究中的根本使命,或我们的译学初心,是要对"何谓翻译""如何翻译""为何翻译"等一系列自古以来涉及翻译本质、翻译原则和方法、翻译目的和功用、翻译价值和批评等方面的问题,进行科学的、符合翻译活动客观实际的阐释与再阐释;同时,是要在科学地认知和认识翻译的基础上,更加高效和高质地做好翻译,让翻译更好地服务于我们的事业,推动我们的事业以及整个人类的文明更好地向前发展。换言之,中国译论的发展,无论是建基于对自身文化的挖掘,还是对外来思想的"挪用"、借鉴,也无论所提出的思想理念有多么高明、深奥或美好,都始终不应脱离"理论联系实践、实践升华理论"这样的中国译学的使命和初心。这一点,应该被看作是凸显中国译论既具"中国性"又具"世界性"的本质特质的最佳之举。

4)我们中国人所产生的译学思想体系,如同所有译学思想体系一样,既要让自身译学文化受益,也要能让译学研究中的文化或民族"他者"从中获益;翻译研究领域的任何"单边主义""民族中心主义"(如欧洲中心主义、西方思想中心主义等),理所应当地需要让位于翻译研究的"多边主义",让位于我们所提倡的辩证主义的"民族共融"翻译思想或翻译研究中的"人类命运共同体"理念,因为这样的"多边主义""人类命运共同体"理念或"民族共融"翻译观,能让我们的翻译理论既具中国或东方特色，又符合人类共同的翻译美学价值和译学理论价值。从文化政治的角度看，我们的译学目标，是让中国译论通过我们的努力，成为能科学反映和阐释翻译本质、能为尽可能多的文化"他者"接受的翻译理论。只有这样，我们所产生的中国译论才能真正成为既是中国的、也是世界的翻译理论。

第 9 章
翻译学与西方译论研究

本章继续前章开启的译学话题。但从章名可以看出，本章讨论的内容，将由聚焦"自我"即中国译论转向聚焦"他者"（此处特指西方译论）。我们知道，作为被广泛使用的所谓"他者"概念，是指"自我"以外的一切"他者"。即是说，"他者"可以包括"西方"，而"西方"却并非"他者"全部。本书将"西方译论"作为与"中国译论"对应、并列的"他者译论"，主要是出于两点考虑：一是，笔者认为，西方译论与中国译论一样，具有悠久而自成体系的发展历史和鲜明特征，因而它构成了相对于中国"自我"译论而言的、具有强代表意义的"他者译论"；二是将西方整体而非西方个别国家如英、法、德国的译论来与中国译论进行对应讨论，既符合中西译论的并行发展实际，又符合中西译学乃至其他学科研究领域的一般期待。因此，本书此种做法恰当，也深具意义。

9.1 何谓西方译论

顾名思义，所谓西方译论，简单地说，是指西方的翻译理论。然而，正如前文讨论何谓中国译论时的做法，我们也有必要对这一概念的简单界定做几点拓展诠释，以便为本章随后的讨论奠定基础。

首先就主题词"西方译论"中的"西方"概念做一个说明。在某种程度上可以说，"西方"是一个核心意义明确，边缘意义却因时、因地、因人而定的文化政治概念，有时甚至容易引起误解。例如，有观点认为，冷战时期，世界只分两个部分，即西方与非西方。所谓西方是指以美国为首的反对社会主义的欧美资本主义国家，主体为北大西洋公约组织成员国；而非西方则指包括当时以苏联为首的华沙条约组织成员国（即东欧社会主义阵营）在内的所有其他国家。当然，这里还需特别指出，在政治层面，到了20世纪60年代后，部分第三世界国家开始奉行不结盟政策，作为相对独立于美苏两方的第三方政治力量，在世界舞台发挥重要作用。由于这些国家不属于"西方",因此常被归入"非西方"范围内。而在冷战结束后,多数东欧国家先后加入欧盟及北大西洋公约组织,因而现在这些东欧国家也就被纳入"西方"一词所覆盖的范围。也就是说,今时今日,就该词的政治层面而言,人们心目中的"西方"概念已经发生变化,多指大部分欧洲国家(不包括俄罗斯)以及北美、大洋洲的以白人为主的国家。

但在传统上,"西方"是一个地理概念,欧洲人用其指称相对于"东方"(包括东亚、南亚、东南亚和西亚地区)的欧洲地区;在现当代的文化(非政治)含义里,"西方"概念的所指,不仅包括欧洲,还包括欧洲殖民时期大量接纳欧洲移民人口的美洲和大洋洲国家。而在视中国为世界中心的古代中国人的文化话语中,"西方"同样是一个地理概念。例如,明朝初期,以地处东南亚的婆罗洲岛(马来语为 Borneo;印度尼西亚称之为加里曼丹岛,即 Kalimantan)中间为界,以东称为东洋,以西称为西洋。古代中国文化话语中的所谓"西洋",即现代意义上的"西方"。

本书的关注重点,不是"西方"概念的政治含义,而是主要包括其地理和文化含义在内的、广义层面的概念。因此,本书所说的"西方"即指这一意义上的"西方"。其中,研究主体所涉及的西方翻译包括了俄罗斯的翻译,甚至也把发生在古埃及亚历山大城、产生了圣经《七十子希腊文本》(*The Septugint*)的翻译活动包括在内,虽然后者在地理上并不属于"西方"范畴,但在文化上却与"西方"息息相关。这一点与笔者所著《西方翻译简史(增订版)》和《西方翻译史学研究》等其他译学作品中所指的"西方"概念保持一致。

需要说明的第二个问题,是关于本书所涉"西方译论"概念表述的语言范围。既然如上所述,"西方"是一个意义覆盖面较为广阔的概念,那么作为本书研究对象的西方译论,自然也应涉及西方各个国家和民族的众多不同语言。如能运用所有这些语言去阅读和研究与西方译论发展相关的资料,无疑是最理想的一个境界。然而,要涉猎所有相关语言及其产出的西方翻译理论却远非易事，尤其是在研究工作并非由大型团队来承担的情况下，这基本上是一项不可能完成的任务。由于笔者个人掌握的语言有限，本书无法以多种语言的资料和数据作为研究基础，只能把研究对象主要限定在用英文呈现的资料上，包括用英文书写或翻译成英文的西方翻译理论资料（包括由拉丁语及德、法、意等各种现代欧洲语言译成英文的相关资料）。但我们也可以十分确定地说，到目前为止，在西方翻译理论研究领域，以英文呈现的研究资料或成果，无论是涉及古罗马时期、中世纪的翻译实践和理论研究，还是涉及文艺复兴和现当代欧洲各民族语言之间的互译研究，在覆盖范围的广度和深度上都超过了以任何其他语言（包括德、法、西、意、俄等主要西方语言）产出的成果。在这个意义上，就相关"西方译论"的讨论主题而言，本书以英文呈现的西方译论资料或成果为基础，应该说是具有较好代表性的。

对"西方译论"概念意义进行拓展诠释的第三点，就是我们在理解何谓"西方译论"时，也可以套用我们在8.1节讨论"中国译论"时所用的相同或相似的原则和方法，将"西方译论"概念范围解释为至少涵盖三种情形：（1）既发生在西方又由西方人（指语言文化而非国籍属性而言的本土西方人）产生的翻译理论；（2）发生在西方却并非由本土西方人产生的翻译理论；（3）不发生在西方却由本土西方人产生的翻译理论。第一种情形最直截了当，也最易理解，如自古至今许多著名历史人物的译论均毫无疑问地属于"西方译论"代表，包括古罗马时期的西塞罗、贺拉斯、哲罗姆、奥古斯丁，中世纪的伊拉斯谟、布鲁尼（Leonardo Bruni, 1369–1444），文艺复兴时期法国的多雷，德国的路德（Martin Luther, 1483–1546），英国的德莱顿，近现代德国的歌德、施莱尔马赫，法国的巴特（Charles Batteux, 1713–1780）、英国的泰特勒、阿诺德等人的思想和理论。第二种情形的典型例子，可以包括前面已多次提及的著名翻译理论人物贝克以及哈蒂姆（Basil Hatim, 1947– ）等人的译论。莫娜·贝克原籍埃及，巴兹尔·哈蒂姆原籍伊拉克，两人均于英国获取博士学位后留英工作生活，分别执教于曼彻斯特大学（Manchester University）和赫瑞瓦特大学（Heriot-Watt University），各自的主要著作也都以英文形式在英国发表，故被普遍接受为"西方译论作品"。另外，我们在前面讨论到的赵元任翻译思想的归属问题，其实他作为美籍华裔学者以英文发表的译学思想既能纳入"中国译论"范围，同时也可被认为是"西方译论"的一部分。另一位美籍华人学者即哈佛大学教授方志彤（Achilles Fang, 1910–1995），他以英文撰写的翻译论述也同样常被西方学者视作西式译论。至于第三种情形的例子，可以包括围绕圣经《七十子希腊文本》翻译活动所产生的相关译论，因为这一活动虽然发生在非洲埃及，但相关的72位译者却非本土非洲人，而是使用希伯来和希腊文的犹太学者，他们的翻译产品及其所遵循的翻译原则和策略也就归属"西方产品"的范围，如此等等。

  本书对于"西方译论"概念的运用，即依此思路进行。可以说，这是一种定义宽松、运作灵活且不失明确原则的思路，相较于采用其他"狭义定义"而言，这种思路有助于对书中相关概念与命题展开广泛讨论，而且最为行之有效。本章稍后将分别从构成"西方译论"主体内容的"西方传统译论"与"西方当代译论"两个方面展开讨论，但在此之前，需要先对孕育西方译论的整体西方翻译传统做一点考察。

9.2　西方翻译传统

  我们在本书"绪论"中曾引用斯坦纳的话说，"不论是在同语之内还是在异语之间，人类交际都等同于翻译"（Steiner, 1998: 49）。从这个意义上看，所有人类翻译，包括中国人和西方人的翻译，都具有与其所说语言一样长的存在史。就有历史记载的翻译活动而言，在语际交际层面，西方翻译也确实与我国翻译一样，其发展历史是悠久的。研究西方文明和文化发展史的学者都会毫不犹豫地指出，欧洲文明的发展，首先应当归功于从事翻译的人,因为"从古罗马帝国到欧洲共同市场(欧盟旧称),国与国之间的贸易和管理都经由翻译进行;最早期的基督教翻译者即书写四部福音的人,是他们用古代希腊文将耶稣以阿拉姆语(当时西南亚通用语言)向其门徒所说之言记录下来的"奈达在其《翻译科学探索》一书中指出,据《旧约·尼希米记》记载,公元前397年(也有说是公元前445年),"他们(利未人)向民众口头翻译上帝的法律(或译:他们宣读上帝的法律,然后翻译),并加以解释,使民众能明白。"[①](Nida, 1964: 11)奈达在此所谈论的,也是一个有关西方翻译何等悠久的问题。

从严格意义即有翻译文字留存至今的意义上来看,西方翻译史可以追溯到公元前3世纪。广义上,西方最早的译作是圣经《七十子希腊文本》。据记载,公元前285年至249年间,有72名学者应埃及国王托勒密二世的邀请,聚集在埃及的亚历山大图书馆,把《圣经·旧约》从希伯来语译成希腊语,以满足亚历山大城说希腊语的犹太人的需要。严格意义上说,西方的第一部译作是大约公元前250年,由安德罗尼库斯在罗马也就是在欧洲本土用拉丁语翻译的荷马史诗《奥德赛》。不论是前者还是后者,都是始于公元前3世纪,因此西方翻译自起始至今,已近2300年。这是整个西方文明和文化发展史的重要的组成部分。

正如拙著《西方翻译简史(增订版)》所指出,审视整个西方翻译历史,其发展过程前后出现过六次高潮,或可分为六个大的阶段(谭载喜,2004/2022: 2-4)。首先是起始阶段。公元前4世纪末,强盛一时的希腊奴隶社会开始衰落,后于希腊而发展的罗马逐渐强大起来。然而,希腊原本有着极其丰富的文化遗产,即使此时希腊社会经济实力开始衰落,但其文化影响力仍旧优于罗马,因而希腊文化对罗马自然有着巨大的吸引力。翻译介绍希腊古典作品的活动可能始于这一时期,也可能更早。但不论如何,到了公元前3世纪中叶,有文字记载的翻译开始出现。被誉

[①] 引文源自《圣经(现代中文译本修订版)·尼希米记》(第8章第8句),1997,香港:圣经公会。

为罗马文学三大鼻祖的安德罗尼柯（Livius Andronicus, c. 284 B.C.E.–204 B.C.E.）、涅维乌斯（Gnaeus Naevius, 270 B.C.E.–200? B.C.E.）和恩尼乌斯（Quintus Ennius, c. 239 B.C.E.–169 B.C.E.），以及后来的普劳图斯（Plautus, c. 254 B.C.E.–184 B.C.E.）、泰伦斯（Terence，c. 190 B.C.E.–159 B.C.E.）等大文学家，都用拉丁语翻译或改编了荷马史诗（Homeric Epics）和埃斯库罗斯（Aeschylus, c. 525 B.C.E.–456 B.C.E.）、索福克勒斯（Sophocles, c. 496 B.C.E.–c. 406 B.C.E.）、欧里庇得斯（Euripides, 480/485 B.C.E.–406 B.C.E.）、米南德（Menander, c. 342 B.C.E.–c. 291 B.C.E.）等人的大批希腊戏剧作品。这是西方也是整个欧洲历史上第一次大规模的翻译，其历史功绩在于它首开了欧洲本土翻译的局面，把古希腊文学特别是戏剧介绍到了罗马，促进了罗马文学的产生和发展，起到了罗马以至后代欧洲继承古希腊文学的重要的桥梁作用。

西方翻译的第二高潮或第二重要发展阶段发生于罗马帝国的后期至中世纪初期，即公元4世纪至6世纪之间。这个翻译阶段具有宗教性质。在欧洲，宗教势力历来强大而顽固，基督教会一开始就敌视世俗文学，而极力发展为自身利益服务的宗教文化。作为基督教思想来源和精神武器的《圣经》自然成了宗教界最为关心的经典。《圣经》新旧约分别由希伯来和希腊语写成，必须译成拉丁语才能为罗马人所普遍接受。因此，在较早时期就有人将它译成拉丁语，到公元4世纪达到高潮，出现了多种译本，最后以哲罗姆于382至405年主持翻译和修订的《通俗拉丁文本圣经》为定本。这标志着《圣经》翻译取得了与世俗文学翻译并驾齐驱的重要地位。尤其是在罗马帝国末期和中世纪初期，教会在文化上取得了垄断地位，《圣经》和其他宗教作品的注释和翻译得到进一步加强。随着欧洲进入封建社会，"蛮族"建立各自的国家，宗教翻译便获得了更多的市场，《圣经》被相继译成"蛮族"的语言，有的译本甚至成了有关民族语的第一个文字材料。

第三个高潮发生在中世纪中期，即11世纪至12世纪之间。西方翻译家们云集西班牙的托莱多（Toledo），把大批作品从阿拉伯语译成拉丁语。这是历史上少有的基督徒和穆斯林的友好接触，也是西方翻译史上的第三高潮。早在9世纪和10世纪，叙利亚学者就来到雅典，把大批希腊典籍译成古叙利亚语带回巴格达。在巴格达，阿拉伯人又把这些著作译成阿拉伯语，巴格达一时成为阿拉伯人研究古希腊文化的中心。后来，在托莱多译成拉丁语的许多希腊典籍便是从这些阿拉伯文译本转译过来的。于是，托莱多成了欧洲的学术中心，翻译及学术活动延续达百余年之久，其影响非常深远。

随后就是14世纪至16世纪欧洲发生的文艺复兴运动，这是一场思想和文学革新的大运动，也是西方翻译史上的一次大发展。特别是文艺复兴运动在西欧各国普遍展开的16世纪及随后一个时期，翻译活动达到了前所未见的高峰。翻译活动深入到思想、政治、哲学、文学、宗教等各个领域，涉及古代和当时的主要作品，产生了一大批杰出的翻译家和优秀的翻译作品。在德国，宗教改革家路德顺从民众意愿，采用民众语言，于1522至1534年翻译刊行第一部"民众的圣经"，开创了现代德语发展的新纪元。在法国，文学家阿米欧（Jacques Amyot, 1513–1593）先后用了17年，译出了普鲁塔克（Ploutarchos, c. 46–c. 120）的《希腊罗马名人比较列传》（简称《名人传》），成为法国乃至整个西方翻译史上一部不朽的文学译著。在英国，名译者、名译著更是多不胜数。诺思（Thomas North, c. 1535–1601）于1579年译的《名人传》，查普曼（George Chapman, 1559–1634）于1598至1616年译的《伊利亚特》和《奥斯赛》，弗洛里欧（John Florio, 1553–c. 1625）于1603年译的蒙田（Michel de Montaigne, 1533–1592）的《散文集》，乃是英国文学译著中一群灿烂的明星。而1611年《钦定版圣经》的翻译出版则标志着英国翻译史上的又一重大发展。它以地道、通俗和优美的语言风格赢得了"英国最伟大的译著"的盛誉，长期成为英国唯一家喻户晓、人手一册的经典作品，对现代英语的发展产生了深远的影响。总之，文艺复兴时期乃是西方（主要是西欧）翻译发展史上一个非常重要的时期，它标志着民族语言在文学领域和翻译中的地位终于得到巩固，同时也表明翻译对民族语言、民族文学和民族思想的形成和发展起了巨大作用。

文艺复兴后，从 17 世纪下半叶至 20 世纪上半叶，西方各国的翻译继续向前发展。我们可将此时期看作西方翻译的第五大发展阶段。虽然就其规模和影响而言，这一时期的翻译比不上文艺复兴时期，但仍然涌现出大量的优秀译著。其最大特点是，翻译家们不仅继续翻译古典著作，而且对近代的和当代的作品也产生了很大的兴趣。塞万提斯（Miguel de Cervantes, 1547-1616）、莎士比亚（William Shakespear, 1564-1616）、巴尔扎克（Honoré de Balzac, 1799-1850）、歌德等大文豪的作品不断被译成各国文字，东方文学的译品也陆续问世。

西方翻译的第六个主要发展阶段表现在第二次世界大战结束以来的翻译活动。"二战"后，整个西方进入相对稳定的时期，生产得到发展，经济逐渐恢复，科学技术日新月异，这为翻译事业的繁荣兴旺提供了物质基础。由于时代的演变,翻译的特点也发生了很大的变化。新时期的翻译范围、规模、作用乃至形式，都与过去任何时期大不相同，取得了巨大的进展。首先是翻译范围的扩大。传统的翻译主要集中在文学、宗教作品的翻译上，而这个时期的翻译则扩大到了其他领域，尤其是科技和商业领域。其次，翻译的规模大大超过了以往。过去，翻译主要是少数文豪巨匠的事业；而今，翻译已成为一项专门的职业，不仅文学家、哲学家、神学家从事翻译，而且还有一支支力量雄厚、经过专门训练的专业队伍承担着各式各样的翻译任务。再者，翻译的作用也为以往所不可企及。特别是联合国和欧洲共同市场（即后来的欧盟）形成之后，西方各国之间在文学、艺术、科学、技术、政治、经济等各个领域的交流和交往日益频繁、密切，所有这些交际活动都是通过翻译进行的。因此，翻译在其间的实际作用日益重要。翻译事业发展的形式也有了很大变化和进步。这主要体现在多个方面，其中包括兴办高等翻译教育，如法国、瑞士、比利时设有翻译学校或学府，英、美、苏等国在大学高年级开设翻译班，以培养职业翻译人员；各领域成立翻译组织以聚集翻译力量，最大的国际性组织有国际翻译工作者联合会（简称"国际译联"），以及国际笔译、口译协会和各国的译协等；此外，"二战"以后的西方翻译理论更是得到了前所未有的发展，同时翻译研究领域也打破传统方式，开始发展机器翻译，而机器翻译的开发实际上又构成了新时期翻译发展的一个最重要标志。

需要特别指出的是，西方翻译以上诸多方面的发展均属发生在现当代的情况。因此，我们与其将它们纳入西方传统翻译，不如将其作为一种现当代的发展现象留至后面第9.4节详细讨论更为合适。但考虑到在西方（指包括整个欧洲在内的广义上的西方）翻译史上，也就是在我们前面所界定的"西方翻译"的发展史上，俄罗斯翻译传统具有较多与西欧各国翻译传统不同的特色，故而尽管俄罗斯翻译已涵盖在上面所说的"西方翻译"范畴内，我们却有必要先特别单独关注一下俄罗斯的翻译（包括其实践和理论）发展史，再接续在第9.3节、第9.4节分别讨论"西方传统译论"与"西方现当代译论"两个主题。

俄罗斯文学名家与翻译

如同文学的发展一样，一个国家翻译事业的兴衰，与其政治、经济、文化以及对外关系的发展休戚相关。在较长的历史时期里，俄国遭受鞑靼人和其他外族的侵略，地理上又远离西欧发达国家，经济文化一直处于落后闭塞的状况。因此，俄国翻译虽然在公元9世纪、10世纪的基辅时期即已登上历史舞台，但在18世纪前的数百年当中，由于种种原因，与几个发达的西欧国家相比，无论是翻译实践还是翻译理论上，都无甚特别之处。这种状况到18世纪才开始发生改变。

19世纪初，俄罗斯进入彼得大帝（Peter the Great, 1672–1725）时代。由于获得对瑞典的几次胜利，国家的版图得到统一，因此，俄国逐渐成为欧洲最强盛的国家之一。彼得大帝厉行改革，对外实行开放，积极发展同西欧国家的经济和文化交流，吸取西欧的文明。这就需要大量掌握和翻译外文材料，从而导致了 19 世纪翻译作品的显著增加。因此可以说，18 世纪是俄国翻译史上一个极为重要的转折时期。

在这一时期，俄国翻译活动的开展有四个特点：一是翻译活动得到皇室的支持；二是文学家热心于翻译事业；三是翻译工作有了一定的组织性；四是翻译理论开始受到重视。彼得大帝是一位开明君主，他提倡科学，扶植文学。他开办了许多新的学校，派遣一批批青年去国外留学，推崇西欧文明，鼓励翻译介绍西欧著作。彼得本人对翻译也饶有兴趣。这一点从他对逐字死译的看法可以看出。他在 1709 年 2 月 25 日发布的《关于为防止今后译文中的错误而给卓托夫的指令》中写道："卓托夫先生，您所译的筑城学一书，我们读过了。其中所讲的话译得很好，很明了，但是讲述如何筑城那一节，……却译得极其晦涩难解……因此在您现在所译的那本书里，也应该特别注意，以求译得更加明了一些，尤其是讲述如何去做的那些地方；并且在翻译上不应当原文有一个词就保存一个词，而应当把意思弄清楚了之后，用本国的语言准确地、尽可能明确地写出来。"（转引自费道罗夫，1955：41）。

彼得在文化事业中所推行的仿效西欧的改革，以及他对翻译问题本身的兴趣，大大促进了俄国翻译事业的发展。当时翻译的面很广，译出的作品很多，译品中有文学作品也有科学作品。不少优秀的文学家如特列佳科夫斯基（Vasily K. Trediakovsky, 1703–1768）、罗蒙诺索夫（Mikhail V. Lomonosov, 1711–1765）、苏马罗科夫（Aleksandr P. Sumarokov, 1717–1777）、冯维辛（Denis Fonvizin, 1745–1792）、拉吉舍夫（Alexander Radishchev, 1749–1802）等，首先也都是翻译工作的热心参与者，他们提倡向先进国家学习，引进西欧科学、学术成果，崇拜西欧特别是法国文学。当时在俄国广泛流行法国风尚，人们用法语交谈，阅读、翻译并仿效法国文学，促使法国古典主义文学在俄国产生影响，进而形成了俄国文学创作中的古典主义流派。

在这一时期，翻译工作出现了一定的组织性，主要表现为成立翻译协会和组织翻译竞赛。据记载，在女皇叶卡捷琳娜二世（Catherine Great, 1762–1796）的支持下，1768年俄国成立了"翻译外文书籍协会"。这是一个专门的翻译工作者协会，是俄国翻译史上最早的专业组织，共有会员一百多名，先后开展活动15年，著名进步作家和翻译家拉吉舍夫就是该协会的成员之一。

为了使读者对翻译作品以及对翻译中采取的方法能进行有力的评论，翻译家们倡导了一种新颖的做法。他们提出，对同一原著，不管是圣歌还是法国诗篇，都由两至三个诗人同时翻译，译作同时发表，让读者在它们中间加以比较，作出专门评论。这样的竞赛于1743年举行过一次，参加者有罗蒙诺索夫、苏马罗科夫和特列佳科夫斯基，翻译的作品是第一百四十三首圣歌。后来于1760年又举行过一次，参加比赛的是罗蒙诺索夫和苏马罗科夫，翻译的作品是法国诗人让·巴蒂斯特·卢梭（Jean-Baptiste Rousseau, 1671–1741）的颂歌。

俄国翻译史上对翻译理论卓有成就的研究也肇始于18世纪，与罗蒙诺索夫及其同时代翻译家的名字紧密相关。米哈伊尔·罗蒙诺索夫不仅是俄国的第一位大学者和诗人，而且是一位杰出的语言学家和翻译家。他精通希腊语、拉丁语、德语、法语等多种外语，翻译了不少科学、宗教文献和德、法、希腊文学作品。在罗蒙诺索夫的时代，由于俄国在商业和文化上与西欧的密切交往，大量的外来词汇通入俄语，其中主要有来自教会斯拉夫语、荷兰语、英语、德语、法语和波兰语的词汇。商业书信、翻译作品乃至俄语创作中都夹杂着许多外来词汇。在科学术语的使用方面，这种照搬外国语言的现象尤其突出。罗蒙诺索夫对此现象极为不满。他看到了俄罗斯语言的独特性，在《俄语语法》（1757）一书的序言高度评价说："诸国语言之王的俄语，不仅它所统治的地域辽阔广大，而且与欧洲各国语言比较起来，本身也是极其丰富的……罗马皇帝卡尔五世曾经说过，'用西班牙语跟上帝说话合适，用法语跟朋友说话合适，用德语跟敌人说话合适，用意大利语跟女性说话合适。'可是，如果他长于俄语的话，他一定会补充说，用俄语跟这一切人说话都是合适的，因为俄语有西班牙的庄严，法语的流畅，德语的刚强，意大利语的柔和，此外还有希腊和拉丁语的丰富以及描写事物的有力和简练。"（转引自费道罗夫，1955：44；另见布罗茨基，1957：115）。因此，他决心清理俄语词汇，在俄罗斯民族语的基础上创造一种接近口语、平易明白的文学语言。他把这种语言运用于他的一切创作和翻译中。他通过自己翻译和创作的科学著作，为俄罗斯科学术语的纯洁化、统一化做出了很大贡献。他的做法是把外国语言中的科学术语巧妙地译成俄文，使其俄国化。经他首先译成俄文的科学术语如 земная ось（地轴）、удельный вес（比重）、пружина тела（物体弹性）、преломление лучей（光线的折射）等，早已成为标准用语。他不主张走极端，排斥一切形式的外来语。他认为，如果某些外来术语不能准确地译成俄语，或者这些术语早已通用，那么，可容许它们在俄语中继续存在下去，但必须把它们改造成最接近俄语或最便于发音的形式。他的这些做法和主张被俄语翻译界普遍接受，许多外来术语于是以他所规定的形式流传了下来。

18 世纪俄国翻译家们所持的一种观点是，翻译工作是一项创造性工作。例如，诗人特列佳科夫斯基就说过："译者和作者只是在名目上相异而已"，"如果说，作者的功劳很大，那么，译者的功劳就应该更大了"（转引自费道罗夫，1955：43）。也就是说，原著是创作，译著也是一种创作。对于原著的修辞特点，译者应尽力再创造出来。

然而，翻译认识上的这种乐观主义以及当时颇为流行的"适应俄国口味"的风气，也引起了翻译实践中的自由主义。为了使译文"适应俄国口味"，译者常常随意改动原著。例如，在翻译法国作品时，有人把原著环境从法国迁移到俄国，把古罗马人的节日改变成俄国人特有的节日，把巴黎改变成莫斯科，把法国人名改变成俄国人名，把原故事发生的时间或者提前或者推后，等等。这种自由主义的翻译观从 18 世纪末一直过渡到了 19 世纪，在许多著名文学家如茹科夫斯基（Vasily A. Zhukovsky, 1783–1852）等人的译著里都有所体现。

19世纪俄国翻译首先应当提到的是普希金。亚历山大·普希金是俄罗斯最伟大的人民诗人，19世纪俄国文学界的杰出代表。作为翻译家，他主要翻译了17—18世纪法国诗人的讽刺诗篇（其中包括伏尔泰、帕尔尼和安德烈·谢尼耶的诗）、古罗马贺拉斯的颂诗、古希腊抒情诗的片段、意大利诗人阿利奥斯托作品的片段、波兰诗人密茨凯维奇的叙事诗和长诗《康拉德·华伦洛德》（*Konrad Wallenrod*）的序言，以及《可兰经》片段和《圣经》片段。

在普希金文学生涯的全部遗产中，译著的比例并不大，但它们的艺术价值同样是高超的。普希金通过它们，以及他在翻译实践中所采取的具体做法和在为数不多的翻译评论中所发表的精辟见解，有力地推动了俄国翻译的发展。正如费道罗夫所说，普希金在俄国翻译史上的贡献，就像他在整个俄国文学史与俄国标准语言史上的贡献一样，具有划时代的意义。普希金的翻译方法和翻译见解有以下几点：

（1）译者在选择原文材料上必须有自己的主张，不能人云亦云，受别人思想的支配。因此，在选择西欧作品时，普希金排除了一切先入为主的仿效评论的干扰，所挑选的作家和作品在很大程度上反映了他本人的进步思想倾向。

（2）译者在处理原著的过程中，应当享有充分的自由。笼统地说，普希金是一个活译派。他特别反对不讲究译文艺术性而只追求表面准确的逐字死译。他在评论法国作家夏多布里昂（Françoise-René de Chateaubriand, 1768-1848）直译弥尔顿《失乐园》的一篇论文中，对这一观点作了明确的表述："夏多布里昂几乎是一个字一个字地把弥尔顿的作品译过来的，在法语句法允许的范围内简直是再不能比这更接近原文的了……毫无疑问，夏多布里昂虽然力求一字不差地译出弥尔顿的著作，但在译文中却没有能够准确地保留意思和习惯表达法。逐字逐句的死译永远不可能忠实于原文。每一种语言都有自己的措辞，自己修辞上的固定辞藻，自己固有的表达法，而这些东西是不能用相符的词汇译成另一国语文的。"（费道罗夫，1955：51–52）。

普希金的翻译实践几乎处处体现了不死抠字眼这一活译原则，但他有时过于灵活，而跳出了翻译的圈子，变成了英国德莱顿在17世纪所说的那种"拟作"。例如，他在翻译帕尔尼的诗歌时，对原作进行压缩、改写，把帕尔尼平庸的即兴诗歌变成赞美生气勃勃的青春的动人颂歌，使译文在诗的美感和艺术价值上大大超过了原作。从翻译的忠实性而非译文在译文语言中显示出的文学性看，这样的做法是不值得提倡的，因为它超越了译者的合法权力，篡改了原作者的本来面目。

但普希金的活译却有一个不容置疑的功绩，那就是，他的译笔明白流畅，纯朴自然。他不仅在创作，而且在他各个时期的译作中，创造性地运用了俄罗斯的活的语言，使其达到高度完美的境界，从而创立了罗蒙诺索夫半个世纪前倡导的那种标准而又出色的俄罗斯文学语言。当1880年莫斯科的普希金纪念像揭幕时，大作家屠格涅夫（Ivan S. Turgenev, 1818–1883）说："毫无疑问，他（普希金）创立了我们的诗的语言和我们的文学语言，只有他的天才所修筑的道路，才是我们和我们的后代应当走的道路。"（布罗茨基，1957：439）

原著独具的特色，译者必须尽量保留。在某种意义上，这是对上述观点的补充。普希金认为，对待真正的大诗人如贺拉斯、谢尼耶（André de Chénier, 1762–1794）和密茨凯维奇（Adam Mickiewicz, 1798–1855），不能把他们作品中各自的风格特色、地方特色和历史特色一笔勾销，而应准确地传达这些特质。传译的方式可以是保留原诗的特殊格式，也可以是重现原作的言语特点，还可以是加注说明。例如，普希金在译作《仿可兰经》中用了这样的诗句："以配称与不配称为誓，以宝剑与义战为誓……"为了使读者不致对这种准确再现原文地方特色的译法产生误解，他做了这样的注释："在可兰经的其他地方，阿拉以牝马的蹄子、无花果的果实、麦加的自由、美德与恶行、天使与人及其他等为誓。在可兰经里这种奇异的修辞上的措辞比比皆是"（费道罗夫，1955：49）。在译文《莫洛·杰·勃拉泽准将札记》中，普希金准确地再现了原作中旧式的叙述手法，使译文带上轻微的学究式的笨重的色彩，而在另一篇译作中，他则再现了原作描述的简朴性和现实性。普希金即使对原作进行某种改变，也还是能抓住原作独有的特点，有时还能以寥寥数笔就把这些特点呈现出来。当译文在意思和形式上能与原作相吻合时，他不会放弃形式上的逐字复制。但所有这一切都必须遵从他的语言准则，即遣词造句必须做到清晰、准确、简朴、自然。

瓦西里·茹科夫斯基是普希金的同时代诗人和翻译家。在俄罗斯文学史上，他的主要贡献虽然在于他是"第一个真正的抒情诗人"（布罗茨基，1957：218），但他的翻译活动有着不可忽视的重要意义。他初期创作的《乡村墓地》实际上是按"适应俄国口味"原则翻译改写过来的典型作品，原著是英国感伤主义诗人格雷（Thomas Gray, 1716–1771）的《墓园哀歌》(Elegy in a Country Churchyard)。在数量上，他翻译和改写的作品比他的原创作品多得多，主要包括席勒（Johann Christoph Friedrich von Schiller, 1759–1805）、歌德、司各特（Walter Scott, 1771–1832）、拜伦（George Gordon Byron, 1788–1824）的作品。他还在1817至1819年间采用当时流行的诗歌格式，把古代俄罗斯文学名作《伊戈尔远征记》译成近代俄文。普希金和别林斯基（Vissarion Grigoryevich Belinsky, 1811–1848）对茹科夫斯基的翻译都予以高度评价。普希金称他为"翻译的天才"，别林斯基说他的作品对当代读者起了巨大的作用。茹科夫斯基自己也说："我的智慧像一把火镰，必须把它敲在石头上才能冒出火花，然而这一切也全是我自己的"（布罗茨基，1957：218）。茹科夫斯基的翻译特点可归纳如下：

（1）茹科夫斯基经历了一个由"拟作"到翻译的过程。在他文学创作的初期，他对翻译的看法和18世纪法国人的观点很接近，即对原著中一切"粗暴""激烈""不令人愉快"的东西统统加以删改，对不合"俄国的口味"的原著实行修枝整叶。例如，他任意改动原作故事发生的年代，把外国人名改变为俄国的人名。但从 1810 年起，他开始摈弃"适应俄国的口味"的"拟作法"，而更加尊重原著的特点。他对自己初期自由改作的那些诗如格雷的《墓园哀歌》等后来都加以重译。

（2）茹科夫斯基认为，译诗应当比译散文享有更大的创造自由，因为"散文的译者是（作者的）奴隶；诗的译者是（作者的）敌手"（费道罗夫，1955：46）。由于两种语言不相符合，因此译者必须自己去创造。只有从所译的诗中充分体会到诗人的理想，然后又把这种理想转变为自己的想象力，才能创造出适当的表达法。

（3）茹科夫斯基在选择原文材料时表现出一个重要观点，这个观点曾在 17 世纪的英国甚为流行，即译者只应选择那些与自己气质、世界观接近的作品，而不去译那些与译者本性相去甚远的作品。例如，茹科夫斯基的消极浪漫主义倾向与歌德的创作思想是不相容的，因而他很少翻译歌德的作品，要译也只选择几部与他有同感的作品如《渔夫》等。他选择的其他作品如德国僧侣诗人约翰·黑贝尔的牧歌《晨星》《夏夜》，席勒的叙事诗《波吕克拉特的指环》《伊毕库斯的鹤》，司各特的《斯玛霍尔姆堡》和拜伦和《锡隆的囚徒》等，都从积极或消极的方面反映出茹科夫斯基选择原文材料的思想倾向。由于他准确地选择了那些与他本人有密切同感的作品，因此，他翻译起来也就能得心应手，译文的感染力也特别强。正如别林斯基评论的，"茹科夫斯基用诗的形式把拜伦的《锡隆的囚徒》译成了俄文，这些诗句在人心里引起了有如砍断无辜被告者之头的那种斧钺的回首……《锡隆的囚徒》译文中的每一诗句都显现出惊人的力量"（谭载喜，1991：181）。

米哈伊尔·莱蒙托夫（Mikhail Lermontov, 1814–1841）是继普希金之后的又一伟大诗人。他很有学习和驾驭语言的天赋，在童年和少年时期就学会了德、法、英等多种外国语言，能轻松自如地阅读拜伦和莎士比亚的原著。娴熟的外语知识和天赋的艺术创造力，使他在短暂的一生中充分地显示出了杰出翻译家的才华。他翻译了拜伦、席勒、海涅（Heinrich

Heine, 1797–1856）、歌德、谢尼耶等人的作品。他采用活译法，用独立创作的态度对待原作，有时根据自己的意志修改原作，以便突出原著的某些有代表性的特点。他的翻译观是，衡量一个译品的好坏，首先取决于这个译品作为俄语作品在文学上有无充分的价值。

19世纪中期是俄国文学中政治思想斗争日益激烈的时期，斗争围绕着艺术是"为人民服务"还是"为艺术而艺术"的问题而展开，提倡前一原则的是革命民主派，拥护后一口号的是复古的贵族和膜拜西欧资本主义的自由派。这一斗争在翻译领域也有明显反映，主要表现在翻译材料的选择上。属于革命民主派的翻译家有普列谢耶夫（Aleksey N. Pleshcheyev, 1825–1893）、米哈伊洛夫（Mikhail L. Mikhailov, 1829–1865）、库罗奇金（Vasily S. Kurochkin, 1831–1875）和米纳耶夫等，他们大多翻译思想内容进步的作品。例如，他们最先翻译介绍了乌克兰革命民主主义大诗人谢甫琴柯（Taras Hryhorovych Shevchenko, 1814–1861）的作品，选择了海涅的揭露性讽刺诗和富有战斗性的革命诗篇，如《德国——冬天的童话》和《西里西亚纺织工人》，翻译了歌德一些具有鲜明进步色彩的优秀诗篇，还翻译了法国民主诗人贝朗瑞的作品。属于反动贵族和资产阶级自由主义阵营的翻译家有费特（Afanasy A. Fet, 1820–1892）、迈科夫（Apollon N. Maykov, 1821–1897）、帕夫洛娃（Karolina K. Pavlova, 1807–1893）和A. K. 托尔斯泰（Aleksey K. Tolstoy, 1817–1875）等。他们则主要翻译一些内容消极的作品，如海涅某些格调消沉的爱情诗和历史叙事诗等。但是，上述情况并不是绝对的。两个阵营在选材上有时也出现与各自基本立场相反的情况。例如，革命民主派的米哈伊洛夫和杜勃罗留波夫（Nikolay Dobrolyubov, 1836–1861）曾译了海涅的情调忧伤的爱情诗《歌集》，反动贵族和自由主义派的A. K. 托尔斯泰却译了歌德一些思想极其重要的进步诗篇，如《科林斯的未婚妻》和《神与妓女》。之所以产生这种交错情况，是因为从纯文学的角度看，这些诗人翻译家不论属于哪一派，其文学兴趣都是极其广泛的，同时也因为这些人的思想倾向本来就错综复杂，并非一边倒。

尽管两派的选题有时趋于一致，但他们在译法和对所译作品的解释上却又存在许多不同之处。最大的区别在于，革命民主派立足于从整体上再现原著的特点，多半采用使译作接近读者的活译法；资产阶级自由派却反其道而行之，在翻译中并不"自由"，而往往注重原著形式上的个别细节和特点，采用直译的方法。例如，革命民主派翻译家库罗奇金翻译的贝朗瑞的作品，译文形式严重脱离原文，译文中甚至出现用俄国特有的细节和人名取代法语原文的"文化移植"现象。相反，资产阶级自由派的代表人物费特却死板复制原诗的节奏、韵律等形式特征。在某种意义上，费特的逐字死译法因其极端性和独特性而在19世纪俄国翻译史上占据显著位置。

阿法纳西·费特是19世纪中叶"纯艺术派"诗人的典型代表。作为翻译家，他所采用的逐字死译法恰恰反映出他在文学创作中的思想倾向，那就是，艺术作品与人民无关，诗歌创作不应接触"粗俗"的现实。为了逃避现实，脱离"粗俗"的人民，他不仅在创作中而且在译作中经常使用怪字、废字，这样便达到了不为一般读者特别是一般"粗俗"读者接受、欢迎的效果。有的译本，如他于19世纪50年代末翻译的莎士比亚戏剧《尤利乌斯·恺撒》，甚至遭到了友人的反对。

毫无疑问，费特是一个自觉的形式主义者。他为自己遵循的原则进行辩护，并直言不讳地提出逐字翻译的观点。他在一篇译作的序言中说："整体上的形式的美妙与天才的作品是分不开的，所以一个译者即使得以部分地做到这种整体上的形式的美妙，那也是很幸运的……但这并不是主要的任务，主要的任务是尽可能地逐字翻译，不管这种翻译在外国语文基础上显得如何累赘和生硬，敏感的读者总会在这种译文里猜出原著的力量的……"（费道罗夫，1955：60）。

从整体上看，19世纪中叶在翻译活动中占统治地位的观点并不是上述形式主义的观点，而是A. K. 托尔斯泰等所遵守的折中主义的原则，即在忠实性或准确性不致损害原文艺术印象的地方尽可能逐字翻译，但如果逐字译法会在俄文中产生有悖于原文的现象，那就毫不犹豫地抛弃这个译法，因为翻译的不应是词，也不应是个别意思，而主要应当是印象。

大批杰出的文学家和文学批评家关心、谈论翻译问题，这是 19 世纪俄国翻译史上一个极为可喜的现象。批评家们深刻认识到翻译对文学发展的重要意义，对翻译中出现的问题作了广泛而严肃的探讨，从而大大丰富了翻译理论的内容。这些人当中较突出的除普希金、茹科夫斯基和费特以外，还有别林斯基等人。

维萨利昂·别林斯基是俄国革命民主主义时期最伟大的文学批评家。他对翻译理论问题的见解主要发表在他对各种译著的评论文章中，论点大致如下：

（1）无论原著或译著都必须内容充实。这是针对选择原文材料而言的。别林斯基认为，译者的首要任务，就是选择内容丰富的作品作为翻译对象，如优秀的古典文献，而不是迷恋于空洞无物、内容贫乏的作品，如某些华而不实的消遣性读物。

（2）忠实于原文在于忠实于原文精神，而不是原文字面。别林斯基和普希金一样，坚决反对逐字死译，认为各种语言既然有各自的特点和措辞手法，在翻译原文某一形象时不一定要与原文一致，重要的是使译文语句的内在活力符合原文语句的内在活力。逐字逐行的翻译看上去很像原文，很忠实，很准确，但实际上却是离原文最远、最不忠实、最不准确的翻译。然而，别林斯基也反对随意发挥，他强调理想的译文应当做到：(a) 不任意增删修改原文；(b) 充分保持原著特点，甚至其缺点；(c) 充分代替原作，使读者通过译作能真切地、毫无出入地了解外国作品，并能对原著作出正确的欣赏和评论。

（3）翻译艺术作品，译者本身必须是艺术家。只有这样，译者才能像原作者用俄文写作那样把原著译成俄文，就好像原作者是俄国人。这后一种观点，在 17—18 世纪的西欧曾经广为流行，在 19 世纪的俄国也已有人提出过。别林斯基的贡献，在于他对这一论点加了限制性说明。他指出，要译者像原作者用俄文写作那样进行创作，"如果只涉及语言，那是很正确的；但是在其他一切方面，那就不对了。谁能猜出歌德会怎样用俄语写作呢？要做到这一点，除非猜想作者本人就是歌德自己。"（转引自费道罗夫，1955：65）

普希金和别林斯基的思想传统，得到了19世纪其他优秀翻译理论家的继承和发展。这些人主要包括屠格涅夫、车尔尼雪夫斯基（Nikolay G. Chernyshevsky, 1828–1889）、杜勃罗留波夫和皮沙列夫（Dmitry I. Pisarev, 1840–1868）。他们的基本观点和普希金、别林斯基一脉相承，都从宏观上即从作品的整体效果上评论译品的好坏，既看译品的思想性，又看译品的整体艺术性。概括起来，他们谈论得最多且最有代表性的观点，表现在如下三个方面：

（1）关于原文材料的选择，他们极力反对对原文材料不加选择的做法。例如，车尔尼雪夫斯基在评论1861年出版的普列谢耶夫的《诗集》时，批评他在翻译德国作品时，既收集了优秀作品，也收集了最平淡无奇的作品。他们认为，译者选择原著材料，必须在思想和艺术上有较高的要求，不去理睬那些空洞无物的原著，而只翻译介绍最优秀、最有代表性的作品。

（2）关于翻译的目的，他们赞同别林斯基的观点，认为翻译的目的是为读者服务。这里所说的"读者"是指不懂原作语言的读者，而不是指懂原著的读者。也就是说，翻译的目的，不是使懂得原文的读者便于评价译出的某一诗句和某一措辞是否忠实，而是使一般不懂原文的读者也能正确地感受到原文的思想和艺术价值。因此，就要求译者具有创作天才，具有使读者容易感受、富有诗意地再现原诗印象的那种才能。同时，为了读者大众的利益，译者必须注意译文的措辞的大众化。"大众通常怎样写，你就怎么写，如果你的文体里有纯朴性与人民性的活力，那这种活力自然而然就会给你的文体带来纯朴性与人民性。"（转引自费道罗夫，1955：71）

（3）关于翻译的方法。他们都反对逐字死译，反对在形式上过分接近原文，因为追求形式上的逐字相对，就往往破坏了语言的明确性和正确性，进而也就损害了译文的准确性。此外，他们也不赞成歪曲原文意思的过分自由的译法。他们认为，翻译文艺作品，正确的方法应该是比较自由地处理原文形式、对原著精神不任意修改、对原著总的内容能生动而正确的加以表达的活译法。译者的主要任务，乃是杜勃罗留波夫所说的"使读者产生原著所传达的那种情绪"。

总之，包括普希金至皮沙列夫等人在内的俄国进步文学家们，对翻译问题都发表了不少真知灼见。这些见解的重要性在于，它们不同于西欧翻译理论传统，而是用先进的思想方法阐明了以下一些问题：（1）翻译作品首先应该注意思想内容和文学价值；（2）好的翻译必须做到内容与形式的统一；（3）翻译应该为读者服务，注意译文的人民性。这样，在整个西方的翻译理论史上，翻译理论第一次明显地带上了革命思想的色彩。这种色彩在以后的苏联时代得到了更充分的反映，但在19世纪后期却有所减弱。

19世纪后期俄国翻译传统的主要特点，不在于翻译理论有新的突破，而在于翻译实践的规模得到了空前的扩大。出版的翻译作品日益增多，近代和当时西欧文学大师如歌德、席勒、海涅、莱辛（Gotthold Ephraim Lessing, 1729–1781）、莎士比亚、笛福（Daniel Defoe, 1660–1731）、斯威夫特（Jonathan Swift, 1667–1745）、菲尔丁（Henry Fielding, 1707–1754）、狄更斯、萨克雷（William Makepeace Thackeray, 1811–1863）、伏尔泰（François-Marie Arouet Voltaire, 1694–1778）、莫里哀（Molière, 1622–1673）、高乃依（Pierre Corneille, 1606–1684）、雨果（Victor Hugo, 1802–1885）、大仲马（Alexandre Dumas, 1802–1870）、巴尔扎克、莫泊桑（Guy de Maupassant, 1850–1893）、左拉（Émile Édouard Charles Antoine Zola, 1840–1902）、但丁、塞万提斯等人的作品，都被不断地译成俄文，有的当代作品在原著问世不久即被翻译介绍过来。但应指出，大多数译本都译自英、德、法语，而西班牙、意大利、北欧诸国以及斯拉夫各族语言的作品，只翻译介绍了极少数。

在这些翻译活动中，最有贡献的译者是魏因贝格（Pyotr Weinberg,

1831–1908)。他从当时俄国进步文学的立场出发，译介了大量的外国文艺作品，其中包括莎士比亚戏剧和海涅的散文和抒情诗。其他较有名的译者有翻译莎士比亚悲剧的克罗涅贝格（Andrei I. Kroneberg, 1814–1855），翻译抒情与戏剧作品、组织编辑出版莎士比亚、席勒等人全集以及斯拉夫诗集的格贝尔（Nikolaj V. Gerbel, 1827–1883），翻译但丁《神曲》的米恩（Dmitry E. Min, 1818–1883），翻译莫里哀、高乃依、席勒和莱辛作品的利哈乔夫（V. S. Likhachev, 生卒年不详），以及翻译歌德名篇《浮士德》的霍洛德科夫斯基（N. A. Khodorkovsky, 1858–1921）等。

9.3　西方传统译论

西方翻译的另一个侧面，是翻译理论的发展。同其他工作一样，翻译先于理论，也不依赖于理论而存在，但翻译的实践总是引出了理论，而理论又反过来指导实践，促进翻译事业的发展。正如加拿大语言和翻译史学家路易斯·凯利（Louis G. Kelly, 1935– ）所言，"假如翻译依靠理论而存在，那它在西塞罗之前很久就已消亡"（Kelly, 1979: 219）。凯利在此强调了一个人们普遍认可的道理，那就是翻译实践并不依靠翻译理论而存在。但如果换个角度来解读凯利这句话，其实他也是在说，西方的翻译理论起源于古罗马时期的西塞罗。当然，这其实也是现今西方翻译史学研究者的普遍共识，即西方严格意义上的西方译论起源于此时。但从更宽泛的层面看，我们也可以认为，凡涉及翻译活动的任何话语，只要不是翻译实践本身，实际上都应归属于翻译理论的话语范畴。比如，就中国翻译理论话语传统而言，我们在第 5.5 节讨论"翻译的社会学途径"时曾提到过《礼记·王制》中的这段名言："五方之民，言语不通，嗜欲不同。达其志，通其欲，东方曰寄，南方曰象，西方曰狄鞮，北方曰译"。此外，我们在这里还可以引用《周礼·秋官司寇》有关何谓"象胥"

(即译员或翻译官)的解释:"象胥:掌蛮夷、闽貉、戎狄之国使,掌传王之言而谕说焉,以和亲之。若以时入宾,则协其礼,与其辞,言传之……"。虽然这些内容并非出自翻译家或翻译思想家之口,但把它们归为翻译的理论性话语却是恰当的。同时,由于这两段文字或可分别被视为我国传译(翻译)起源与译员地位最早官方认定的历史记载,因而在某种意义上亦可被认为是中国译论话语的最早起源点。按照同一道理,宽泛意义上的西方翻译理论话语,其实并非前面所说的起始于西塞罗,而是始于西塞罗之前400多年的希罗多德(Herodotus, c. 484 B.C.E.–425 B.C.E.)或奈达所提《旧约·尼希米记》中叙述利未人翻译行为的时间点,即公元前397年(或公元前445年)(Nida, 1964: 11)。道格拉斯·鲁宾逊(自起中文名罗德恪;Douglas Robinson, 1954–)在评论希罗多德与翻译理论的关联时指出,尽管希罗多德并未谈论过我们常说的那种翻译理论问题,从未告诉过我们翻译应当如何如何做,甚至从未谈论过翻译是一种怎样的活动,西方历史(包括西方翻译史)也因此从未将希罗多德的名字与翻译理论直接联系在一起,但希罗多德在其撰于公元前5世纪中叶的史学名著《历史》(又译《希腊波斯战争史》)中讨论了与翻译密切相关的跨文化交际问题,书中谈到"操不同语言的人如何实现思想交流的问题,并将此种交流置于强烈的地缘政治语境之中来讨论"(Robinson, 1997: 1)。因此,鲁宾逊认为,西方翻译理论的发端期可从公元前1世纪的西塞罗时代,向前推进大约400年至希罗多德时期。在较为宽泛的意义上,鲁宾逊将希罗多德有关跨语交流的话语作为西方翻译理论话语的起点,似乎也有一定道理。但笔者发现,严格地说,除鲁宾逊的相关言论外,至今尚无其他更直接的理论依据来否定有关西方译论始于西塞罗的普遍认知。因此,本书仅把鲁宾逊的上述观点简单陈述于此作为参考,而在讨论西方传统译论的问题上,仍然采用研究界所普遍认同的观点,即把西塞罗视为西方翻译理论第一人,至少就严格意义的翻译理论而言是如此。

西塞罗是古罗马时期著名的演说家、政治家、哲学家和修辞学家。在翻译方面，他也同样享有盛名，是一位多产的译者，翻译过荷马（Homer, c. 9th century B.C.E.–c. 8th century B.C.E.）的《奥德赛》、柏拉图（Plato, c. 427 B.C.E.–c. 347 B.C.E.）的《蒂迈欧篇》（*Timaeus*）和《普罗塔哥拉斯》（*Protagoras*）、色诺芬（Xenophon, c. 430 B.C.E.–c. 355 B.C.E.）的《经济论》（*Oeconomicus*）、阿拉图斯（Aratus, c. 315 or 310 B.C.E.–240 B.C.E.）的《论现象》（*Phaenomena*）等希腊名作。西塞罗对翻译理论的阐述，主要见于《论最优秀的演说家》（*De Optino Genere Oratorum*, c. 46 B.C.E.）和《论善与恶之定义》（*De Finibus Bonorum et Malorum*, 45 B.C.E.–44 B.C.E.）。这两部著作都不是论述翻译的专著，而只有其中某些章节涉及了这个问题，但作者的精辟见解却对后世的翻译理论与实践产生了深远的影响。西塞罗在《论最优秀的演说家》第5卷第14章中说："我不是作为（字面意义）解释员（*ut interpres*）而是作为演说家（*ut orator*）来进行翻译的，保留相同的思想和形式……，但却使用符合我们表达习惯的语言。在这一过程中，我认为没有必要在翻译时字当句对，而是保留了语言的总的风格和力量。因为，我认为不应当像数钱币一样把原文词语一个个'数'给读者，而是应当把原文'重量''称'给读者"（转引自 Robinson, 1997: 9）。这段话后来成了西方翻译界的传世名言，特别是其中关于所谓"解释员"式翻译与"演说家"式翻译的区分，更是成了西方翻译理论起源的标志性语言。此后，在《论善与恶之定义》一书的第4卷中，西塞罗对其理论作了进一步的阐发，强调翻译必须采用灵活的方法。

　　西塞罗是从修辞学家、演说家的角度谈翻译的，所谓"作为解释员"的翻译是指按字面意思解释和缺乏创造性的翻译，而所谓"作为演说家"的翻译则是指不死抠字眼的、具有创造性的翻译。这样，西塞罗是首位提出把翻译区分为"作为解释员的翻译"和"作为演说家的翻译"之人，确定了翻译中的两种基本方法，从而开拓了西方翻译类别和翻译理论研究的园地。自西塞罗以来，西方翻译理论史便围绕着直译与意译、忠实与不忠实、精确与不精确等方面的问题，被一根不断的翻译理论线串连了起来。

具体而言，继西塞罗之后，西方翻译史涌现出一大批优秀的翻译理论家。他们在不同的时期，从不同的角度，提出了各种不同的理论和观点。在古罗马时期，除西塞罗的直译和意译的两分法外，还有贺拉斯关于"忠实的译者不会死译"、昆体良（Quintilian，35–96）关于"与原作竞争"和哲罗姆的"文学用意译，《圣经》用直译"的观点，以及奥古斯丁的《圣经》翻译凭"上帝的感召"和他的有关语言符号的理论。在中世纪，有罗马人波伊提乌的宁要"内容准确"，不要"风格优雅"的直译主张和译者应当放弃主观判断权的客观主义观点；有意大利布鲁尼的"译者必须具备广泛知识才能做好翻译"的观点和但丁的"诗歌不可译"论。在文艺复兴时期，有荷兰伊拉斯谟的反对屈从神学权威、《圣经》翻译靠译者的语言知识的观点和德国路德的翻译必须采用民众语言的人文主义思想；有法国多雷的译者必须理解原作内容、通晓两种语言、避免逐字对译、采用通俗形式、讲究译作风格的"翻译五规则"。在17至19世纪，有法国巴特的"作者是主人"（译者是仆人），译文必须"不增不减不改"的准确翻译理论；有英国德莱顿的"词译"（metaphrase，或译"逐词译"）、"释译"（paraphrase）、"拟译"（imitation）的翻译三分法和翻译是艺术的观点，与泰特勒的关于优秀译作的标准和"译作应完全复写出原作的思想、译作的风格和手法应和原作属于同一性质、译作应具备原作所具有的通顺"等翻译三原则；有德国施莱尔马赫的口译与笔译、文学翻译与机械性翻译的区分，以及"靠近原作者"与"靠近译作读者"的"异化"（foreignization）对"归化"（domestication）的翻译主张，与洪堡的语言决定世界观和语言既可译又不可译的理论；有英国阿诺德的"翻译荷马必须把握住荷马的精神特质""译品的正确评判在专家读者"，以及纽曼"翻译荷马必须讲究译品的风格品味""译品的正确评判在普通读者"的译文质量评判准则等。

进入20世纪，尤其是第二次世界大战之后，西方翻译理论发展逐渐超越了传统译论主要关注具体层面对于翻译原则、方法和技艺问题的研究，而进入一个开始把具体翻译关注与宏观理论研究相结合的新时期，也就是我们在下节继续讨论的"西方现当代译论"发展期。

9.4 西方现当代译论

就整个西方翻译而论，20 世纪尤其是"二战"之后进入了一个不同于以往的新时期，本书将此期间发展的西方译论称为"西方现当代译论"。可以说，第二次世界大战后翻译的范围之广、形式之多、规模之大、成果之丰，都是西方翻译史上任何时期都不能比拟的。德国翻译理论家冉佩尔特（R. W. Jumpelt）称 20 世纪为"翻译时代"。据国际译联出版的《译著索引》（*Index Translationum*）在 40 至 50 年代的一次调查，西欧在 20 世纪上半叶的译著出版量是：西班牙、意大利、德国和法国平均每天各出两本书，英国减半，整个西欧估计每天有十本左右的新译著在出版发行中。自 40 年代中期以来，这一形势不断发展，译著的日出版量早已超出十本。实际上，冉佩尔特所说的"翻译时代"，主要是指"二战"结束以来的几十年。这一"翻译时代"的主要特点是：

1）文学翻译系列化、系统化。在"二战"结束以来的这一时期，文学翻译仍是一个重要方面。虽然一般人对古希腊、拉丁语渐渐失去了兴趣，但仍然有相当数量的专家们在研究荷马、色诺芬、柏拉图、亚里士多德（Aristotle, c. 384 B.C.E.–c. 322 B.C.E.）、维吉尔（Publius Vergilius Maro, c. 70 B.C.E.–c. 19 B.C.E.）、西塞罗、贺拉斯等人的作品。翻译作品出版的一个特点是，不少专家、研究机构和出版社大力组织人力物力，编辑出版各种丛书，使西方名著的翻译出版系列化、系统化。

1952 年，美国不列颠百科全书出版公司编辑出版了一套《西方名著丛书》（*Great Book of the Western World*）。这是当时用英语出版的名著丛书中最完整的一套。在从 20 世纪 50 年代至 80 年代短短 30 年当中，这一丛书已印行 23 次。全套书共 54 卷，除前三卷是介绍性文献外，其余 51 卷分别为各个历史时期的名著,涉及 70 位作者、443 部作品,其中只有三人的著作是节选本,其他人的著作都是完整的代表作。全书按内容分成四大类:(1)文学类:包括史诗、戏剧、讽刺作品和小说;(2)政治类:包括政治、历史、伦理、经济和法律;(3)科学类:包括数学、物理学、天文学等自然科学;(4)哲学类:包括哲学和神学。各部著作的类别均以封面颜色作为标记,四类相互掺和,以写作年代的先后次序编排。

正如丛书主编赫钦斯(Robert M. Hutchins, 1899–1977)所指出,编辑出版这套丛书的目的,是要把西方历代伟人的智慧结晶集中起来,使其以整体的面目出现,以供世人学习、继承和发扬。西方文化绚烂多彩,名家辈出,典籍浩瀚,要用有限的篇幅全面准确地反映它的面貌,绝非易事。为了做好这一工作,由出版公司主事,调动了一支庞大的编辑队伍,征集了广泛的社会资助。从选用的作品看,古有荷马、柏拉图、亚里士多德、维吉尔、奥古斯丁、乔叟(Geoffrey Chaucer, 1343–1400)、拉伯雷(François Rabelais, 1494–1553)、蒙田、莎士比亚、塞万提斯、培根(Francis Bacon, 1561–1626)、笛卡尔、牛顿(Isaac Newton, 1643–1727)、卢梭、康德(Immanuel Kant, 1724–1804)、黑格尔、歌德、达尔文、马克思(Karl Marx, 1818–1883)、恩格斯(Friedrich Engels, 1820–1895)、托尔斯泰、陀思妥耶夫斯基(Fyodor Mikhailovich Dostoevsky, 1821–1881)、弗洛伊德(Sigmund Freud, 1856–1939),因此可以说,这套丛书基本反映了西方文明发展的主线。

由于丛书中英语原著只占较小比例,因此它主要是一套译丛。在数百部译作当中,有的是新译,有的是旧译,有的产生于 20 世纪,有的则是 19、18 乃至 17 世纪翻译的作品。总之,编辑者的宗旨是,选录最优秀的、最能代表原著的译品。在这个意义上,《西方名著丛书》是一套具有较大权威性的译丛,它在读者心目中占有很高的地位,其社会影响在丛书的一版再版中也得到了充分的体现。

类似的大型文学译丛,包括原文与译文对照本译丛,在法国、德国、俄罗斯（包括苏联）等国也都有出版。尤其在苏联，翻译出版的外国文学丛书（《如世界纪念碑文献丛书》等）的种类之多，更是处于欧美的领先地位。

2）专业性翻译规模空前。尽管在"二战"后的几十年当中，西方文学翻译仍然硕果累累，但20世纪的西方之所以被人誉为"翻译时代"，主要是因为这一时期的西方翻译已扩大到其他各个领域。"二战"结束以来，出于实际需要，西方商业、外交、科技方面的翻译蓬勃兴起，其声势甚至大大超过了文学翻译而构成西方现代翻译发展的一个主要内容。第一次世界大战以前，两国间进行商业交易时采用强国的语言，国际会议及其他外交场合采用当时视为"外交语言"的法语，因此不存在很大的翻译问题。可是，第一次世界大战结束后，法语失去了它的统治地位，英语崛起，与法语并驾齐驱，形成法语与英语并用的局面。1919年的巴黎和会便是这种局面的开端。1945年，联合国成立，规定以英语、法语、俄语、汉语和西班牙语为五种正式语言和工作语言（现在为六种，增加了阿拉伯语）。1958年，欧洲经济共同体开始进行活动，当时由六国组成，后来发展成12个成员国，使用英、法、德、意、丹麦、爱尔兰、希腊、西班牙、葡萄牙等九个语种（西班牙和葡萄牙是1986年才加入的），再后来又演变成欧洲联盟即欧盟，目前仍在不断扩大。这就是说，无论是同其他地区的国家交往，还是西欧各国彼此之间的交往，翻译工作已成为日常工作所不可缺少的部分了。据联合国教科文组织统计，1948年至1970年，世界上的译本增加了四倍半，其中德译本最多。欧洲共同市场以及现时欧盟里的大小机构，雇用译员数千人，其中专职口译人员数百上千人，专职笔译人员也是数百上千人，其他是签订短期工作合同的自由译员。另据德国语言学家史彼兹巴特（H. Spitzbart, 1972）统计，早在1967年，就有八万种杂志在翻译中。有些有国际声誉的作家，其作品很快地被译成外国语言，结果译本的销量远远超过原著。在意大利和欧洲其他一些国家，有些作家除了靠原著版税过活外，还要靠自己动手翻译。

3）翻译教学蓬勃发展。随着联合国及其各种专门机构的成立以及欧洲共同市场（欧盟）、经济合作与发展组织等国际机构的建立，对翻译人员的需求日益增多。为了满足这种需要，一些专门培养翻译人员的学校相继成立，其中最突出的是巴黎第三大学的高等翻译学校和渥太华大学的翻译学校。欧美的许多大学也于高年级开设翻译班或翻译课。

巴黎高等翻译学校建于1957年，设口译系和笔译系，最初只开设欧洲的几种语言，1972年起增设汉语，现共教授英语、汉语、阿拉伯语、法语、德语、俄语、意大利语、西班牙语、葡萄牙语、丹麦语、瑞典语、冰岛语等十多种语言的翻译课程。几年后，该校又在原有两系的基础上增设了一个翻译研究系，专门从事语言和翻译理论的研究，并具有博士学位授予权。译校的招收对象为文、理、法、社会学等各学科的大学毕业生，入学前须经过严格的考试。考生须懂三种语言：本族语、第一外语、第二外语。在特殊情况下，如考生的本族语与第一外语相当精通，则无须要求第二外语。译校学制三年以上，课程设置除法律、经济、政治、国际关系等科为公共必修课外，主要课程为三种语言之间的互译。各语种的翻译课程又分为普通翻译和技术翻译，外加经济及法律翻译。三年学业期满，考试及格者或论文获得通过者将根据所学专业分别获得"会议口译人员高等专家毕业文凭""笔译人员高等专家毕业文凭"和"翻译研究博士文凭"。学生毕业后，大部分投考各国际机构的翻译部门，也有一部分毕业生考虑工作自由而分别向各国有关机构申请自由译员的工作执照。20多年来，巴黎译校为联合国、欧洲共同体（欧盟）以及西方各国的外事部门培养了一批又一批高级翻译人员。

在西方翻译教学史上占有重要地位的另一所学校，是渥太华大学的翻译学校。虽然该校一直到1971年才正式宣告成立，但渥太华大学的翻译专业教学早在第二次世界大战前就开始了。1936年，渥太华大学艺术学院院务会议通过一项创设翻译课的建议，并于同年正式开设翻译课。据记载,当时翻译课主要是向学生讲授翻译理论、词汇知识、两种语言的句法对比,教给学生翻译的各种基本概念、规则和技巧;要求学生每周做一篇翻译练习,然后教师课堂讲评,指出练习中的错误并指出实际翻译工作中的规律性问题。学生每年要用 300 多个学时做 30 篇翻译练习。1950 年,翻译课程内容进一步增加,在原有的英译法基础上开设了法译英课程,还包括翻译基本原理课、两种语言课、文学课、比较语法以及语言学理论、历史和实践课。1964 年,渥太华大学艺术学院创立了现代语言和语言学系,确认翻译是应用语言学的一个分支,招收研究生,学生毕业时可获应用语言学翻译研究的硕士学位。1971 年 7 月 1 日渥太华大学翻译学校正式成立。从 1976 年起,译校在原来授予翻译学士学位的基础上增加了硕士学位,把侧重点从培养职业译员转向培养研究人员,创办了《翻译学文献》和《教学通讯》《翻译学手册》;与电子计算中心建立联系;确定每年与国外交换一名教员,进行教学经验交流;加强与口译、笔译、术语学界的业务联系,加强翻译教学法的研究;等等。在课程的开设方面,后来增至 22 门课,主要包括翻译史、翻译理论、电子计算机在翻译中的运用、翻译的美学观、词汇学与术语学、语言学与翻译、口译、机器翻译、科技翻译,等等。

除上述两所比较著名的翻译学校外,西方各国还有许多其他的译校或提供翻译教学的语言学校、语言系、翻译系和翻译专业。据统计,具有这种附属学校、系或专业的大学,加拿大有 8 所,美国 51 所,法国 2 所,西德 6 所,荷兰 2 所,瑞士 1 所,比利时 6 所,英国 6 所。苏联等原东欧国家对外语和翻译的教学则更加重视,一般大学(包括外语院校和外国语言师范院校)都开设翻译实践和翻译理论课程。

4)翻译组织遍及各地。"二战"结束以后,西方各国的翻译工作者建立起各种翻译协会,并创办各种翻译刊物。各个协会都有自己的办会宗旨和目的,以便有效地开展工作。特别是欧美各国的翻译协会或联合会,他们普遍强调的是:(1)通过立法手段明确译者的法律地位;

（2）采取有效措施保障译者的合法权益，尤其是译者应享有的译品版权；（3）提高译者的社会地位，增加译者的经济收入；（4）改善译者的学习和工作条件，为译者提供机会以不断提高翻译的水平。

在加拿大，较大的译协有加拿大口笔译理事会、安大略口笔译工作者协会、商业语言中心、魁北克译协等。其中成立最早、目的最明确的是安大略口笔译工作者协会。它成立于1921年，现隶属于加拿大口笔译理事会，总部设在渥太华。该协会的宗旨是，联合安大略省的一切从事文学、科技、商业、行政管理等方面的翻译人员，为下列目标而奋斗：（1）保护安大略省的口笔译工作者的职业权益；（2）促进合格口笔译人员的培养；（3）提高口笔译工作的质量；（4）保持同加拿大其他地区和世界各国类似组织的联系。1971年，该协会创办了《安大略口笔译协月刊》(InformATIO)。

加拿大影响最大的翻译专业期刊是《媒他：翻译家杂志》(Meta: Journal des Traducteurs)。这是一份季刊，1956年创刊，由蒙特利尔大学译协、魁北克译协、安大略口笔译协和加拿大口笔译理事会联合编辑出版。该杂志刊登法、英两种语言的文章，论述各种语言之间的笔译、口译以及有关领域的各种问题，理论性较强，在西方翻译界享有较高声誉。

美国的翻译工作者组织的数量多于西方任何其他国家，大大小小共有30个，其中最有影响的有美国翻译工作者协会、美洲语言专家联合会和美国文学翻译家协会。

美国翻译工作者协会成立于1959年，现有会员一千多名，其中包括分散在全国各州和少数来自其他国家的会员。会员中不仅有专职翻译人员和编辑，还有从事翻译研究的教员和学生。协会的宗旨是：（1）宣传和促进把翻译工作当作职业的观点；（2）制定和维护职业道德、实践工作和水平检验的标准；（3）提高翻译的水平和质量；（4）建立相互协作系统，包括建立图书馆；（5）出版各种与翻译有关的期刊、通讯和词典等；（6）促进各会员之间的社会和职业联系；（7）组织和赞助各种翻译报告会、培训班；（8）为会员提供与其他职业工作者进行合作的媒介；（9）为实现上述目标，促进协会的总的福利事业而开展一切有益的活动。该协会的会刊是《美国译协记事》(ATA Chronicle)，每年出十期，主要登载协会新闻、国际译联和其他译协的新闻、书评、任何有关翻译问题的报道文章、会员情况简介和读者来信等内容。

美洲语言专家联合会成立于1957年，会址设在华盛顿，会员来自12个美洲国家、欧洲大陆和日本，都是国际机构、各国政府机构、大学和自由职业的翻译工作者或语言专家。

美国文学翻译家协会是美国第一个文学翻译工作者的组织，成立于1978年，它以改善美国文学状况为其主要任务；奋斗目标包括：（1）提高英语世界的文学翻译质量；（2）在学术界为文学翻译大声疾呼，扩大用英语出版的文学翻译作品的市场；（3）召开年会，加强文学翻译学之间的对话；（4）把翻译当作一门丰富人文学科研究的艺术；（5）组织各种业务活动，为会员提供翻译作品的出版情况，促进翻译理论的研究，举办语言、文化研究和学习班。该协会的会刊是《翻译评论》(Translation Review)（季刊），主要发表文艺和人文科学英译作品的书评，特别重视文学翻译的质量问题。此外，还刊登关于译作出版者、翻译者、原作者以及关于某些翻译过程的特写稿，报道正在翻译或出版中的作品、理论著作和参考书的情况，讨论美国的翻译规划，报道美国和国际翻译工作会议和有关各种翻译奖的情况等。

在英国，翻译工作者协会主要有大不列颠翻译公司联盟、翻译协会和翻译家公会，其中以翻译家公会最为著名。该公会隶属于英国语言学专家研究会，成立于1955年，主要由研究会的科技、商业、文学翻译家组成，宗旨是为了促进各翻译者之间的合作，为广大读者提供高质量的服务。研究会及公会的正式刊物是《语言学家》(The Linguist；原名：The Incorporated Linguist)，创刊于1962年。这是一份研究语言学和翻译问题的理论杂志，专业性较强，在英国翻译理论界享有较高的威望。

法国的译协主要有法国翻译工作者协会和法国文学翻译家协会。法国文学翻译家协会成立于 1973 年，是从翻译工作者协会中分裂出来的。它的入会要求是类似协会中最严格的，只有水平较高的翻译工作者才有资格参加。申请入会者至少必须有一部译著，通过特别评审委员会认真对照原著审阅，认为达到标准后才能入会。协会的宗旨是：（1）提高法国文学和文学翻译出版物的质量；（2）保护会员的译著版权以及稿酬、工作条件等方面的权益；（3）规定不参与任何政治活动。自成立以来，协会会员多次举行报告会、演讲会，由会员在《世界报》《新文学》《妇女运动》等权威刊物上发表许多有关翻译的文章。通过这一系列的业务活动，协会现已成为法国最具特色、最有发言权的翻译组织。

原西德也有两大翻译协会：一是联邦口笔译工作者协会；二是德语世界文学和科技翻译工作者联合会。两个译协都是全国性组织，后者还面向其他德语国家，会刊为《翻译家》（*Des Übersetzer*）（月刊），篇幅不大，主要刊登有关翻译的消息报道。

此外，奥地利、意大利、西班牙、荷兰、挪威、瑞典、瑞士、芬兰、比利时等其他西欧国家也都有地方或全国性翻译组织，并办有各种翻译刊物。原东欧各国的全国性译协主要有苏联作协文学翻译理事会、捷克斯洛伐克文学翻译委员会、保加利亚口笔译工作者联盟、波兰作协翻译委员会、罗马尼亚作协翻译家分会和南斯拉夫文学译协联盟等。

5）机器翻译发展迅速。机器翻译的问世和发展是现代翻译领域中引人瞩目的大事件。在两千多年的发展过程中，传统的翻译方法在技术上并没有出现实质性变化，两种语言之间的传译仍旧必须通过手工进行。但由于国家间的科学、文化交流日益频繁，各种语言文字的材料堆积如山，单凭人工翻译已不能及时满足国际交往的需要。传统的人工翻译面临着时代的挑战，于是导致了机器翻译的诞生。据说早在 1933 年，苏联人斯米尔诺夫·特罗扬斯基（Petr P. Smernov-Troyanskii, 1894–1950）就曾经设想用一种机器装置进行自动翻译。但这一设想并无文字报道，也未付诸实践。最早正式提出机器翻译设想的是英国人安德鲁·布思（Andrew D. Booth, 1918-2009）和美国人华伦·韦弗。1946年，第一台电子计算机问世后，布思和韦弗很快便提出把现代电子计算机用于翻译的设想。

对机器翻译的问世和应用贡献最大的是布思。他是伦敦大学的高级讲师。他和韦弗于1946年正式提出机器翻译的问题后，便同伦敦大学的另一名学者里呈斯（Richard H. Richens, 1919-1984）合作，对机器翻译必需的机器词典以及其他细节问题做了深入细致的研究。在布思等人的积极参与下，第一台能做自动翻译的机器于1950年研制成功。此后，布思又继续总结、研究机器翻译成功和失败的经验教训，发表了一系列论文和论著，为机器翻译的进一步发展提供了理论依据。

由于布思等学者的努力，英国对于机器翻译的研究和应用在最初阶段走在西方其他国家的前面。美国紧跟英国之后，但阻力较大。1948年，韦弗发表了一篇阐述机器翻译理论问题的备忘录，但遭到许多语言学家和某些知名学者强烈反对。直到20世纪50年代，机器翻译的支持者才逐渐占据上风。此后，美国机器翻译的研究开始大踏步前进，并夺得了西方机器翻译研究中的"五个第一"：第一次国际机器翻译会议，由洛克菲勒基金会资助，于1953年在美国麻省理工学院召开；第一部关于机器翻译的著作，1954年在美国出版；第一本专登机器翻译研究论文的杂志《机器翻译》（*M.T.*），1954年在美国创刊；第一次机器翻译表演，1954年由美国国际商用机器研究中心和乔治敦大学（Georgetown University）联合举行；第一个机器翻译公司在美国筹建。

1955年，苏联语言科学工作者也开始对机器翻译产生浓厚兴趣。1956年，在电机工程学院召开的一次会议上，有人宣读了一篇介绍莫斯科大学机器翻译研究工作的论文，对机器翻译的方法作了详细阐述，很有说服力。从此，苏联的机器翻译研究正式拉开了帷幕，并不断取得重要成果。

机器翻译的问世给传统的翻译研究和翻译实践开辟了新的途径，并成为 20 世纪令人鼓舞的新鲜事物。但是,当时的人们对它的复杂性估计不足,特别是在美国,机器翻译研究大都限于纸上谈兵,为数不多的实验也都因过于简陋而缺乏实用价值。人工翻译中的语际转移过程是人类语言行为中一个非常复杂的过程,而机器翻译的工作原理就是对这一过程的仿真。但对于这一过程以及对这一过程的机械模仿所涉及的内容,人们甚至到今天也并未能从根本上加以理解。在这种情况下,机器翻译自然不可能取得理想的结果,一些学者因而由盲目乐观变成悲观失望。到 20 世纪 60 年代中期,机器翻译在发展最快的美国受到了一次沉重的打击。1966 年,隶属于美国政府的自动语言加工咨询委员会印发了黑皮书《语言和机器》。书中断言,在可以预见到的将来,不可能出现有任何商业实用价值的机器翻译系统,因为迄今实行的所有研究方法都只能用于实验室,无法产生理想的结果,整个机器翻译研究是得不偿失的。在该委员会的建议下,美国政府最后取消了对机器翻译研究的资助。这一决定几乎宣判了美国的机器翻译研究的死刑。在此后的近十年中,全球机器翻译步入低谷,但包括美国在内的各地许多学者和科研机构仍旧坚持试验。从 20 世纪 70 年代初开始,大规模的机器翻译逐渐重新抬头。研究的方法明显变得更加现实,新的研制项目不断出现,连专家们都很难跟上发展的步伐。形成这种局面的主要原因有三:(1)在语言学研究方面,人们对语言的数理结构兴趣越来越大;(2)加快国际交流的需求越来越强烈(尤其是科学领域);(3)随着语言学研究和计算机科学技术特别是软件技术的进步,人们对机器翻译的重要性及其实用性的认识日益加深。

迄至 20 世纪 80 年代初,机器翻译系统已出现了三代。第一代最简单,只能作词对词的翻译;第二代稍有改进,能对翻译结果做词素和句法的加工;第三代为较新的一代,具有较强的句法和语义的辨识和分析能力,能较好地理解和表达自然语言。因此,人们把这一代机器翻译系统称作"智能系统"。

目前世界上约有十几种机器翻译和机助翻译系统在使用中,其中,以美国、加拿大和法国的工作效果最为突出。例如，美国的 SYSTRAN 系统是目前世界上最先进的机器翻译系统。它是一个多语系统，能将俄语、法语、德语译成英语。它能够提供无须译后加工的原始译文，说得更准确一点，译文出现后，尽管不尽符合自然语言的规范，但无须人工加以修改，便能为懂行的读者看懂。它的特点是文字质量低但翻译速度快。SYSTRAN 系统曾在世界上许多地方做过表演，一分钟能译 5000 词，据说美国空军一直在使用这个系统。加拿大蒙特利尔大学的 TERMIUM 系统是世界上最早最大的一个机助翻译系统，它储存了法、英两种语言的科技术语约 400 万条，可在全国各地联机使用，为商业和科技翻译服务。

20 世纪 80 年代初，欧洲共同市场（欧盟）成立了一个机器翻译咨询委员会，设想建立一个定名为 EUROTRA 的西欧机器翻译系统，以便能够翻译未经译前加工的、用正常方式写成的文字材料，改进共同市场中各成员国之间的信息交流。无疑，要建立这样一个跨国机器翻译系统绝非易事，因为各国机器翻译研究的指导思想和方法都不尽相同。但这种设想是大胆的，并赢得了许多学者和研究人员的赞同。看来，通过各成员国的共同努力，跨国机器翻译系统的建立并不是不可能的。

经验证明，机器翻译是具有很大的生命力的。它是一门新兴的科学，其研究和应用标志着 20 世纪翻译事业跨进了一个崭新的发展时期。无论在理论上，还是在实践中，机器翻译都将对传统的翻译及其研究产生越来越大的影响。

6）翻译论著层出不穷。这是现代西方翻译发展的一个极其重要的标志。"二战"后，翻译事业出现了前所未有的高潮，大规模的翻译实践应运而生。论文专著数以千计、万计，不再是从前那种零零星星、发表几篇序言跋语的局面了。理论家们不仅在各国翻译协会、语言学会、文学团体的会刊上发表文章，而且在各种国际学术会议和各种国际性刊物（包括翻译研究、语言学、文学等方面的刊物）上各抒己见，交流思想。主要以英语和法语为文章语言的国际性翻译研究刊物有《圣经翻译家杂志》(*The*

Bible Translator）、《巴贝尔：国际翻译杂志》(Babel: International Journal of Translation)、《媒他：翻译家杂志》(Meta: Translators' Journal)、《目标：国际翻译研究杂志》(Target: International Journal of Translation Studies)、《翻译者：跨文化交际研究》(The Translator: Studies in Intercultural Communication)、《跨语言与文化》(Across Languages and Cultures)等。《圣经翻译家杂志》是联合圣经公会于1950年创办的专门研究《圣经》翻译的季刊，联合公会主要由美国圣经公会、荷兰圣经公会和英国国家及海外圣经公会发起，现在也包括其他西方国家。《巴贝尔：国际翻译杂志》是国际翻译工作者联合会的正式刊物，1955年在匈牙利创刊，由联合国教科文组织赞助，现于比利时编辑出版。这份杂志面向口笔译工作者、语言学家、文学家、史学家、图书馆管理员、出版家、编辑、版权经办人、大学师生以及对翻译问题有兴趣、关心国际译联活动的读者。该杂志不仅向世界各地职业翻译工作者介绍新的方法和动态，而且还刊登各种翻译理论文章。创刊以后的较长一段时间里，该杂志刊登的各类文章大部分来自西方或欧洲国家，来自亚非拉的文章相对很少，因此，在某种程度上它只是或者曾经只是一份西方或欧美的"国际性"刊物。其他刊物，包括《媒他》《目标》《翻译家》《跨语言与文化》等，也同样都是西方现代译学领域较有影响的专门杂志。

在"二战"以后的半个多世纪里，西方出版的翻译研究专著和论文集多达上千种，其中包括关于一般翻译理论与技巧的，有专论文学、圣经、科技翻译的，有研究机器翻译的，有专论口译的，有翻译工作者手册，有译文对比研究，有翻译史，等等。简而言之，几乎各个专题都有人在研究、探索、著书立说。这种盛况，只要翻一翻奈达（Nida, 1964）、凯利（Kelly, 1979）、里纳（Rener, 1989）、鲁宾逊（Robinson, 1997）、斯坦纳（Steiner, 1998）、贝克（Baker, 1998）、芒迪（Munday, 2016）等人所收录的参考书目，即可见一斑。

现代西方（包括欧洲和北美）翻译理论研究的最大特点，是研究工作被纳入语言学的范畴，受到现代语言学和信息论的影响。因而不论是费道罗夫、奈达、穆南、威尔斯、卡特福德的语言学的或交际学的翻译理论，还是列维、加切奇拉泽的文艺学翻译理论，或是霍姆斯、图里、巴斯内特等人的"翻译研究"派理论，都明显地或多或少带有现代语言学的色彩。可以说，翻译理论研究的主流明显带有现代语言学的色彩。其中最有影响的论著包括我们在本书绪论中已经提到的作品，如奈达的《论圣经翻译的原则和程序》（1947）与《翻译科学探索》（1964）、费道罗夫的《翻译理论概要》（1953）、穆南的《翻译的理论问题》（1963）、列维的《翻译的艺术》（Umění překlad/The Art of Translation, 1963 捷克文版，2011 英文版）、卡特福德的《翻译的语言学理论》（1965）、加切奇拉泽的《文艺翻译理论概论》（1966 格鲁吉亚文版，1970 俄文版）、巴尔胡达罗夫的《语言与翻译》（1975）、斯坦纳的《后通天塔：语言与翻译面面观》（1975）、威尔斯的《翻译学：问题和方法》（1977 德文版，1982 英文版）、科米萨罗夫的《翻译语言学》（1980）、纽马克的《翻译问题探讨》（1981）等。这些著作及其作者名字中，有些被收录在了由我国多家出版社（如上海外语教育出版社、外语教学与研究出版社、中国对外翻译出版公司等）购得国外版权，以"外国翻译研究丛书"等形式在国内再版发行的近百种外国译学专著或编辑文集信息中，如奈达、纽马克、斯坦纳、威尔斯等人的著作；有的并未出现其中，如费道罗夫、穆南、列维及巴尔胡达罗夫等人的作品。此外，相关书目中也有不少著作是我们在上文并未一一提及但已被引进出版。以下两组作品信息分别为上海外语教育出版社和外语教学与研究出版社于 2000 至 2010 年间引进出版的外国译论丛书系列①（按作者或第一作者姓氏首字母顺序排列）：

上海外语教育出版社"国外翻译研究丛书"：

◆ Baker, Mona (ed.). *Routledge Encyclopedia of Translation Studies*（《劳特里奇翻译研究百科全书》）

---

① 所有书名的中文翻译均采用出版社的原附译名（个别地方稍加改动除外），特此说明。

- Bassnett, Susan. *Translation Studies* (3rd edition) (《翻译研究》第三版)
- Bassnett, Susan and André Lefevere. *Constructing Cultures: Essays on Literary Translation* (《文化构建：文学翻译论集》)
- Davis, Kathleen. *Deconstruction and Translation* (《解构主义与翻译》)
- Flotow, Luise von. *Translation and Gender: Translating in the "Era of Feminism"* (《翻译与性别：女性主义时代的翻译》)
- Gentzler, Edwin. *Contemporary Translation Studies* (revised 2nd edition) [《当代翻译理论》(修订第二版)]
- Gutt, Ernst-August. *Translation and Relevance: Cognition and Context* (《翻译与关联：认知与语境》)
- Hatim, Basil. *Communication Across Cultures: Translation Theory and Contrastive Text Linguistics* (《跨文化交际：翻译理论与对比篇章语言学》)
- Hatim, Basil and Ian Mason. *Discourse and the Translator* (《语篇与译者》)
- Hermans, Theo. *Translation in Systems: Descriptive and System-Oriented Approaches Explained* (《系统中的翻译：描写与系统理论解析》)
- Hickey, Leo (ed.). *The Pragmatics of Translation* (《语用学与翻译》)
- Katan, David. *Translating Cultures: An Introduction for Translators, Interpreters and Mediators* (《文化翻译：笔译、口译及中介入门》)
- Lefevere, André. *Translation, Rewriting, and the Manipulation of Literary Fame* (《翻译、改写以及附文学名声的制控》)
- Lefevere, André (ed.). *Translation/History/Culture: A Sourcebook* (《翻译、历史与文化论集》)
- Newmark, Peter. *Approaches to Translation* (《翻译问题探索》)
- Newmark, Peter. *A Textbook of Translation* (《翻译教程》)
- Nida, A. Nida. *Toward a Science of Translating* (《翻译科学探索》)

- Nida, A. Nida. *Language and Culture: Contexts in Translating*（《语言与文化：翻译中的语境》）
- Nida, A. Nida and Charles R. Taber. *The Theory and Practice of Translation*（《翻译理论与实践》）
- Nord, Christiane. *Translating as a Purposeful Activity: Functional Approaches Explained*（《翻译作为目的性行为：功能翻译理论解析》）
- Reiss, Katharina. *Translation Criticism: The Potentials and Limitations*（《翻译批评：潜力与制约》）
- Shuttleworth, Mark and Moira Cowie. *Dictionary of Translation Studies*（《翻译学词典》）
- Snell-Hornby, Mary. *Translation Studies: An Integrated Approach*（《翻译研究：综合法》）
- Steiner, George. *After Babel: Aspects of Language and Translation*（《通天塔之后：语言与翻译面面观》）
- Toury, Gideon. *Descriptive Translation Studies and Beyond*（《描写翻译学与其他》）
- Tymoczko, Maria. *Translation in a Postcolonial Context: Early Irish Literature in English Translation*（《后殖民语境中的翻译：爱尔兰早期文学英译》）
- Venuti, Lawrence. *The Translator's Invisibility: A History of Translation*（《译者的隐身：一部翻译史》）
- Williams, Jenny and Andrew Chesterman. *The Map: A Beginner's Guide to Doing Research in Translation Studies*（《路线图：翻译研究方法入门》）
- Wilss, Wolfram. *The Science of Translation: Problems and Methods*（《翻译学：问题与方法》）

外语教学与研究出版社"外研社翻译研究文库"：
- Álvarez, Roman and M. Carmen-Africa Vidal (eds.). *Translation, Power,*

- *Subversion*（《翻译，权力，颠覆》）
- Anderman, Gunilla and Margaret Rogers (eds.). *Translation Today: Trends and Perspectives*（《今日翻译：趋向于视角》）
- Austermühl, Frank. *Electronic Tools for Translators*（《译者的电子工具》）
- Bowker, Lynne et al. (eds.). *Unity in Diversity? Current Trends in Translation Studies*（《多元下的统一？当代翻译研究潮流》）
- Chesterman, Andrew and Emma Wagner. *Can Theory Help Translators? A Dialogue Between the Ivory Tower and the Wordface*（《理论对译者有用吗？象牙塔与语言工作面的对话》）
- Ellis, Roger and Liz Oakley-Brown (eds.). *Translation and Nation: Towards a Cultural Politics of Englishness*（《翻译与民族：英格兰的文化政治》）
- Fawcett, Peter. *Translation and Language: Linguistic Theories Explained*（《翻译与语言：语言学理论解析》）
- Granger, Sylviane et al. (eds.). *Corpus-based Approaches to Contrastive Linguistics and Translation Studies*（《基于语料库的语言对比和翻译研究》）
- Hermans, Theo. *Crosscultural Transgressions: Research Models in Translation Studies II, Historical and Ideological Issues*（《跨文化侵越——翻译学研究模式 [II]：历史与意识形态问题》）
- Holmes, James S. *Translated! Papers on Literary Translation and Translation Studies*（《译稿杀青！文学翻译与翻译研究文集》）
- Lefevere, André. *Translating Literature: Practice and Theory in a Comparative Literature Context*（《文学翻译：比较文学背景下的理论与实践》）
- Newmark, Peter. *About Translation*（《论翻译》）
- Nord, Christiane. *Text Analysis in Translation: Theory, Methodology, and Didactic Application of a Model for Translation-Oriented Text Analysis* (2nd

edition) [《翻译的文本分析模式：理论、方法及教学应用》(第二版)]

- Olohan, Maeve (ed.). *Intercultural Faultlines: Research Models in Translation Studies I, Textual and Cognitive Aspects* (《超越文化断裂——翻译学研究模式 [I]：文本与认知的译学研究》)
- Pym, Anthony. *Method in Translation History* (《翻译史研究方法》)
- Robinson, Douglas. *Western Translation Theory: From Herodotus to Nietzsche* (《西方翻译理论：从希罗多德到尼采》)
- Robinson, Douglas. *The Translator's Turn* (《译者登场》)
- Robinson, Douglas. *Translation and Empire: Postcolonial Theories Explained* (《翻译与帝国：后殖民理论解析》)
- Rose, Marilyn Gaddis. *Translation and Literary Criticism: Translation as Analysis* (《翻译与文学批评：翻译作为分析手段》)
- Samuelsson-Brown, Geoffrey. *A Practical Guide for Translation* (《译者实用指南》)
- Schäffner, Christina (ed.). *Translation and Norms* (《翻译与规范》)
- Zanettin, Federico et al. (eds.). *Corpora in Translator Education* (《语料库与译者培养》)

从以上讨论及所呈图书出版信息可以看出，第二次世界大战之后直至今时今日，西方翻译研究领域取得了令人印象深刻的发展，其理论成果数量众多，探究范围广泛，所产生的各种论说和观点也林林总总，相当多样。这是西方现当代翻译理论的发展特征，是西方翻译史上过往任何时期都不能比拟的。

但与此同时，对于包括翻译理论研究在内的上述西方现当代翻译发展特征，无论是前面触及的"文学翻译系列化、系统化""专业性翻译规模空前""翻译教学蓬勃发展""翻译组织遍及各地"，还是后面讨论的"机器翻译发展迅速""翻译论著层出不穷"等特征，我们都不能或至少不能完全将它们视作西方翻译传统的发展"专属区"。所有这些发展特征，从

"文学翻译""专业翻译"到"翻译教学""翻译组织",再到"机器翻译"和"翻译理论"的现代化发展特征,其实也以前所未有的规模和方式显现在了当代中国翻译乃至世界其他国家或区域的翻译领域中,这是一个世界范围的翻译景象(5.13 节所讨论的有关我国当代机器翻译发展状况即能说明这一点)。

或许,我们因此可以指出,在作为命运共同体的人类世界(包括人类翻译世界)的范围里,我们不能把目光仅仅聚焦于某个单一的翻译传统或翻译文化,而是要放眼全世界,放眼翻译和翻译理论的"他者文化""他者传统",将相关翻译文化的"自我"与"他者"置于比较研究的框架内,通过与他者的比较来更好地认识自我和他者,以最终更好地提升自我,发展自我,并推动不同翻译文化传统逐步走向相互理解、彼此融合、多元共进的发展新时代。而能够助力推进这一发展的学科力量,无疑可以直接来自作为翻译学下属的比较翻译学及其相关研究。随后两章讨论,即围绕此议题展开。

第 10 章
翻译学与比较译学研究

我们在第 3 章讨论翻译学的学科范围、结构与任务时，曾经提及"比较翻译学"概念。宽泛地说，"比较翻译学"（简称"比较译学"）既指"特殊翻译学"中涉及两种具体语言互译、聚焦两种相关语言文化比较研究的部分，也能涵盖对于两种不同翻译传统如中西翻译传统进行的比较研究。从宏观意义上看，涉及不同翻译传统的比较译学，其理论建构与发展是翻译学作为学科发展、充实、完善过程中不可或缺的一环。本章及第 11 章的讨论范围，即"比较译学研究"所涵盖的范围。

10.1 比较译学的学科属性与意义

比较译学概念的萌发，以及我们对这一名称的使用，在一定程度上受到了"比较文学""比较语言学"等概念的影响。比较文学与比较语言学的发展，均可追溯到 19 世纪 20 年代。并且，二者有一个共同点，即它们都分别起源于对有亲缘关系的文学体系和语言学体系的比较研究。比较文学的最初着眼点，是比较研究欧洲各国别文学如英国文学、法国文学之间的相互关系和影响；比较语言学的着眼点，则是通过历史比较的方法去揭示有共同来源的语言或方言如各日耳曼语、各罗曼斯语之间的亲属关系。当然，特别是比较文学，发展到后来，其研究范围发生了根本性变化，即从原来的"小圈子"（即欧洲国别文学）的比较研究，发展到世界范围的各国文学之间的，乃至跨学科的比较研究。但万变不离其宗，比较文学也好，比较语言学也罢，始终都立足于"比较"二字。就比较文学而言，其目的是通过比较，找出不同文学中带规律性的东西，同时也找出彼此差异之所在，使各国文学得以相互认识、相互学习、相互取长补短，最终走向"世界文学"。

翻译研究发展到以"翻译学"之名而初步成为独立学科的今天，必须对其作为独立学科的性质、内容、范围和研究方法等诸多问题，加以经常性的反思，不断充实、巩固自身，逐步由初创阶段转变为发展成熟的独立学科。比较译学的加盟便是翻译学发展过程中的重要环节。有人曾把"国别文学"比作在墙（国界）内观察事物，把"比较文学"比作跨在墙上观察墙里墙外的事物，把"总体文学"比作在空中观察下面的一大片景象（陈圣生，1990：12）。如果我们把这个比喻借用到译学研究上，那么，"国别译学"如"中国译学""英国译学""法国译学""德国译学""俄罗斯译学"等，就好比是在墙（国界）内观察事物，即在各个单独的国家或语言文化内观察与研究翻译问题；"比较译学"如"中西比较译学""中俄比较译学""中日比较译学"等，就好比是跨在墙上观察墙里墙外的事物，即站在民族或语言文化的边缘，注视两种或多种译论体系是如何看待与处理翻译问题的；"总体译学"则好比居高临下看事物，即跨越民族和语言文化界限，同时也跨越学科领域界限来观察与探讨各类翻译的共同规律。在这三种类别的翻译研究中，"国别译学"是基础，"比较译学"是"国别译学"的发展所需，两者都属于"特殊译学"的范围；"总体译学"则是"国别译学"和"比较翻译学"的"上层建筑"，是它们的深层发展与升华，属于"普通翻译学"的范围。三者的关系是相互促进、相互依存的。没有"国别译学"作为基础，就无从谈起"比较译学"；没有"国别译学"与"比较译学"作为发展前提，也就无从谈起"总体译学"。反之，如果没有"比较译学"提供参考，没有通过比较、归纳而升华的"总体译学"提供用以指导翻译实践的总体原则和理论，"国别译学"也很难跳出狭隘的单民族、单语言文化的框框而深入发展，翻译研究也因此很难演化成为一门独立的翻译学。而如果没有一门独立的翻译学来研究翻译，诸如语际翻译、语内翻译、符际翻译、机器翻译等各类翻译活动中出现的各式各样的问题就很难得到很好的解决。

至今为止的译学研究，大都集中在"国别译学"与"总体译学"两个领域。"国别译学"是基础，在整个翻译研究中自然占据核心地位。事实上，特别是在20世纪之前的传统时期，翻译研究史基本上是一部国别译学史。尽管西方各国译论研究之间的相互影响与渗透早已存在，但这种相互影响与渗透主要发生在西方体系的内部，因而不具备"比较译学"的典型意义。换言之，不论在中国或西方，超出大体系或主体系以外的、严格意义上的"比较译学"是不存在的。例如，长期以来，中国译界只知道中国的支谦、道安、鸠摩罗什、玄奘、林纾、严复，西方译界则更是只知道西方的西塞罗、贺拉斯、哲罗姆、奥古斯丁、多雷、泰特勒、洪堡、施莱尔马赫。到了 20 世纪，随着现代语言学的产生与迅猛发展，翻译研究开始全面超越传统时期的经验主义研究模式，进入视译学为独立学科的新的发展期。这一时期的研究特点，是把重点逐步转向探求建立"放之四海而皆准"的普通翻译理论，即侧重"总体译学"的研究。而在这种理论的探求中，人们同样忽略了"比较译学"的研究。值得肯定的是，近几十年来，中国译学界在引进介绍外国特别是西方及苏联的当代翻译理论方面，作出了卓有成效的努力。因此，诸如语言学及翻译科学派的奈达、费道罗夫、雅可布逊、卡特福德、纽马克、穆南、斯坦纳、威尔斯、巴尔胡达罗夫、加切奇拉泽、科米萨罗夫、斯内尔霍恩比；交际学派的奈达、纽马克、哈蒂姆；文化学及诠释学派的霍姆斯、斯坦纳、图里、伊文佐哈、勒弗维尔、巴斯内特、赫曼斯、贝尔曼（Antoine Berman, 1942–1991）、彻斯特曼（Andrew Chesterman, 1946– ）；功能及目的论的弗米尔（Hans J. Vermeer, 1930–2010）、赖斯（Katharina Reiss, 1923–2018）、诺德、豪斯（Juliane Hourse, 1942– ）；后殖民及关联理论派的韦努狄、贝克、鲁宾逊、铁莫奇科（Maria Tymoczko, 1943– ）、皮姆（Anthony Pym, 1956– ）、格特（Ernst-August Gutt, 出生年份不详）；女性主义学派的弗洛图（Luise von Flotow, 1951– ）、西蒙（Sherry Simon, 1948– ）；释意学派的塞莱斯柯维奇（Danica Seleskovitch, 1921–2001）、勒代雷（Marianne Lederer, 1934）；实证研究学派的特克南康狄特（Sonja Tirkkonen-Condit, 1940– ）、耶斯凯莱伊（Riitta H. Jääskeläinen, 出生年份不详）等人的思想与理论，都在相当程度上为中国译论界所知晓,并因此引发不少研究者朝"比较译学"方向作出有益的尝试和努力,如罗新璋(1984: 16-18)、刘宓庆(2005)等人有关中西译论特点的阐发即是典型例子。但把"比较译学"明确作为译学体系中一个专门研究领域,即作为翻译学的分支学科加以提出,这在国内外尚属先导之举,具有助力译学学科发展的积极意义。

10.2 比较译学的目的与任务范围

如前所述,作为翻译学分支学科的"比较译学"主要涵盖两大内容:一方面,它是指对不同翻译传统、不同译论体系中出现的翻译思想、理论以及翻译方法、技巧等进行比较研究;另一方面,它也包括对翻译学与其他学科(诸如文学、哲学、语言学、自然科学等)之间进行比较研究。两者之间,前者与译学本身直接相关,因此是"比较译学"的主体,也是本章的关注重点。此外,我们还必须首先区分两个概念,即"比较译学"与"译学比较"。这是两个涵义不同,但容易引起混淆的概念。"比较译学"是翻译学属下分支学科的名称,是一个知识领域;"译学比较"则是指译学以及比较译学的比较行为,是一种具体操作,它可以是翻译理论与方法论方面的比较,也可以是翻译的具体操作过程或结果的比较。前者是"比较译学"行为,是一种宏观意义上的行为,如在支谦与西塞罗、严复与泰特勒之间开展比较;后者则是人们通常所说的"翻译比较",是一种具体行为,如在译作与原作、同一原作的两种或多种不同译作、译作与原作的整体风格、译作与原作的具体细节(如个别措辞)等之间展开比较。

但本章的关注重点,是对作为翻译学分支学科的"比较译学"的研究。下面我们从"比较译学"的目的、范围、任务、方法等几个方面展开论证。先谈"比较译学"要达到的目的。简言之,其基本目的有三:一是定位目的,即通过比较,使人们对各个国别译论体系或分支体系在整个人类译论发展史上的相应位置、对它们各自的价值和它们对人类译论发展所作出的贡献，以及对翻译学与其他学科的相互关系等有正确的了解和定位。二是认知目的，即通过比较，使人们对人类翻译即翻译理论的共性与个性、其普遍性与特殊性，以及其抽象性与实用性等有充分的认识。三是实用目的，即通过比较，使人们从不同翻译传统或译论体系中获得启示和启发，经过甄别、筛选把"他者"翻译理论、思想和方法中的有益养分消化、吸收到"自我"翻译实践当中来，从而更好地助力"自我"制定翻译准则，厘定翻译标准，提高翻译质量。

就"比较译学"的研究范围而言，可以分为"主体研究范围"与"相关研究范围"。所谓"主体研究范围"，是指涉及翻译传统、译论体系、译论思想理论以及翻译方法技巧比较的范围；所谓"相关研究范围"，则是指涉及翻译学与其他学科（如文学、哲学、语言学、自然科学等）比较的范围。虽然翻译学与其他学科之间的比较研究不是"比较译学"的重点，但我们可以通过这种比较去了解它们之间的相互关系、相互作用和相互价值，进而推动翻译学在更大范围的发展。比如，通过译学与哲学的比较，我们可以了解到译学中的许多概念如"活译"与"死译"、"意译"与"直译"、"意译""直译"与"折中"等，无不源发于哲学上的二元观与多元观；西方译学术语的纷繁复杂，也无不追根到西方重命名、重推理的哲学传统。至于翻译学与语言学之间的相互依存、相互作用，自然更加广为人知，无须在此赘言。

那么，"比较译学"的主体研究范围究竟包括哪些具体内容？研究任务是什么？研究工作中各个环节的相互关系又是怎样？要说清楚这些问题，最好莫过于先以图表示（见图10.2-1）。

图10.2-1中有三点需要加以文字说明：第一，图中的"学科本体比较"是指"比较译学"作为翻译学属下一个分支学科的"内部"比较，即前面所说比较译学的"主体研究范围"。与之相对的"跨学科比较"则是一种"外部"比较，即前面所说的"相关研究范围"。第二，"学科本体比

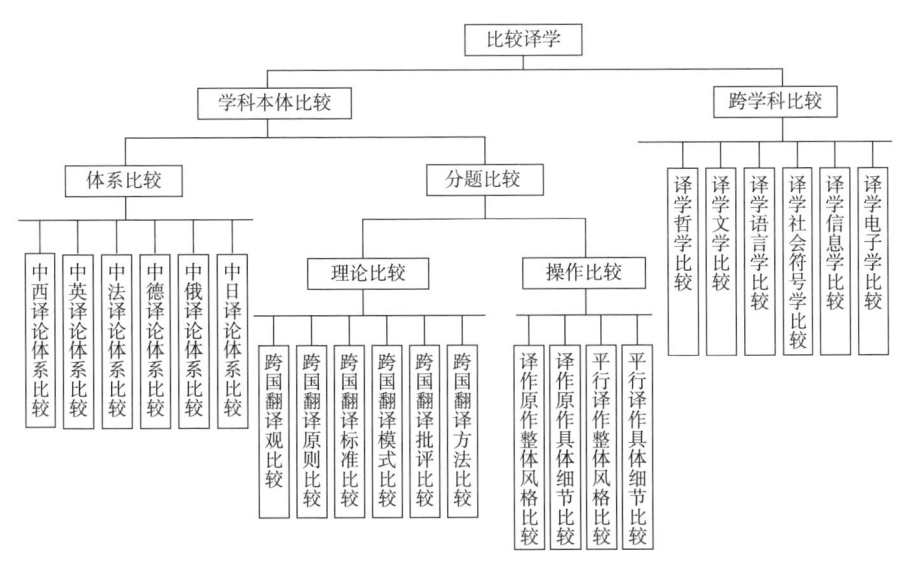

```
                          比较译学
                    ┌────────┴────────┐
               学科本体比较           跨学科比较
            ┌──────┴──────┐      ┌──┬──┬──┬──┬──┐
         体系比较        分题比较  译 译 译 译 译 译
                      ┌────┴────┐ 学 学 学 学 学 学
                    理论比较  操作比较 哲 文 语 社 信 电
                                      学 学 言 会 息 子
                                      比 比 学 符 学 学
                                      较 较 比 号 比 比
                                            较 学 较 较
                                              比
                                              较
```

图 10.2-1 比较译学研究范围

体系比较下：中西译论体系比较、中英译论体系比较、中法译论体系比较、中德译论体系比较、中俄译论体系比较、中日译论体系比较

理论比较下：跨国翻译观比较、跨国翻译原则比较、跨国翻译标准比较、跨国翻译模式比较、跨国翻译批评比较、跨国翻译方法比较

操作比较下：译作原作整体风格比较、译作原作具体细节比较、平行译作整体风格比较、平行译作具体细节比较

较"属下的"体系比较"是指宏观层次上的比较，即比较各个国别、语种译论发展史的全貌，其中也包括对各个发展阶段的比较；与"体系比较"对应的所谓"分题比较"，是指按照各个不同专题对翻译理论、翻译方法以及实际翻译操作过程与结果的具体比较。第三，图中最底层各比较项下横向连接线的两端均呈开放状，其含义是：有关比较项下所列出的只是部分而远非全部课题，如在"体系比较"项下还可以有"东西译论体系比较""中阿（阿拉伯）译论体系比较""中葡译论体系比较""中印译论体系比较""中朝译论体系比较""中越译论体系比较"等。事实上，课题的多寡和定题，主要取决于比较研究的需要和研究者的兴趣所在。例如，中国学者一般只会对涉及中国译论体系和汉语翻译在内的比较研究感兴趣；外国学者则只会对涉及各自国家和语种的译论体系和翻译感兴趣，如英美人可能只对英法、英德、英俄、英中、英日、英阿等译论体系比较感兴趣，俄罗斯人只对俄英、俄中、俄日等译论比较感兴趣等。这种以二元比较为核心，"倾斜""偏重"于自身译论体系的现象，在一定程度上可能会使研究结果有些偏颇、狭窄。例如，在中英译论体系的比较中，研究者可能会因中国有个严复的"信、达、雅"，英国有个泰特勒的"翻译三原则"，而

得出"翻译原则必三元"的结论；但在中日译论体系的比较中，由于日本翻译传统中未必有类似严复和泰特勒的"三元"原则，研究者也许就会得出一种不同的结论。如果不把诸如此类的二元比较结果放在一起加以综合考察，而仅仅满足于狭隘的二元比较，那么研究者就很难真正认识与发现翻译的"普遍性"或"世界性"原则。恰恰由于比较译学提倡更大范围的比较，提倡对各国别、语种的译论体系进行多边、多元的综合型比较，我们对上述二元比较可能引起的片面性和局限性，就能得以更加清楚的认识，并寻找方法克服这些片面性和局限性。

译学比较的任务，即围绕上述目的和范围，具体开展各个层面的比较，然后提供出有价值的研究成果。这里要着重指出两点：一是出"成果"；二是成果必须有"价值"。实际上，第二点只是对第一点的补充，属于不说自明之理，因为没有价值的成果很难被冠以"成果"之名。所以，我们在此只强调研究必须出"成果"这一点。所谓出"成果"，具体而言，就是把通过比较发现到的东西，通过分析得出的结论，用各种方式加以记录与发表。例如，我们可以对各个译论体系中出现过的种种论述进行分类，归纳整理出一部综合型的《中外译论大全》。其中分类包括对翻译原则、翻译标准、翻译性质等理论问题的探讨，包括翻译方法和技巧的介绍，包括译学术语的汇编，甚至包括各国翻译家和翻译理论家关于翻译的各种比喻。当然，我们也可以分专题、分语种、分国别撰写出各个方面的书籍和文章。例如，在专题比较方面，我们可以编写诸如《各国翻译大师论翻译原则》《世界翻译方法集锦》《译学比喻大全》之类的著作和文章。总之，产出成果并用于指导解决翻译和翻译理论上潜在的问题、难题，是一般译学研究的任务所在，也是具体比较译学所必须承担的任务所在。

10.3 比较译学的研究方法

要做好比较译学的各项工作，就需要运用有效的工作和研究方法。比较译学的工作或研究方法没有也不会有特定的固定模式，研究者往往需要根据研究工作的客观环境和条件（如资料、语言知识等），来决定运用怎样的方法。以下讨论的六种方法，可被视为较常用的方法。

1. 直接比较法

既然比较译学强调的是"比较"，那么最显而易见的研究方法，就是在甲乙双方或甲乙丙丁多方之间进行直接比较。例如，我们可以把中国和俄罗斯、中国和日本等译论体系或译论体系中某些发展阶段、理论思想、译论人物的有关资料搜集起来加以比较。这里要特别强调的是，需要使用"第一手"，而不是"第二手""第三手"资料。换言之，用以比较的资料应当是原始资料，如比较中国和西方古代翻译文论时必须拿支谦、道安、鸠摩罗什、玄奘等人未经他人改写过的文论，与西塞罗、贺拉斯、哲罗姆、奥古斯丁等人未经他人改写或翻译过的文论加以比较。此种方法的优点是，被比较的对象均以其本来面目出现，因此最可靠，也最能使研究者施展才能，立论创新；而难点在于第一手资料不容易找到，且研究者必须通晓多种语言，包括拉丁语等"死"语；其弱点则是，由于难度大，可能导致研究效率低，甚至得不偿失。

2. 间接比较法

这是与直接法相对应的一种方法，是指以现存研究资料为基础的比较。换言之，研究者的眼光不放在有关研究对象的第一手资料，而是第二手甚至第三手或更多手资料上。这第二、第三手资料的典型例子，就是其他研究者提供的"翻译史""翻译理论研究报告"等。与"直接比较法"相比，"间接法"有三重特点：一是研究效率相对较高，因为可以充分利用别人的研究成果，无须花大量时间再从头去搜寻资料。例如，我们只需读一读马祖毅的《中国翻译简史》（1984）、罗新璋的《翻译论集》（1984）、任继愈的《汉唐佛教思想论集》（1973）等有关中国译史的书文，以及凯利（Kelly, 1979）、里纳（Rener, 1989）、勒弗维尔（Lefevere, 1992）、贝尔曼（Berman, 1992）、韦努狄（Venuti, 1995）、鲁宾逊（Robinson, 1997）、斯坦纳（Steiner, 1998）等西人的翻译史学著述或资料编纂，即可了解各个翻译理论历史人物的基本翻译思想和理论，可谓事半功倍。二是由于间接比较法以多种资料为基础，因此有利于研究者通过对多种不同研究成果的比较而得出更为正确的结论。三是这里所指的"间接"比较，不是也不应是绝对意义上的间接比较。说得更确切一点，它只是以间接比较为主，同时夹插直接比较的成分。因为，尤其是遇到研究疑点时，研究者往往需要把"间接"资料当作"索引"，根据这个"索引"去寻找原始资料，以便为某个结论提供更可靠的依据。

3. 横向比较法

横向比较法可以说是一种共时比较法，着眼点在于比较不同译论体系之间彼此对应或基本对应的两个发展时期，或比较不同体系中在相同和相近时间里出现的翻译思想和翻译理论人物。例如，在中西译论比较研究中，通过进行这种横向比较，我们可以了解到，当西方第一篇谈及翻译理论问题的作品，即古罗马著名学者西塞罗的《论最优秀的演说家》约于公元前46年问世时，中国的翻译发展又是何种情形；或者了解到在中国翻译实践与翻译理论均有较大发展的林纾、严复时代，西方又有何种成果可言；我们还可以了解到，不同的译论传统在同一发展时期，各自受到何种程度的相关社会、哲学、政治、宗教及语言文化等方面因素的影响等。

4. 纵向比较法

所谓纵向比较即历时比较，着眼点是比较不同时间和不对应时期出现的翻译思想和翻译理论人物。换言之，它的比较不受时间因素的限制，例如，我们可以在古今中外的译论家之间进行自由比较，既比较他们思想理论的性质和特点，也比较他们对各自译论体系所作出的贡献。同时，我们还可以通过历时比较与分析，了解不同社会、哲学、政治、宗教及语言文化传统，对各自译论的历史发展产生过什么样的影响等。

5. 主题比较法

所谓主题比较，是指按照译论主题内容进行的比较，即根据某一译论主题如"翻译原则""翻译标准""翻译方法""翻译过程""翻译批评""翻译定义""翻译分类""翻译目的与手段""译者、作者、读者关系"等，在不同译论体系中进行挖掘，比较各自在历史上对这一主题所提供的理论成果。

6. 综合比较法

不言而喻，要在译学比较研究中获得最佳成果，就需要对以上多种方法加以综合或交叉使用，而不将它们截然分割开来。特别是在对有关译论体系进行全面比较时，更应交替使用各种不同的方法。可以说，比较译学是翻译学领域一个具有重要意义的领域。要对它加以开发，使它沿着正确的轨道发展，就必须一开始就对它的目的和发展方向、方法有个正确的认识。特别是一开始，就不满足于其他比较学科如比较文学、比较语言学等曾经津津乐道的所谓比较"三部曲"（谢天振，1994：2）：在作"二元"或"多元"比较时，总是先说二者和三者之间有着"惊人的相似"；然后指出，尽管如此相似，但还是存在着"深刻的差异"；最后便是得出结论，说有关差异是"由于民族、语言特性有别"所致，等等。我们的比较译学研究，既要找出这些"相似"和"差异"，分析出"相似"和"差异"的产生是怎样地由于民族、语言文化的特性所致，更重要的是使所得出的这些结论如何为译学的现实，特别是我国译学研究和翻译实践的现实服务。只有这样，比较译学才会有真正的价值和发展前途。

第 11 章
翻译学与中西译论比较

本章对中西译论比较这一主题的讨论，是为了践行前章所述比较译学思想原则和方法而做出的具体操作。我们知道，翻译和翻译理论的发展无论在中国或是在西方，都有着相当悠久的历史。同时我们也发现，在这漫长的历史长河中，中西方的翻译理论与思想受制于各自翻译实践的此起彼伏，其发展经历也是时起时伏、曲折向前的。本章的讨论目的在于，通过对属于不同文化体系的中西翻译和译论传统进行较为全面而系统的比较，去找寻彼此的发展规律和历程有着怎样的特征。更加具体地说，就是要在对比眼光的凝视之下，去发掘中西翻译和译论体系之间存在哪些相同或相似、相异或相悖之处，去了解和思考两者之间的这些基本特点或特色又能给我们对翻译和翻译学的认知带来怎样的启示，以及如何推进我们今天的译学研究更加深入地向前发展等。

11.1　中国翻译与西方翻译

中西翻译传统是世界翻译史上特色鲜明的两大翻译体系，二者相互独立，却产生出了许多相同或相似的翻译思想，但同时又因所属社会文化体系不同而无不打上彼此不同的烙印。就整体比较而言，我们可以有如下史实发现：

1）我国有文字可考的翻译[①]最早可以追溯到公元前1世纪刘向《说苑·善说》里记载的《越人歌》（马祖毅，1984: 3–4），距今已2000多年。西方有文字可考的最早笔译活动则可追溯到公元前大约250年罗马人里维乌斯·安德罗尼柯用拉丁文翻译的荷马史诗《奥德赛》（Morgan, 1959: 271；谭载喜，2004/2022: 16），距今也有2200多年。可以说，不

[①] 这里指书面翻译即笔译，而不指口头翻译即口译。《礼记·王制》篇所载"……夷，蛮，戎，狄……五方之民，言语不通，嗜欲不同，达其志，通其欲：东方曰寄，南方曰象，西方曰狄鞮，北方曰译"，虽指翻译之事在我国远古时代早已存在，但"当时中原文化高于边陲民族，所以通达志欲只限于言语的沟通，也即所谓口译。"（罗新璋，1984: 1）

论是中国或是西方，翻译的历史都相当悠久。

然而，尽管我国的笔译传统可以说起始于《说苑·善说》里记载的《越人歌》，但《越人歌》只是一个孤立的翻译活动，它并没有引发一场大规模的翻译运动。我国翻译史上第一个高潮，即佛经翻译的高潮，一直到西域高僧安世高于公元 148 年来洛阳之后才开始形成。而在西方，公元前 3 世纪中叶安德罗尼柯用拉丁文翻译的荷马史诗《奥德赛》，却成了西方翻译史上第一大高潮的先导。自安德罗尼柯开创西方文学翻译的先河之后，一大批与安德罗尼柯同时代或随后的罗马诗人、戏剧家、哲学家、修辞学家纷纷投身翻译，如饥似渴地把大量希腊史诗、戏剧等文学典籍翻译介绍给罗马读者，在罗马掀起了一股巨大的希腊文化、文学热潮。这些早期翻译家中包括与安德罗尼柯齐名而被共同誉为"开创罗马文学三巨头"的涅维乌斯与恩尼乌斯，以及其他文学翻译大师如普劳图斯、泰伦斯、西塞罗、卡图鲁斯（Quintus Lutatius Catulus, 149 B.C.E.–87 B.C.E.）等。在翻译理论方面，中国第一篇谈论翻译的文字是三国时期佛经翻译大师支谦的《法句经序》，约作于 224 年；西方最早的翻译文论，则首推罗马时期翻译家、修辞学家西塞罗的《论演说家》（De Oratore），以及我们在第 9.3 节所讨论到的《论最优秀的演说家》和《论善与恶之定义》，它们分别作于公元前 55 年、公元 46 年以及 45—46 年。中西相比，无论就翻译（笔译）实践或翻译理论而言，西方翻译传统的源起，似乎都先于中国翻译传统 200 多年。当然，在翻译的历史长河中，200 多年并不算长，某个传统比另一个传统长 200 年或短 200 年，也并不等于某个传统就一定比另一个传统"先进"或"落后"。然而，它倒能说明，在中西方各自的文化历史发展中，西方文化比华夏文化更早地得益于翻译文化的开发与发展。正如西方翻译史学家凯利所言，古罗马时期以来西方文化的发展，首先应当归功于翻译（Kelly, 1979: 1），因为没有翻译就没有古希腊文化在罗马土壤上的发扬光大，进而也就没有后世欧洲各独立民族文化的充实与发展。以上史实同时也表明，作为两大世界级体系，中西翻译传统有着各自独立的发展时间和行动路线。

在19世纪末、20世纪初之前的历史中，中西翻译传统之间的相互交流和影响实际上不存在，尽管中西方的整体文化交流可谓源远流长。即是说，特别是在翻译理论方面，一直到了19世纪末、20世纪初，中西之间才出现某种交流，其主要表现形式多为自西向东。例如，在19世纪末、20世纪初之前，中西对于彼此的翻译传统，尤其是对各自翻译理论传统的了解，可以说无从谈起。到了19世纪末和20世纪初，随着西学东渐声势日隆，随着新文化运动在中国的兴起，中国人对于西方文化的学习，才从科学技术全面扩大到政治、军事、经济、文学、宗教等各个人文领域，其中也包括西方的翻译领域。人们不仅大量译介西方科技、政论、文艺作品，而且也开始注意到西方的翻译传统，注意到翻译对于西方文明的起源和发展所起到的重要作用，并注意到西方独具一格的翻译理论。例如，马建忠在《拟设翻译书院议》和梁启超在《论译书》的文章中，分别评论到近代西方译介中国文化（马建忠，1933/1984：1）和在整个西方文明中，"（泰西）格致性理之学，原于希腊；法律政治之学，原于罗马。欧洲诸国各以其国之今文，译希腊、罗马之古籍，译成各书"（梁启超，1897/1984：10）等方面的情况。至于对西方翻译思想和理论的了解，亦可追溯到21世纪较早的时候。例如，英国泰特勒的《论翻译的原则》一书，我国在20世纪20年代开始就有了介绍（罗新璋，1984：15）；意大利克罗奇的"翻译即创作"之说，也于20世纪30年代为我国翻译研究界所知晓（林语堂，1933/1984：270–272）。

如前所述，就整个翻译历史而言，中西翻译传统之间的种种相互了解与交流，到了现代发展阶段才开始出现。从现有记载看，历史上中西方各次较大的文化、商业、科技交流，如著名"丝绸之路"引发的交流、唐代景教的传入、马可·波罗（Marco Polo, 1254–1324）的中国之旅，都没有伴随着有重要标记的翻译活动的出现。即使是明末清初由耶稣会士主导的科技、典籍翻译，也只是局限于西语汉译或汉语西译，其性质纯粹属于翻译的范畴，而非本节所指不同翻译体系之间的交流。这就说明，至少在 19 世纪末、20 世纪初之前的历史长河中，中西翻译传统沿着各自的路线发展，互相独立，互无交往，因而形成了特色鲜明的两大翻译体系。

从宏观上看，作为最具影响的两大世界级翻译体系，中西之间的区别之一，是"单一体系"与"多元体系"的区别。在理论上，中国翻译传统的涵盖面，不仅包括汉语言文化内的翻译，而且也应包括中国境内其他民族语言文化内的翻译，如藏语、蒙古语、维吾尔语语言文化内的翻译。但由于在所有这些不同民族语言文化的翻译传统中，涉及汉语言文化的翻译传统占绝对重要的地位，因此它往往被当作了中国翻译传统的唯一代表，即狭义上的中国翻译传统。也就是在这个意义上，中国翻译传统是一个"单一的"翻译体系，因为它自古至今都发生在同一语言文化即汉语言文化的环境里。

西方翻译传统却与此不同，它起始于古罗马时期，经历了从同一"母"体系到不同"子"体系发展、演化的过程，即从古代拉丁语言文化体系，向后世欧洲各个民族语言文化体系发展、演化。因此可以说，西方翻译传统是一个"多元一体的"翻译体系。

由于中国翻译传统是"单一"体系，集中发生在汉语言文化这一个体系内[①]，而西方翻译传统（尤其自中世纪各民族国家出现起）是"多元"体系，分散发生在多个不同的"子"体系如德、法、英语言文化等"子"体系内，因此中西两大翻译传统之间，不可避免地会出现发展上的不平衡。具体地说，特别是当西方翻译传统进入中世纪中叶以后，因为它已从"单一的"罗马"母"体系扩大、演化成了许多相对独立的不同民族体系，因此作为整体，它无论在翻译理论或翻译实践上，都留下了比中国翻译传统更为丰富的遗产。

当然，此种发展上的不平衡，并非始终以一面倒的形式出现。即是说，

[①] 当然，换一个角度来看，此种说法并不正确，因为中国翻译体系应指包括汉语言文化和所有少数语言文化在内的整个中华民族的翻译体系。但本书所述之"中国翻译"，主要是指涉及纯粹汉语言文化翻译的、狭义上的"中国翻译"而言，不牵涉其他文化政治因素。特此说明。

虽然从总体看，西方翻译传统有着比中国翻译传统更为丰富的遗产，在许多阶段的发展比中国翻译传统都更为迅猛，但在特定的历史时期或历史阶段，中国翻译传统的发展却可能优于西方的翻译传统。例如，在公元前3世纪至公元1世纪，当罗马人大兴翻译之风，西方翻译传统出现第一大高潮的时候，大规模的翻译活动在中国尚未真正开始，因此很明显，此时中国翻译传统的发展不及西方。但从公元3世纪起，佛经翻译开始在中国形成高潮，其规模是同期西方翻译所不能比拟的。事实上，从公元3世纪至10世纪，在将近800年的漫长历史中，佛经翻译在中国高潮迭起，长盛不衰，而在与此相对应的许多世纪里，西方翻译传统却陷于"愚昧黑暗的"时代，无重大发展可言。到了文艺复兴时期，西方翻译出现了前所未有的"黄金时代"，其规模和影响都超出了中国翻译传统中与之对应的明末清初的宗教、科技翻译。然而，进入20世纪以后，中国的翻译又频频出现高潮，特别是自70年代末以来，其来势之猛，规模之大，成果之丰，都在同期西方翻译发展之上。

2）然而，不论是就整体翻译遗产而言，还是就特定发展时期的翻译遗产而言，中西之间的差别主要是"量"的差别，而不是"质"的差别。也就是说，所谓西方比中国有着更为丰富的翻译遗产，是指西方各国历史上的翻译总量、译作总数以及投身于翻译的人数，比我国相对多一些。例如，尽管我国历史上曾经出现过规模宏大的佛经翻译，所出译作数以千计，但唐宋之后雄风不再，经文译作寥寥无几。相反，西方的圣经翻译起始于公元前3世纪，历经古罗马、中世纪、文艺复兴、近现代各时期，直至当代，其高潮迭起，反复不断。在文学翻译领域，情况更是如此。19世纪末、20世纪初之前，我国可以说没有出现过大规模的文学翻译，因此谈不上有很多文学翻译作品或文学翻译家的存在。而在西方，不论是在拉丁语时期的罗马，还是在后世民族语时期的欧洲各国，文学翻译始终是推动西方文化、文学向前发展的原动力。最早的拉丁文学作品是译自希腊的荷马史诗，最有影响的文学运动即文艺复兴运动，皆离不开文学翻译的推动。各时期许多最伟大的文学家同时也都是伟大的翻译家或翻译评论家，如古代的泰伦斯、西塞罗、贺拉斯，中世纪意大利的但丁和英国的乔叟，文艺复兴时期以来法国的阿米欧、伏尔泰、雨果、夏多布里昂、奈瓦尔（Gérard de Nerval, 1808–1855）、波德莱尔（Charles Baudelaire, 1821–1867）, 德国的施莱格尔（August Wilhelm Schlegel, 1767–1845）、赫尔德（Johann Gottfried von Herder, 1744–1803）、荷尔德林、洪堡、席勒、歌德，英国的查普曼、德莱顿、蒲伯（Alexander Pope, 1688–1744）、约翰逊（Samuel Johnson, 1709–1784）、菲茨杰拉德（Edward FitzGerald, 1809–1883）、阿诺德、纽曼等。因此，西方历史上翻译成果在数量上多于我国，这一史实不足为奇。但就翻译质量而言，中西翻译传统之间却不存在如此泾渭分明的差别。特别是当人们把译作"有没有达到取悦读者或传递信息、沟通感情、产生影响等目的"作为检验翻译质量的标准时，中西方都各有其翻译佳品、翻译大师留给历史。例如，我国古时翻译大师支谦的佛经翻译，足可与罗马时期西方翻译巨匠哲罗姆的圣经翻译媲美；我国近当代翻译大师严复和傅雷的翻译实践在"取悦读者""影响读者""推动翻译"的程度上，并不逊色于西方任何时期的任何译者。

　　以上是翻译的实践方面。在翻译的理论史上，中西之间的差别也同样表现在"量"而不在"质"的方面。也就是说，西方翻译理论遗产在数量上比我国多，但在中西翻译理论所阐述的问题，及其对各自翻译实践所产生的指导作用上，彼此之间却并没有多大区别。例如，中西翻译理论对于诸如翻译原则、翻译标准、翻译程序、翻译方法等问题都进行过相似的探讨，各自的各种翻译理论和思想都对各自的翻译实践活动产生过重要的影响。中国方面，如道安的"五失本""三不易"，玄奘的"五不翻""译经分工十一法"，严复的"信、达、雅"，傅雷的"神似"，钱钟书的"化境"；西方方面，如古罗马哲罗姆"世俗文学翻译用意译、圣经翻译用直译"的主张、16世纪法国多雷的翻译五要素、17世纪法国佩罗·德·阿布朗古尔（Perrot d'Ablancourt, 1606–1664）的"美而不忠"的翻译观，17世纪英国德莱顿的翻译三分法、18世纪泰特勒的翻译三原则、19世纪德国施莱尔马赫"不是尊重作者就是尊重读者"的翻译观、歌德的翻译三分法，以及20世纪众多翻译理论家提出的各种现代翻译理论等。所有这些人的翻译观、翻译思想或翻译理论，都在各自所属的翻译体系里发挥了十分重要的历史作用。

必须指出，关于中西翻译传统的比较，我们不能停留在只对它们作一般性的描述。作为本节的后续，下面各节将分别对中西翻译比较的其他方面展开讨论，包括中西译论的相似性、中西译论的相异性、制约或影响这种相似与相异的社会文化、思想哲学因素，以及由此引发的关联思考等多个方面。

11.2　中西译论的相似性

中西翻译传统尽管涉及不同的语言文化、不同的翻译材料和不同的思想背景，但两者之间却存在着许许多多的相似。实际上，我们可以说，中西间的相似多于相异，相向多于相背。本节从翻译实践与翻译理论的相互关系、翻译理论的发展模式，以及翻译思维、翻译原则、翻译方法的演进过程等多个方面，对存在于中西译论之间的这种相似性加以探讨。

1）对中西翻译传统进行具体比较，我们发现，不论在中国或西方，尽管翻译理论的发展速度与规模始终无法与各自的翻译实践相匹敌，但各个时期的翻译实践却总是带动了各自翻译理论的发展，因而使翻译的实践与理论构成了各自传统中不可分割的整体。从某种意义上说，这一结论只不过是对翻译理论来源于翻译实践、又反过来指导翻译实践的辩证唯物观的一种佐证。

中西方翻译的历史都证明，翻译是一项有规律可循、实践性很强的活动。但它的发展却又离不开翻译理论的推动。当然，翻译实践并不以翻译理论的存在为先决条件，在最早期的翻译实践中，翻译者们并没有明确的理论来指导和规范其翻译行为。但不论在中国或西方，翻译实践从一开始就是在一定的指导原则下进行的，尽管翻译者对这些原则未必有明确的表白。例如，公元2世纪安世高、支谦等人从事佛经翻译时，由于他们的汉语知识有限，无法自由地把浮屠的原旨传译到译入语即汉语中，因而自觉不自觉地遵循了"案本而传""不加文饰"的翻译原则。在西方，罗马人因征战胜利而视希腊文学为可以任意"宰割"的"战利品"，因此翻译希腊作品时自觉不自觉地遵循了"与原作媲美""超越原作"的翻译原则。后来，随着翻译实践的深入，翻译者开始明确地意识到翻译的内在规律和指导原则，并开始总结这些规律和原则，这就出现了从翻译实践向翻译理论的升华。从某种意义上说，西塞罗于公元前55年、公元46年和45—46年在其《论演说家》《论最优秀的演说家》和《论善与恶之定义》等多篇文论中提出"意译"的主张，以及支谦于224年在《法句经序》中借老子之言谈论佛经翻译的"美言不信，信言不美"，其实就是从实践到理论的自然发展结果。

另外，由于内在的翻译原则和规律得到了理论的升华，人们对翻译的本质、目的、作用，直至方法、技巧等问题开始有了明确的认识，因而翻译实践便开始脱离盲目状态，而有了明确的发展方向。可以说，西方由西塞罗、我国由支谦引发的对于"意译"和"直译"的思考，就是翻译实践开始步入明确发展轨道的标志。自西塞罗和支谦在各自翻译传统里开创理论先河之时起，翻译家们一方面在翻译实践中开始有意识地采取或不采取某种翻译方法，以达到自己的翻译目的，另一方面开始纷纷谈论有关翻译的各种问题，从而把对于翻译的感性认识上升到理性认识。"直译"与"意译"作为两种基本的翻译方法，由此在翻译的漫长历史进程中，不仅主导了翻译的实践，而且成了翻译家们热衷于讨论的理论问题。从贺拉斯、哲罗姆、奥古斯丁，到德·阿布朗古尔、路德、阿米欧、德莱顿、施莱格尔、歌德、菲茨杰拉德，从道安、鸠摩罗什、玄奘到徐光启、严复、林纾、鲁迅、傅雷，自古至今，莫不如此。

2）显然，翻译实践的发展，必然会牵动翻译理论的发展。从这个意义上说，在中西方各自的翻译史上，只要翻译实践出现发展高潮，翻译理论就势必会随之出现发展高潮。亦即说，中西翻译史上几个主要的发展时期，如中国汉末至唐宋的佛经翻译、鸦片战争后至五四前后的西学翻译，以及西方早期文学和圣经翻译、文艺复兴时期至 19 世纪的文学、宗教翻译等，其作为中西翻译传统重要发展时期的历史地位，不仅仅体现在翻译的实践上，同时也体现在翻译理论的建设上。例如，中国汉末至唐宋的佛经翻译，不仅把几乎所有重要的佛典移植到了汉语言文化之中，而且也开创与发展了中国翻译理论研究的传统；鸦片战争后至五四前后的西学翻译，更是产生了翻译实践与理论并重的严复与林纾等一代震撼历史的翻译大家。同样，西方早期文学和圣经翻译不仅把希腊典籍大规模地移植于罗马的文化土壤，产生了被后世译界奉为"第二原本"的《通俗拉丁文本圣经》，又出现了影响巨大的西塞罗、哲罗姆、奥古斯丁的翻译思想；文艺复兴时期至 19 世纪的文学、宗教翻译，不仅给历史留下了极其丰富的翻译作品，如阿米欧的《名人传》、路德"为民众而译"的《德语圣经》、开现代英语先河的《钦定版圣经》、卡莱尔的歌德、施莱格尔以及雨果的莎士比亚等，而且还给西方翻译研究领域带来一派前所未有的繁荣景象，涌现出不少颇具影响的翻译思想家和理论家，如发表第一篇翻译专论的布鲁尼（Bruni, 1426/1997）、第一个把翻译方法和原则归纳成条的多雷（Dolet, 1540/1997）、第一个发表翻译专著的泰特勒（Tytler, 1790/1970）等。

综观中西翻译理论的历史进程，不难发现一个共同的演进模式：都是从对翻译问题的顺带式议论，到有意识点评，到系统性论述；从序言跋语，到零章散节，到专题专论。中国翻译理论和思想体系的构建从支谦、道安、鸠摩罗什、玄奘，到严复、鲁迅、傅雷、钱钟书，再到董秋斯、金隄、刘宓庆；西方翻译理论和思想体系的构建从西塞罗、贺拉斯、昆体良、斐洛（Philo Judaeus, c. 10 B.C.E.–c. 50）、哲罗姆、奥古斯丁，到布鲁尼、路德、伊拉斯谟、多雷、于埃、德莱顿、歌德、洪堡、施莱尔马赫、巴特、泰特勒，再到奈达、费道罗夫、穆南、奎恩（Willard Quine, 1908–2001）、卡特福德、霍姆斯、斯坦纳、勒弗维尔、图里、伊文佐哈、纽马克、威尔斯、巴斯内特、赫曼斯、弗米尔、赖斯、诺德、豪斯、哈蒂姆、彻斯特曼、韦努狄、贝克、鲁宾逊、铁莫奇科、皮姆、格特、弗洛图、西蒙、贝尔曼、塞莱斯柯维奇、勒代雷、特克南康狄特、耶斯凯莱伊等，无不充分反映出了这一发展模式。

3）涉及译论发展的具体内容，我们可从以下各方面来阐述中西译论的相似性。首先是思维方法的相似。自古至今，中西翻译理论家所考虑的问题，彼此不无相同，其中主要包括翻译原则、翻译目的、翻译过程、翻译步骤、翻译方法、翻译范畴、翻译中的各种关系如作者、译者与读者之间的关系，等等。也就是说，中国翻译理论也好，西方翻译理论也罢，其发展的目的，无不在于回答这样的问题：翻译是什么？翻译什么？为什么翻译？为谁翻译？怎么翻译？翻译的重点是内容还是形式？翻译必须重神似还是必须重形似？翻译的好坏由谁来判断？怎么判断？翻译究竟是艺术，还是技术，抑或科学等。

当然，所有这些问题的提出，不会是也不可能是某一个时期某一个或某几个人所为，而是整个翻译发展史上各个时期各个翻译家和翻译思想家的整体所为。而对诸如此类问题的探讨，不仅中国人熟悉，西方人也同样耳熟能详。这一点足以证明，"认知相向"或"认知相似"是中西翻译思想的一个基本特性。

其次是基本翻译方法的相似。自古以来，中西方翻译理论都区分"直译"和"意译"，"死译"和"活译"。在表达方式上，中西之间自然有别。例如，古时西方翻译理论的代表人物西塞罗在谈论自己的翻译实践时说，他在翻译古希腊演讲作品的过程中，是以"演说家"而非呆板"解释员"的身份处理翻译问题的。在我国，翻译理论的开山之师支谦在评论竺将炎的佛经翻译时指出："将炎虽善天竺语，未备晓汉。其所传言，或得胡语，或以义出音，近于质直。仆初嫌其辞不雅。维祇难曰：'佛言依其义不用饰，取其法不以严。其传经者，当令易晓，勿失厥义，是则为善。'座中咸曰：'老氏称"美言不信，信言不美。"……今传胡义，实宜径达。'是以自偈受译人口，因循本旨，不加文饰。"（支谦，224/2009：22）

从表面看，西塞罗与支谦所谈内容互不相同。但透过表面看本质，两者之间在思想深处却是彼此相同或相似的，即两人都在各自的翻译理论传统中，率先提出了"直译"与"意译"的概念。西塞罗所谓"演说家式"的翻译，实际上是指"意译"与"活译"；所谓"解释员式"的翻译，是指"逐词翻译"即"直译"。同样，支谦的所谓"质直"，实际上也是指包括音译、死译在内的"直译"；而所谓"文饰"，则是指讲究文丽修饰的"意译""活译"。

西塞罗与支谦对于"直译"与"意译"的区分，得到了同时代和后世翻译理论家的响应和发扬。例如，继西塞罗之后，古罗马时期的著名诗人贺拉斯以及后来的圣经翻译大师哲罗姆都明确地使用了"以词译词"（*verbum pro verbo*/word for word [translation]；即"逐词翻译"）和"以义译义"（sense for sense [translation]；即"意译"）等术语和概念，弥补了西塞罗在这两方面的不足。自文艺复兴以来，随着各民族语翻译以及翻译研究的不断发展，西方翻译理论传统中则是不断提出了界定清楚的理论概念以及与之相应的术语，如17世纪英国德莱顿提出的"词译""释译"和"拟译"，19世纪德国歌德提出的"传递知识的翻译/改编式翻译"（informative translation/adaptation; parodistisch）和"逐行对照式翻译"（interlinear translation），20世纪奈达提出的"动态/功能对等"（dynamic/functional equivalence）和"形式对应"（formal correspondence）、纽马克提出的"交际翻译"（communicative translation）和"语义翻译"（semantic translation）等。

在我国，虽然早期翻译的理论研究并未提出很多"西方式"的概念和术语，但人们关于翻译问题的讨论，却始终是围绕"意译"与"直译"这一对矛盾而展开的。并且，理论家们对于翻译实际操作中出现的具体问题，自古以来就有了深刻的认识和剖析。例如，道安所述翻译中的"五失本""三不易"，玄奘阐释的"五种不翻"，以及严复指出的"译事三难"等，无不通过对翻译困难的剖析揭示出翻译的普遍规律，并确立了翻译必须遵循的原则与方法。这翻译的普遍规律、原则和方法，即把某个信息从一种语言转移到另一种语言，由于言语各异，必然"传实不易"，在移译过程中，意义也就必然有所走失。而这种种"不易"和"（意义）走失"，是指由于"直译"原文信息所引起的"不易"和"走失"；为了克服"不易"，弥补"走失"，翻译者就必须遵循"信"即"忠实"的原则，采取"传神""达意"或者"不翻""案本而传"的方法，亦即"意译/活译"或"音译/死译/直译"的方法，来处理翻译中出现的问题。我国译论传统中对于翻译问题的此类认识与剖析，与西方译论传统中的相关议论相比，可说具有异曲同工之妙。例如，古罗马翻译大师哲罗姆认为，世俗作品应当采用"意译"，而《圣经》翻译却必须采用"直译"，因为在《圣经》中"连句法都具玄义"（Jerome, 395/1997: 25）。在这样的"直译"中，翻译者对《圣经》原文的句法结构不得有半点改动，也就是要采取类似与玄奘所提"不翻"的方法，这样才能避免损害《圣经》所具有的那层深刻的"玄义"。换一个角度看，玄奘提倡的所谓"不翻"，也就是19世纪德国翻译理论家施莱尔马赫所说的"尽可能不扰乱作者的安宁，而让读者去接近作者"（Schleiermacher, 1813/1997: 229）。

中西译论传统的另一个共同之点是，翻译中"信"或"忠实"的问题，自古以来都是中西译论的核心议题。在西方，这个议题的提出最早可以追溯到贺拉斯的名篇《诗艺》。贺拉斯在谈论诗歌创作时，告诫人们不要"像忠实译者那样逐字翻译"（Horace, 20? B.C.E./1997: 15）。在我国，"信"的概念见于翻译文论，最早当推支谦的《法句经序》，即文中所引老子之言："美言不信，信言不美"。十分巧合的是，不论是贺拉斯或是支谦，他们的所谓"忠实"或"信"，实际上都是指字面的"忠实"、字面的"信"，而非现代人一提"忠实"和"信"即首先想到的"意义上的忠实"

或"意义上的信"。因为,在贺拉斯看来,"忠实的译者",必定是"逐字翻译"的译者;同样,在支谦看来,"信"的译文,也必定是"因循本旨,不加文饰"的译文。

当然,在表达"译文必须忠实于原文"这一基本概念时,无论是我国或西方都使用了各种不同的术语,主要包括:"信""忠""忠实""正确""准确""对等""对应""等值""fidelity""loyalty""faithfulness""accuracy""truth""equivalence""correspondence"等。但术语数量的多寡和名称的不同并不重要,重要的是:"忠实"或"信"的概念在中西方的翻译理论中,自古以来都占据中心位置。正如德莱顿所说,"作者的意思……是神圣而不可亵渎的"(Dryden, 1680/1992: 174),"我们(译者)受作者意思的严格约束……",必须像奴隶一般"在他人的庄园耕作","被迫压抑自己的诗趣"而把他人的意蕴献给读者(Dryden, 1680/1992: 175)。用德莱顿的同时代译人罗斯康门(Earl of Roscommon, c. 1633–1685)的话说,就是:"原作总为上,原作落则译作落,原作升则译作升"(转引自 Amos, 1920: 156)。在我国的翻译传统里,从古代佛经翻译到近现代西学翻译,"译文必须忠实于原文",这始终都是"译者第一的责任"(林语堂,1933:261),因为"'信'可说是翻译的天经地义,'不信'的翻译不是翻译;不以'信'为理想的人可以不必翻译"(陈康,1942/1984:443)。

然而,翻译中的"信"却可以有各种各样的表现。例如,我们可以有"(1)词语(词、词组、短语)语义的'信',(2)词语修辞色彩的'信',(3)句法逻辑的'信',(4)句法结构的'信',(5)行文风格的'信',(6)艺术形象的'信',等等"(常谢枫,1981/1984:900)。同理,翻译中的"对等""对应""相似"等也可以有各种各样,其中包括:(1)"意义对等""文本对等""形式对应"(Catford, 1965);(2)"动态对等""功能对等"(Nida, 1964; de Waard & Nida, 1986),"神似""形似"(傅雷,1951/2009),"等效"(金隄,1998)、"等值"(吴新祥等,1990)。而"对等""相似"也好,"等效""等值"也好,其实只不过都是"信""忠实"

这个根本思想的外延。因此，所有这些都说明："信"的问题是中西翻译理论所共同关心的核心问题，古时如此，现在亦然。

有趣的是，支谦在3世纪谈论翻译问题时关于"美言不信，信言不美"的言论，时隔1000多年，在17世纪法国的翻译实践中找到了令人惊叹的异域"知音"。自由派翻译大师德·阿布朗古尔坚持"古为今用、外为己用"的"薄古厚今"立场，采取任意发挥的手法进行翻译。其译笔精美华丽，但所译内容却往往与原文相去甚远，格格不入。于是，有人即把他的翻译比作"红杏出墙"的女人，说它们是"美而不忠"的作品。虽然法国翻译中的"美而不忠"，与中国翻译中的"美言不信，信言不美"或许会引发不同的联想，但两者在表述形式和基本所指上的惊人相似，却也是显而易见的。

中西翻译思想中还有一个有趣的共同点：自古以来，翻译家们在谈论翻译理论问题的时候，都喜欢使用形象的比喻，而且所用形象或喻义有时十分相近。例如，中国译论比喻中有："嚼饭与人"（鸠摩罗什）、"葡萄酒之被水"（道安）、"乳之投水"（道朗）、"翻锦绮"（赞宁）、"塑像、画像、临摹古画"（陈西滢）、"写生画"（唐人）、"处女与媒婆"（茅盾）、"临画、神似"（傅雷）等等；西方译论比喻有："美而不忠的女人"（梅纳日）、"译者是仆人"（法耶特夫人）、"译者是奴隶"（德莱顿）、"翻译如绘画，与原作有美的相似和丑的相似"（德莱顿）、"戴着脚镣在绳索上跳舞"（德莱顿）、"只可摹拟不得创新的临画"（田德）、"从反面看花毯"（塞万提斯）、"从宽颈瓶向狭颈瓶里灌水"（雨果）、"从板刻复制中睹原画色彩"（伏尔泰）、"人民的先知"（歌德）、"美化原作的译者如同在朋友面前为穷女婿遮遮掩掩的岳母"（无名氏）、"翻译者即叛逆者"（意大利谚语）等。所有这些比喻，都各有各的道理，并且不论中西，都易于理解。这从某种程度上说明，中西翻译家们对于翻译问题的形象思维是彼此相似或相通的。

此外，中西译论的演进过程有一个显著的共同特点，就是在历史上都对翻译的原则和方法进行过系统的总结和归纳。在这一方面，西方的突出代表有 16 世纪法国多雷的"翻译五要素"[①]、德国路德的"翻译修改七规则"[②]、18 世纪法国巴特的"句法调整十二法"[③]和英国泰特勒的"翻译三原则"[④];我国的突出代表包括道安的"五失本""三不易"、玄奘的"五不翻"以及严复的"信、达、雅"等。就具体的翻译方法和技巧而言,中西方彼此之间更是有着许多共同点。例如,作用于翻译操作的"增词法""减词法""改译法""倒译法""替代法""引申法""重复法""拆译法""合译法""切断法""推演法""解释法""音译法"等各种变通手法,既为我国译者同时也为西方译者所熟悉、常用。

基于中西翻译理论之间存在的以上这种种相同与相似,我们便得出一个结论:不同的翻译传统尽管翻译实践不同,但它们可以产生出彼此相同或相似的翻译思想和理论。这是因为,翻译是一项有原则指导的人类共同的活动,其最深层、最根本的那些原则是具有普遍意义的,能够跨越语言文化的界限。翻译必须忠实于原作,翻译必须具有原作的通达性,翻译必须像原作那样作用于读者,如此等等。所有这些,无一不是中西方乃至所有人类翻译传统所熟悉的共同准则。

11.3 中西译论的相异性

中西翻译传统涉及不同的语言文化、不同的原语材料、不同的思想方

[①] 译者必须完全理解所译作品的内容、译者必须通晓所译语言和译文语言、译者必须避免字字对译、译者必须采用通俗的语言形式、译者必须通过选词和调整词序使译文产生色调合适的效果(Dolet, 1540/1997: 95–97)。
[②] 翻译时为了正确地传达原文意思,译者可改变原文语序、可合理运用语气助词、可增补必要的连词、可省略没有译文对等形式的原文用词、可用词组译单个的词、可把比喻译为非比喻、必须准确处理原文用词的变异形式(谭载喜,2004/2022: 66–67)。
[③] 不改变原文词序、保留原文思想内容的先后次序、保留原文的句子长短、保留原文的连接用词、副词必须置于动词旁边、对称的句式必须予以保留、不随意增词减词、保留比喻用法、谚语必须译为谚语、不作解释性翻译、必须保持原文的语言风格、译文改变用词时必须以保持原文意思不变为前提(Batteux, 1747–1748/1997: 197–198)。
[④] 译作应完全复写出原作的思想、译作的风格和手法应和原作属于同一性质、译作应具备原作所具备的通顺(Tytler, 1791/1997: 209)。

法，因此不言而喻，彼此之间必然存在许多不同或差异。应该说，与中西译论间的相似性相比，中西翻译传统在翻译理论上表现出的相异性有时更具研究价值。本节拟从以下五个方面具体对此展开讨论。

1）中西译论的彼此相异，首先表现在立论的实用性与理论性这对命题上。中国翻译理论传统的侧重点，历来在于立论的实用性。对于任何一个翻译思想或理论的提出，人们首先关心的是：这个思想或理论能否用来指导翻译的实际操作？对翻译实践有没有可供使用、可供参考的价值？基于这样的指导思想，翻译理论的注意力便主要放在翻译方法和技巧的研究上。例如，支谦所谓"因循本旨，不加文饰"，说的就是直译的方法；道安的所谓"五失本""三不易"，说的也是具体翻译操作中译者遇到的困难和可能采取的克服困难的方法；玄奘的所谓"五不翻"以及玄奘译经的十一种分工（即译主、证义、证文、度语、笔受、缀文、参译、刊定、润文、梵呗、监护大使），则更是谈论具体的翻译方法和操作规程。就连一代译论宗师严复，他的著名三字原则"信、达、雅"原本也只是他用来描述翻译困难而并非作为翻译准则提出的，他所关心的同样是翻译的实践，而不是翻译的理论问题。

可以说，自古以来，中国翻译家和翻译理论家最为关切的，大都是翻译有何困难，以及如何处理这些困难等实用性、针对性很强的问题。尽管在中国整个翻译发展史上，翻译理论的发展无疑也占据了重要的位置，但同样无可否认的是，在20世纪以前中国1000多年的翻译演进中，对于翻译理论问题的专题、专门研究却几乎是一片空白。翻译理论上的真知灼见，大都散见于依附译著而存在的序文跋语中。即使是被人称为"我国最早的内部出版的翻译研究单篇专著"、写于乾隆五年（1740）的魏象乾的《繙清说》（陈福康，1992：75），实际上也仅为"外间极少流传"的内部"培训新的翻译人员所用的讲义"，因此其特点仍在于它的实用性，而不在于它的理论性。

由于中国的翻译理论传统注重翻译研究的实用性，而不注重翻译研究的理论性，因此对于超出（更不用说脱离）翻译实际问题来谈论抽象理论建设的倾向，即使是在现代语言学、现代译学研究蓬勃发展的今天，也并未得到人们的广泛认同。例如，"建立翻译学"这个主张最初于20世纪50年代提出，80年代再度引起重视，但是反对强调翻译理论建设的声音也同时随之而起。然而，50年代也好，80年代也好，反对的意见都不外乎董秋斯在《论翻译理论的建设》一文中所批评的，"一种说：翻译是一种艺术，只能'神而明之，存乎其人'，不受任何理论的约束。……另一种反对意见说：翻译是一种技术，类似油漆匠的工作。油漆匠学会了用颜色，就可以照样本画山水人物。翻译工作者只要看懂外国文，会写本国文，又了解一本书的内容，就可以翻译。"（董秋斯，1951/2009：601）有些反对者认为，即使要谈翻译理论，也只需集中来谈"是采用直译，还是须用意译"等问题，何必提这个"学"那个"学"？还有些反对者则使用更为激进的语言，呼唤人们"丢掉幻想，联系实际"，以此去"揭破'翻译（科）学'的迷梦"（劳陇，1996）。从负面看，这里的所谓"丢掉幻想"，实质上是指"丢掉理想""丢掉理论"；从正面看，也可以认为这一口号反映的，是中国译论传统偏重实用价值而非理论价值的研究特点。

西方译论传统的特点与此有所不同。虽然我们不能说西方的翻译研究不重理论的实用价值，不重理论与实践的联系，或不重翻译的具体操作方法和手段，但与中国译论传统相比，西方似乎更为重视翻译理论的抽象性和条理性。例如，当哲罗姆等人明确区分直译与意译，多雷与泰特勒等人明确提出翻译的原则与规则，德莱顿、歌德、施莱尔马赫、雅可布逊等人阐述翻译如何分类，以及奥古斯丁论述翻译中的语言学问题、文艺复兴以来众多翻译理论人物专题探讨翻译的理论问题时，他们都是在不同程度上把注意力从底层的翻译操作，提升到高层的理论分析和条理性总结。特别是自文艺复兴时期布鲁尼、维弗斯（Juan L. Vives, 1492/1493–1540）、汉弗莱（Laurence Humphrey, 1527–1590）、曼内狄（Giannozzo Manetti, 1396–1459）、塞巴斯迪诺（Sebastiano Fausto da Longiano, 1502–1565）、杜·贝雷（Joachim du Bellay, c. 1522–1560）、于埃（Pierre D. Huet, 1630–1721）等西方译论人物率先就翻译问题展开专门研究[①]以来，西方的翻译理论研究即开始进入一个新的发展时期：一个不仅仅满足于就事论事，而是试图透过实际操作层面去挖掘抽象理论的新时期。

因此，特别是从文艺复兴时期到20世纪，与相应时期的中国译论研究相比，西方译论研究的理论倾向明显多于实用倾向。例如，早在文艺复兴时期，布鲁尼、维弗斯、汉弗莱、曼内狄、塞巴斯迪诺、杜·贝雷等人就对翻译性质、翻译定义等问题进行了具有一定深度的阐释。后来于埃、巴特等人又给翻译理论注入了语言学的"血液"。到了20世纪，更是出现了从现代语言学角度对翻译理论进行"更富理论性""有时更为抽象"的大量著述，如穆南的《翻译的理论问题》（Mounin, 1963）、奈达的《翻译科学探索》（Nida, 1964）、卡特福德的《翻译的语言学理论》（Catford, 1965）、霍姆斯的《翻译研究的定名与定性》（Holmes, 1972）、图里的《翻译理论探寻》（Toury, 1980）、巴斯内特的《翻译研究》（Bassnett, 1991）、威尔斯的《翻译学：问题与方法》（Wilss, 1982）、斯内尔霍恩比的《翻译研究》（Snell-Hornby, 1995）、伊文佐哈的《多元系统论研究》（Even-Zohar, 1990）、哈提姆和梅森的《话语与翻译》（Hatim & Mason, 1990）、巴恩斯通的《翻译的诗学》（Barnstone, 1993）、韦努狄的《译者的隐身》（Venuti, 1995）、斯坦纳的《语言与翻译面面观》（Steiner, 1998）等。

综观西方翻译理论自古至今的发展演化，似可得出这么一个结论：西方翻译研究传统的侧重点，与其说在于说明翻译实践究竟需不需要理论，以及如何指导和教授人们进行翻译的实际操作，毋宁说是在于描述翻译实

[①] 关于这些翻译理论人物就翻译性质、翻译原则等问题进行的理论阐释，详见里纳在《语言与翻译——从西塞罗到泰特勒》一书中的论述（Rener, 1989: 261–281）。

践后面存在怎样的理论，以及如何从理论角度去认识翻译、解释翻译。理论家们主要关心的，是怎样对翻译实践的各个方面进行描写，对翻译中的各种关系进行分析，例如作者、译者与读者之间的关系，翻译目的、翻译材料与翻译手段之间的关系，以及怎样通过这些描写和分析来推断出翻译的规则和原理等。

正因为西方翻译研究中的这种重"虚"多于重"实"、重抽象立论多于重经验总结、重描写多于重规范，西方的翻译传统才得以较多地产生倾向抽象性的理论成果。也正因如此，特别是在现当代西方翻译理论界，对于翻译方法、技巧、翻译难点等面向翻译操作的实用性研究，似乎较难产生广泛影响；而各种超翻译实践的、带有明显"纯理"特征的译学理论，如所谓的"翻译的语言学理论""翻译的交际学理论""翻译的（社会）符号学理论""翻译的解构主义理论""翻译的多元理论""翻译行动论""翻译目的论"等，则容易引起共鸣，容易得到广泛的接受和认同。

2）中西译论互为区别的第二对命题，是在翻译理论问题上的悟性思维与理性思维（刘宓庆，1991；吴义诚，1998）。其实，这对命题首先并不是中西翻译领域的命题，而是更大范畴的、中西思想哲学上的命题。也就是说，中西译论传统之间之所以有悟性思维与理性思维的区别，从根本上讲，是因为包孕各自译论传统的中西方思想哲学传统之间，存在着悟性思维与理性思维的区别。在教化人们如何认识世界、了解人生的过程中，儒教也好，道教、佛教也好，都强调人的悟性，强调人对事物往往无法"言传"、只能"意会"的领悟；而起于柏拉图和亚里士多德的西方思想哲学传统，则强调人的理性思维，强调人对于世界的万事万物都应当、同时也能够作出理性的认识，并能予以形式上的解释。正因为中西思想哲学传统上这种悟性思维与理性思维的区别，才导致了中西翻译理论思想上的相应区别。从某种意义上说，对这对命题的此类阐释，最能印证我们将另文予以探讨的观点：任何一个翻译传统的发展，都不可避免地会受到相关文化传统的影响与制约；不同的翻译传统必然会打上所属不同文化传统的烙印。

特别是在 20 世纪之前的发展进程中，中国译论传统中的悟性思维倾向是较为明显的。一个主要表现是，翻译理论家们在谈论翻译问题时，往往凭兴趣所致，信步漫行。除道安、玄奘等少数人提出过"五失本""三不易"和"五不翻""十一步"等带有理性归纳印记的见解外，大都没有分门别类地、系统地阐述翻译问题的意识。

其次，译论家们往往把翻译质量的优劣好坏完全系于译者的个人天赋和语文才能，而不甚过问翻译过程中有无所有译者都必须遵循的共同规则。例如，北朝末年及隋代初年的彦琮在其译论名篇《辩正论》中说："余观道安法师，独禀神慧，高振天才，领袖先贤，开通后学。……详梵典之难易，诠译人之得失，可谓洞入幽微，能究深隐。"（见罗新璋、陈应年，2009：60）唐代僧人道宣在评论玄奘译场的翻译质量时也指出："今所翻传，都由奘旨，意思独断，出语成章。词人随写，即可披玩。"（见罗新璋，1984：48）显然，不论彦琮或道宣，实际上都是在强调：翻译（也包括翻译理论）必须依靠译者和论者"出语成章"的"神慧""天才"，也就是依靠他们对于"幽微""深隐"的原文意蕴能"神而明之"的"独禀"悟性。

相形之下，西方译论发展中则存在着较明显的说理性而非悟性思维的倾向。其主要表现为：一是注重对于翻译客体即原文作者与文本进行倾向于理性的分析，其中主要包括对作者意图、文本形式和内容的分析；二是重视对于译文受体即读者因素的考虑；三是注重对于翻译实践的抽象超越，注重对于翻译理论的系统总结和归纳。

换言之，西方翻译理论家在讨论翻译问题时，有着较强的"客体"和"受体"意识。例如，西塞罗在《论最优秀的演说家》一文中指出，任何用拉丁语翻译希腊雄辩大师德摩西尼（Demosthenes, 384 B.C.E.-322 B.C.E.）的人，都必须能用德摩西尼语言和风格进行演说。由于西塞罗本人熟谙希腊雄辩家的演说风格，所以他着手把德摩西尼、埃斯其尼这二位最著名希腊雄辩家的作品译成拉丁文，以作示范，"使（拉丁文）学生受益"（Cicero, 46 B.C.E./1997: 9）。无疑，西塞罗一方面强调了翻译者必须首先弄清楚原作风格这个"客体",另一方面也强调了"(拉丁文)学生"即译文读者这个"受体"。

又如,哲罗姆翻译了优西比乌的《基督教教会史》,他在解释自己为什么不采用直译的方法时说:"在翻译中,原文独特风格的美感很难得到保留,因为原文的每一个用词都具有它们各自的含义。对于原文中某些词,在译语中或许找不到对等的词,而如果为了达到目的有必要放开手脚时,译者或许需要进行长途跋涉去完成实际上近在咫尺的任务"(Jerome, 395/1997: 25)。在关于翻译问题的其他论述中,哲罗姆以类似的方式强调原作者和原文文本的重要性,强调尊重原文独特风格的重要性,这些都说明他在从事翻译,以及谈论翻译的问题时,是有着强烈"客体"意识的。

再如,英国19世纪下半叶,翻译界著名学者兼翻译家纽曼与阿诺德在如何翻译荷马史诗的问题上,发生了一场激烈的大争论。争论的核心议题实际上可简单归纳为二:一是原作到底为何种风格;二是译品质量到底由谁来检验。纽曼认为,荷马的风格是一个混合体,它既是直率的、通俗的、有力的、流畅的,又是怪癖的、饶舌的;风格的起落往往随主题摆动,主题平淡则风格平淡,主题低下则风格低下。对于纽曼所持的观点,阿诺德表示强烈反对。阿诺德指出,"怪癖""饶舌""平淡""低下"最不符合荷马的特征;他认为,荷马的特征是"轻快""清晰""质朴""崇高",谁掌握不到这些特征,谁就翻译不好荷马。在对待译作质量应该由谁来检验的问题上,纽曼和阿诺德更是各持己见,莫衷一是。纽曼的观点是,对译作质量进行评价,应当看一般读者的反应,而不应看学者的反应,因为就作品的趣味和风格而言,"只有受过教育但无学识的公众才有权评判"(Newman, 1861/1997: 256)。阿诺德的观点与此相反,他认为译作质量的优劣,应当由那些"既懂希腊原语文字又能鉴赏诗文的学者"来评判,因为只有"他们才能说得出荷马史诗是怎么感染他们的"(Arnold, 1861/1997: 252)。在这里,不论纽曼或阿诺德,所谈的核心问题却是同一个，即"读者的反应"。其实，这个"读者反应论"早在 16 世纪伊拉斯谟[①]、17 世纪德莱顿[②]即已提出过。到了 20 世纪，强调交际功能对等的翻译理论家如奈达等人，又一脉相承地把"读者反应"提到了翻译中必须予以高度重视的地位。

此外，西方翻译理论家们除了谈论翻译经验，探讨翻译中的具体问题，如上面所说的"客体""受体"分析外，还趋向于对这种"谈论"和"分析"进行较抽象的超越。正如我们在前文已经提到的，古罗马时期奥古斯丁关于翻译问题的语言学观，文艺复兴时期布鲁尼、维弗斯、汉弗莱、曼内狄、塞巴斯迪诺、杜·贝雷、于埃等人关于翻译属性等理论性问题的讨论，17 至 19 世纪多雷、德莱顿、泰特勒、施莱尔马赫等人对于翻译原理和规则的较为系统的总结和归纳，以及现当代西方各译学流派提出的种种理论等，都具有较多的抽象成分，是西方翻译理论传统中理性思维特点的体现。

3）中西译论互为区别的第三对命题，是译论表述的含蓄性与明确性。在传统的中国译学文论中，译论家们往往用词洗练、语意浓缩，因而给人们以较大的理解空间。笼统地说，对于翻译理论或翻译思想的表述，中国译论的特点是模糊、含蓄。某个理论或思想的意义所在，往往不在于理论者自己给它做了何种界定，而在于他人对它做何种理解和解释，正所谓"一切尽在不言中"。例如，我们无论是对古代"质朴""文丽"概念的理解，或是对现当代"信、达、雅"概念的理解，都必须依赖我们对于先辈思想融会贯通的联想与领悟，因为最先提出这些概念的人并未就它们作过

[①] 伊拉斯谟极力主张《圣经》不仅应译成欧洲各民族语，而且应译成能为平民百姓喜闻乐见的表达形式和风格。他写过一段常为人们引用的名言："但愿每一个妇女都能读到圣保罗的福音和使徒行传，但愿能把它们译成所有的语言，不仅为苏格兰人和爱尔兰人懂得，而且也为土耳其人和阿拉伯人懂得。但愿农夫能在犁边吟诵《圣经》，织工能在织布机边用《圣经》驱散心头的烦闷，旅行者能用《圣经》消遣以解除旅途的疲劳。"（转引自 Schwarz, 1963: 13）
[②] 德莱顿认为翻译必须考虑读者因素，例如他在翻译古希腊诗人忒俄克里托斯的作品时，没有生搬硬套原作中的方言土语，"因为忒俄克里托斯是向操那种方言的西西里人写作；而译作的读者却是我国的女士们，她们既不懂那种方言，也不会欣赏方言的乡土气息"（Dryden, 1900, Vol. 1:266）。

明确解释或详尽论证。

　　以"信、达、雅"为例。严复在《〈天演论〉译例言》中划时代地提出"信、达、雅"一说之后，除了在该文的前半部分对此有所阐发外，在其他地方就再也没有为自己所提作任何进一步阐释或后续补充。"信、达、雅"这个三字原则中的"信"字到底是指什么？"达"和"雅"又是指什么？"信""达""雅"三者间的关系又如何？对于诸如此类的问题，严复并未进行明确的、理论层面的细致分析和阐释。由于汉语作为一种象形、表意文字，词义浓缩且用词洗练，因此这三个字的内涵和外延都极其丰富。譬如，"信"可以指"忠实""诚实""信用""信奉"；"达"可以指"流畅""通达""到达"；"雅"则可以指"文雅""典雅""雅观""不俗"；等等，而严复对其所指又未加严格界定，因此这种丰富的内涵和外延就显现了汉语"一词多义"的本来面目，导致了"信、达、雅"在语义上的多面性、模糊性和含蓄性，进而引起人们对它们能作出各种不同的理解和解释。此外，正如钱钟书所说，严复所标"信、达、雅"三字均可在支谦的《法句经序》找到，其中的"信"则更是源自老子的"美言不信，信言不美"，因而"信、达、雅"三字又具有极其丰富的历史含义。

　　可以说，中国翻译理论和思想如此丰富而含蓄的内涵和外延，在西方翻译理论传统中却很难找到相同例子。在西方翻译理论传统中，任何思想或理论的意思都需要理论者对它作出明白的解释和界定。过于简单或模糊、含蓄的表述，只会被认为是"定义不清"而不被理所当然地接受。西方的语言和翻译研究，受亚里士多德哲学思想影响，重视形式逻辑，重视推理、分析。因此，与中国译论相比，西方译论更为注重在语言形式上的表述，凡事都讲究"说个明白"。从积极意义上看，这种形式主义的、凡事"说个明白"的倾向导致了两大结果：一是使西方译论传统获得了较多的有形作品，即关于翻译问题较多的著述；二是使其获得了用来描述翻译理论较多的译学术语。

　　如前所述，在译论遗产方面，西方各国历史上译论著述的总量，以及参与翻译研究、发表理论观点的人数，相对而言多于我国。这一点，从鲁宾逊（Robinson, 1997）、里纳（Rener, 1989）、凯利（Kelly, 1979）、艾莫斯（Amos, 1920）、勒弗维尔（Lefevere, 1977）、贝尔曼（Berman, 1992）、舒尔特（Schulte, 1992）、巴恩斯通（Barnstone, 1993）、韦努狄（Venuti, 1995）、斯坦纳（Steiner, 1998）、贝克（Baker, 1998）等人有关西方译论史料和马祖毅（1984, 2006）、罗新璋（1984）、陈福康（1992）、林煌天（1997）等人有关中国译论史料的对比中即可看出。

另外，由于西方译论重形式、重表述，惯于给特定思想、概念、方法及学说流派等冠以特定名称，因而西方译论也就同时产生和积累了较多的译学术语。例如，人们在谈论西方自古至今的翻译理论时，可以谈论从泰伦斯到列维的"文艺学翻译理论"，或从奥古斯丁到巴特、洪堡再到雅可布逊、卡特福德的"语言学翻译理论"；也可谈论理性主义、浪漫主义时期施莱尔马赫、赫尔德、荷尔德林和歌德等人的"阐释学翻译理论"；或现代译学研究中奈达、莱斯、弗米尔、诺德、纽马克等人的"交际学/功能学翻译理论"，奈达、威尔斯等人的"翻译科学论"，维内（Jean-Paul Vinay, 1910–1999）和达贝尔内特（Jean Darbelnet, 1904–1990）的"跨语比较风格学"，哈提姆和梅森的"话语语言学翻译理论"，伊文佐哈的"多元系统论翻译理论"，霍姆斯、勒弗维尔、图里、巴斯内特、斯内尔霍恩比、韦努狄等人的"跨文化学翻译理论""后现代派翻译理论"，以及"解构主义翻译理论""对比文本学翻译理论""思维记录法翻译理论""语义学""语用学""（社会）符号学""成分分析法""所指意义""联想意义""词汇意义""语法意义""修辞/风格意义"等，如此这般，不一而足。

当然，翻译理论究竟需不需要在名词术语上兜圈子，译学术语究竟需不需要经常更新换代，这可能是一个见仁见智的问题。对于同一所指，西方译论中可能使用多个含义不尽相同的术语来加以表达，而不管术语的创立或使用是出于理论上的某种需要，还是创立者或使用者的标新心态所致。所有术语只要有人提出并予以界定，它们在有关语言环境里就都不会被认为不自然。然而，如果把它们照直移入汉语，则不一定能被接受。举例来说，"source language""source text""target language""receptor language""target text""receptor text"等，这些用词均为常见的、通用的现代西方译学术语；在我国译学术语中，这些术语直译形式可以分别是"源语"/"源语言""源文本""目标语"/"目标语言""接受语"/"接受语言""目标文本""接受文本"等。但汉语中使用频率更高、更广泛的，似乎仍然是较为传统的"原文语言"/"原语"，"译出语言"/"译出语"；"原文"/"原本"，"译出文本"/"译出本"；"译文语言"/"译语"，"译入语言"/"译入语"；"译入文本"/"译入本"，"译文"/"译本"/"译作"等。相反，如果在英语中不用"source language""source text""target language""receptor language""target text""receptor text"，而专用字面意义相当于汉语"原语""原文""译出语""译入语""译语""译文"等的"original language""the language to be translated from""original text""the language to be translated into""the translated text""the translation"等，那么很难想象这是"译学行家"在谈论翻译。或许，这个译学术语及其使用问题正是西方译论需要"表述清楚、定性明确"，而中国译论需要"表述含蓄、留有空间"的有趣例证。

　　还需要指出一点：虽然从整体来说，西方的译学术语库似比中国大，但这并不等于说中国的译学术语库就没有特点。事实上，特别是涉及具体的翻译操作方法和技巧时，中国译学术语比西方译学术语更多且更形象。例如，"意译""活译""死译""硬译""乱译""胡译""对号入座"等汉语译学术语，就很难在西方语言中找到完全对等的形式，因为在这些汉语译学术语和常用来解释它们的西方对应术语之间，往往存在着"语义模糊而概括性强"与"语义狭窄而概括性弱"的区别。例如，除"直译"和"literal translation"等少数术语在中西之间存在几乎等同的对应关系外，其他术语如"意译"和"paraphrase"/"semantic translation"、

"活译"和"free translation"、"死译"/"硬译"和"interlinear translation"/"word for word translation"、"乱译"和"uncontrolled/scrambled translation"、"胡译"和"unrestricted translation"等之间，中西存在着语义"广"与"狭"的区别。从某种意义上说，这种区别实际上也反映了即使是在译学术语的层面，中西译论也不同程度地带有各自"表意模糊、含蓄"和"表意明晰、直接"的特点。

4）中西译论互为区别的第四对命题，是译论研究中的保守性与求新性。首先必须指出，对于这个问题，我们不能用绝对的尺度来衡量。也就是说，在中西这两个译论传统之间，如果绝对地认为其中一个惯于"保守"，另一个惯于"求新"，这是不符合事实的，是错误的，因为无论哪一个译论传统都既有"较保守"或"较传统"的一面，也有"求新"或"较标新立异"的一面。然而，相对而言，说某个传统的保守性或传统性多一点，另一个传统的保守性或传统性少一点，或者说同一传统在某个时期的保守性或传统性多一点，而在另一个时期的保守性或传统性少一点，这些可能是一种符合客观事实的一个译学发展现象。

在思想传统上，中国人素有崇古、崇权威的倾向，自古至今都不同程度地受着古人、圣人、权威思想的影响，因而对传统上被确立、被崇敬的思想和理论，人们往往广泛接受，不轻易背离和改变。孔子的"三纲五常"之所以统治中国数千年，除封建统治阶级强加的制度因素以外，中国人的崇尚传统、"接受"多于"挑战"的思想理念，无疑也是一个重要的制约因素。由于任何民族的翻译思想和理论传统，都不会也不可能会超脱该民族整个思想文化的影响，因此中国人的这一"接受"多于"挑战"，或"传统"多于"非传统"的思想模式，也自然而然地反映到了中国人的翻译思想和理论传统中。这一点，从中国翻译界对严复"三难"说的长期崇拜，以及当下在译论研究中向传统中国哲学（如老易哲学思想）挖掘传统中国文化智慧的诸多努力中，或多或少可以得到证明。

我们知道，"信、达、雅"作为"译事三难"也好，作为"翻译三原则"也好，无疑是翻译理论所必须涉及的一个问题，即"翻译原则"的问题。翻译中的其他问题，如翻译的性质、翻译的过程、翻译的方法、翻译的目的、翻译的效果等，也同样是翻译理论所必须研究与说明的问题。但我们自从有了严复的"信、达、雅"，中国翻译理论对于"翻译原则"的讨论，在较长时期里就似乎成了译论研究的全部所在。当然，今时今日中国译学领域已不再"言必信达雅"，人们对于"翻译原则"的讨论也早已不再被看作是翻译研究的全部，但在一定程度上，"信、达、雅"的权威，也依然未被中国译论中的其他思想所超越。

严复的《〈天演论〉译例言》问世已过百年。在这一百年当中，尽管不时有人提出诸如"信、达、切""信、达、化""忠实、通顺""准确、流畅""翻译的最高境界是'化'""翻译必须重神似而不重形似"等之类的建议，以期修补或更新"信、达、雅"，但更新来更新去，"信、达、雅"理论却至今"还有生命力"，其他种种修补与更新，"看来没有一种能够完全取代它"（沈苏儒，1984：947-948）。要谈翻译的原则或标准，看来始终"还是信、达、雅好"（周煦良，1982：1）。

必须承认，之所以信达雅"至今它还有生命力"，之所以始终"还是信、达、雅好"，这在很大程度上确应归功于"信、达、雅"本身的价值，因为"信、达、雅"三字，言简意赅，渊源有本，充分体现了既概括全面、又简短扼要的中国译论的特点。但从另一方面看，我们也可以认为，至少在某种程度上，这是由于中国译论传统中的传统思想倾向所致。人们在思想深处或多或少地认为，严复的"信、达、雅"，或者说"信、达、雅"所代表的译论模式，是完满的、权威的，是无法真正超越的。因此，也就没有谁真正试图提出既具中国特色，又不局限于严复思想框架，但影响力却能与之媲美的划时代的翻译新理论。

在西方译论传统中，崇尚权威的思想倾向也自古有之。例如，自西塞罗、贺拉斯等人提出要意译不要直译的主张以后，不少翻译家曾经把这种主张奉为"圣旨",认为对所有语言材料都必须一概采用"意译",而把一切"非意译"或"直译"的方法统统斥为不合格的、"翻译学徒"的行为。但类似于教条主义的一些思想行为,一般在持续一段时间后会受到挑战。例如,虽然西塞罗、贺拉斯等人"意译"独尊的"单元"翻译观在西方译坛一度盛行,但后来却在很大程度上被哲罗姆"世俗作品用意译、圣经翻译用直译"、"意译"与"直译"并重的"二元"翻译观所取代。又如,虽然多雷在16世纪较为系统地总结出了"翻译的五要素",但他并没有因此而支配西方翻译论坛,其他翻译家或译论家如阿米欧、查普曼、德莱顿等人的翻译和翻译理论,也同样举足轻重。再如,泰特勒于18世纪发表的《论翻译的原则》更为系统地论述了翻译的原理和规则,因而在某种意义上给西方翻译研究带来了新的突破,但人们远远没有把泰特勒或他所阐述的原则视为不可超越的权威。从内容实质上看,他的"翻译三原则"与后他整整一个世纪的严复的"信、达、雅"如出一辙,然而,他在西方译论中所获得的地位,却远不及严复在中国译论中所具有的地位。特别是在当代西方翻译理论界,甚至有人根本不把泰特勒看作译论权威,而只把他当作众多翻译理论家中的普通一分子,仅此而已。

5)中西翻译理论之间的系统性区别,除以上几个方面外,还体现在立论的中立性与神秘性方面。这里主要涉及的是宗教翻译的问题。所谓立论的"中立性",是指某个翻译思想或观点,尽管最初是从宗教翻译的实践中衍生而出,但却并不以宗教翻译为唯一归宿。从这个意义上说,中国佛教翻译家的思想和理论是"中立的",因为从支谦到道安、鸠摩罗什,再到玄奘等,他们不仅仅是佛经翻译家,他们的翻译思想和理论也从来都不只是适用于佛经翻译。

与之相反,西方圣经翻译家的思想和观点却是"非中立"的,有时是充满神秘色彩的。他们在从事翻译或发表议论时,往往有着较强的圣经翻译意识。例如,从斐洛到哲罗姆、奥古斯丁,再到威克利夫(John Wycliffe, c. 1320–1384)、路德、伊拉斯谟、廷代尔(William Tyndale,

c. 1494–1536）等，都十分明确地把自己的翻译理论定位于面向圣经翻译：斐洛、奥古斯丁的翻译理论特别强调译者必须依靠"神秘的""神的感召"；哲罗姆认定圣经"充满玄义"，因此只有采取"直译"才能确保译文不走样；路德、伊拉斯谟、廷代尔的人文主义翻译观则是要把"上帝的声音"原原本本地传给普通百姓。

就立论的"神秘性"而言，这主要表现在西方古代的圣经翻译中。公元前 1 世纪和公元 4—5 世纪，圣经诠释的权威人物斐洛和奥古斯丁，先后按照自公元前 2 世纪流传下来的《阿里斯狄亚书简》(Letter of Aristeas) 所记录的"神秘"故事，给圣经的翻译和诠释增添了更加神秘的色彩。按照他们的解释，圣经《七十子希腊文本》的译者一个个"像着了魔似的，在神的感召下，多人所译结果不是互为区别，而是一字一句都相同，好比是根据某个隐形者的听写一样"（Philo, 20? B.C.E./1997: 14）。在这种情况下，译者不再是译者，而已变为"破解秘密"的"神甫"、"指点迷津"的"先知"。也就是说，圣经翻译是一个神秘过程，只有依靠"无形"的、至高无上的神的力量才能懂得"充满玄义"的原文，也只有饱受"神的感召"者，如虔诚的神甫、基督徒，才能胜任圣经的翻译。

斐洛、奥古斯丁的上述"神秘"翻译论，现在听来近乎荒谬，但在西方的翻译及宗教界，特别是在文艺复兴以前的年代，其影响却是巨大而广泛的。然而，中国译论传统里却没有与之相当的、关于佛经翻译的"神秘"论。另外，在西方，人们对圣经曾有过种种理解和诠释，而所有这些不同的理解和诠释，既起因于人们对圣经翻译所采用的诠释学方法，同时也进一步巩固了诠释学方法作为圣经翻译重要方法的地位。然而，尽管中国的佛经翻译也同样涉及如何阐释经文的问题，但所谓"翻译的诠释学方法"却不存在。这或许也是因为，佛经翻译没有圣经翻译那么"神秘"，因此无须开发此类旨在"解密"的特殊翻译理论和方法。

11.4 中西翻译传统的社会文化烙印

中西翻译传统由于语言文化、翻译材料和思想体系彼此不同，因此彼此之间存在着翻译实践和翻译理论上的各种各样的差异。然而，如果我们仅仅满足于陈述出这许多的差异，那么我们的研究未免显得有些浅显。要使中西翻译传统的比较研究真正富有意义和价值，我们不可停留在对于表面差异的陈述，而更应该透过表面去挖掘深层的根源。这里的理念是：在翻译理论和翻译实践的思想深层，不同的翻译传统必定受到各自所属社会文化传统的制约，因而深深打上各自社会文化的烙印，显现出相关社会文化的特征。我们至少可以从以下四方面来审视这个问题。

1）在翻译实践的层面，中西方各自社会文化环境对于翻译的需求，往往成了翻译事业发展与否的决定性因素。在翻译理论的层面，中西方社会文化以及思想哲学的发展，一直深刻地影响着各自翻译理论体系的形成和演变。中西方的社会文化不同，思想哲学不同，因而对于各自翻译传统产生的影响也自然不同。回顾中西方翻译传统的各个发展与演进阶段，人们不难看出：所有这些发展和演进阶段，没有哪一个可独立于与之相关的更大范畴的社会文化体系而存在。

在佛教于汉代传入中国之前，翻译（且主要为口译）的作用多见于皇廷，见于接待觐见皇帝或前来进贡的"蛮国"使臣。"中央之国"的文化远远高于周边"蛮族"文化，它的生存与发展无须依赖对于外来文化的翻译引进。到了西汉末年与东汉初年，随着中国封建制度的发展，社会矛盾不断激化，国家赋税徭役日益加重，地主豪强兼并勾斗，再加上自然灾害连年不断，人民生活苦不堪言，这样就为宗教的传播提供了合适的土壤。因为，一方面，挣扎在极苦世界的农民大众渴望从宗教中寻找精神慰藉，冀求神明能救芸芸众生于苦海深渊；另一方面，地主豪强、皇族宦吏等统治阶层也希望通过宗教的力量，来巩固和加强自己的统治，并冀求万能的神明保佑自己长命百岁。

佛教宣扬人生极苦，涅槃最乐；宣扬因果报应；宣扬人的悲欢离合皆因前世所定。而所有这些，既迎合当时统治阶级和劳苦小民企盼宗教的心态，又符合"天人合一""富贵有命""听天由命"等中国人业已普遍接受的儒教、道教的思想传统。在这样的社会和文化背景下，佛教作为一种外来宗教，自然受到欢迎，佛经的翻译也因此受到广泛重视。自公元148年西域高僧安世高于洛阳开佛经汉译之先河起，通过大规模的翻译，佛教稳步进入华夏大地，并通过与儒教、道教、玄学的交织融合，很快完全演化成为一门国教。在此后长达七八百年的历史长河中，佛经翻译高潮迭起，经久不衰，于唐宋时期达到顶峰。

唐宋以后，佛经翻译失去了昔日的辉煌，而且一蹶不振。究其原因，一是到唐宋时期止，凡是值得翻译的经文典籍几乎全部有了中文译本；二是由于佛教早已在华夏安家落户，人们更愿诵读由汉语撰写的经文，而无须依赖译自外文的读本；三是唐宋之后，外来入侵频繁，国家发展缓慢，人民生活饱受战乱滋扰，大规模的翻译盛事便无从谈起。当然，此时的中国并没有因为战乱不断而全无翻译活动可言。事实上，在唐宋之后的辽、金、元乃至明、清各代，中国国内各民族语如汉、蒙、藏、满之间的翻译交流，比唐宋时代各民族语之间的互译更为发达。但就诸如佛经翻译之类涉及异邦文化的翻译活动而言，自唐宋之后至明末清初，前后大约500年，中国似乎处于一个停顿状态。直至明末清初，前来中国传教的耶稣会传教士们为了敲开中国的大门，不仅带来了西方的宗教，而且带来了西方的科学，并因此引发了中国翻译的另一个主要高潮，即西方科技翻译的高潮。

然而，明末清初的这一西方科技翻译高潮为期不长。由于朝廷的恐洋排外，中国逐步从泱泱开放之邦，转变为孤立封闭之国，对外交流被终止，一切翻译工作也就失去了市场。百余年的不思进取和闭关锁国，最终导致了国力的衰竭和在鸦片战争中的惨败。战败的耻辱震撼了朝廷，更是唤醒了民众。中华民族要雪国耻，图生存，就必须打开国门，向外国学习，向西方学习。于是，出于政治、经济、军事、社会、文化等各方面的需要，中国在鸦片战争以后出现了又一个翻译的高潮，一个以大规模引进"西学"为标志的翻译高潮。

随着1949年中华人民共和国的成立特别是随着"文革"的结束，举国上下重新认识到，在世界发展逐渐趋于全球化的时代，中国不能再孤芳自赏，也不能再继续与世隔绝，而是必须实行改革开放，解放思想，扫清障碍，把外国一切好的东西引借过来，以更好地充实自己，发展自己。正是基于这样一种社会和发展的需求，中国的翻译事业才得以从20世纪70年代末、80年代初起，又一次进入发展的新高潮。这一最新高潮规模之大、成果之众、范围之广，都是以往任何时候的翻译无法比拟的。

2）翻译事业的发展，无时无刻不受制于相关社会文化的需要和发展的影响。中国如此，西方又何尝不是如此？公元前3世纪，罗马虽然在军事上战胜了希腊而称雄于西方世界，但在文化上却仍然落后。当时的罗马没有诗歌，没有戏剧，没有任何形式的文学。为了在文化上也赶超希腊，罗马人感到有必要向希腊人学习，有必要首先将希腊人的作品统统翻译成拉丁文。通过翻译，拉丁文学也就应运而生了。同理，为了满足人们在宗教上的需要，圣经也就一而再、再而三地被翻译成西方的各个语言。古时圣经的《七十子希腊文本》《通俗拉丁文本圣经》，文艺复兴期路德的"民众的德译本《圣经》"、英国的《钦定版圣经》，以及当代西方各式各样的民族语版本，无一不是为了满足传教与受教需要而产生的。

在12至13世纪，随着阿拉伯作品的流入，欧洲特别是西班牙出现了一股阿拉伯学术热。来自欧洲各地的不少文人墨客云集西班牙的中部城镇托莱多，把大量阿拉伯作品（其中主要包括早期从希腊语译成叙利亚语、再从叙利亚语译成阿拉伯语的希腊典籍）翻译成拉丁语，从而掀起了西方翻译史上一个特色鲜明的高潮，托莱多也因这一翻译高潮而名震整个欧洲。

中世纪末期，欧洲的民族地域逐渐划定，民族国家先后出现，民族语言相继形成,各民族的自我意识空前高涨。为了更好地巩固民族国家和民族语言文化的地位,各国人民要求阅读民族语作品的欲望越来越强烈了。而民族语作品的产生,一方面来源于民族语作者的创作,另一方面则来源于民族语译者的翻译。特别在各民族语形成与发展的初期,民族语作者和读者更多地把目光投向古希腊、罗马的文学、文化,试图从中汲取创作灵感和精神食粮。这样就逐步导致了西方翻译史上的第一个黄金时代的形成,即文艺复兴时期的翻译。

文艺复兴作为"人类从来没有经历过的最伟大的、进步的变革"(恩格斯,1972:445),它的发生标志着西方文明继往开来的大发展。在"复兴"希腊、罗马古典文化,发展传播欧洲各国新文化、新思想的过程中,翻译的作用是巨大的。从某种意义上说,"波澜壮阔的文艺复兴运动本身就包含并有赖于规模空前的翻译活动"(谭载喜,2004/2022:68)。大规模的翻译活动,不仅贯穿于文艺复兴运动的整个过程,而且一直延续到文艺复兴之后的17至19世纪。不论是17世纪的古典主义思潮,还是18世纪末至19世纪初的浪漫主义运动,都或多或少地有赖于翻译的帮助才得以形成和发展。因为没有对于希腊、罗马古籍的研究与翻译,就不会有文学中古典主义作用;没有对于古典和各国当代作品的研究与翻译,也就不会有文学艺术和哲学领域的浪漫主义。

到了20世纪,特别是经过两次世界大战以后,西方的翻译形势又有了新的发展和变化:翻译的作用,不仅继续体现在宗教、哲学、文学等人文领域,而且越来越广泛地体现在科学、技术、军事、经济、商业等应用领域。欧洲共同体以及随后的欧盟内部日常工作的开展,北约的组成及其成员国之间的相互联系,以及在当今世界寻求经济全球化的努力等等,所有这一切在相当程度上都是通过翻译工作者的劳动才得以实现的。

以上种种情况清楚表明,中西方的翻译传统之所以互不相同,在很大程度上是由于中西方作为翻译先决条件的社会、政治、经济、文化等方面的环境互不相同。例如,中国第一个翻译发展高潮是佛经翻译的高潮,这是因为无论在地理位置上还是思想内容上，佛教都适于融入中国人的社会。换言之，由于佛教产生于毗邻中国的印度，因此很容易传入中国；又由于许多佛教教义如"因果报应""生死轮回""现世最苦，来世极乐"等教义，符合中国人关于"富贵有命""生死在天"的人生哲学和传统心态，因此很容易为中国社会所接纳和接受。

西方翻译史上第一个发展阶段的背景情况则不同于此。首先，构成西方翻译传统中第一大发展阶段的古罗马阶段，其翻译的主流是世俗作品而非宗教作品的翻译。不同于古中国，古罗马缺乏自己的文学传统，因此当罗马人战胜希腊人，夺得欧洲霸主地位时，发现罗马文化远不及希腊文化，他们强烈地感受到翻译借鉴希腊典籍的需要。即便在宗教翻译的领域里，导致西方接纳、接受基督教的社会文化条件，与导致中国接纳、接受佛教的社会文化条件也是大不相同的。在很大程度上，佛教传入中国并得以在中国扎根，是由于佛教与儒教、道教、玄学等中国传统思想哲学在许多方面彼此相通、相融。而基督教得以传入欧洲，并不是因为基督教能与西方思想哲学的传统，即柏拉图和亚里士多德的传统相通、相融。虽然后来基督教的发展也曾得益于柏拉图和亚里士多德思想哲学的融入，但在彼此的依存关系上，它们与中国的情形是有别的。

中西之间这种制约翻译发展的社会文化因素上的区别，不仅体现在古代翻译的发展阶段，也体现在自古至今的各个翻译发展阶段。例如，制约西方翻译"黄金时代"（即文艺复兴时期）以及随后17至19世纪翻译的社会文化因素，与制约中国相应时期翻译（即明末清初科技翻译，以及鸦片战争后政治、文学翻译）的社会文化因素，彼此是迥然不同的。

3）对于中西翻译传统在社会文化方面的不同，还必须指出三点：第一，在西罗马帝国于公元476年崩溃之后，欧洲的社会政治随着民族主义的兴起而发生巨变，民族国家和民族语言在文艺复兴时期确立了独立地位。因此，把古代希腊、罗马作品翻译成各个新生的民族语言，便成了西方翻译传统在这一时期的最大特征。在19世纪末至20世纪初，中国也出现了一个类似的以引进新思想新语言为重要标志的"新文化运动"。但中国的这一"新文化运动"与西方的"新文化运动"即"文艺复兴",是不相同的。西方的"新文化运动"促进了欧洲各民族语作为文学语言的存在与发展,而中国的"新文化运动"则是使早已具备文学语言地位的汉语现代化,也就是用白话文取代文言文,使白话文成为能登大雅之堂的书面语言。

第二,中国翻译的主流大都涉及来自中国文化以外的材料,而西方翻译的主流则主要涉及来自西方内部,即西方各民族文化的材料。毋庸置疑,华夏大地各民族彼此之间的文化交流与翻译也源远流长。但与涉及异邦语言文化的翻译如东汉至唐宋的佛经翻译、明末清初的西方科技翻译、鸦片战争以后的西学翻译、1949年以来特别是20世纪80年代以来全方位的翻译相比,中华内部各民族文化之间的翻译并不占据中国翻译传统的主导地位。然而,在西方翻译传统当中,虽然涉及非欧洲语言文化的翻译也是一个重要的方面,如12至13世纪在西班牙托莱多进行的阿拉伯语翻译、18世纪在法国等地出现的中国古典翻译热、19世纪英国诗人菲茨杰拉德翻译的波斯名篇《鲁拜集》等,但占主导地位的始终是涉及西方"内部"语言文化的翻译,其中包括永无止境的对于希腊、罗马典籍和圣经的翻译,以及对于西方现代各国作品的互译。从这种意义上看,把中国翻译传统称为"外向型"翻译传统,而把西方翻译传统称为"内向型"翻译传统,似乎不无道理。

第三,就彼此之间的互译活动而言,中西翻译传统明显地存在发展上的不平衡。在中国翻译传统里,从第二发展阶段(即由西方耶稣会传教士和中国士大夫引发的科技翻译阶段),到第三发展阶段(即鸦片战争后的政治、文学翻译阶段),一直到目前的发展阶段(即1949年中华人民共和国成立以后,特别是自20世纪70年代末、80年代初以来规模空前的翻译阶段),翻译的最大特征是:所翻译的原材料大都姓"西"。然而,在西方翻译传统里,虽然也经常出现中国文化的翻译热潮,如18世纪法国、

19世纪英国和德国、20世纪西方各国出现的中国文化翻译热,但相形之下,西方对中国文化的翻译热忱却远不及中国对西方文化的翻译热忱,翻译的影响也往往局限于文人墨客等小圈子里,而西方文化的翻译在中国,其影响触及中国社会和文化的各个层面。

此种不平衡的产生,显然不可简单地归咎于翻译热忱上的不平衡。翻译热忱的不同,其实主要是由于制约翻译的社会文化因素的不同而引起的。从政治经济的角度看,欧洲国家自文艺复兴以来,其社会、经济发展迅猛,各国国势日益强盛;而唐宋以后的中国,在维持传统文明高度的同时,社会、经济发展逐渐滞后于同时期的欧洲。在这样的情形下,中西方文化交流中出现"西学东渐"多于"东学西渐"的现象,或许不足为奇。其次,从纯粹翻译发展的角度看,上文提到的中西方之间存在的不平衡,归根结底,却是中国翻译传统相较于西方翻译传统的一大优势。这是因为,中国翻译传统对西方乃至全世界文化的包容程度,高于西方翻译传统对中国乃至世界文化的包容程度,进而导致中国人通过翻译对西方的了解,普遍多于西方人对中国的了解。从长远意义上说,这无疑将有益于中华民族和中华文化的振兴,有益于中华民族和中华文化的长期辉煌。

4)正如中西方的社会文化各自影响和制约了自身的翻译实践,它们同样也作用于各自翻译理论和翻译思想的发展。无论是中西方翻译的实践传统,还是理论传统,始终都是中西方文化传统这一更大范畴的组成部分。从广义上说,一个民族、一个国家或一个地区的文化传统,主要涵盖科学、宗教和思想哲学三个层面。因此,文化传统对翻译传统,特别是对翻译理论传统的影响和制约,也主要体现在这三个层面,其中思想哲学层面的影响和制约尤为关键。

在传统上,中国人信奉强调天人合一、顺从"天意"、崇尚古人古文、崇拜权威、重形象和悟性思维、重归纳推理、重暗示含蓄、重言简意赅、重以史为鉴、轻形式逻辑、轻空谈假想等等的思想哲学。从某种意义上说,中国人这些颇为笼统的思想特征,或多或少地也成了中国翻译思想和翻译理论的特征。例如,古代支谦《法句经序》一文引用老子的"美言不信,信言不美"和孔子的"书不尽言,言不尽意",即是中国翻译思想和翻译理论植根古代传统文化,依靠古圣贤、古权威来加以巩固和发展的最早例证。至于近代严复从古人箴言中悟出"信、达、雅",则更是说明了中国翻译思想和翻译理论自古一脉相承的"崇古"特性。

在整个中国的翻译理论史上,从支谦的"因循本旨""实宜径达",到释道安的"五失本""三不易",到玄奘的"五不翻",再到严复的"信达雅"、傅雷的"神似"、钱钟书的"化"——所有这些思想或观点的表述,或是三言两语、洗练精到,或是意蕴深邃、高度浓缩含蓄。不论是古代为中国翻译理论"发头角"的支谦或"开宗明义"的释道安,还是在现、当代中国翻译理论体系中独树旗帜的严复、傅雷、钱钟书,谁都没有就翻译的理论和操作问题展开过全面、系统而详尽的论述,没有撰写过大部头的翻译专论。然而,正因为言简意赅、洗练含蓄符合我国文论的特点,所以上述翻译思想和观点,在我国翻译理论传统中获得了最广泛的接受和认同。特别是严复的《译例言》,通篇不过千余字,论及翻译原则问题的核心文字则不过数百字,却因提出了简洁明了而内涵丰富的"信、达、雅",而被认为是"一方面,集汉唐译经论说之大成,另方面,开近代翻译学说之先河"(罗新璋,1984:6)的中国翻译理论中最具标志性特征的里程碑。

此外,也由于中国人思想、学术传统中的"崇古""崇权威"的特质,因而翻译理论发展过程中也难免出现不够"吐故纳新""锐意进取"的教条思维。再以"信、达、雅"一说为例。百年以前,严复感叹译事三难:"信、达、雅";百年之后,我们似乎仍然脱不开"信、达、雅"。虽然不致再把"信、达、雅"奉作"译书者的唯一指南""翻译界的金科玉律",但在不少人看来,翻译原则和标准还是"信、达、雅"最好。其实,笼统而抽象地说"翻译原则和标准还是'信、达、雅'最好",也许并无不妥。但实际的翻译工作是实实在在的、具体的,有着不同目的和要求的,因而对于实实在在的、具体的、有着不同目的和要求、不同读者对象的翻译任务，译者如果仅仅守着"信、达、雅"的原则和标准，显然有些过于盲从与教条。

与中国思想哲学相比，西方思想哲学也同样具有悠久的历史传统。从时间上看，柏拉图比孔子（前551—前479）只晚了几十年；亚里士多德与孟子（前372—前289）则几乎同时代。从内容和性质上看，孔孟之道与柏、亚哲学是互为区别的：孔孟哲学立足人的精神世界，主要涉及人类社会的伦理道德；柏拉图、亚里士多德哲学则以人的物质世界为本，主要探究人类社会的客观存在，探究客观存在的各种逻辑关系。在这样的发展基础上，西方的思想哲学传统便逐步形成了这样的特点：强调人与自然的对立、矛盾，重视对未知世界的探究，喜质疑、挑战权威，重逻辑分析，重理性和抽象思维，重立论推理。从某种意义上说，西方思想哲学传统中这些颇为笼统的特征，也同样或多或少地成了西方翻译思想和翻译理论的特征。例如，古罗马时期奥古斯丁的语言学翻译观，文艺复兴时期伊拉斯谟的人文主义翻译观，布鲁尼、维弗斯、汉弗莱、曼内狄、塞巴斯迪诺、杜·贝雷、于埃等翻译理论家关于翻译性质问题的认识，以及文艺复兴以来出现的关于翻译原则、翻译方法、翻译类别等等的各种观点、论点，如多雷的翻译五要素、德莱顿的翻译三分法、泰特勒的翻译三原则、施莱尔马赫的翻译二分法、雅可布逊的翻译三类别等，都从不同的角度反映出西方思想传统重逻辑、重分析、重抽象思维、重立论推理的特点。

综上，中西翻译思想和理论的发展，无疑深深地打上了各自社会文化的烙印。由于中西翻译家和翻译理论家所处理的语言材料不同，所属的思想文化背景不同，因此他们看问题的方式和所提出的思想理论之间，也就存在着这样或那样的不同。然而，我们认为，世界各国的翻译理论（自然也包括中西翻译理论）发展到21世纪的今天，已经进入了彼此更加融合、而非彼此更加分离的时代。尽管不同译论传统之间过去存在、将来可能还会继续存在这样或那样的不同，但随着现代科学技术的进步和发展、经济全球化体系的建立和完善、跨语言文化交流的加强和便利化，不同译论体系之间在未来的发展就会出现越来越多的共同点和共融点。这既是译论发展的愿景，也是译论发展的必然趋势。在某种意义上，现代科学技术、经济全球化和跨语言文化交流等各方面的发展和进步，构成了促进包括中西翻译在内的全球化翻译事业向前发展的社会文化强大推动力。

11.5　中西译论比较的整体回眸与译学反思

总括而言，在中西译论两个体系之间进行具体比较，我们按照前面多处所讨论到的思路和方法，可以从宏观与微观两个层面入手，采取横向比较、纵向比较以及主题比较等多种方法。中西译论比较研究中的所谓横向比较，即是一种"共时"比较方法，着眼点有二：一是比较中西译论体系中彼此对应或基本对应的两个发展时期；二是比较中西译论体系中在相同和相近时间里出现的人和事。所谓纵向比较即"历时"比较，着眼点在于比较不同时间和不同对应时期出现的人和事。所谓主题比较则是指按照译论主题内容进行的比较，即根据某一译论主题如"翻译原则""翻译标准""翻译方法"等，在中西译论体系中进行挖掘，比较各自在历史上对这一主题所产生的理论成果。要获得最佳比较成果，这三种比较方法不可截然分开使用，而是必须予以综合，灵活掌握。

对前面各节所涉内容进行宏观史实层面的概括，我们可以掌握到三个主要情况：第一，就有文字记载的翻译而言，中西译论研究均有较悠久的发展历史。相较之下，西方第一个主要的翻译实践和翻译理论的高潮均先于中国发生。不论是从成书于欧洲疆土以外的圣经《七十子希腊文本》算起，还是只从欧洲本土产生的第一部译作即古罗马时期里维乌斯·安德罗尼柯用拉丁语翻译的荷马史诗《奥德赛》算起，西方的大规模翻译实践史都始于公元前3世纪中叶。到了公元前1世纪，西方的第一位翻译思想家出现了,即古罗马著名学者西塞罗,他于公元前55年、公元46年和45—46年在《论演说家》《论最优秀的演说家》和《论善与恶之定义》等多篇文论中,用了一定篇幅讨论翻译的理论性问题,并提出"意译"的主张,从而开了西方译论的先河。在我国,虽然《周礼》与《礼记》两部典籍中记载了有关朝廷翻译官职的内容,确实能够证明我国的翻译活动早已存在,最早的文学翻译也可追溯到大约公元前1世纪的《越人歌》(马祖毅,1984: 3-4),但我国第一个大规模的翻译高潮,一直到汉末即公元1至2世纪开始的佛经翻译才出现。在翻译理论方面,我国第一位重要人物是三国时期的佛经翻译大师支谦。他在大约书写于224年的《法句经序》中,就当时围绕佛经翻译引发的"文丽""质朴"两派的翻译之争,阐述了他的思想理念(罗新璋,1984: 2, 22)。但必须指出,中西翻译实践和理论发展史在起始时间上的这一区别,并不意味一个翻译体系因此就优胜,另一个翻译体系就落后。不同的翻译体系起始于不同的时间,这不涉及翻译或译论本身的性质,而只是一个纯粹的翻译史实。但作为翻译史实,对于我们全面深入了解和比较中西翻译和译论的发生条件和历史背景,却又是重要而有学术研究价值的。

第二,中西译论的发展规律有一个基本共同点,就是两者都经历了一个从偏论、散论到主论、专论的发展过程。这里的所谓"偏论""散论",是指对于翻译问题的论述,不是作为有关文论的正题或主题,而是作为"偏题"即主要论题的附属话题而作出的,这些论述或分散于有关文论的各个章节之中,或以序言、跋语形式附加于翻译作品之前或之后。所谓"主论""专论",当然是指把翻译问题作为主题来加以专门论述。例如,西方译论体系是由西塞罗、贺拉斯、哲罗姆、奥古斯丁、德·阿布朗库尔、德莱顿等人的"偏论""散论",发展到多雷、于埃、泰特勒、施莱尔马赫、洪堡、巴特以及奈达、穆南、卡特福德、霍姆斯、威尔斯、巴斯内特、斯内尔霍恩比、贝尔曼等人的"主论""专论"而来的。我国译论体系则是由支谦、道安、鸠摩罗什、玄奘、徐光启、严复、林纾等人的"偏论""散论",发展到梁启超、鲁迅、郭沫若、林语堂、傅雷、钱钟书、董秋斯、刘重德(1914—2008)、金隄、刘宓庆等人的"主论""专论"而来的。中西译论的发展也有一个基本不同点,即是中国译论重理论对实践的指导,西方译论则重实践到理论的升华。因此,中国的传统译论体系谈论翻译困难、翻译方法、翻译经验的多,是一种趋向具象层面的译论体系。支谦、道安、鸠摩罗什、玄奘、徐光启乃至严复的翻译观,其特点莫不如此。与此相对应,西方的传统译论体系则倾向于谈论翻译原则、翻译种类、翻译属性等问题,是一种趋向宏观性质的译论体系。代表人物多雷、泰特勒、于埃、施莱尔马赫、洪堡以及巴特等人的翻译观,尤其能说明这一点。

第三,对于中西译论各自的发展历程,我们可作两种不同角度的比较。一是从发展阶段的角度比;二是从译论性质的角度比。翻译理论的发展阶段与翻译实践的发展阶段息息相关,彼此不可截然分离。虽然翻译实践并不以翻译理论为发展前提,但翻译的实际工作总是在一定原则指导下完成的,因此,大规模的翻译实践往往能引发大规模的翻译反思和理论升华,翻译实践的主要发展阶段同时也成了翻译理论发展的主要阶段。在这个意义上,我国的译论发展可分为四个主要阶段,即汉末隋唐时期的佛经翻译理论、明末清初时期的科技翻译理论、五四运动前后的现代翻译理论以及20世纪50年代特别是80年代以来的现当代译学理论。西方的译论发展则可分为五个阶段,即古罗马时期的文学和圣经翻译理论、中世纪的民族语翻译理论、文艺复兴时期的文学翻译理论、近代文学翻译理论以及"二战"以来的现当代译学理论。

从译论性质的角度看,我国译论体系中自远古至近世的翻译理论,主要可以视为语文学的、诠释学的翻译理论。虽然我国的传统译学术语中并不包括此类定义,但支谦也好,道安、鸠摩罗什、玄奘也好,其翻译理论的出发点,无不在于释经诠典,主张"改梵为秦",或是"案本而传,不令有损言游字",或是不"失其藻蔚",以免"有似嚼饭与人","胡本(西域诸国文本)有误,用梵本校正,汉言有疑,用训诂来定字"(马祖毅,1984: 34)。因此,把我国这一时期的翻译理论划归为语文学和诠释学性质的翻译理论,并非没有道理。另外,从严复到鲁迅,再到傅雷、钱钟书的现代翻译理论,似可冠以文艺学翻译理论之名。不论是严复的"信、达、雅",或是鲁迅的"宁信而不顺",或是傅雷的"神似"优于"形似",抑或是钱钟书"投胎转世"似的"化境",都是立足于译作的文学性。20世纪50年代以来,尤其是70年代末、80年代初以来,受现代语言学和外来翻译理论的影响,我国译论研究的主流开始向语言学倾斜,并逐渐转向发展为一门新兴的独立学科——翻译学。与我国译论相比,西方译论的性质则有着更为明显的特点,体系中也有更为丰富的译学术语。以西塞罗、贺拉斯、昆体良、斐洛、哲罗姆、阿尔弗烈德、德·阿布朗库尔、阿米欧、多雷、德莱顿、于埃、歌德、泰特勒、列维等人为代表的是一条语文学和文艺学的翻译理论线;以奥古斯丁、伊拉斯谟、施莱尔马赫、洪堡、巴特、穆南、卡特福德等人为代表的是一条诠释学和语言学的翻译理论线;以奈达、霍姆斯、威尔斯、巴斯内特、斯内尔霍恩比、贝尔曼等人为代表的是一条跨文化交际译学的翻译理论。根据这种分析,我们似乎可以得出结论:在宏观层面,我国译论体系中语文学和诠释学的翻译理论较发达,西方译论体系中则是文艺学和语言学的翻译理论较发达。

对中西译论进行微观层面的比较,则主要可以了解到以下四个方面的基本情况。首先,在中国译论的起始阶段,代表人物支谦、道安、鸠摩罗什等人的翻译文论无一例外地只涉及译经中出现的问题,他们的理论灵感始于译经,也止于译经;而西方译论的起始阶段则呈现出一种多样性:代表人物既有文学翻译理论家西塞罗、贺拉斯、昆体良,又有圣经翻译理论家斐洛、哲罗姆、奥古斯丁,特别是哲罗姆,他既谈宗教翻译,又谈世俗作品的翻译。虽然如此,起始阶段的翻译理论,不论是中国的纯佛经翻译理论,或是西方的文学和圣经翻译理论,都在各自体系中占有极其重要的地位。这些译论先驱的许多思想,不仅当时在中西译界产生了很大影响,而且成了后世中西译论发展的基础。例如,正如鲁迅与钱钟书所说(参阅罗新璋、陈应年,2009),被我国现代译坛奉为金科玉律的严复的"信、达、雅",实际上只是中国译论开山鼻祖支谦的翻译观的延伸。西方译论自古至今关于"直译"与"意译","词译"/"直译""释译"/"意译"与"拟译"/"创译"/"改写"等等的争论,大都可以追溯到古罗马时期西塞罗"我不是从解释员,而是从演说家的角度进行翻译"、贺拉斯的"意义对意义"而非"词对词"(verbum pro verbo)、昆体良的"译作必须与原作媲美",以及哲罗姆的"圣经翻译用直译、文学翻译用意译"等主张。

中西译论微观比较的第二个基本情况是,二者在第一个主要发展阶段后,彼此都进入了较长时间的静寂期。中国的静寂期自北宋至明末共约400年;西方的静寂期自5世纪末罗马帝国消亡,至大约9世纪民族文字形成以及民族语翻译兴起,先后约300年。静寂期的特点是,翻译活动基本处于停顿状态,既没有大规模的翻译实践,也缺乏大规模的理论研究。特别是在西方的这个静寂期,不要说翻译活动,一切文化活动都处于低潮。这也就是史学家们眼中的"愚昧黑暗时代"。有一点必须着重指出:中西方这两个似乎相互对应的译论"黑暗期",并非发生在历史上的同一时间。当西方"愚昧黑暗时代"出现时,中国译论发展的第一高潮仍未退落;当西方于9世纪各民族国家先后建立、各民族文字先后形成而经历译论发展的第二阶段时,我国的译论发展却仍处静寂状态。中西译论体系这种发展阶段交替形成的现象,似乎贯穿了整个中西译论史,并足以说明中西翻译理论各自独立发展、自成体系的特征。

第三个基本情况是,在西方译论发展过程中,撇开当下仍在进行中的现当代发展阶段不论,西方翻译史上理论成果最为丰富的是第四发展阶段,即紧跟于文艺复兴时期之后的近代译论发展阶段。虽然文艺复兴时期亦有意大利布鲁尼、荷兰伊拉斯谟、德国路德、法国多雷、英国查普曼等人的重要翻译思想和理论,但西方译论的最大发展却出现在堪称"西方翻译理论黄金时代"的 17 至 19 世纪。在这一阶段，西方各国重要作家当中几乎没有不从事翻译的，而翻译家当中也几乎没有不谈论翻译理论的。法国的于埃、德·阿布朗库尔、巴特，英国的德莱顿、泰特勒、阿诺德、纽曼，以及德国的施莱尔马赫、洪堡、歌德、赫尔德、施莱格尔等等，即为其中最突出的代表。与此相比，同样也撇开当下正在进行中的发展阶段不论，我国翻译史上最具影响的译论发展阶段是第三阶段，即鸦片战争至五四运动时期的译论发展阶段。虽然译论成果之丰尚比不上西方译论体系中的第四阶段，但其译论的影响在某些方面却是西方翻译理论的"黄金时代"所不能及的。最明显的例子，莫过于前面所提、广为人知的"信、达、雅"理论。由于严复的这一理论"渊源有自，植根于我国悠久的文化历史，取诸古典文论和传统美学……承袭古代修辞学和文艺学的成说而移用之于翻译"（罗新璋，1984：15），集中体现了我国传统翻译文论"语贵简要"的基本特点，因而被我国译坛广泛接受，并成为 19 世纪末以来我国译论体系的几乎唯一的重要标志。严复翻译理论在我国译论体系中享有的这一特殊地位，是西方任何一位翻译理论家在西方译论体系中所未曾享有过的，古罗马的西塞罗和贺拉斯没有，文艺复兴时期法国的多雷没有，就连"译论黄金时代"英国的泰特勒或德国的施莱尔马赫也没有。

中西译论微观比较中的第四个基本情况是，中西译论发展到现阶段，即我国译论体系的第四阶段、西方译论体系的第五阶段，或者说是中西各自翻译发展中的现当代发展，双方已从以往的彼此独立发展、互无影响，逐步转向了相互影响、相互游离代替了相互融合的发展新阶段。当然，我们无须讳言，正如 11.4 节中已经指出的涉及国家经济、政治、社会文化发展实力的兴衰对比原因，截至 21 世纪以前各个发展阶段的影响，基本上是由西向东，而非由东向西。但历史发展到当下阶段，尤其是进入 21 世纪以来，随着中国改革开放政策的实施和不断深化，国家的政治经济文化发展力得到全面持续的释放，中国的政治经济文化实力和影响力变得越来越强大，并开始逐步拓展至世界舞台的中央。在此宏大背景下，中国翻译领域的语言文化运行方向，也已开始以一种较为独特的方式，由过往"中国翻译"的主体行为模式，发展为既继续坚持"中国翻译"又同时推进"翻译中国"的新模式。亦即说，中外包括中西方文化交流中过去出现的那种"西学东渐"多于"东学西渐"的现象，或许已开始向"东学西渐"多于"西学东渐"，或至少是向"东西文明互鉴"的方向演进。

不过，以上由"西学东渐"到"东学西渐"的转向，主要应被视作刚刚开始发生的事件。要想让这一"转向"达到或真正达到"西学东渐"曾经所达到的程度，或让中华译论完全并肩屹立于甚至超越于世界现时强国译论之林，尚待我国国力和文化影响力的进一步全面提升和强大。此是后话。我们在此处要谈论的，主要是关于上述第四种基本情况在现阶段的具体表现。可以着重指出三点：一是到 20 世纪 80 年代，不论在我国，还是在西方，翻译理论界似乎已经有了一个基本共识，即翻译研究（涵盖语际翻译、语内翻译、符际翻译）不应当被当作其他学科如文艺学、语言学的分支或附属品，而应当被当作具有独立地位的一门自主学科。说它是科学也好，非科学也罢，总之，它应当享有独立或相对独立而自主的地位。二是现代"翻译科学"说的提出，在西方首先与奈达的名字联系在一起，在中国则首先与董秋斯的名字联系在一起。奈达于 1947年在《论圣经翻译的原则和程序》一书中，把翻译研究纳于语言学门下，开翻译科学说之先河，即"the science of translation""translatology"（Wilss, 1982: 52）；而董秋斯则于 1951 年在题为《论翻译理论的建设》一文中，更为明确地提出了建立翻译学的主张。三是虽然今时今日翻译学的独立学科地位在中西翻译理论界已不再构成挑战，但对于翻译学的内涵和外延是什么，人们对此仍然有着不尽相同的认知和解读。这是当代译学研究领域中的一个现实存在，也是应当被承认、被接纳的一个多元译学认知现实。正因为这一现实存在，我们无须强求所有人达成认知上的统一或完全统一。中西译论关于译学认知和定义上存在的一个重要区别在于：西方许多译学理论家如奈达、霍姆斯、威尔斯、巴斯内特、勒弗维尔、斯内尔霍恩比、贝尔曼等人趋于强调译学性质的文化性、多文化性与跨文化性；我国许多译学理论家如董秋斯、刘重德、刘宓庆、金隄等人则趋于强调译学性质的"科学性""语言文化性"与"民族性"，并提倡建立和发展"中国特色翻译学"。

在整体上对中西译论发展进行比较和译学反思，我们可以得出以下三点主要结论：

1）译论相通性是中西翻译思想发展的主要特征，这一特征是由翻译（包括语内、语际、符际翻译）作为人类活动的本质所在而决定的。毫无疑问，不同的语言文化在不同的历史时期，都产生过不同的翻译思想，但这种不同多为表象。例如，虽然中西翻译理论家各有各的译论术语，各有各的翻译经验，对待翻译问题也各有各的理论取向，但在认识论的深层，他们在对诸如翻译原则、方法、标准、操作规则、程序以及翻译类别等问题上，却表现出跨越语言文化差异、深层理念彼此一致或基本一致的相似，即"相通性"。因此，严复的"信、达、雅"，与泰特勒的"译作应完全复写出原作的思想；译作的风格和手法应和原作属于同一性质；译作应具备原作所具有的通顺"，以及与多雷的译者"必须完全理解所译作品的内容；必须通晓所译语言和译入语言；必须避免字字对译，因为这样会有损原译的传达和语言的美感；必须采用通俗的语言形式；必须通过选词和调整词序使译文产生色调适当的效果"等等之间，便出现了翻译原则的"共振"。支谦、道安、鸠摩罗什等人描述的佛经翻译实践中的"质""丽"之争，与西塞罗、贺拉斯、昆体良、哲罗姆等人思想中的"意译""媲美""直译""逐词译"之间，也同样反映出翻译思维模式中的内在"共性"。中西译论发展历史互为独立，彼此间却又存在如此"共振"和"共性"，恰恰说明翻译是一项有规律可循的活动，这种规律是客观的，跨越不同语言文化的。而正是由于翻译规律的这种相通性，才产生了上述包括中西译论在内的世界翻译思想发展的彼此相通性。

2）中西不同的哲学思想，不同的价值体系，以及不同的语言文化，始终对中西译论体系产生着重要的影响。中西翻译理论植根于不同的文化土壤，因而不可避免地打上了不同的文化烙印。例如，西方哲学较为严格的方法论，强调对客观世界的细微观察和描写，注重由定量到定性的分析。这种哲学方法论反映到译论传统中，便产生了16世纪法国的多雷，18世纪英国的泰特勒，以及19世纪德国的施莱尔马赫传统。与此对应的我国哲学传统，不以定量分析为必需，观察客观世界时重心灵感应，描写时不拘泥细节，因而在20世纪以前的译论传统上，并没有出现诸如多雷《论如何出色地翻译》和泰特勒《论翻译的原则》一类看重条理性分析方法的翻译论述。又如，西方宗教理念中崇尚人格化的、无所不能的上帝，因而产生了1世纪的斐洛、4世纪的奥古斯丁关于圣经翻译有赖于"神灵感召"的神秘主义翻译观。而中国的宗教理念并不严格区分释迦牟尼的教义和孔孟之道，因此支谦、道安、鸠摩罗什、玄奘等人虽然只译佛经，其翻译文论也只涉及佛经翻译，但他们译论思想的适用范围，却从来都不只局限于宗教翻译。正因如此，严复翻译《天演论》等科学名篇时，竟能如鱼得水地在支谦的思想里汲取养分。

3）中西哲学和思想体系对事物的命名传统，对各自译论术语的形成与发展起了至关重要的作用。这一点与上述哲学方法论不无关联。西方哲学继承亚里士多德的希腊传统，信奉哲论推理始于严格正名的理念，因而凡事都冠其名，推其理，久而久之就形成了较为发达的命名习惯和传统；反映到翻译理论上，也就出现了较为丰富的译论术语。我国的哲学传统固然强调"名不正则言不顺"，但在对具体事物的解释上，却更乐于取法其中，而不是依靠多少个标新立异的名词术语。因此，西方翻译理论动辄便是"文艺学的""诠释学的""语言学的""语义学的""符号学的""交际学的""社会符号学的""浪漫主义的""神秘主义的""结构主义的""后结构主义的""解构主义的""布拉格学派的""鹿特丹学派的"等术语。相形之下，我国译论在术语的创造方面似乎就有所不足，特别在现代译学研究中往往需要借鉴西方。因而，如何发展既切合自身特点，又能与国际接轨、易为外界理解与接受的一整套译学术语，便成了我国译学界需要解决的重要任务之一。

概而言之，中西翻译思想和理论的发展，既有跨越语言文化差异、反映翻译本质的彼此相似和相通的一面，也有受制于彼此不同社会文化和哲学影响而产生的彼此相异和相悖的一面。然而，不论如何，世界各国的翻译理论（自然也包括中西翻译理论）发展到 21 世纪的今天，已经进入了彼此更加融合而非彼此更加分离的时代。尽管不同译论传统之间过去存在、将来可能还会继续存在这样或那样的不同，但随着科学技术的发展、跨语言文化交流的加强，不同译论体系之间在未来发展中会出现更多、更强的共同点。由于翻译是人类社会共有、共享、共同的一项活动，不论它作用于哪两种语言文化，其目的都不外乎是要把一种语言文化中业已表达出来的某种信息、某个思想或某种意思，通过一定的程式转移到另一种语言文化当中。因此，任何语对翻译与任何其他语对翻译之间，一定存在许多共同特质，而这些共同特质，又往往是跨民族、跨语言文化的。例如，我们在翻译研究中经常讨论到的翻译原则、标准、性质、方法等方面的问题，都是不同译论传统所共同关心并彼此存有共识的问题，这也是为什么笔者曾经提出我们需要从"民族共融视角"（ethnoconvergent perspective）来研究翻译的原因（Tan, 2009: 283）。

承接以上这一"民族共融"的基本译学信念，笔者希望在此进一步强调，我们对不同译论传统进行系统的比较研究，其根本目的在于，通过研究去发现和克服或超越彼此的认知差异，去发现和强化彼此之间存在的思想共识，使不同的译论体系能从彼此的创意和发展中获益，从对相互思想体系的比较研究中得到启发，推动现代译学的向前发展。这是中西翻译和译论比较以及整个比较译学的根本任务所在，也是我们开展翻译学研究的根本任务所在。

参考文献

巴尔胡达罗夫. 语言与翻译（蔡毅, 虞杰, 段京华编译）. 北京：中国对外翻译出版公司, 1985.

布罗茨基. 俄国文学史·上卷（蒋路, 孙玮译）. 北京：作家出版社, 1957.

蔡毅, 段京华. 苏联翻译理论. 武汉：湖北教育出版社, 2000.

常谢枫. 是"信"，还是"信，达，雅"？. 翻译论集（罗新璋）. 北京：商务印书馆, 1981/1984: 900-905.

陈德鸿, 张南峰. 西方翻译理论精选. 香港：香港城市大学出版社, 2000.

陈东成. 大易翻译学初探. 周易研究, 2015(2): 72-78.

陈东成. 大易翻译学. 北京：中国社会科学出版社, 2016.

陈东成. 翻译学中国学派之发展理念探讨. 中国翻译, 2021(2): 5-12.

陈福康. 中国译学理论史稿. 上海：上海外语教育出版社, 1992.

陈康. 论信达雅与哲学著作翻译. 翻译论集（罗新璋）. 北京：商务印书馆, 1942/1984: 443-446.

陈圣生. 关于"总体文学". 比较文学三百篇（智量）. 上海：上海文艺出版社, 1990: 12-15.

陈文伯. 英语成语与汉语成语. 北京：外语教学与研究出版社, 1982.

陈毅. 语重心长谈外语学习——记陈毅副总理对外语学生的一次谈话. 外语教学与研究, 1962(1): 3-5.

成中英. 两界学的问题，范式和界域：从《两界书》论起. 中国社会科学院研究生院学报, 2018(6): 5-13.

辞海·缩印本. 上海：上海辞书出版社, 1980.

道安. 比丘大戒序. 翻译论集·修订本（罗新璋, 陈应年）. 北京：商务印书馆, 2009: 28.

道朗. 大涅槃经序. 翻译论集·修订本（罗新璋, 陈应年）. 北京：商务印书馆, 2009: 59.

董秋斯. 论翻译理论的建设. 翻译论集·修订本（罗新璋, 陈应年）. 北京：商务印书馆, 1951/2009: 601-609.

恩格斯. 自然辩证法·导言. 马克思恩格斯全集·第三卷. 北京：人民出版社, 1972.

方精云. 重构新时期的生态学学科体系. 2022-1-27. 北京大学新闻网.

方梦之. 发展与完善我国的译学研究体系——谈建立中国翻译学. 外语教学, 1988(1): 79-82.

方梦之. 译学辞典. 上海：上海外语教育出版社, 2003.

方梦之. 论翻译生态环境. 上海翻译, 2011(1): 1-5.

方梦之. 再论翻译生态环境. 中国翻译, 2020(5): 20-27.

费道罗夫. 翻译理论概要（李流等译）. 北京：中华书局, 1955.

冯全功. 中国特色翻译理论：回顾与展望. 浙江大学学报·人文社会科学版, 2021(1):

163-173.

冯志伟，杨平. 自动翻译. 北京：知识出版社，1987.

傅雷. 高老头·重译本序. 翻译论集（罗新璋）. 北京：商务印书馆，1951/2009: 623-624.

傅兴尚，许汉成，易绵竹，李向东. 俄罗斯计算语言学与机器翻译. 北京：语文出版社，2009.

龚献静. 翻译与知识生产：以20世纪以来美国翻译中国文献为例. 外语教学与研究，2022(5): 773-782.

桂乾元. 为确立具有中国特色的翻译学而努力——从外国翻译学谈起. 中国翻译，1986(3): 12-15.

郭建中. 当代美国翻译理论. 武汉：湖北教育出版社，2000.

果笑非，王卓，杨迪等. 翻译生态学与生态翻译学中译者对翻译的影响. 边疆经济与文化，2015(3): 92-93.

韩礼德. 作为社会符号的语言：语言与意义的社会诠释. 苗兴伟等译. 北京：北京大学出版社，2015.

胡庚申. 译者为中心的翻译适应选择论探索. 香港：香港浸会大学（博士论文），2003.

胡庚申. 翻译选择适应论. 武汉：湖北教育出版社，2004a.

胡庚申. 翻译适应选择论的哲学理据. 上海科技翻译，2004b(4): 1-5.

胡庚申. 生态翻译学：建构与诠释. 北京：商务印书馆，2013.

胡开宝. 技术手段与翻译研究. 改革开放以来中国翻译研究概论(1978—2018). 武汉：湖北教育出版社，2018: 313-341.

黄昌宁. 计算机语言学简介. 语文建设，1992(2): 32-35.

黄忠廉. 变译理论. 北京：中国对外翻译出版公司，2002.

加切奇拉泽. 文艺翻译与文学交流（蔡毅，虞杰编译）. 北京：中国对外翻译出版公司，1987.

金人. 论翻译工作的思想性. 翻译通报，1951(1): 9-10.

金隄. 等效翻译探索·增订版. 台北：书林出版有限公司，1998.

金岳霖. 知识论. 北京：商务印书馆，1983.

鸠摩罗什. 为僧睿论西方辞体. 翻译论集·修订本（罗新璋，陈应年）. 北京：商务印书馆，2009: 34.

蓝红军. 从学科自觉到理论建构：中国译学理论研究(1987—2017). 中国翻译，2018(1): 7-16, 127.

蓝红军. 作为理论与方法的知识翻译学. 当代外语研究，2022(2): 34-44.

劳陇. 丢掉幻想，联系实际——揭破"翻译（科）学"的迷梦. 中国翻译，1996(2): 38-41.

李明. 翻译研究的社会符号视角. 武汉：武汉大学出版社，2005.

李瑞林. 知识翻译学的知识论阐释. 当代外语研究，2022(1): 47-59, 161.

李伟容.《大易翻译学》的"创新成务"之道. 文学教育（下），2020(8)：115-117.
李小均. 纳博科夫翻译观的嬗变. 解放军外国语学院学报，2003(1)：82-85.
梁启超. 论译书. 翻译研究论文集：1894—1948(中国翻译工作者协会,《翻译通讯》编辑部). 北京：外语教学与研究出版社，1897/1984：8-20.
廖七一等. 当代西方翻译理论探索. 南京：译林出版社，2000.
廖七一等. 当代英国翻译理论. 武汉：湖北教育出版社，2001.
林煌天. 中国翻译词典. 武汉：湖北教育出版社，1997.
林语堂. 论翻译. 翻译研究论文集：1894—1948(中国翻译工作者协会,《翻译通讯》编辑部). 北京：外语教学与研究出版社，1933/1984：259-272.
刘爱华. 生态视角翻译研究考辨——"生态翻译学"与"翻译生态学"面对面. 西安外国语大学学报，2010(1)：75-78.
刘博超，周杉. 国比论坛"文学与世界"专场聚焦中国文学走出去·让世界更好地了解中国文学与中国文化. 光明日报，2019.
刘洪一. 界学：基本的认知之学. 国际比较文学学会第22届大会. 澳门，2019.
刘军平. 西方翻译理论通史. 武汉：武汉大学出版社，2009.
刘宓庆. 论中国翻译理论基本模式. 中国翻译，1989(1)：12-16.
刘宓庆. 汉英对比研究与翻译. 南昌：江西教育出版社，1991.
刘宓庆. 现代翻译理论. 台北：书林出版有限公司，1994.
刘宓庆. 中西翻译思想比较研究. 北京：中国对外翻译出版公司，2005.
刘山. 翻译与文化. 翻译通讯，1982(5)：5-8.
刘涌泉. 我国机器翻译工作的进展. 科学通报，1959(17)：563-564.
刘重德. 文学翻译十讲. 北京：中国对外翻译出版公司，1993/1998.
龙明慧. 翻译原型研究. 广州：中山大学出版社，2011.
鲁迅. 鲁迅(给瞿秋白)的回信. 翻译论集·修订本(罗新璋，陈应年). 北京：商务印书馆，1931/2009：344-349.
罗新璋. 我国自成体系的翻译理论. 翻译通讯，1983a(7)：9-13.
罗新璋. 我国自成体系的翻译理论(续). 翻译通讯，1983b(8)：8-12.
罗新璋. 翻译论集. 北京：商务印书馆，1984.
罗新璋，陈应年. 翻译论集·修订本. 北京：商务印书馆，2009.
马建忠. 拟设翻译书院议. 翻译研究论文集：1894—1948(中国翻译工作者协会,《翻译通讯》编辑部). 北京：外语教学与研究出版社，1933/1984：1-5.
马祖毅. 中国翻译简史. 北京：中国对外翻译出版公司，1984.
马祖毅等. 中国翻译通史. 武汉：湖北教育出版社，2006.
茅盾. "媒婆"与"处女". 翻译论集(罗新璋). 北京：商务印书馆，1954/1984：349-351.
茅盾. 为发展文学翻译事业和提高翻译质量而奋斗. 翻译论集(罗新璋). 北京：商务印书馆，1954/1984：501-517.

毛泽东．毛泽东选集·第五卷．北京：人民出版社，1977.

孟祥春．"知识翻译学"命名与概念构建．当代外语研究，2022(3): 55-64.

南怀瑾．南怀瑾选集·第三集．上海：复旦大学出版社，2008.

南木．大胆的尝试，可贵的创举——《西方翻译简史》读后．中国翻译，1991(2): 50-52.

潘文国．中国译论与中国话语．外语教学理论与实践，2012(1): 1-7.

潘文国．构建中国翻译学派：是否必要？有无可能？．燕山大学学报，2013(4): 20-24.

潘文国．中籍英译通论．上海：华东师范大学出版社，2021.

蒲蛰龙．生态学的概念．生态科学，1982(1): 81-83.

钱纪芳．和合翻译思想初探．上海翻译，2010(3): 11-15.

钱钟书．管锥篇（第三册）．北京：生活·读书·新知三联书店，2007.

钱钟书．林纾的翻译．翻译论集·修订本（罗新璋，陈应年）．北京：商务印书馆，2009: 774-805.

瞿秋白．瞿秋白（给鲁迅）的来信．翻译论集·修订本（罗新璋，陈应年）．北京：商务印书馆，1931/2009: 335-343.

任继愈．汉唐佛教思想论集．北京：人民出版社，1973.

沈苏儒．论"信，达，雅"．翻译论集（罗新璋）．北京：商务印书馆，1984: 942-949.

士尔．两界书．北京：商务印书馆，2017.

苏联大百科全书 (Большая советская энциклопедия)．北京：生活·读书·新知三联书店，1950.

苏智先，王仁卿．生态学概论．济南：山东大学出版社，1989.

孙迎春．译学大词典．北京：中国世界语出版社，1999.

孙迎春，周朝伟．易学视角——翻译的本质与译者的无妄之灾．翻译季刊，2011(4): 51-84.

谭载喜．翻译中的语义对比试析．翻译通讯，1982(1): 6-11.

谭载喜．奈达论翻译．北京：中国对外翻译出版公司，1984.

谭载喜．文化对比与翻译．中国翻译，1986(5): 7-9.

谭载喜、Eugene A. Nida. 论翻译学的途径．外语教学与研究，1987(1):24-30.

谭载喜．西方翻译简史．北京：商务印书馆，1991.

谭载喜．新编奈达论翻译．北京：中国对外翻译出版公司，1999.

谭载喜．翻译研究词典的翻译原则与方法．中国翻译，2004(6): 49-52.

谭载喜．西方翻译简史·增订版．北京：商务印书馆，2004/2022.

谭载喜．中国翻译研究40年：作为亲历者眼中的译学开放，传承与发展．外国语（上海外国语大学学报），2018(5): 2-8.

谭载喜等译．翻译研究词典．北京：外语教学与研究出版社，2005.

谭载喜．西方翻译史学研究．北京：外语教学与研究出版社，2021.

谭载喜. 翻译传播学的学科定位与应用特质——以 2021 中美高层战略对话博弈中的翻译传播为例. 英语研究, 2023, 17(1)：21-34.
唐人. 翻译是艺术. 翻译论集（罗新璋）. 北京：商务印书馆, 1950/1984: 522-526.
陶潇婷. 生态翻译学与翻译生态学"翻译生态环境"解读. 北方园艺, 2014(17): 89-93.
王克非. 文化翻译史论. 上海：上海外语教育出版社, 1997.
王宁. 翻译研究的文化转向（修订版）北京：清华大学出版社, 2022.
王寅. 认知翻译研究. 中国翻译, 2012(4): 17-23.
王振杰, 周萍等. 人工智能应用技术. 北京：文化发展出版社, 2020.
王宗炎. 纽马克论翻译理论和翻译技巧. 我国翻译理论评介文集. 北京：中国对外翻译出版公司, 1983: 1-12.
王宗炎. 评齐沛合译. 翻译论集（罗新璋）. 北京：商务印书馆, 1984: 906-915.
王佐良. 翻译中的文化比较. 翻译通讯, 1984a(1): 2-6.
王佐良. 词义·文体·翻译. 翻译论集（罗新璋）. 北京：商务印书馆, 1984b: 828-837.
魏建刚. 鸣鹤在阴，其子和之——中国传统译学之易学影响发微. 外语与外语教学, 2015(2): 70-74.
文旭. 认知翻译学：翻译研究的新范式. 英语研究, 2018(2): 103-113.
吴新祥, 李宏安. 等值翻译论. 南昌：江西教育出版社, 1990.
吴志杰. 中国传统译论研究的新方向：和合翻译学. 南京理工大学学报, 2011(2): 77-81.
现代汉语词典·修订本（中国社会科学院语言研究所词典编辑室）. 北京：商务印书馆, 1999.
谢天振. 论文学翻译的创造性叛逆. 外国语（上海外国语大学学报）, 1992(1): 32-39, 82.
谢天振. 比较文学与翻译研究. 台北：业强出版社, 1994.
谢天振. 译介学. 上海：上海外语教育出版社, 2003.
许建忠. 翻译生态学. 北京：中国三峡出版社, 2009.
许钧, 袁筱一. 当代法国翻译理论. 南京：南京大学出版社, 1998.
许渊冲. 译学与《易经》. 北京大学学报（哲学社会科学版）, 1992(3): 83-90, 128.
许渊冲. 谈中国学派的翻译理论——中国翻译学落后于西方吗？. 外语与外语教学, 2002(1): 52-54, 59.
彦琮. 辩正论. 翻译论集·修订本（罗新璋, 陈应年）. 北京：商务印书馆, 2009: 60-63.
严复. 严复论译事之难. 翻译理论与翻译技巧论文集（中国对外翻译出版公司选编）. 北京：中国对外翻译出版公司, 1983: 1-4.
严复. 《天演论》译例言. 翻译论集·修订本（罗新璋, 陈应年）. 北京：商务印书馆, 2009: 202-204.

杨枫. 知识翻译学宣言·卷首语. 当代外语研究, 2021a(5): 2, 27.
杨枫. 翻译是文化还是知识？·卷首语. 当代外语研究, 2021b(6): 2, 36.
杨枫. 知识翻译学的翻译定义与分类·卷首语. 当代外语研究, 2022(1): 1-2.
杨沐昀, 李志升, 于浩. 机器翻译系统. 哈尔滨: 哈尔滨工业大学出版社, 2000.
杨廷福. 略论玄奘在中国翻译史上的贡献. 翻译论集·修订本（罗新璋, 陈应年）. 北京: 商务印书馆, 2009: 73-87.
杨镇源. 从知识到境界: 论翻译学中国学派之"宇宙心"精神. 中国翻译, 2021(2): 22-28.
尹飞舟, 余承法, 邓颖玲. 翻译传播学十讲. 长沙: 湖南师范大学出版社, 2021.
余光中. 翻译和创作. 翻译论集（罗新璋）. 北京: 商务印书馆, 1984: 742-753.
喻旭东, 傅敬民. 翻译知识的三重形态初探. 当代外语研究, 2022(5): 22-30.
袁伟. 本雅明说的是啥？. 国外文学, 2007(4): 47-58.
岳峰, 陈泽予. 从知识翻译学的真、善、美标准谈知识翻译学的英语译名. 当代外语研究, 2022(3): 65-73.
赞宁. 宋高僧传·译经篇（上册）（范想雍点校）. 北京: 中华书局, 1987.
赞宁. 译经篇纵论. 翻译论集·修订本（罗新璋, 陈应年）. 北京: 商务印书馆, 2009a: 88-91.
赞宁. 义净传系辞. 翻译论集·修订本（罗新璋, 陈应年）. 北京: 商务印书馆, 2009b: 92.
张柏然. 建立中国特色翻译理论. 常州工学院学报（社科版）, 2008(3): 79-83.
张柏然, 姜秋霞. 对建立中国翻译学的一些思考. 中国翻译, 1997(2): 7-16.
张静. 语言的学习和运用. 上海: 上海教育出版社, 1980.
张南峰. 翻译学的性质·导言. 西方翻译理论精选（陈德鸿, 张南峰）. 香港: 香港城市大学出版社, 2000: 101-103.
赵毅衡. 符号作为人的存在方式. 学术月刊, 2012(4): 96-100.
赵毅衡. 重新定义符号与符号学. 国际新闻界, 2013(6): 6-14.
郑海凌. 翻译标准新说: 和谐说. 中国翻译, 1999(4): 2-6.
支谦. 法句经序. 翻译论集·修订本（罗新璋, 陈应年）. 北京: 商务印书馆, 2009: 22.
中国大百科全书. 文学翻译. 来自中国大百科全书网站. 2023年12月10日.
中国翻译工作者协会,《翻译通讯》编辑部. 翻译研究论文集: 1894—1948. 北京: 外语教学与研究出版社, 1984.
周敦义. 翻译名义（集）序. 翻译论集·修订本（罗新璋, 陈应年）. 北京: 商务印书馆, 2009: 93.
周煦良. 翻译三论. 翻译通讯, 1982(6): 1-6.
Alves, Fabio (ed.). *Triangulating Translation: Perspectives in Process Oriented Research*. Amsterdam and Philadelphia: John Benjamins, 2003.
Amos, Flora Ross. *Early Theories of Translation*. New York: Columbia University Press, 1920. Reprinted. New York: Octagon Books, 1973.

Aristeas, Letter of. (tr. by Moses Hadas) In Douglas Robinson (ed.). *Western Translation Theory from Herodotus to Nietzsche.* Manchester: St. Jerome Publishing, 1997: 4–7.

Arnold, Matthew. On translating Homer. In Douglas Robinson (ed.). *Western Translation Theory from Herodotus to Nietzsche.* Manchester: St. Jerome Publishing, 1861/1997: 250–255.

Augustine. The use of translations (Excerpt from *On Christian Doctrine/De doctrina Christiana*; tr. by Douglas Robinson). In Douglas Robinson (ed.). *Western Translation Theory from Herodotus to Nietzsche.* Manchester: St. Jerome Publishing, 428/1997: 31–34.

Baker, Mona. Corpus linguistics and translation studies: Implications and applications. In Mona Baker, Gill Francis and Elena Tognini-Bonelli (eds.). *Text and Technology: In Honour of John Sinclair.* Amsterdam: John Benjamins, 1993: 233–250.

Baker, Mona. Corpora in translation studies: An overview and some suggestions for future research. *Target.* 1995, 7(2): 223–243.

Baker, Mona (ed.). *Routledge Encyclopedia of Translation Studies.* London and New York: Routledge, 1998.

Baker, Mona. *Translation and Conflict: A Narrative Account.* London: Routledge, 2006.

Baker, Mona. Translation and the production of knowledge(s). *Mona Baker.* 2018. Retrieved January 10, 2023, from Mona Baker website.

Baker, Mona (PI), Luis Perez-Gonzalez (CoI) and Stephen Todd (CoI). Genealogies of knowledge: The evolution and contestation of concepts across time and space. Retrieved January 10, 2023, from Manchester Research Explorer website.

Barkhudarov, Leonid S. *Язык и перевода (Language and Translation).* Moscow: Mezhdunarodnye Otnosheniya, 1975.

Barnstone, Willis. *The Poetics of Translation: History, Theory, Practice.* New Haven: Yale University Press, 1993.

Bassnett, Susan. *Translation Studies (3rd edition).* London and New York: Routledge, 1991.

Bassnett, Susan and André Lefevere. General editors' preface. In André Lefevere (ed.). *Translating/History/Culture: A Sourcebook.* London and New York: Routledge, 1992/2003: xi–xii.

Bassnett, Susan and André Lefevere (eds.). *Translation, History and Culture.* London and New York: Pinter Publishers, 1990.

Bassnett, Susan and André Lefevere (eds.). *Constructing cultures: Essays on literary translation.* Clevedon: Multilingual Matters, 1998.

Batteux, Charles. *Principes de literature* (tr. by John Miller). In Douglas Robinson (ed.). *Western Translation Theory from Herodotus to Nietzsche*. Manchester: St. Jerome Publishing, 1747–1748/1997: 195–199.

Benjamin, Walter. On language as such and on the languages of man. In Edmund Jephcott and Kingsley Shorter (tr.). *One Way Street*. London: NLB, 1916/1979: 107–123.

Benjamin, Walter. The task of the translator. In Lawrence Venuti (ed.). *The Translation Studies Reader*. London and New York: Routledge, 1923/2000: 15–23.

Berman, Antoine. *The Experience of the Foreign: Culture and Translation in Romantic Germany* (tr. by S. Heyvaert). New York: State University of New York Press, 1992.

Bhabha, Homi. *The Location of Culture*. London and New York: Routledge, 1994.

Bloomfield, Leonard. Meaning. *Monatshefte f. Deutschen Unterriccht*. 1943(35): 101–106.

Boas, Franz. Language. *General Anthropology*. 1938: 132f.

Bohr, Niels. On the notions of causality and complementarity. *Dialectica*. 1948, 2: 317f.

Bourdieu, Pierre. *The Logic of Practice*. Cambridge: Polity Press, 1990.

Bourdieu, Pierre. *Language and Symbolic Power* (tr. by Gino Raymond and Matthew Adamson). Cambridge: Polity Press, 1991.

Bourdieu, Pierre. The social conditions of the international circulation of ideas. In Richard Shusterman and Lois McNay (eds.). *Bourdieu: Critical Reader*. Oxford and Malden: Blackwell Publishers, 1999: 220–228.

Braddock, Richard. An extension of the "Lasswell Formula". *Journal of Communication*. 1958, 8(2): 88–93.

Britannica. Translation. Retrieved December 10, 2023, from Britannica website.

Brower, Reuben A. (ed.). *On Translation*. New York: Oxford University Press, 1959.

Bruni, Leonardo. De interpretatione recta (tr. by James Hankins). In Douglas Robinson (ed.). *Western Translation Theory from Herodotus to Nietzsche*. Manchester: St. Jerome Publishing, 1426/1997: 57–60.

Catford, John. *A Linguistic Theory of Translation: An Essay in Applied Linguistics*. Oxford: Oxford University Press, 1965.

Cheung, Martha (ed.). *An Anthology of Chinese Discourse on Translation. Vol. 1: From Earliest Times to the Buddhist Project*. Manchester: St. Jerome Publishing, 2006.

Chomsky, Noam. *Syntactic Structures*. The Hague: Mouton, 1957.

Cicero. De oratore (On the orator. tr. by E. W. Sutton and H. Rackham). In Douglas Robinson (ed.). *Western Translation Theory from Herodotus to Nietzsche*. Manchester: St. Jerome Publishing, 55 B. C. E./1997: 7.

Cicero. De optimo genere oratorum (The best kind of orator; tr. by H. M. Hubbell). In Douglas Robinson (ed.). *Western Translation Theory from Herodotus to Nietzsche*. Manchester: St. Jerome Publishing. Reprint in Beijing: The Foreign Language Teaching and Research Press, 46 B. C. E./1997: 7-10.

Cicero. De finibus bonorum et malorum (The ends of good and evil. Excerpted in English translation by Harris Rackham). In Douglas Robinson (ed.). *Western Translation Theory from Herodotus to Nietzsche*. Manchester: St. Jerome Publishing, 45-44 B. C. E./1997: 10-12.

Coates, Jenefer. Changing horses: Nabokov and translation. In Jean Boase-Beier and Michael Holman (eds.). *The Practices of Literary Translation: Constraints and Creativity*. Manchester: St. Jerome Publishing, 1999: 91-108.

Cronin, Michael. *Translation and Globalization*. London and New York: Routledge, 2003.

Danks, Joseph H. et al. (eds.). *Cognitive Processes in Translation and Interpreting*. London: Sage, 1997.

Denham, John. Preface to *The Destruction of Troy*. In Douglas Robinson (ed.). *Western Translation Theory from Herodotus to Nietzsche*. Manchester: St. Jerome Publishing, 1656/1997: 156.

de Waard, Jan and Eugene A. Nida. *From One Language to Another: Functional Equivalence in Bible Translating*. New York: Thomas Nelson Publishers, 1986.

Dolet, Etienne. La maniere de bien traduire d'une langue en aultre (How to translate well from one language to another; tr. by David G. Ross). In Douglas Robinson (ed.). *Western Translation Theory from Herodotus to Nietzsche*. Manchester: St. Jerome Publishing, 1540/1997: 95-97.

Dryden, John. *Essays of John Dryden Vol. 1*. ed. by W. P. Ker. Oxford: Clarendon Press, 1900.

Dryden, John. Dedication of *Aeneis*. In Douglas Robinson (ed.). *Western Translation Theory from Herodotus to Nietzsche*. Manchester: St. Jerome Publishing, 1697/1997: 174-175.

Dryden, John. Preface to *Ovid's Epistles*. In Douglas Robinson (ed.). *Western Translation Theory from Herodotus to Nietzsche*. Manchester: St. Jerome Publishing, 1680/1997: 172-174.

Dryden, John. Preface to *Sylvae: Or, the Second Part of Poetical Miscellanies*. In Rainer Schulte and John Biguenet (eds.). *Theories of Translation: An Anthology of Essays from Dryden to Derrida*. Chicago and London: The University of Chicago Press, 1685/1992: 22-24.

Duff, Alan. *The Third Language: Recurrent Problems of Translation into English*. Oxford: Peramnon Press, 1981.

Eco, Umberto. *The Search for the Perfect Language* (tr. by James Fentress). Oxford: Basil Blackwell, 1995.

Even-Zohar, Itama and Gideon Toury (eds.). Translation theory and intercultural relations. *Poetics Today*. 1981, 2(4).

Even-Zohar, Itamar. Polysystem studies. Special issue. *Poetics Today*. 1990, 11(1):1–268.

Fedorov, Andrei V. Введение в теорию перевода (*Introduction to the Theoryof Translation*). Moscow: Izdatelstvo literatury na inostrannykh yazykakh, 1953.

Firth, John R. Linguistic analysis and translation. In Frank R. Palmer (ed.). *Selected Papers of J. R. Firth 1952–1959*. London and New York: Longman, 1956a/1968a: 73–83.

Firth, John R. Linguistics and translation. In Frank R. Palmer (ed.). *Selected Papers of J. R. Firth 1952–1959*. London and New York: Longman, 1956b/1968b: 84–95.

Frawley, William. Prolegomenon to a theory of translation. In William Frawley (ed.). *Translation: Literary, Linguistic, and Philosophical Perspectives*. London and Toronto: Associated University Presses, 1984: 159–195.

Gačečiladze, Givi R. Введние и теорию худжесннного иеревда (*Introduction to the Theory of Literary Translation*). Tbilisi: Izdatelstvo TGU, 1970.

Gentzler, Edwin. *Contemporary Translation Theories*. London and New York: Routledge, 1993.

Goethe, Johann Wolfgang. *West-Östlicher Divan* (*Divan of East and West*; excerpted in English translation by Douglas Robinson). In Douglas Robinson (ed.). *Western Translation Theory from Herodotus to Nietzsche*. Manchester: St. Jerome Publishing, 1819/1997: 222–224.

Goethe, Johann Wolfgang von. Extract from the *Schriften zur Literatur* (*Writings on Literature*). In André Lefevere (ed.). *Translating/History/Culture: A Sourcebook*. London and New York: Routledge, 1819/1992: 24–25.

Göpferich, Susanne, Arnt Jakobsen and Inger Mees (eds.). *Looking at Eyes: Eye-Tracking Studies of Reading and Translation Processing. Copenhagen Studies in Language 36*. Copenhagen: Samfundslitteratur Press, 2008.

Göpferich, Susanne, Arnt Jakobsen and Inger Mees (eds.). *Behind the Mind: Methods, Models and Results in Translation Process Research. Copenhagen Studies in Language 37*. Copenhagen: Samfundslitteratur Press, 2009.

Göpferich, Susanne, Fabio Alves and Inger Mees (eds.). *New Approaches in Translation Process Research*. Frederiksberg: Samfundslitteratur Press, 2010.

Halliday, Michael A. K. *Language as Social Semiotic: The Social Interpretation of Language and Meaning*. London: Edward Arnold, 1978.

Halverson, Sandra. Conceptual work and the "translation" concept. *Target*. 1999, 11(1): 1–31.

Halverson, Sandra. Cognitive models, prototype effects and "translation": The role of cognition in translation (meta)theory. *Across Languages and Cultures*. 2002, 3(1): 21–43.

Hansen, Gyde (ed.). *Probing the Process in Translation: Methods and Results*. Copenhagen: Samfundslitteratur Press, 1999.

Hansen, Gyde (ed.). *Empirical Translation Studies: Process and Product*. Copenhagen: Samfundslitteratur Press, 2002.

Harris, Zellig S. Review of Louis H. Gray, Foundations of Language. *Language*. 1940, 16: 216–231.

Harris, Brian. Toward a science of translation. *Meta*. 1977, 22(1): 90–92.

Hatim, Basil and Ian Mason. *Discourse and the Translator*. London: Longman, 1990.

Hatim, Basil. *Communication Across Cultures: Translation Theory and Contrastive Text Linguistics*. Exeter: Exeter University Press, 1997.

Herder, Johann Gottfried von. The ideal translator as morning star from "On the More Recent German Literature: Fragments" (über die neuere Deutschen Litteratur: Fragmente). In Douglas Robinson (ed.). *Western Translation Theory from Herodotus to Nietzsche*. Manchester: St. Jerome Publishing, 1766–1767/1997: 207–208.

Hermans, Theo (ed.). *The Manipulation of Literature: Studies in Literary Translation*. London: Croom Helm, 1985.

Holmes, James S. et al. (eds.). *The Nature of Translation: Essays on the Theory and Practice of Literary Translation*. The Hague: Mouton, 1970.

Holmes, James. The name and nature of translation studies. In James Holmes (ed.). *Translated! Papers on Literary Translation and Translation Studies*. Amsterdam and New York: Rodopi, 1972/1988: 67–80.

Horace. Ars Poetica ("The Art of Poetry"; excerpted in English translation by E. C. Wickham). In Douglas Robinson (ed.). *Western Translation Theory from Herodotus to Nietzsche*. Manchester: St. Jerome Publishing, 20? B. C. E./1997: 15.

Hutchins, W. J. *Machine Translation: Past, Present and Future*. West Sussex: Ellis Horwood Limited, 1986.

Jääskeläinen, Riitta. *Tapping the Process: An Explorative Study of the Cognitive and Affective Factors Involved in Translating*. Joensuu: University of Joensuu, 1999.

Jakobson, Roman. On linguistic aspects of translation. In Reuben A. Brower (ed.). *On Translation*. New York: Oxford University Press, 1959: 232–239.

Jerome. Ad Pammachum Ep. 57 (Letter to Pammachius; tr. by Paul Carroll). In Douglas Robinson (ed.). *Western Translation Theory from Herodotus to Nietzsche*. Manchester: St. Jerome Publishing, 395/1997: 23-30.

Jumpelt, R. W. *Die Übersetzung naturwissenschaftlicher und technis cher Literatur*. Berlin-Schöneberg: Langenscheidt, 1961.

Ke, Ping. A sociosemiotic approach to Chinese-English translation. *Perspectives: Studies in Translatology*. 1996(1): 91-101.

Kelly, Louis G. *The True Interpreter: A History of Translation Theory and Practice in the West*. Oxford: Blackwell, 1979.

Ker, W. P. (ed.). *Essays of John Dryden*. New York: Russell and Russell, 1961.

Komissarov, Vilen. *Lingvistika perevoda*. Moscow: Mezhdunarodnye otnosheniya, 1980.

Krings, Hans. The use of introspective data in translation. In Claus Færch and Gabriele Kasper (eds.). *Introspecion in Second Languages Research*. Clevedon and Philadelphia: Multilingual Matters Ltd., 1987: 159-176.

Lado, Robert. *Linguistics Across Cultures*. Ann Arbor: University of Michigan Press, 1957.

Lasswell, Harold D. The structure and function of communication in society. In Lyman Bryson (ed.). *The Communication of Ideas*. New York: Harper and Brothers, 1948: 215-228.

Latour, Bruno. *Science in Action: How to Follow Scientists and Engineers Through Society*. Cambridge: Harvard University Press, 1987.

Latour, Bruno. *Reassembling the Social: An Introduction to Actor-Network-Theory*. Oxford: Oxford University Press, 2005.

Lawendowski, Boguslaw. On semiotic aspects of translation. In Thomas A. Sebeok (ed.). *Sight, Sound, Sense*. Bloomington: Indiana University Press, 1978: 264-282.

Lefevere, André. *Translating Literature: The German Tradition from Luther to Rosenzweig*. Assen: Van Gorcum, 1977.

Lefevere, André. *Translating/History/Culture: A Sourcebook*. London and New York: Routledge, 1992.

Lemos, Noah. *An Introduction to the Theory of Knowledge*. Cambridge: Cambridge University Press, 2007.

Levý, Jiří. *Umění překladu* (*The Art of Translation*). Prague: Československý spisovatel, 1963.

Levý, Jiří. Translation as a decision making process. *To Honour Roman Jakobson: Essays on the Occasion of His Seventieth Birthday, Volume II*. The Hague: Mouton, 1967: 1171-1182.

Lörscher, Wolfgang. Think-aloud as a method for collecting data on translation processes. In Sonja Tirkkonen-Condit (ed.). *Empirical Research in Translation and Intercultural Studies: Selected Papers of the TRANSIF Seminar, Savonlinna 1988*. Tübingen: Gunter Narr Verlag, 1991: 67–77.

Luhmann, Niklas. *Social Systems*. Stanford: Stanford University Press, 1995.

Luhmann, Niklas. *The Reality of the Mass Media*. Cambridge: Polity Press, 2000.

Luhmann, Niklas. *Introduction to Systems Theory*. Cambridge: Polity Press, 2013.

Machlup, Fritz. *Knowledge: Its Creation, Distribution and Economic Significance, Vol. I: Knowledge and Knowledge Production*. Princeton: Princeton University Press, 1980.

Mees, Inger, Fabio Alves and Susanne Göpferich (eds.). *Methodology, Technology and Innovation in Translation Process Research. A Tribute to Arnt Lykke Jakobsen*. Copenhagen: Samfundslitteratur Press, 2009.

Morgan, B. Quincy. 1959. "Bibliography: 46 B.C.E.–1958". In R. A. Brower (ed.). *On Translation*. New York: Oxford University Press, 1959: 271–293.

Morris, Charles. *Signs, Language and Behavior*. New York: Prentice-Hall, 1946.

Morris, Charles. *Signification and Significance: A Study of the Relation of Signs and Values*. Cambridge: MIT Press, 1964.

Mounin, Georges. *Les Problèmes Théoriques de la Traduction*. Paris: Gallimard, 1963.

Munday, Jeremy. *Introducing Translation Studies: Theories and Applications (4th edition)*. Abingdon, Oxon and New York: Routledge, 2016.

Newman, Francis. The unlearned public is the rightful judge of taste. In Douglas Robinson (ed.). *Western Translation Theory from Herodotus to Nietzsche*. Manchester: St. Jerome Publishing, 1861/1997: 256–258.

Newmark, Peter. Communicative and semantic translation. *Babel*. 1977, 23(4): 163–180.

Newmark, Peter. *Approaches to Translation*. Oxford: Pergamon, 1981.

Nida, Eugene. Linguistics and ethnology in translation-problems. *Word*. 1945(2): 194–208.

Nida, Eugene. *Toward a Science of Translating*. Leiden: E. J. Brill, 1964.

Nida, Eugene. Science of translation. *Language*. 1969, 45(3): 483–497.

Nida, Eugene. Translating means communicating: A sociolinguistic theory of translation. In Muriel Saville-Troike (ed.). *Linguistics and Anthropology*. Washington, D. C.: Georgetown University Press, 1977: 213–229.

Nida, Eugene. *Language, Culture and Translating*. Shanghai: Shanghai Foreign Language Education Press, 1993.

Nida, Eugene and Charles Taber. *The Theory and Practice of Translation*. Leiden: E. J. Brill, 1969.

Nord, Christiane. *Translating as a Purposeful Activity*. Manchester: St. Jerome Publishing, 1997.

Nord, Christiane. *Text Analysis in Translation: Theory, Methodology, and Didactic Application of a Model for Translation-oriented Text Analysis*. Amsterdam: Rodopi, 1991.

OED (*The Oxford English Dictionary*) (2nd edition). Oxford: Clarendon Press, 1989.

Philo. *De vita Mosis* (*The Life of Moses*) (Excerpted in English translation by F. H. Colson). In Douglas Robinson (ed.). *Western Translation Theory from Herodotus to Nietzsche*. Manchester: St. Jerome Publishing, 20? B.C.E./1997: 13–14.

Popovič, Anton. Dictionary for the Analysis of Literary Translation. Edmonton: Department of Comparative Literature, The University of Alberta, 1976.

Quine, Willard. *Word and Object*. Massachusetts: The MIT Press, 1960.

Reiss, Katharina and Hans J. Vermeer. *Grundlegung einer allgemeinen Translationstheorie*. Tübingen: Max Niemeyer Verlag, 1984.

Rener, Frederick M. 1989. *Interpretation: Language and Translation from Cicero to Tytler*. Amsterdam and Atlata: Rodopi.

Robinson, Douglas (ed.). *Western Translation Theory from Herodotus to Nietzsche*. Manchester: St. Jerome Publishing, 1997.

Said, Edward. *The World, the Text, and the Critic*. Cambridge: Harvard University Press, 1983.

Schleiermacher, Friedrich. Über die verschiedenen Methoden des Übersezens (*On the Various Methods of Translation*; English translation by Douglas Robinson). In Douglas Robinson (ed.). *Western Translation Theory from Herodotus to Nietzsche*. Manchester: St. Jerome Publishing, 1813/1997: 225–238.

Schulte, Rainer and John Biguenet (eds.). *Theories of Translation: An Anthology of Essays from Dryden to Derrida*. Chicago and London: The University of Chicago Press, 1992.

Schwarz, Werner. The history of the principles of Bible translation in the western world. *Babel*, 1963(9): 5–22.

Shreve, Gregopry and Erik Angelone. *Translation and Cognition*. Amsterdam: John Benjamins, 2010.

Shuttleworth, Mark and Moira Cowie. *Dictionary of Translation Studies*. Manchester: St. Jerome Publishing, 1997.

Snell-Hornby, Mary. *Translation Studies: An Integrated Approach* (Revised edition). Amsterdam and Philadelphia: John Benjamins, 1995.

Snell-Hornby, Mary, Franz Pöchhacker and Klaus Kaindl (eds.). *Translation Studies: An Interdiscipline: Selected Papers from the Est Congress—Prague, September 1995*. Amsterdam and Philadelphia: John Benjamins, 1997.

Spitzbart, H. *Speziaprobleme der Wissenschaftlichen und Technischen Bersetzung*. Munich: Herber, 1972.

Spivak, Gayatri. *In Other Worlds: Essays in Cultural Politics*. London and New York: Routledge, 1987.

Spivak, Gayatri Chakravorty. The politics of translation. In Michèle Barrett and Anne Phillips (eds.). *Destabilizing Theory: Contemporary Feminist Debates*. Stanford: Stanford University Press, 1992: 177–200.

Spivak, Gayatri. Translation as culture. *Parallax*, 2000(1): 13–24.

Steiner, George. *After Babel: Aspects of Language and Translation (3rd edition)*. Oxford: Oxford University Press, 1998.

Tan, Zaixi. Components of Translation Theory. In Jin Shenghua (ed.). *Conference Proceedings on Translation Studies in Translating into Chinese*. Hong Kong: The Translation Department of Chinese University of Hong Kong, 327–336.

Tan, Zaixi. Reflections on the Science of Translation. *Babel*. 1997, 43(4): 332–352.

Tan, Zaixi. The "Chineseness" vs. "non-Chineseness" of Chinese translation theory: An ethnoconvergent perspective. *The Translator: Studies in Intercultural Communication*. 2009, 15(2): 283–304.

Tan Zaixi. Chinese discourse on translation: Views and issues. In Ziman Han and Defeng Li (eds.). *Translation Studies in China: The State of the Art*. Singapore: Springer Nature Singapore Pte Ltd., 2019: 9–32.

Tirkkonen-Condit, Sonja and Riitta Jääskeläinen (eds.). *Tapping and Mapping the Processes of Translation and Interpreting: Outlooks on Empirical Research*. Amsterdam and Philadelphia: John Benjamins, 2000.

Toury, Gideon. *In Search of a Theory of Translation*. Tel Aviv: The Porter Institute for Poetics and Semiotics, 1980.

Toury, Gideon. *Descriptive Translation Studies and Beyond*. Amsterdam and Philadelphia: John Benjamins, 1995.

Toury, Gideon. A rationale for descriptive Translation Studies. In Theo Hermans (ed.). *The Manipulation of Literature: Studies in Literary Translation*. London: Croom Helm, 1985: 16–41.

Toury, Gideon (ed.). *Translation Across Cultures*. New Delhi: Bahri, 1987.

Tytler, Alexander Fraser. *Essay on the Principles of Translation*. Reprinted in New York: Garland, 1790/1970. Also see excerpts in Douglas Robinson (ed.). *Western Translation Theory from Herodotus to Nietzsche*. Manchester: St. Jerome Publishing. 1997: 208–212.

Venuti, Lawrence. *The Translator's Invisibility: A History of Translation.*. London and New York: Routledge, 1995.

Weaver, Warren. Translation (Memorandum). Reproduced in W. N. Locke and D. A. Booth (eds.). *Machine Translation of Languages*. Cambridge: MIT Press, 1955: 15–23.

Wilss, Wolfram. *The Science of Translation: Problems and Methods*. Tübingen: Gunter Narr Verlag, 1982.

Wolf, Michaela. The third space in postcolonial representation. In Sherry Simon and Paul St.-Pierre (eds.). *Changing the Terms: Translating in the Postcolonial Era*. Ottawa: University of Ottawa Press, 2000: 127–145.

Xu, Jianzhong. Book review: Michael Cronin's *Translation and Globalization*. *Perspectives: Studies in Translatology*. 2004(2): 148–150.

附录：翻译学英文谈

按：20 世纪 70 年代末 80 年代初，本人留学英国，在西伦敦大学（原伦敦伊林高等学院）和西敏寺大学（原中伦敦理工大学）修读英语语言文学，后于埃克塞特大学攻读普通语言学与应用语言学并获翻译方向硕士学位，数年后又于该校续攻翻译学博士学位课程并获得博士学位。无论是留英期间攻读硕士还是博士学位，学位论文理所当然地须以英文写就，同时自 80、90 年代起，除主要以中文发表研究成果外，一直持续以英文撰写和发表翻译研究论文，共 30 多篇，其中 25 篇发表于各类 SSCI/A&HCI 国际权威期刊或文集。因此可以说，40 多年以来，本人既于中文语境下的译学第一线踔厉奋进，也早早通过发表英文译学论文、参加各种国际翻译与跨语言文化研究会议，积极参与了国际间的文化与译学对话，为中国学者在国际文化和译学舞台上的发声做了一些力所能及的工作。

本书原版曾同样以附录形式呈现过笔者于 2000 年前发表的 4 篇英文作品，现替换为以下 5 篇更新作品，它们分别刊载于 *The Routledge Handbook of Chinese Translation* [《劳特里奇中国翻译手册》（edited by Chris Shei and Gao Zhaoming/ 解志强、高照明编）；英国]、*The Translator: Studies in Intercultural Communication*（《翻译者：跨文化交际研究》；英国 ）、*Perspectives: Studies in Translatology*（《视角：翻译学杂志》；丹麦 ）、*Translation and Interpreting Studies*（《笔译与口译研究》；美国 ）、*Meta: Translators' Journal*（《媒他：翻译家杂志》；加拿大 ）等著名国际译学刊物。个人以为，这些文章对反映中国学者如何用英文在国际上发表中国人的翻译思想主张和译学方法论，以及反映国际学界对中国译学话题的关注重点所在，或具一定的代表性和参考意义。特辑录于此，以飨读者。在呈现正文之前，先将各篇标题集中列出，同时附以对应的中文自译题目，以助力读者将英文内容与本书主题快速关联起来：

1. Translation Studies as an Independent Discipline in the Chinese Academia（翻译研究作为独立学科在中文学界的发展）
2. The "Chineseness" vs. "Non-Chineseness" of Chinese Translation Theory: An Ethnoconvergent Perspective（中国译论的"中国特质"与"非中国特质"：民族共融翻译观之论）
3. Metaphors of Translation（论翻译比喻）
4. The Fuzzy Interface Between Censorship and Self-censorship in

Translation（论翻译审查与自我审查的模糊界面）
5. Towards a Whole-person Translator Education in Translation Teaching on University Degree Programmes（论大学翻译学位课程教学中的全人翻译教育理念）

最后对辑录方法做点说明：由于以上各篇原分别刊于五个不同的国际译学书刊，原始格式要求各不相同，因此辑入本书时对它们做了统一的格式调整，另在个别地方进行了适当的文字订正、调整或补充。除此以外，原则上不对原文核心内容进行修改，以尽量保持原初样貌。原文发表的具体信息，将以脚注方式分别呈现于各篇标题页。

Translation Studies as an Independent Discipline in the Chinese Academia[①]

Abstract: This paper offers to discuss how, since its emergence as an independent academic discipline, translation studies has evolved in the Chinese academia. It centres around the major TS developments and debates in the Chinese context over the past decades, involving such issues as: (a) what impact China's socio-economic reform and open-door policies since the early 1980s have had on developments in translation; (b) how extensive the influx of foreign (mainly Western) thoughts and ideas on translation has been in the Chinese TS field; (c) how resistant and receptive Chinese TS scholars have been towards outside influence; (d) what consensus or disagreement in opinion has there been in the Chinese academia on approaching the disciplinary nature of TS; (e) how, against the backdrop of outside influence and a growing theoretical awareness, Chinese scholars have engaged themselves in rediscovering what can be regarded as "intrinsically" Chinese discourse

---

[①] 原发信息：Tan, Zaixi. Translation Studies as a Discipline in the Chinese Academia. In: Chris Shei and Gao Zhaoming (eds.). *The Routledge Handbook of Chinese Translation*. London and New York: Routledge, 2017: 605-621. 附带说明两点：（1）此处增加了原标题中并无出现的"independent"一词，旨在强化作者一直以来所坚持的将翻译学视作"独立"人文科学学科的理念；（2）原文作为 *Routledge Handbook* 章节发表时未配备"摘要"（Abstract）和"关键词"（Keywords），但纳入本书时则补充了此两项，以便在格式上与其他4篇期刊体例保持一致。

on translation. Overall, the paper provides a critical review of the past and present of Chinese TS research, and a forward looking to the dynamics of development in the future.

Keywords: Chinese translation studies, independent academic discipline, TS developments, TS debates, Chinese characteristics, dynamics of future development

1. Introduction

The study of translation in the Chinese language context, with particular regard to the People's Republic of China (PRC), has developed with unprecedented momentum since the early 1980s. Indeed, when Bassnett and Lefevere declared in the General Editors' Preface to their Routledge translation studies series that "[t]he growth of Translation Studies as a separate discipline is a success story of the 1980s" (Bassnett and Lefevere 1992/2003: xi), their words rang true of the Chinese situation, whether or not they had this in mind when making that statement. Admittedly, the 1980s was a span of ten years and Bassnett and Lefevere did not specify any exact starting year for the development, nor did they give any reason why it was during the 1980s that the given "success story" happened. However, with regard to the Chinese situation, as we will discuss in Section 2, three indicators can be identified of the beginning of such a development. These were then followed by further progress that contributed to the disciplinary consolidation of translation studies (TS) in the Chinese context.

Before we proceed to the main part of the writing, however, a brief account of the background of development is necessary. First, by "translation studies/TS", we refer to "studying translation" in the contemporary, disciplinary rather than the broad, traditional sense. That is, when we talk about the study of translation during the pre-contemporary, non-disciplinary times, we would not describe it as "translation studies" (as "the study of translation" would be more suitable in this case), still less as its abbreviated form of TS. Second, by the word "contemporary", as in "contemporary translation studies", we refer to the timeline after the mid-1940s (i.e., after the Second World War) when the study of translation began to take on a new, modern linguistics turn. And third, it must be especially pointed out that, although the development of "Translation Studies as a separate discipline" was, as Bassnett and Lefevere put it, quite rightly, "a success story of the 1980s", the story did not emerge all of a sudden—it came as the result of many years' continuous development.

Specifically speaking, the contemporary story of translation studies could be traced to the late 1940s and early 1950s for its adumbrations as a separate or independent (this later epithet seems a more suitable term to use and so will be so used hereafter) academic discipline both in the West and in China. In the West, as Wilss pointed out (1982: 52), "the science of translation"—an alternate disciplinary name for TS used by some people; for example, Nida (1964), Wilss (1982), Shuttleworth and Cowie (1997), etc. —lacked "a strongly defined theory and methodology" and a monumental work marking its beginning, not like machine translation whose "official beginning" was marked by Warren Weaver's 1949 *Memorandum*, or like Generative-Transformational Grammar by Chomsky's 1957 book *Syntactic Structures*, but it is nonetheless possible to see Nida's *Bible Translating: An Analysis of Principles and Procedures, with Special Reference to Aboriginal Languages* published in 1947 as being catalytic towards the development of the science of translation. Of course, in our view, other major works were also to be known, at various later times, as landmarks for the disciplinary development of translation studies, such as Fedorov's *Vvedenie v Teoriju Perevoda* (*Introduction to the Theory of Translation*, 1953), Nida's *Toward a Science of Translating* (1964) and Holmes's "The Name and Nature of Translation Studies" (1972). But it is arguably true that Nida's 1947 book bears the credit of being the very first major effort in the contemporary translation studies times in the West.

In the Chinese context, the name of Dong Qiusi is worth mentioning. In 1951, Dong published a paper in《翻译通报》(*Translators' Bulletin*) entitled " 论

翻译理论的建设"("On the development of translation theory"), proposing a "scientific" translation studies (翻译学) approach to tackle the issue of translation. In his view, "translation is not something unknowable; rather, it is an existential phenomenon governed by laws unique to itself, and therefore has all the qualities needed to become a science" (Dong 1951: 608, my translation; see also Chan 2004: 228). What Dong seemed to be doing in that paper was what Nida had tried to do in 1947, i.e., applying a "scientific", modern linguistics approach to the study of translation. Given the fact that there was virtually no academic contact with the West in the early years after the Chinese socialist revolution of 1949, Dong and his fellow Chinese scholars would not have access to, or be able to even hear of, Nida's work, and as the Russian scholar Andrei Fedorov's work was not published until 1953, a full two years after Dong had published his paper, we may say that at the time Dong's proposition on applying a "scientific" translation studies approach to the theoretical development of translation was quite original, and seemed in large measure to be modernising Chinese translation discourse, in spite of the fact that Dong's paper did read more like a "policy speech" than in-depth academic research (see comment in Chan 2004: 225–229), or in some ways it was not as substantiated research as Nida's or Fedorov's works were. Unfortunately, for some reason or other, mostly ideological and political, that promising proposition of Dong's did not come to much fruition in the 1950s, nor in the next two decades, and it was not until the 1980s, at a time when China began to implement its economic reform and open-door policies following the end of the Cultural Revolution (1966–1976), that the contemporary phase of Chinese TS development made a real start.

2. Indicators of Chinese TS growth in the 1980s

Three indicators or markers can be identified of the beginning of the momentous development of translation studies in China since the early 1980s. The first lies in the launching in 1980 of the Beijing-based journal *Translators' Notes* (《翻译通讯》), the then flagship journal for Chinese TS.

It is noteworthy, however, that a similar journal by the name of *Translators' Bulletin* (《翻译通报》), as mentioned above, had existed back in the early 1950s, but that journal was rather short-lived—it was first launched in 1950, discontinued in 1952, resumed publication in 1953 and stopped for good in 1954. Although the similarity in name to *Translators' Bulletin* made *Translators' Notes* look somewhat like a coming back to life of a past journal after 30 years of "dormancy", it was in fact a very different journal not only because it had a different name, however small that difference may seem, but also in terms of the managerial and editorial policies that governed the journal and the content of its target publications. The journal became an immediate success as it attracted large numbers of translators and translation studies scholars across the country to use it as the country's most important platform for discussing and exchanging views on translation issues. Admittedly, the focus of most, if not all, of the articles published in the journal was more on the practical than the meta-issues of translation, i.e., issues concerning how translation was and could/should be done rather than what translation was in nature. In more specific terms, attention was, very much like in the past, rather heavily directed at whether, in the process of translation, one should adopt "直译" (literal translation) or "意译" (sense-for-sense translation), or a combination of both, as if these were the entirety of issues on translation. But nonetheless, the fact that there was so much more interest in translation among Chinese translators and scholars than in the past was in many ways due to the work of *Translators' Notes*. Therefore, the 1980 launch of the journal could be looked to as the first major marker of the beginning of the Chinese TS era.

This first marker soon led to an equally important second. In 1983, three years after the successful launch of the *Translators' Notes*, editorship of the journal was transferred from the China Translation and Publishing Corporation (CTPC) to the newly founded Chinese Translators Association, followed in 1986 by a change of the journal name from *Translators' Notes* to *Chinese Translators Journal* (《中国翻译》). These two events were combined to signify a major step forward for Chinese TS, in the sense that the journal, especially under its new name, now served as a powerful rallying point for Chinese translators and translation researchers to actively engage in exploring both the practical and theoretical issues of translation. A rapidly grown awareness seemed to have been brought about that translation was not just a practice to be undertaken by practitioners, but it was also an important subject to be studied by researchers. Consequently, there were both markedly more meta-discussions of the "what", "how" and "why" issues of translation, made possible by the journal's expansion from being a quarterly in the past to being a bimonthly at this new time of development, and its volume of circulation literally doubled from a reported 15,000 copies or so to more than 30,000 copies per issue. Such a figure must have then stood among the largest as compared with any other TS journal in the world and that could be seen as a strong reflection not only of the successful operation of the journal but, more importantly, also of the vigour and vitality with which translation studies was developing on the Chinese arena.

The third indicator bears upon the development of translation theory itself and is found in the convention of China's First National Conference on Translation Theory. Held in the Shandong city of Qingdao in the summer of 1987, organised by the *Chinese Translators Journal* and the Chinese Translators Association in collaboration with the local Translators Association of Shandong Province, the conference was able to draw participants from all over the Chinese Mainland as well as from other Chinese-speaking areas including Hong Kong and Macao. Two keynote papers were presented on the first day, one by Liu Miqing and the other by Tan Zaixi, with Tan speaking on "必须建立翻译学" (The necessity of developing a Science of Translation) and Liu on the "论中国翻译理论的基本特色" (The basic features of Chinese translation theory). Both papers were also published as journal articles, with Tan's by the same title as his conference presentation, in the *Chinese Translators Journal* (1987), and Liu's, by the title of "论中国翻译理论基本模式" (The basic mode of Chinese translation theory), in a subsequent issue of the same *Chinese Translators Journal* (1989). With the conference call being on the exploration of translation models and theories in the Chinese context, Tan's proposition that the study of translation be developed as an independent, "scientific" discipline was received with enthusiasm by the audiences, and led to heated debate not only at the conference but also on various other occasions. For example, at the First Postgraduate Research Students' Conference on Translation Theory, held in the same year of 1987 at Nanjing University, the theme of "developing the science of translation" attracted equally enthusiastic responses from among the conference participants.

In view of this, and in view of the various developments and debates that followed and that were associated with those three major indicators, it was indeed during the 1980s that translation studies in China eventually emerged as an independent academic discipline, the status of which was consolidated further in the years that followed. The developments referred to here include: the large influx of foreign (especially Western) thoughts and ideas by way of introduction, translation and importation in the 1980s through the twenty-first century in China; the publication in massive numbers of journal articles, books, research outcomes, textbooks and other types of materials in the Chinese TS field; and other related events and developments such as in the fields of translation and interpreting teaching, training and university degree education. The major debates on the Chinese TS arena, on the other hand, cover various issues and topics such as reflected around these questions: Is translation a science or an art? What is the disciplinary nature of translation studies? Is the introduction of foreign translation theory beneficial or detrimental to the development of Chinese translation theory? Is there "translation theory" in the Chinese translation tradition? Is there a "Chineseness" in Chinese translation theory, and how should or can such a "Chineseness" be developed? Clearly, these developments and debates are not mere markers of the momentous first phase of Chinese TS growth in the 1980s. They also point to developments and debates within the entire time range of the 1980s through the 1990s up to the new era. To fully understand and appreciate such a continuum, a more specific examination is in order in the following section.

3. Major Chinese TS developments and debates from the 1980s through the 1990s to the present

3.1 Major Chinese TS developments

(a) **Introduction of foreign translation theory**: One of the most notable developments in Chinese TS has been the introduction of foreign translation theory. Back in the early 1980s, China had just begun to open up to the outside world after an entire ten years of a destructive Cultural Revolution. The nation was then on the move for change. Not only was there the urge for open-door engagement with other nations in the world economically, but there was also great enthusiasm for cultural exchange, including exchange in the field of translation. It was in that context that an unprecedented, huge influx of foreign (especially Western and Soviet Russian) thoughts and ideas began to emerge in the Chinese translation studies field. The earliest article spearheading that influx was Yi's review article on "西方的文学翻译" ("Literary translation in the West"), published in 1980, in the third issue of the newly launched *Translators' Notes*. This led on to a second, a third and an innumerable many others, published in various translation and foreign language studies journals (for a more detailed account of these journals, see below).

In 1983, a collection of papers was published, the first of its kind in Chinese in the twentieth century, on Western translation theory. By the title of《外国翻译理论评介文集》(*Selected Essays on Foreign Translation Theory*), edited and published by CTPC, this volume of 14 articles introduced such Western and Soviet Russian TS figures as Eugene Nida, Andrei V. Fedorov, John Catford, Peter Newmark, Roman Jakobson, Leonid S. Barkhudarov and Givi R. Gachechiladze. Although many of these names were not new to Chinese readers because of their earlier journal appearances, the collection of various articles in a single volume still had a powerful impact on the emerging Chinese TS scene. This impact was further strengthened by the publication of《奈达论翻译》(*Nida on Translation*; Tan 1984), and successively afterwards by other translations or transadaptations of Western and Soviet Russian works including Barchudarov's *Yazyk i perevod* [translated as《语言与翻译》(*Language and Translation*); Cai et al. 1985], George Steiner's *After Babel: Aspects of Language and Translation* (translated as《通天塔：文学翻译理论与翻译》; Zhuang 1987), Gachechiladze's *Vvedenie v teoiyu khudozhestvennogo perevoda* [translated as《文艺翻译与文学交流》(*An Introduction to the Theory of Literary Translation*); Cai and Yu 1987], Delisle's *L'analyse du discours comme methode de traduction* (translated as《翻译理论与翻译教学法》; Sun 1988), and John Catford's *A Linguistic Theory of Translation* (translated as《翻译的语言学理论》; Mu 1991).

Of all Western names known to the Chinese, that of Eugene Nida or 尤金·奈达 in Chinese, is worth particular mention. As pointed out in a special contribution by Tan in *Translators and Their Readers: In Homage to Eugene A. Nida* edited by Rodica Dimitriu and Miriam Shlesinger (Tan 2009a), Nida's name was first introduced by Lin Shuwu in an article published in 1981 in the journal of *Linguistics Abroad* (《国外语言学》). Entitled "奈达的翻译理论简介" ("A brief introduction to Nida's translation theory"; Lin 1981), that article reviewed Nida's three-step model of the translation process and discussed how Nida's concept of kernel constructions and Chomsky's transformational-generative grammar were related. The article emphasised that Nida's translation theory was based on the linguistics of translation, and that it was influenced by transformational-generative grammar.

However, as we see it, Nida's "kernel sentence transfer" concept only constitutes a small part of his theoretical repertoire on translation. Therefore, Lin's article apparently did not do enough justice to Nida because his readers were led to believe that the most important contribution of Nida lies in his kernel sentence proposition. As the article was primarily targeted at a linguistics audience and was carried in a linguistics rather than translation studies journal, it did not circulate widely among translation scholars, and so its influence on Chinese TS was limited.

The major influence of Nida on the minds of Chinese translation scholars came at a later time. It began with the publication in 1982 in the *Translators' Notes* of the next major article on Nida entitled "翻译是一门科学——评介奈达著《翻译科学探索》" ("Translation is a science: An introduction to Nida's *Toward a Science of Translating*"), followed in 1983 by "奈达论翻译的性质" ("Nida on the nature of translation"), published in the same journal, and in 1984 by Nida on Translation (as mentioned previously) published by CTPC. References to Nida's thoughts and ideas began to appear, in large numbers, in university degree dissertations, research papers and TS publications. In 1984, there came the publication in Beijing of the book entitled *On Translation: With Special Reference to Chinese and English*, written in English and co-authored by Jin Di and Eugene Nida himself. This was followed in 1987 by a co-authored article in Chinese by Tan and Nida on "论翻译学的途径" ("Approaches to translation", 1987), published in the reputable journal *Foreign Language Teaching and Research* (《外语教学与研究》). So not only through translations, introductions and studies on Nida, but also through co-authored publications, Nida came forth to both directly and indirectly address the Chinese audience with his ideas on "dynamic/functional equivalence" and "equal receptor-response".

All these efforts contributed to the build-up of Nida's influence on China's contemporary translation studies, so much so that by the end of the 1980s the name of Eugene Nida was on almost everybody's lips in the Chinese TS field, in much the same way as had happened to Yan Fu (1854–1921), the best-known Chinese translation theorist of the modern times. There were many reasons why this happened. First, as mentioned above, the China of the time, especially during the early part of the 1980s, was just opening up, and there was a strong desire to learn about what had happened in other nations while China was in isolation from them. Second, given the name he had already established for himself in the translation studies world in the West, the selection of Nida for introduction was undoubtedly a right choice. In a sense, Nida's popularity among Chinese scholars was an extension of his influence back in his home culture.

Third, Nida's ideas, especially those on "dynamic equivalence" and "equal receptor-response", represented a kind of novelty to the Chinese tradition of translation where the main concern had all along been centred around the dispute between literal translation （直译） and sense-for-sense translation （意译）. Fourth, and in retrospect this might have been one of the most important reasons, Nida's translation theory was considered by the Chinese to be largely practice-oriented, albeit mainly towards the translation of the Bible. Such a practical orientation readily fit in with an equally practice-minded Chinese tradition of translation. This partly explains why other, meta-level linguistic theories of translation did not become as popular with the Chinese translator and translation studies scholar, even though they were also introduced into China at more or less the same time as the Nida model (e.g., Catford's "linguistic theory of translation").

Indeed, the introduction of Nida's translation theory to Chinese readers ushered in an upheaval of Chinese interest in the 1980s in the study of Nida as one of the best-known translation figures of the twentieth century in the Western world. That interest, although somewhat reduced in intensity during the 1990s, has nonetheless remained active to this day. This can be shown by the extensive scale on which papers were written by Chinese students, teachers and researchers on Nida. According to a survey by Chen Hongwei (2001) of Nida's influence on Chinese TS, of the 849 articles on topics of translation published from 1980 to 2000 in the *Chinese Translators Journal*, 92 items are studies on Nida, taking up more than 10 percent of the journal's total output of papers. The extensive interest in the study and application of Nida's translation theory has remained even in the late twentieth and early twenty-first centuries, when a lot of research interest was beginning to be diverted to other approaches such as the postcolonial, deconstructionist, polysystem, *skopos*, gender studies and other cultural approaches. A quick search through the biggest Chinese database on publications in Chinese journals, i.e., the China Journal Net （中国期刊全文资料库）, and the largest online search engine on China's academic works including Master's and doctoral dissertations in Chinese universities (i.e., cnki. net/ 中国知网) reveals a very large pool of papers and dissertations on Nida over recent years. As of the first half of 2008, a rough calculation of the research outputs on Nida puts the figure of journal articles at more than 100 (in addition to the 92 items published in the Chinese Translators Journal between 1980–2000 covered in Chen's above-mentioned survey), and university degree dissertations at more than 50. These are items that explicitly carry the name of Nida in their titles. If one includes items that do not contain the name of Nida in their titles but which are related in one way or another to Nida's theory on "dynamic/ functional equivalence" and "equal receptor-response", the figure would be considerably higher.

These above-cited figures must indicate how influential Nida has been on translation studies in China, which, in turn, epitomises overall Western (and to a lesser extent Soviet Russian) influence on Chinese TS since the 1980s. Admittedly, Western thoughts and ideas, including those of Nida, did not come into the contemporary Chinese TS scene without encountering criticism and resistance. Towards the end of the 1980s and during the 1990s, questions were raised against Nida's theory, concerning, for example, his application of the "deep structure" concept to the study of translation problems (Chen and Wu 1987), his "dynamic equivalence" (Lin 1988; Wu 1994), and his "equal receptor-response" (Qian 1988; Liu 1997). Some of the criticisms sounded quite dismissive (although often unjustifiably so; for example, those in Liu 1997). Also, almost right from the beginning of the post-Cultural Revolution import of foreign or Western thoughts and ideas on translation, there have been unhappy voices and sometimes even resistance from Chinese scholars who either did not see it as quite necessary for the "selfsufficient" Chinese tradition of translation to "borrow" theory from other systems (Luo 1984), or were worried that Chinese translation theory would be overwhelmed by the "excessive import of Western ideas" (Zhang 2006: 59). It was this kind of "unhappy voices" or resistance, together with their underpinning rationale, that gave rise to one of the major debates that Chinese TS has seen during its past years of development, i.e., on whether the introduction of foreign (especially Western) translation theory is useful or harmful to Chinese translation theory. As a further discussion will be provided of this debate in Section 3.2(b) below on "the introduction of foreign translation theory", we shall not dwell much on the issue here. Suffice to say at this point that, in spite of the different, sometimes strongly resistant, views and opinions, especially from among those who may be described as "conservatives" and "traditionalists" (Tan 2009b: 285–92), the introduction of and learning from foreign translation theories that began in the early 1980s have not really ceased.

(b) Massive TS publications in Chinese: A second, related development in Chinese TS has been the publication in massive numbers of TS research outputs. As seen from the preceding paragraphs, the massive influx of foreign translation theory since the 1980s necessarily indicated a massive scale of publications. Hundreds and thousands of TS articles (introductory and review articles on foreign translation theories included) were published over the past 30 or more years, not only in the most prominent Chinese TS journal—the *Translators' Notes* and its subsequently renamed *Chinese Translators Journal*—but also in other major journals on translation and language studies and on linguistics. These include:

- the aforementioned *Foreign Language Teaching and Research*, relaunched in 1977 after 11 years of suspension (1966–1977), first launched in 1957, based in Beijing;
- *Contemporary Linguistics* (《当代语言学》), based in Beijing, formerly named *Linguistics Abroad* (《国外语言学》, 1980–2010), *Developments in Linguistics* (《语言学动态》, 1978–1980), *Materials in Linguistics* (《语言学资料》, 1962–1966), first launched in 1962 as a supplementary journal to the 1953-founded *Studies of the Chinese Language* (《中国语文》);
- *Journal of Foreign Languages* (《外国语》), launched in 1978 and based in Shanghai;
- *Modern Foreign Languages* (《现代外语》), launched in 1978 and based in

Guangzhou;
- *Foreign Languages and Their Teaching* (《外语与外语教学》), launched in 1985 and based in Dalian;
- *Chinese Science and Technology Translators Journal* (《中国科技翻译》), launched in 1988 and based in Beijing;
- *Shanghai Journal of Translators* (《上海翻译》), formerly named *Shanghai Journal of Translators for Science and Technology* (《上海科技翻译》, 1986–2005), first launched in 1986.

It must be mentioned here that, apart from these journals in the Chinese Mainland, there are also important TS journals published in Taiwan and Hong Kong, including, for example, *Compilation and Translation Review* (《编译论丛》) in Taipei, launched in 2008; and *Translation Quarterly* (翻译季刊) and *Journal of Translation Studies* (《翻译学报》) in Hong Kong, launched in 1995 and 1997 respectively. The impact of these journals on TS research is not merely confined to Taipei and Hong Kong, but it has also been strong on TS research in the context of the Chinese Mainland and beyond.

From time to time TS articles are also found carried in virtually every university journal across the nation (there being an overall estimate of not less than 2,000 of such journals in China). In more concrete terms, according to a study of 15 "major" Chinese translation and foreign language studies journals (Xu 2009), the number of TS articles published in these journals between 1979 and 2008 is as big as 9,000. If one factors in the many "non-major" journals, the hundreds of general university journals that may have also occasionally carried TS articles, and the numerous conference papers (published or unpublished), and if one also factors in the seven additional years from 2008 to the end of 2015, it would be safe to put the number of TS articles and papers at more than double that figure.

Equally enormous is the number of published Chinese TS books, including monographs, anthologies, conference proceedings, dictionaries, encyclopaedias, textbooks and doctoral and other university degree dissertations. According to the statics provided in Xu (2009), during the

30 years from 1979 to 2008, a total of 1,600 books in TS were published, most of them in the post-1990 period. Of these, the number of translation or translation studies textbooks takes the greatest proportion, amounting to 52 percent of the total turnout; followed by collections of TS essays at 13 percent; translation techniques books or handbooks, at 10 percent, most of which address the language combination of English and Chinese, mainly dealing with nonliterary text types; theoretical TS books at 9 percent; and the remainder is translation histories, dictionaries and other tool types of books. Following the same logic described above—that is, if one takes into account the seven more recent years when Chinese TS has been progressing with an even greater momentum—it would be justifiable to say that the number of TS publications must now stand at far greater a figure than that provided in Xu's 2009 presentation.

(c) Major development in TS teaching and education: The third major development in Chinese TS relates itself to the teaching and training of and education in translation and interpreting. It is understood that, among the essential constructs for a developed TS as an independent discipline, the training and education of TS talents must always be regarded highly, because without this most fundamental construct, there would be no motivating force for sustained TS development. It is with this understanding that we may attribute the vigorous and forever-growing interest in TS development in China to the massive efforts being made on the translation/interpreting teaching and educational front. To some extent, since the early 1980s, China has increasingly become one of the fast growing TS training and education centres in the world. For example, according to statistics provided by Xu (Xu and Mu 2009: 5), as of 2009, most of the 1,200 institutions of tertiary education in China that had foreign language schools or departments had offered translation/interpreting courses; some 150 of them had run research-based Master's degree programmes in translation and interpreting, and more than 40 profession-oriented MA in Translation or Interpreting (or MTI) programmes; more than 30 TS doctoral programmes and some 19 BA degree in T/I programmes; not to mention the vast number of foreign language training centres and evening or summer schools across the country where translation and interpreting as well as TS courses were also taught. Worth mentioning at this point is the teaching and training of translation in other Chinese language contexts, especially in Hong Kong and Taiwan. Often described as Asia's world city where East meets West, Hong Kong has always enjoyed a unique position in communication across languages and cultures. As noted in Tan (2014a: 48), after 1997 when China resumed sovereignty and Hong Kong entered its new phase of development under the principle of "one country, two systems", a proactive language policy of "bi-literacy and tri-lingualism" (两文三语) continued to engage East-West interaction in the region. With such a strategic position, Hong Kong has become one of the most important hubs of interlingual communication in Asia as well as the world, in particular one for the teaching and training of translators and interpreters. Of the eight government-funded universities in Hong Kong, seven offer translation programmes at the undergraduate level, five at the MA level and five at the MPhil and/or doctoral level. Viewed both in terms of the large number of translation programmes in proportion to the relatively small size of Hong Kong, and in terms of how they have been successfully operating and expanding over the past decades, starting from the setting up in 1972 of the first ever academic department of translation in Hong Kong, i.e., the Department of Translation of the Chinese University of Hong Kong, these translation and interpreting programmes have undoubtedly played a leading role in the field of TS degree education in the Chinese-language context. In the face of the rapid emergence and development in recent years of TS programmes in the Chinese Mainland (the professionally oriented MTI programmes included), new efforts are being made and new pedagogical models (such as the student-centred Outcomes-based Teaching and Learning/OBTL model) are being implemented across the various institutions in Hong Kong, so as to meet new challenges and further enhance teaching and learning effectiveness, and these again in many ways seem to be setting a new pedagogical model for other Chinese language-related translation programmes to follow, including those in the Chinese Mainland.

In Taiwan, China, important developments were also seen over the past years in the teaching and training of translators and interpreters. Among the better-known institutions offering TS degree education are Fu Jen Catholic University (FJCU), National Taiwan Normal University (NTNU), Chang Jung Christian University, Changhua University of Education and Wenzao Ursuline University of Languages. Since the inception in 1988 of the first Graduate Institute of Translation and Interpretation in Taiwan, i.e., that of FJCU, which in 2010 was incorporated into the Graduate Institute of Cross-Cultural Studies, the teaching of translation and interpreting has been progressing steadily across Taiwan, with a broadening of the range of TS degree programmes, from an initial, limited postgraduate level at FJCU and NTNU to fuller-fledged programmes covering both the postgraduate and undergraduate levels at most of the TS degree-offering institutions. Undoubtedly, the teaching and training of translators and interpreters in Taiwan, like those in the Chinese Mainland and Hong Kong (for lack of space, no discussion is made here of Macao, but the same description applies there as well), have drawn wide social recognition as they not only lead to the offering of TS degrees, hence enhancing communal awareness that translation studies has become an independent academic discipline, but even more importantly they cultivate and turn out skilled professionals for the translation and interpreting community, whose role must be seen as indispensable for the rapidly growing economy of the region during rapidly globalising times.

3.2 Major TS debates

(a) Debate on whether translation is a science or an art: As mentioned at the end of Section 2 above, at least three major theoretical debates have occurred over the past 30 or more years, affecting as well as reflecting TS development in the Chinese academia. The first, which occurred early on in the 1980s and persisted in the 1990s and even the early 2000s, concerns the "science" issue of translation. The following questions were recurrently asked and debated on in this respect: "Is translation a science or an art?" and "Can translation studies be regarded as an independent academic (or "scientific" for some scholars) discipline?" The debate in its initial phase was well summarised by Lan in his article (1988), "科学与艺术之争——翻译研究方法论思考" ("Science vs. art: Methodological reflections on translation studies"), in which he argued for a compromise between the two. However, in "必须建立翻译学" ("The necessity of developing a Science of Translation"), first delivered at the conference and then published in the *Chinese Translators Journal* in the same year of 1987, Tan argued that the study/theory of translation is a science (and a human science at that), hence the disciplinary name "翻译学" (translatable as "the science of translation"; Tan 1987, 1997), and that "the practice of translation" is not and cannot be a science, but a skill, a technology and an art. The argument is that, according to accepted definitions, a "science" is "systematic and formulated knowledge" or a "branch of knowledge (especially one that can be conducted on scientific principles), organized body of the knowledge that has been accumulated on a subject" (*The Concise Oxford Dictionary, New Edition*), or "a system of knowledge about nature, society and thinking... and its tasks are to expose the objective laws of the development of things, to seek after the truth and to provide guidance to mankind in its efforts to transform the world" (《辞海》or the *Chinese Cihai Dictionary—Compact edition*, name tr. by author). As translation *per se* is not "(a system of) knowledge", but only a process of action or the result of an action involving the manipulation of languages (the SL and the RL), it is obviously not a "science". On the other hand, that subject which takes translation as its object of study or enquiry is and should be treated as a science, because its study and enquiry aims to "expose the objective laws" about the process of translation, "seek after the truth" about its phenomena and "provide guidance" for solving its problems.

Whether owing to differences in understanding the two concepts, i.e., the study/theory and the practice of translation, or out of an earnest interest in deciphering the meaning of translation studies as an independent discipline, more papers came out on the Chinese TS arena later on in the 1990s through the early 2000s debating the "scientific" or "non-scientific" nature of translation and translation studies. Among the more sceptical and sometimes rather "belligerent" were such articles as Lao's "丢掉幻想，联系实践——揭破'翻译（科）学'的迷梦" ("Throw away illusions and be related to practice: Breaking the unrealisable dream of the 'Science of Translation'", 1996) and Zhang's "翻译学：一个未圆且难圆的梦" ("Translatology: An unrealised and unrealisable dream", 1999), whereas those papers that defended or argued for the development of TS as an independent, "scientific" or "academic" discipline mainly included Chang's "走出死胡同，建立翻译学" ("Out of the dead end and into Translation Studies", 1995), Liu's "关于建立翻译学的一些看法" ("Some reflections on developing a translatology", 1995), Wang and Chu's "翻译学之我见" ("Our views on translatology", 1996), Han's "翻译学不是梦——兼与张经浩先生商榷" ("Translatology is not a dream—Some different reflections on translatology—In response to Zhang Jinghao's argument", 2000), He's "翻译学：历史与逻辑的必然" ("Translatology: A historical and logical necessity of Translation Studies", 2000) and Hou's "翻译为何不可为'学'？" ("Why not translatology?", 2000. —This English title is originally provided by its author, but for it to be clearer in meaning, I would rather have the original Chinese rendered as: "Why cannot we call it 'translatology'?").

Currently, although the opponents cannot be categorically said to have been convinced of the proponents' arguments, a general consensus seems nonetheless to have been achieved in the Chinese academia on the disciplinary nature of TS. The broadly shared view among Chinese TS scholars today is that the study of translation has indeed grown into an academic discipline in its own right, regardless of whether it is "scientific" or "non-scientific" in nature, and that research efforts should no longer be focused on debating whether translation is a science or an art, but on how concretely TS can be developed (Tan 2000; Liu 2000; Zhu 2000, 2004; Xu 2003; Xu and Mu 2009).

(b) Debate on the introduction of foreign translation theory: The second debate was focused on whether the introduction of foreign, especially Western, thinking on translation is beneficial or detrimental to the development of the Chinese tradition. As pointed out in Section 3.1(a) above, almost as soon as the post-Cultural Revolution import of foreign translation theory began in the early 1980s, there came resistance among some scholars regarding this import. The most recent and outspoken resistance was found in Zhang's 2006 article published in the *Chinese Translators Journal*. Under the title of "主次颠倒的翻译研究和翻译理论" ("Misplaced priorities in translation studies and translation theory"), the article criticised the *Chinese Translators Journal* bitterly for publishing too much on Western translation theory, saying that Chinese translation theory would be overwhelmed by the "excessive import of Western ideas" (Zhang 2006: 59). Zhang's view was immediately challenged by counter-criticisms, the most notable in Chen's paper "冷静看待中国翻译研究现状——兼与张经浩先生商榷" ("The current state of translation studies in China: A rational assessment—In response to Zhang's View"). Disagreeing with what Zhang said on the *status quo* of Chinese import of Western translation theory, Chen sees the positive effects that imported foreign (mainly Western) theories of translation have had on the modernisation of Chinese translation theory, saying that Zhang's opposition "would do more harm than good to the disciplinary construction of China's translation" (Chen 2007: 38).

(c) Debate on the "Chineseness" of Chinese translation theory: The third debate in Chinese TS centred around the issue of "Chineseness" in Chinese translation theory. The questions asked on the issue, especially after Luo published his well-known《翻译论集》(*Anthology of Essays on Translation*) in 1984, which carried his own essay as the introductory chapter of the book—"我国自成体系的翻译理论" ("Our country's translation theory: A system of its own")—were as follows: "Is there 'translation theory' (or "a system of translation theory", in Luo's words) in the Chinese translation tradition?" "Is there a 'Chineseness' in Chinese translation theory or Chinese translation discourse"? "How can this 'Chineseness' be defined?" "Can this 'Chineseness' be purposely designed and built?" and so on and so forth.

Various views have been found in response to these questions, which may be broadly grouped under three headings. The first, typically represented by Luo (1984), followed by Gui (1986), Liu (1989, 1993, 2005), Sun (1997), Zhang and Jiang (1997) and Zhang (2006), not only believes in the Chinese tradition having produced translation theory but also in its being a "fully developed theoretical system of its own". Describable as "traditionalists" and "conservatives" (Tan 2009b: 285–286), scholars holding this view tended to be those who resisted the import of "non-Chinese" translation theory and those who were keen to emphasise the uniqueness of "Chinese features" in the theorisation about translation in China.

The second view, in contrast, can be called "non-traditionalist" and "generalist" or, to borrow a term from Tan (2009b: 283), "ethnoconvergent". As discussed in Tan (1987, 1997, 2000, 2009b), and to some extent, in Chang (1995, 2000) and Zhu (2000, 2004), this view differs from the first in that it points to the Chinese need to explore the general (or universally applicable) features of translation and translation theory, and does not emphasise (although it unequivocally recognises) the uniqueness of any theoretical tradition of translation, so that such uniqueness of any tradition will not be used as a pretext for rejecting "useful" thoughts and ideas from other systems. As argued in Tan (2009b), the "Chineseness" of Chinese translation theory, like the "Englishness", "Germanness", "Frenchness" and "Russianness" of English, German, French and Russian translation theory respectively, should be regarded as a translational phenomenon that exists; it is not something to be deliberately designed or built—any artificial emphasis on the manufacturing of a uniqueness of translation theory, be it in the form of Eurocentrism or Sinocentrism or otherwise, will only be damaging rather than beneficial to the development of translation studies as a whole.

Sitting somewhere between these above positions is a third type of view, which can be described neither as "traditionalist" in the sense of the first, nor "generalist" in the sense of the second. This is the view best represented by Martha Cheung's effort in replacing the term "Chinese translation theory" with "Chinese discourse on translation". Instead of entitling her English-language anthology (2006) "Chinese Translation Theory", in the same way as Douglas Robinson called his 1997 anthology "Western Translation Theory", Cheung preferred using the word "discourse" to "theory" (or theories, etc.) in the title of her book: *An Anthology of Chinese Discourse on Translation. Vol. 1: From Earliest Times to the Buddhist Project*. For the same reason, her posthumous Vol. 2 (published in 2017) was also named *An Anthology of Chinese Discourse on Translation: Vol 2: From the Late Twelfth Century to 1800*.

Admittedly, by using "Chinese [translation] discourse" to describe "Chinese [translation] theory", Cheung successfully avoided treating Chinese theoretical thinking about translation as "theory" in any reductive sense, in the sense that when interpreted by the standards of Western translation "theory", Chinese translation "theory" may not seem as forceful. However, as I see it, Cheung's effort seems more to beg the question than to really solve the problem. In discussing the Chinese tradition of translation, it would not be an ideal solution to argue for either the exclusive use of "Chinese translation discourse" or that of "Chinese translation theory", but to argue for the use of both, because there exists both a Chinese tradition of studying and discussing translation (i.e., discourse) and a Chinese legacy of theoretical ideas about translation (i.e., theory). In the context of Chinese thinking on translation—the same logic also applies to other contexts including the Western—it is meaningful to talk about there being both "Chinese translation discourse" and "Chinese translation theory". Whether one uses the term of the former or that of the latter mainly has to do with perspective, or one's focus of discussion. Just as "Chinese translation theory" matches well with "Western translation theory", so does "Chinese translation discourse" with "Western translation discourse" (or any other types of translation discourse for that matter).

This said, it must nonetheless be re-affirmed that Cheung's preference of talking about "Chinese translation discourse" over "Chinese translation theory" did stand distinctly away from existing views. As such, it helped consolidate the efforts that had earlier begun (e.g., in Wong 1999 and then in Wang 2003) to "reinterpret" or "rediscover" what can be regarded as "intrinsically" Chinese discourse on translation.

In sum, all the above TS developments and debates have undoubtedly contributed in their own ways to enhancing the theoretical awareness among Chinese scholars about translation and translation studies, and above all, to the coming to terms with the modern times of an age-old Chinese tradition of translation theory, a tradition of Chinese discourse on translation.

4. The dynamics of Chinese translation studies and future directions

How then, against the backdrop of Western influence and a grown and yet still growing theoretical awareness in the Chinese academia, will translation studies be developing in China in the new millennium? This is an issue that Chinese TS scholars are particularly interested in and have time and again discussed at various TS conferences, symposia and colloquia in recent years. Among the more important were "全国首届翻译学学科理论建设研讨会" (First National Conference on TS Disciplinary Construction; 20–23 May 2004, Chengdu), "翻译学学科建设高端论坛" (TS Disciplinary Construction Summit; 13–15 April 2012, Hangzhou) and "《外国语》翻译理论研究及学科建设高层论坛" (The *Journal of Foreign Languages* Summit on TS Theories and Disciplinary Construction; 18–21 January 2014, Guangzhou). The reason why these were considered to be among the most important TS conferences was that they not only gathered together many of the country's most influential, front-line TS researchers, but the views expressed at the conferences, especially those on the future directions of Chinese TS development, were also subsequently published in two of China's most important TS and foreign language studies journals, the *Chinese Translators Journal* (issues 2004: 3 and 2012: 4) and the *Journal of Foreign Languages* (issue 2014: 4) respectively. It would, of course, not be doing justice to other views appearing in the Chinese TS field to naively claim that the summary discussion below represents everybody's opinion on how Chinese scholars have been thinking in those conferences and post-conference publications about future Chinese TS development. However, at least insofar as the vision of this author allows, the following account hopes to give some idea, however personal, about what directions Chinese TS will likely be progressing towards in the years ahead (for a related discussion, see Tan 2012: 9; 2014b: 4–5).

First, Chinese TS development will continue to target five of the most fundamental tasks in the new millennium, namely:

(1) conducting more in-depth TS research that will lead to the publication of more original thinking on issues of translation and translation studies;
(2) making continued efforts to improve the Chinese conceptual and terminological system involving the making of Chinese TS tools such as TS dictionaries, TS encyclopaedia and TS handbooks;
(3) exploring and opening up new Chinese TS topical areas so that the scope and territory of translation and translation studies will be constantly expanded and developed;
(4) enhancing the training and education of Chinese TS talents; and
(5) making further attempts through all channels to achieve broader societal recognition for the development of Chinese TS.

Second, Chinese TS will continue to direct attention to addressing five major relationships, namely the relationships between:

(1) present research and past thinking on translation in the Chinese tradition;
(2) the "particularist" and the "universalist" views on translation and

translation studies;
(3) positions on learning from the theoretical "Other" vs. keeping to the theoretical "Self";
(4) the practice and the theory of translation; and
(5) the art, technology and profession of translation and the academic/scientific discipline of translation studies.

And third, in more specific terms, Chinese TS will continue to make innovative efforts around six sets of TS research themes, involving the "what", "how", "who", "why", "where" and "when" issues about translation and translation studies. The following is but a selective account of these wh-questions that seem to have a more current bearing on Chinese TS:

(1) What ontological configurations can be made of the nature of translation, with regard to such thinking as to whether to see translation as a prototypical category, or to see it as an act where the concept of "accuracy"/"faithfulness"/ "equivalence" is no longer important?
(2) How do Chinese translators and TS scholars see the importance of integrating translation theory with translation practice? How, in Chinese-language contexts, can translation/interpreting be taught? How can or should TS degree programmes be operated?
(3) Who, according to Chinese TS theories, can or should be considered to be the stakeholders of given translation projects?
(4) Why should a translation read like the original? Why should a translation read like an original? Why is a translation never an identical copy of the source text? Why can translators be said to be painters, photographers, mediators, traitors, etc.?
(5) Where do worthy translation projects come from? Where do finished translation products go?
(6) When, insofar as Chinese-contexts are concerned, does the need to translate arise? When does translation become more important than original writing? When is there the call for non-conventional translation

(i.e., e-translation or machine translation)? And when is there the need to start studying translation, and so on?

Obviously, these have always been challenging and important issues and themes to Chinese TS in the past, and they will likely remain so in the future. In a sense, they constitute important topical areas where continued, solid research efforts will likely lead on to even greater advances in the Chinese TS field. This is especially true against the backdrop of China's rapid economic growth in recent years and the country's ambitious institutional planning for outbound strategic cultural initiatives, including the implementation of its Culture Development Programme during the National 11th Five-Year Plan Period（中国文化走出去战略）that began in 2011. In the implementation of this initiative, the translation of Chinese-language materials into foreign languages (mainly English) plays a pivotal role, and this ranges from the translation of cultural to non-cultural products such as Chinese literature (i.e., classical, modern and contemporary works, poetry, fiction, folk opera, etc.) and traditional Chinese medicine, and from translation by the human hand to that done by machine.

In many ways, the aforesaid issues and themes, together with these above-described new strategic cultural initiatives, well reflect the dynamics not only of a vigorously developing Chinese TS today, but also of a Chinese TS under the new conditions of a challenging but very promising tomorrow.

Further reading

Bassnett, Susan. *Translation Studies, 3rd edition*. London and New York: Routledge, 1991. Shanghai: Shanghai Foreign Language Education Press, 2002. First edition, 1980.

Explanatory Note: This is one of the English-language classics on approaching translation studies as a separate (in the sense of "independent") academic discipline, and is well-known as such to the Chinese TS academia.

Malmkjær, Kirsten. *Linguistics and the Language of Translation*. Edinburgh: Edinburgh University Press, 2005.

Explanatory Note: Chapter 2 "Mapping and Approaching Translation

Studies" is a particularly important work for understanding the development of the discipline.

Munday, Jeremy. *Introducing Translation Studies: Theories and Applications*, 4th edition. London and New York: Routledge, 2016.

Explanatory Note: This is an important TS textbook in English.

Venuti, Lawrence (ed.). *The Translation Studies Reader*. London and New York: Routledge, 2004.

Explanatory Note: This TS reader contains writings on translation and translation studies by some of the most important figures (mainly Western) from 1900s through the 1990s.

Luo, Xinzhang and Chen Yingnian (eds.)（罗新璋、陈应年）.《翻译论集（修订本）》(*An Anthology of Essays on Translation—Revised edition*). Beijing: The Commercial Press, 2009.

Explanatory Note: This is one of the most important Chinese-language anthologies of Chinese discourse on translation, a must-read for Chinese TS researchers.

References

Bassnett, Susan and André Lefevere. "General editors' preface". In André Levefere (ed.). *Translating/History/Culture: A Sourcebook*. London & New York: Routledge, 1992/2003: xi-xii.

Cai, Yi, Yu Jie and Duan Jinghua（蔡毅、虞杰、段京华）. 语言与翻译 (A Transadaptation of Leonid S. Barkhudarov's *Language and Translation*). Beijing: The China Translation and Publishing Corporation, 1985.

Cai, Yi and Yu Jie（蔡毅、虞杰）. 文艺翻译与文学交流 (A Transadaptation of Givi R. Gachechiladze's *An Introduction to the Theory of Literary Translation*). Beijing: The China Translation and Publishing Corporation, 1987.

Chan, Tak-hung. *Twentieth-century Chinese Translation Theory: Modes, Issues and Debates*. Amsterdam and Philadelphia: John Benjamins, 2004.

Chang, Nam Fung（张南峰）. 走出死胡同，建立翻译学 (Out of the dead end and into translation studies). 外国语 (*Journal of Foreign Languages*). 1995, 3: 1-3.

Chang, Nam Fung. 特性与共性——论中国翻译学与翻译学的关系 (Chinese translatology and its specific characteristics). 中国翻译 (*Chinese Translators Journal*). 2000, 2: 2-7.

Chen, Dongdong and Wu Daoping（陈东东、吴道平）. 也谈深层结构与翻译问题 (Reopening a discussion on deep structure and translation). 外语学刊 (*Foreign

Language Research). 1987, 2: 8–14.

Chen, Hongwei (陈宏薇). 从 "奈达现象" 看中国翻译研究走向成熟 (Toward maturity: The "Nida Phenomenon" and China's translation studies). 中国翻译 (*Chinese Translators Journal*). 2001, 6: 46–49.

Chen, Lang (陈浪). 冷静看待中国翻译研究现状——兼与张经浩先生商榷 (The current state of translation studies in China: A rational assessment). 中国翻译 (*Chinese Translators Journal*). 2007, 1: 38–41, 96.

Cheung, Martha (ed.). *An Anthology of Chinese Discourse on Translation. Vol. 1: From Earliest Times to the Buddhist Project.* Manchester: St. Jerome Publishing, 2006.

Cheung, Martha (ed.). *An Anthology of Chinese Discourse on Translation. Vol. 2: From the Late Twelfth Century to 1800* (edited by Robert Neather). London: Routledge.

Dong, Qiusi (董秋斯). 论翻译理论的建设 (On the development of translation theory). 翻译通报 (*Translators' Bulletin*). 1951, 2: 3–4. Reprint. In: Luo Xinzhang and Chen Yingnian (eds.). 翻译论集 (修订本) (*An Anthology of Essays on Translation–Revised edition*). Beijing: The Commercial Press, 2009: 601–609.

Gui, Qianyuan (桂乾元). 为确立具有中国特色的翻译学而努力——从国外翻译学谈起 (Working towards the restablishment of a translatology with Chinese characteristics). 中国翻译 (*Chinese Translators Journal*). 1986, 3: 12–15.

Han, Ziman (韩子满). 翻译学不是梦——兼与张经浩先生商榷 (Translatology is not a dream—Some different reflections on translatology). 外语与外语教学 (*Foreign Languages and Their Teaching*). 2000, 7: 50–52, Cover 3.

He, Wei (贺微). 翻译学：历史与逻辑的必然 (Translatology: A historical and logical necessity of translation studies). 外语与外语教学 (*Foreign Languages and Their Teaching*). 2000, 7: 43–46.

Holmes, James. The name and nature of translation studies, presented at the Third Applied Linguistics Conference in Copenhagen, Denmark, 1972. In: James Holmes (ed.). *Translated! Papers on Literary Translation and Translation Studies.* Amsterdam: Rodopi, 1988: 67–80.

Hou, Xiangqun (侯向群). 翻译为何不可为 "学" ？——读 "翻译学：一个未圆且难圆的梦" (Why not translatology?). 外语与外语教学 (*Foreign Languages and Their Teaching*). 2000, 7: 39–42, 46.

Jin, Di and Eugene A. Nida. *On Translation: With Special Reference to Chinese and English.* Beijing: The China Translation and Publishing Corporation, 1984. Revised edition. Hong Kong: The City University of Hong Kong Press, 2006.

Lan, Feng (蓝峰). 科学与艺术之争——翻译研究方法论思考 (Science vs. art: Methodological reflections on translation studies). 中国翻译 (*Chinese Translators Journal*). 1988, 4: 2–6.

Lao, Long (劳陇). 丢掉幻想，联系实践——揭破"翻译(科)学"的迷梦 (Throw away illusions and be related to practice: Breaking the unrealisable dream of the "Science of Translation"). 中国翻译 (*Chinese Translators Journal*). 1996, 2: 38-41.

Lefevere, André (ed.). *Translating/History/Culture: A Sourcebook*. London and New York: Routledge, 1992.

Lin, Kenan (林克难). "动态对等"译论的意义与不足 (The significance and limitations of Nida's theory on "Dynamic Equivalence"). 《福建外语》 (*Foreign Languages in Fujian*). 1988, 1: 69-73.

Lin, Shuwu (林书武). 奈达的翻译理论简介 (A brief introduction to Nida's translation theory). 国外语言学 (*Linguistics Abroad*). 1981, 2: 1-14.

Liu, Miqing (刘宓庆). 论中国翻译理论基本模式 (The basic mode of Chinese translation theory). 中国翻译 (*Chinese Translators Journal*). 1989, 1: 12-16.

Liu, Miqing. 中国现代翻译理论的任务——为杨自俭编著之《翻译新论》而作 (Tasks of modern translation theory in China). 外国语 (*Journal of Foreign Languages*). 1993, 2: 4-8, 82.

Liu, Miqing. 中西翻译思想比较研究 (*A Comparative Study of Chinese and Western Thinking on Translation*). Beijing: The China Translation and Publishing Corporation, 2005.

Liu, Yingkai (刘英凯). 试论奈达"读者反应"论在中国的负面作用 (On the negative impact of Nida's "Reader Reaction" in China). 上海科技翻译 (*Shanghai Journal of Translators for Science and Technology*). 1997, 1: 1-5.

Liu, Zhongde (刘重德). 关于建立翻译学的一些看法 (Some reflections on developing a translatology). 外国语 (*Journal of Foreign Languages*). 1995, 2: 27-31.

Liu, Zhongde. 事实胜雄辩——也谈我国传统译论的成就和译学建设的现状 (Facts speak louder than words—Concerning the achievements in the study of Chinese traditional translation theories and the present situation of the construction of translatology in China). 外语与外语教学 (*Foreign Languages and Their Teaching*). 2000, 7: 34-38.

Luo, Xinzhang (ed.) (罗新璋). 翻译论集 (*An Anthology of Essays on Translation*). Beijing: The Commercial Press, 1984.

Mu, Lei (穆雷). 翻译的语言学理论 (A translation of John Catford's A *Linguistic Theory of Translation*). Beijing: The Tourist Education Press, 1991.

Nida, A. Eugene. *Toward a Science of Translating*. Leiden: E. J. Brill, 1964. Reprint in Shanghai: The Shanghai Foreign Language Education Press, 2004.

Nida, A. Eugene. *Bible Translating: An Analysis of Principles and Procedures, with Special Reference to Aboriginal Languages*. New York: United Bible Society, 1947.

Qian, Linsheng（钱霖生）. 读者的反应能作为评价译文的标准吗？——向金隄、奈达两位学者请教 (Can reader response be used as a criterion for assessing the quality of a translation?). 中国翻译 (*Chinese Translators Journal*). 1988, 2: 42–44.

Robinson, Douglas (ed.). *Western Translation Theory: From Herodotus to Nietzsche*. Manchester: St. Jerome Publishing, 1997. Reprint in Beijing: Foreign Language Teaching and Research Press, 2006.

Shuttleworth, Mark and Moira Cowie. *Dictionary of Translation Studies*. Manchester: St. Jerome Publishing, 1997.

Sun, Huishuang（孙慧双）. 翻译理论与翻译教学法 (A translation of Jean Delisle' *L'analyse du Discours Comme Methode de Traduction*). Beijing: The International Cultures Press, 1988.

Sun, Zhili（孙致礼）. 关于我国翻译理论建设的几点思考 (A few thoughts on the development of China's translation theory). 中国翻译 (*Chinese Translators Journal*). 1997, 2: 10–12.

Tan, Zaixi（谭载喜）. 翻译是一门科学——评介奈达著《翻译科学探索》(Translation is a science: An introduction to Nida's *Toward a Science of Translating*). 翻译通讯 (*Translators' Notes*). 1982, 4: 4–10.

Tan, Zaixi. 奈达论翻译的性质 (Nida on the nature of translation). 翻译通讯 (*Translators' Notes*). 1983, 9: 37–40.

Tan, Zaixi. 奈达论翻译 (*Nida on Translation*). Beijing: The China Translation and Publishing Corporation, 1984.

Tan, Zaixi. 必须建立翻译学 (The necessity of developing a science of translation). 中国翻译 (*Chinese Translators Journal*). 1987, 3: 2–8.

Tan, Zaixi. Reflections on the science of translation. *Babel: International Journal of Translation*. 1997, 43(4): 332–52.

Tan, Zaixi. 翻译学 (*The Science of Translation*). Wuhan: Hubei Education Press, 2000.

Tan, Zaixi. Nida in China: Influences that last. In: Rodica Dimitriu and Miriam Shlesinger (eds.). *Translators and Their Readers. In Homage to Eugene A. Nida*. Bruxelles: Les Editions du Hazard, 2009a: 61–78.

Tan, Zaixi. The "Chineseness" vs. "non-Chineseness" of Chinese translation theory: An ethnoconvergent perspective. *The Translator: Studies in Intercultural Communication*. 2009b, 15(2): 283–304.

Tan, Zaixi. 中国翻译研究：回望·反思·前瞻 (Translation studies in China: Retrospection, reflection and prospection). 中国翻译 (*Chinese Translators Journal*). 2012, 4: 7–9.

Tan, Zaixi. 翻译研究中的理论话题：发展动态与当下两对矛盾 (Topical issues in contemporary Chinese discourse on translation: Development and two major relationships to be addressed today). 外国语 (*Journal of Foreign Languages*). 2014, 4: 4–6.

Tan, Zaixi and Eugene A. Nida. 论翻译学的途径 (Approaches to translation). 外语教学与研究 (*Foreign Language Teaching and Research*). 1987, 1: 24–30.

Wang, Dongfeng and Chu Zhida（王东风、楚至大）. 翻译学之我见 (Our views on translatology). 外国语 (*Journal of Foreign Languages*). 1996, 5: 8–12.

Wang, Hongyin（王宏印）. 中国传统译论经典诠释：从道安到傅雷 (*A Critique of Translation Theories in the Chinese Tradition: From Dao An to Fu Lei*). Wuhan: Hubei Education Press, 2003.

Wilss, Wolfram. *The Science of Translation: Problems and Methods*. Tübingen: Gunter Narr Verlag, 1982. Reprint in Shanghai: Shanghai Foreign Language Education Press, 2001.

Wong, Wang-chi（王宏志）. 重释"信达雅"：二十世纪中国翻译研究 (*Reinterpreting Xin-Da-Ya: Translation Studies in China in the 20th Century*). Shanghai: The Eastern Publishing Centre, 1999.

Wu, Yicheng（吴义诚）. 对翻译等值问题的思考 (Thoughts on the problems of translation equivalence). 中国翻译 (*The Chinese Translators Journal*). 1994, 1: 2–4.

Xu, Jun（许钧）. 翻译论 (*On Translation*). Wuhan: Hubei Education Press, 2003.

Xu, Jun. 新中国翻译研究六十年 (60 Years of translation studies in New China). *China Net*/ 中国，2009. Retrieved 19 October 2015.

Xu, Jun and Mu Lei (eds.)（许钧、穆雷）. 翻译学概论 (*Introducing Translation Studies*). Nanjing: The Yilin Publishing House, 2009.

Yi, Fan（一凡）. 西方的文学翻译 (Literary translation in the West). 翻译通讯 (*Translators' Notes*). 1980, 3: 19–21.

Zhang, Boran and Jiang Qiuxia（张柏然、姜秋霞）. 对建立中国翻译学的一些思考 (Some thoughts on the establishment of a Chinese translatology). 中国翻译 (*Chinese Translators Journal*). 1997, 3: 7–9, 16.

Zhang, Jinghao（张经浩）. 翻译学：一个未圆且难圆的梦 (Translatology: An unrealised and unrealisable dream). 外语与外语教学 (*Foreign Languages and Their Teaching*). 1999, 10: 44–48.

Zhang, Jinghao. 主次颠倒的翻译研究和翻译理论 (Misplaced priorities in translation studies and translation theory). 中国翻译 (*Chinese Translators Journal*). 2006, 5: 59–61.

Zhu, Chunshen（朱纯深）. 走出误区踏进世界——中国译学：反思与前瞻 (Chinese translation studies: Reflections and forward looking). 中国翻译 (*Chinese Translators Journal*). 2000, 1: 2–9.

Zhu, Chunshen. Translation studies in China or Chinese-related translation studies: Defining Chinese translation studies. *Babel: International Journal of Translation.* 2004, 50(4): 332–345.

Zhuang, Yichuan (庄绎传). 通天塔：文学翻译理论与研究 (*A transadaptation of George Steiner's* After Babel: *Aspects of Language and Translation*). Beijing: The China Translation and Publishing Corporation, 1987.

The "Chineseness" vs. "Non-Chineseness" of Chinese Translation Theory: An Ethnoconvergent Perspective[①]

Abstract: Since the early 1980s, when China began to witness an influx of foreign, mainly Western, translation theories as a result of its opening up to the outside world, a number of Chinese scholars have argued that the importation of these theories has been excessive, that the Chinese have always had their own tradition of studying translation, and that this tradition must be preserved and protected from too much outside influence. The author accepts that a Chinese tradition of theorizing translation does exist and attempts to outline the main features of this tradition. He argues, however, that the "Chineseness" of Chinese translation theory is not something to be deliberately designed and manufactured, that Chinese scholarship, like all scholarship, can only benefit from interacting with other traditions and, furthermore, that Sinocentrism can be as damaging to the development of translation studies as Eurocentrism.

Keywords: Chinese translation theory, Chinese tradition, Chineseness, non-Chineseness, dialectic, ethnoconvergence

1. Introduction

The end of the Cultural Revolution (1966–1976) in China marked the beginning of the country's open door policies, not only on the economic front but also on the cultural front. The field of translation witnessed an unprecedented influx of foreign (especially Western and Soviet Russian) translation theories in the early 1980s. The earliest major volume on Western translation theory was *Selected Papers on Foreign Translation Theory*, edited and published by the China Translation and Publishing Corporation in 1983. This collection of 14 essays, many originally published as journal

---

① 原发信息: Tan, Zaixi. The "Chineseness" vs. "Non-Chineseness" of Chinese translation theory: An ethnoconvergent perspective. *The Translator: Studies in Intercultural Communication*. 2009, 15(2): 283–304.

articles, introduced such figures as A.V. Fedorov, Eugene Nida, John Catford, Peter Newmark, Roman Jakobson, L. S. Barkhudarov and G. R. Gachechiladze. Though many of these figures were familiar to Chinese readers because of their earlier journal appearances, the collection had a powerful impact on the emerging translation studies scene in China. The impact was further strengthened by the publication of *Nida on Translation* (Tan 1984), and in quick succession by other translations of Western and Russian works, including Barchudarov's *Language and Translation* (Cai et al. 1985), Steiner's *After Babel* (Zhuang 1987), Gachechiladze's *An Introduction to the Theory of Literary Translation* (Cai 1987) and Delisle's *Translation: An Interpretive Approach* (Sun 1988).

Between the 1990s and the first decade of the 21st century, China saw not only more translations of major Western works on translation theory, but also the re-publication of many English-language works licensed for the Chinese market. So far, two major *Translation Studies from Abroad* series have been made available by the Shanghai Foreign Language Education Press and the Beijing Foreign Language and Research Press, totalling some sixty volumes of translation studies that were first published in Western countries.

The various non-Chinese approaches to translation, introduced through both Chinese translations and foreign originals, broadened the theoretical thinking of Chinese scholars. They brought a sharp awareness that the study of translation is not and should not be confined to the paradigm to which they were accustomed, which mainly consisted of Yan Fu's three-word principle of *Xin* (信/faithfulness), *Da* (达/smoothness/comprehensibility) and *Ya* (雅/gracefulness/elegance), and the age-old discussion of translation methods such as *zhiyi* (直译/literal translation) versus *yiyi* (意译/sense translation). No sooner had the importation of foreign thoughts and ideas on translation begun, however, than there emerged voices of opposition among Chinese scholars in the PRC. Sometimes strong and sometimes weak, these voices have repeatedly expressed two closely interrelated points. The first asserts that the importation of foreign, especially Western, translation theories in recent years has been "excessive", and that as a result, the field of Chinese translation studies has been "overwhelmed" by Western ideas (Zhang 2006: 59).① The second, related point of this opposition argues that the Chinese system of translation theory must "maintain its own characteristics" in the face of foreign influences (Luo 1984; Gui 1986; Liu 1989, 1993, 2005; Sun 1997; Sun and Zhang 2002). These traditionalist standpoints constitute the starting point of this article, which addresses two questions. First, is it true that the Chinese importation of foreign translation theories in recent years has been "excessive", and that Chinese translation studies has been "overwhelmed" by Western ideas? Second, does it make sense (and if so, to what extent) for Chinese translation scholars to insist on an element of "Chineseness" in the development of translation theory? In addressing these questions, this article adopts an "ethnoconvergent" perspective, in the sense that the author believes more in the convergent than divergent aspects of translation theory across different traditions. This perspective, as described more fully in Section 4 below, adopts a positive attitude towards increased "sharing of ideas" and "mutual understanding" in the development of translation studies the world over. The article will

---

① The following quote from Zhang's article is typical of this view: "……我国翻译理论界许多人现在把自己的传统和经验丢到了一边，津津乐道外国翻译理论，主次颠倒。……近年来，该刊（指《中国翻译》）发表文章的趋向非常明显，现仅以 2005 年为例。……《中国翻译》2005 年谈翻译有赖外国翻译和译者、译家的文章占了 69.16%，超过压倒多数量化标准 2.99%。这样看来，说《中国翻译》成了《外国翻译》一点也不为过。更准确点说，成了《西方翻译》，因为在我国流传的外国翻译理论基本上来自西方。" (... Now many people in our country's translation studies community have thrown aside our own tradition and experience, and take delight in talking about foreign translation theory. How they have turned our translation studies upside down! ... This journal (that is, *Chinese Translators Journal*) has in recent years shown a marked tendency toward publishing a particular type of article. Take 2005 for example. That year, the number of articles carried in *CTJ* which relied on foreign translation and translators in their discussion of issues of translation reached 69.16% of the total number, that is, 2.99% more than the figure required to form an overwhelming majority (calculated according to quantification standards). It is no exaggeration to say that the *Chinese Translators Journal* has become a "Foreign Translators Journal". More accurately, it has become a Western Translators Journal because the foreign translation theories prevalent in our country have mostly come from the West.) (Zhang 2006: 59; my translation) first examine some of the features that could be regarded as characteristic of the "Chineseness" of Chinese translation theory; it will then propose and discuss an appropriate position from which to approach such Chinese features. The aim is to highlight the point that while Chinese translation theory has always demonstrated some kind of distinctive "Chineseness", it is arguably unproductive to over-emphasize the relevant features of this "Chineseness".

2. Past discussions on the "Chineseness" of Chinese translation theory

The issue of "Chineseness" in Chinese translation theory was first raised by Luo Xinzhang, a Chinese culture and translation studies scholar from the Chinese Social Sciences Academy. In 1983, Luo published an article entitled "我国自成体系的翻译理论" ("Our country's translation theory: A system of its own") in the influential translation studies journal 《翻译通讯》 (*Translators' Notes*), later renamed 《中国翻译》 (*Chinese Translators Journal*). The paper had been specially written as an introductory chapter for his then-forthcoming volume, 《翻译论集》 (*An Anthology of Essays on Translation*, Luo 1984). The article had an immediate impact and sparked traditionalist discontent with foreign influence in contemporary translation studies in China.[1] The opening statement of Luo's paper is representative of his traditionalist views (Luo 1984:1; my translation):

> In recent years, translation journals in our country have introduced a great variety of foreign translation theories and approaches, so much so that one

---

[1] It must be noted that traditionalist scholars' resistance to Western influence and their insistence on maintaining or developing what they call "Chineseness" in translation theory have not been confined to translation scholarship alone. In fact, traditionalist trends have been influential in all fields of learning in the arts and humanities, in philosophy and the social sciences, as well as in all aspects of social, cultural and political life in China. All of the following, for example, can be regarded as forms of discontent with foreign (especially Western) influences: the revival of the teaching of Confucianism and other forms of classical Chinese philosophy and literature in school curricula since the end of the Cultural Revolution; the paradoxical emphasis in the arts, even before the Cultural Revolution, on the idea that the more "national" something is, the more it will be "international" (越是民族的，越是世界的; Yuan 2007: 33). In a sense, it was within this kind of cultural context that the traditionalist trends in translation studies in China were first formed and developed.

is under the impression that by comparison there is much that is lacking in our own translation theory. But is this really so? Having researched the various discourses on translation produced down the centuries, I am deeply convinced that our country's translation theory has its own characteristics and occupies a unique position in the world arena of translation. Therefore, there is no reason to belittle ourselves.

Out of context, such a statement sounds harmless. However, since China was just then opening up to the outside world and the importation of foreign thinking about translation had only just begun, Luo's remarks about the danger of "belittling ourselves" can be seen to represent a conservative attitude towards non-Chinese approaches. This attitude evolved into more Sinocentric arguments by other scholars demanding that a "Chinese translatology" be developed (Gui 1986; Fang 1988; Liu 1989, 1993; Zhang and Jiang 1997) and that Chinese translation theory must bear "Chinese characteristics" (Fang 1988; Liu 1989, 2005; Sun and Zhang 2002). This traditional insistence on developing translation theory with a distinct element of "Chineseness", apparently modelled on the widely publicized call in China to "build socialism with Chinese characteristics" (建设中国特色社会主义)[①], has a strong ideological, political and even "patriotic" ring.

The emphasis on holding on to national characteristics, it should be noted, is not confined to the Chinese situation. Scholars in other contexts have also attempted to assert national or ethnological characteristics in translation theory. For example, since 2004, three special conferences on Asian Translation Traditions have been convened, one at the School of Oriental and African Studies in London (2004), one in Tejgadh, India (2005), and the third at Boğaziçi University in Istanbul, Turkey (2008). The aim of

---

① This call was first made by the late Chinese leader Deng Xiaoping (1904–1997) in his opening speech on 1 September 1982 at the 12th National Congress of the Chinese Communist Party, and has since been reiterated by the CCP at all its subsequent congresses. [Deng's original words were: "走自己的道路，建设有中国特色的社会主义" (Go our own way and build socialism with Chinese characteristics).] The call has become one of the slogans most frequently used in China to rally support for the way in which the country develops its economy and political system.

these conferences and their sequels has been to "challenge the Eurocentric bias of Translation Studies by exploring the richness and diversity of non-Western discourses and practices of translation" (Circular from "The Third Asian Translation Traditions Conference"). As with the traditionalist push in China to develop "Chineseness" in Chinese translation theory, these conferences have helped to enhance a non-Eurocentric awareness of translational development in non-Western countries.

There has also been some degree of national awareness in the development of translation theory in Western countries. André Lefevere (1977) has talked of a German tradition of translation characterized by four types of contributors—precursors, pioneers, masters and disciples. Flora Amos (1920/1973) and Lieven D'hulst (1990) have talked about the theory and practices of English and French traditions, respectively. There have even been attempts by scholars of translation history to study the characteristics of individual nations within the Western "polysystem" of translation traditions. These notably include Thomas Steiner's distinction between a poetic English tradition and a *pragmatic* French tradition of translation during the 17th and 18th centuries (Steiner 1975).

The point here is not merely to recognize and describe a translation tradition—or more specifically, the "characteristics" of that tradition. The issue is how one views the "characteristics" of one's own tradition against those of other traditions. This central premise of the article will be addressed more specifically in Section 4 below. First, let us examine some of the major literature on what constitutes "Chineseness" in Chinese translation theory. Various attempts have been made in the field to explain what is meant by the term "Chineseness" or "Chinese characteristics" (中国特色). Among these, the views offered by Luo Xinzhang (1984) and Liu Miqing (1989, 2005) stand out most prominently. Luo summarizes the "Chinese charateristics" of Chinese translation theory in his paper (cited above) entitled "Our Country's Translation Theory: A System of Its Own":

… with the efforts made by well-known (as well as unknown) translators and translation scholars over a thousand years and more, China boasts a system of translation theory of its own, which can be described as follows: (1) The ancients argued that one should "translate according to the meaning of the original"… and "no attempt should be made to beautify the translation at the expense of meaning"; (2) While pointing out "the three difficulties of translation", Yan Fu stresses that "it is most difficult to be faithful", and "being faithful" then constitutes an improvement on the ancients' idea of "translating according to the meaning of the original"; (3) Recognizing the difficulty of achieving "faithfulness" in the absolute sense, Fu Lei stresses "getting at the spirit of the original" and advocates "spiritual resonance"; and (4) According to Qian Zhongshu, the concept of "transformation" implies that "the translation is so faithful to the original that it does not read like a translation" and that "the essence and guise of the original should remain" … If we trace things back to their source, we will find that Qian's insistence on faithful rendition of the "essence and guise" of the original is but a re-interpretation of the ancients' idea of "transmitting by following the source",[①] of Yan's "faithfulness" which incorporates both "fluency" and "elegance", and of Fu's "spiritual resonance". Clearly, these concepts are independent and yet interrelated, and they constitute a complete whole divisible into stages of development. It is this complete whole that forms the core of our country's system of translation theory. (Luo 1984: 18–19; my translation)

In his major work on Chinese and Western thinking on translation, Liu (2005) defines the "Chineseness" of Chinese translation theory as follows:

(1) Chinese translation theory is characterized by its geo-humanitarian, geosocial and geopolitical features, with strategic consideration of culture as its primary concern.
(2) Chinese thinking about translation is deeply rooted in the rich soil of Chinese culture.
(3) Chinese translation theory enjoys a unique history of development

---

[①] "[T]ransmitting by following the source" is the English translation offered by Cheung (2006a:11).

as well as a unique pattern of evolution divisible into five phases: that of Buddhist sutra translation; that of science translation carried out during the late-Ming to early-Qing period (early 17th–early 18th century in the Western calendar); that of translation of all types of texts, especially knowledge-based works, during the late Qing period; that of translation of all types of texts during the first half of the 20th century; and that of translation of all types of texts during the second half of the 20th century. Compared with Western translation theory, the development of Chinese translation theory is characterized by several major features. First, there is a strategic consideration of culture. In the late-Ming to early-Qing period, translation was closely associated with the idea of "Save the nation through science"; during the late Qing and the Republican periods, it was associated with that of "National salvation" and "Save the nation through learning"; and during the 1950s, and especially during the post-1970s and 1980s period, it was associated with the idea of "National revival". Second, Chinese translation theory always prioritizes the study of "meaning". In addition, from the very beginning of its existence, Chinese translation theory has been attached to traditional Chinese philosophy and Chinese aesthetics.

(4) Chinese translation theory is characterized by its being based on a language system of its own. In this connection, the "Chineseness" of translation theory is reflected in seven aspects, namely: (a) the way in which Chinese translation studies is conducted; (b) theories of meaning; (c) theories of understanding; (d) the aesthetics of translation; (e) translation strategies; (f) manipulation theories of translation; and (g) reception theories. (Liu 2005: 73–127; my translation)

As noted previously, the views offered by Luo and Liu are influential, and thus constitute a significant contribution to the general understanding of "Chineseness" in contemporary Chinese discourse on translation. Luo's views—the first to emphasize the uniqueness of the Chinese translation tradition explicitly—represent a groundbreaking "exercise in identity construction" (Cheung 2002: 144). Liu, who published the first book-length comparison of Chinese and Western thinking on translation, had made earlier attempts to construct that identity—that is, the character of Chinese thinking in a Eurocentric world of translation studies (see Liu 1989, 1993).

While both Luo and Liu have tried to define what they see as the "Chineseness" of Chinese translation theory, they differ in their foci and approaches. Luo focuses on the theme of translational "faithfulness"—the thread that can be traced from the ancients through the moderns right up to our contemporaries. Thus, from Dao An (314-385) to Yan Fu (1854-1921), and further to Fu Lei (1908-1966) and Qian Zhongshu (1910-1998), the most outstanding characteristic of Chinese translation theory has been adherence to the fundamental principle that a translation should be faithful to the source. This took many forms through the centuries, from Dao's insistence on "transmitting by following the source", to Yan's principle of "faithfulness, comprehensibility and elegance", Fu's "spiritual resonance", and Qian's interpretation of "complete transformation".[①] In other words, these translational concepts, proposed during different historical times and by people with different backgrounds, are all interwoven and form, to paraphrase Luo, a complete "system of its [China's] own".

Luo was perceptive in linking the previously disconnected concepts of translational faithfulness into a theoretical continuum, and in his description of this continuum as a characteristic feature of Chinese theory. However, several questions arise. Is a single line of development—and one concerned entirely with "translational faithfulness"—sufficient to represent "a system of its own"? Can the entire Chinese system of translation theory be reduced to a single proposition of "faithful" translation? Moreover, if "faithfulness" is the only component of the theoretical continuum, then where would one place such "unfaithful" or "creative" translators as Kumārajīva (350-409) of the classical period, or modern-era translators

---

[①] For an in-depth analysis and discussion of these, and of the importance of Luo's work in general, see Cheung (2002: 156-61).

such as Lin Shu (1852–1924) and Yan Fu? Would it not be more accurate to say that there are at least two lines of development, one following the principle of "faithful" translation and the other that of "unfaithful" translation? Since faithfulness, or unfaithfulness, is not and cannot be the only preoccupation of Chinese translation theory, or any translation theory for that matter, what other issues or features within the Chinese tradition may also be regarded as characteristics of Chinese translation theory?

In his prolific writings on translation, Liu Miqing (1989, 1993, 2005) is more specific about what he means by "Chineseness". His particularly insightful definition of "Chineseness" in translation theory incorporates the "geo-humanitarian" (地缘人文), "geosocial" (地缘社会) and "geopolitical" (地缘政治) features of Chinese culture. Liu not only talks about translational "faithfulness" and "unfaithfulness", but he also emphasizes the importance of preserving meaning in translation. In addition, he incorporates issues not directly related to the act of translation per se, such as the Chinese tradition of philosophy, aesthetics and discourse in general, and the Chinese socio-political and cultural context. Stressing that Chinese thinking about translation is deeply rooted in the rich soil of Chinese culture, Liu points out that the theory and practice of translation in China boasts a "strategic consideration of culture" (文化战略考虑) as well as a "consideration" of social needs. That is why they are so closely associated with the various socio-political and cultural movements throughout Chinese history. Indeed, Chinese translation theory draws its national and ethnological characteristics from the translational and philosophical areas described by Liu. Liu's definition of "Chineseness", however, is not unproblematic. He singles out wenhua zhanlue kaoliang (strategic consideration of culture) as part of the first major feature of Chinese translation theory, and continues to use this phrase as if it needs no explanation. The book also offers such abstruse terms as "[语言的]功能代偿" (functional compensation), "关联把握" (relevant grasping) and "破格概念模式" (license-conception oriented [translation]). Also problematic is Liu's claim that "Chinese translation theory is characterized by its being based on a language system of its own, a system that is unique" (2005: 102; my translation). One is tempted to ask whether there are languages that do not constitute a system of their own. Maybe a creolized or pidginized language? But even a creole or a pidgin language could, in at least some respects, be considered a "language system of its own".

In addition to Luo and Liu, other scholars have expressed similar traditionalist views. Gui (1986), for example, argues for establishing a Chinese translatology, while Fang (1988) and Sun and Zhang (2002) propose developing a translatology "with distinctive Chinese features". These scholars have not added anything substantial, however, to what Luo and Liu have envisaged; neither have they pointed out or addressed the weaknesses, discussed above, in the arguments of Luo and Liu. A more comprehensive description of what "Chineseness" means in the context of Chinese translation theory is therefore in order.

3. Understanding "Chineseness" against "non-Chineseness"

The use of the term "non-Chineseness" in the above subheading is necessary. To my mind, it would not be possible to talk about "Chineseness" if there were not at the same time features which could go into the category of "non-Chineseness". In other words, the issue of "Chineseness" is one of relative identity. This is not only because "Chineseness" must be defined in relation to something other than "Chinese", but also because nothing in whatever kind of "Chineseness" there may be is forever fixed and unchanging.

It should also be noted that while the term "Chineseness" has been quite widely used in Chinese translation studies, the epithet "Chinese" has often remained vague. Should it refer to properties of the Chinese language, or properties of the Chinese as a nation, or an ethnological, sociocultural or geopolitical entity? Should it describe the China of a particular historical time, or a China of all times or one with special designative meanings? Understandably, no standard answer is available or even possible; different people may see or interpret "Chineseness" differently, and at different times. However, differences of opinion do not hinder meaningful dialogue. Instead, they provide an opportunity for reflection—on what is important about one's own tradition and the traditions of the other.

At this point, it would also be helpful to explain how I use the terms "theory" and "discourse" in this article. As evident from the title of the article, I chiefly use the term "Chinese translation theory". Though "Chinese discourse on translation" is also used from time to time, it is not used interchangeably with "Chinese translation theory". In my use of the term, "discourse" refers to "utterances by means of which ideas or opinions are expressed".[①] The focus is on the "expression" rather than the "idea/opinion" that is "expressed". The term "theory", in this article, refers to any type of theoretical thinking about translation, to ideas or opinions "expressed" through "discourse". It is not used in the sense in which contemporary Western translation theorists such as Popovič and Toury use it—as a "discipline engaged in the systematic study of translation" (Popovič 1976: 23), or as entailing "systematic and exhaustive description and explanation of each and every phenomenon within the domain it allegedly covers" (Toury 1980: 19). By the same logic, the difference between "Chinese translation theory" and "Chinese discourse on translation" parallels the difference between such terms as "Western translation theory" and "Western discourse on translation".

Having clarified these points, I will now discuss the "Chineseness" of Chinese translation theory as I see it. Here, I identify five features. The first is *pragmatism*. In Chinese translation theory, the emphasis has been mostly on translation methods, skills and techniques—that is, on how to produce a piece of good translation. Often, translation theory has been concerned with practical translation experience, especially the experiences of master

---

[①] Martha Cheung treats "discourse" as "a category of knowledge". Her discussions of the signification of "discourse" in relation to "theory"/"theories", the relationship between them, and why she prefers using the term "discourse" (in both its ordinary and Foucaultian sense) in preference to "theory" (or theories, etc.) in the title of her Anthology (2006a) are particularly relevant to discussions on the Chinese tradition of translation. For a detailed account of her views, see Cheung (2006a: Introduction, 2006b, 2004) practitioners. This is true not only of the ancients, such as Dao An and Xuan Zang (602–664), but also of modern translators and scholars such as Yan Fu, Fu Lei, Mao Dun (1896–1981), Lao Long, Sun Zhili and Zhang Jinghao. Dao An in the 4th century and Xuan Zang in the 7th, for example, were primarily concerned with the pragmatic aspects of translation when they wrote about the "five instances of losing the source" ("five losses" for short) and "three difficulties", and "five guidelines for not translating a term [and using a transliteration instead]" (see detailed account of these in Cheung 2006a: 80–83, 156–59). It was also true of the ancients when they spoke of various "translational steps" and the various ways to maintain the "beauty" or the "content" of the original. Other scholars across the decades have stressed the pragmatic or practical aspects of translation, including: Yan (1898/1984: 136), who wrote about the "difficulty of being faithful, smooth or elegant in translation" (my translation); Fu (1951/1984: 558), who claimed that "in actual practice, translation [is] even more difficult than painting" (my translation); Mao (1954/1984), who wrote about literary translation and translation quality; Sun (1996:15), who is concerned with "integrating translation theory with practice" (my translation); and Lao (1996: 38), who has called on Chinese scholars to "stop daydreaming about the science of translation and do more practical work" (my translation). Even Zhang (2006: 60), a conservative who complains that "the preponderance of foreign translation theory in Chinese translation studies harms Chinese translation practice" (my translation), could be said to have expressed views that reflect the pragmatic orientation of Chinese discourse on translation.

Pragmatism, or *practicality*, it must be stated, is not an exclusively Chinese feature; it is a feature of all traditions of translation and translation theory. Certainly, interest in the practice of translation has not been any weaker in the Western tradition. Western theory—from Cicero, Horace and Jerome, through Dante, Luther, D'Ablancout, Amyot, Dolet, Dryden, Arnold, Newman, Tytler, Goethe and Schleiermacher, right up to Pound and Levý in modern and contemporary times—has also, in large measure, been concerned with how best to translate. But while the Chinese tradition has been basically content with pursuing this question of how translation is done or can be done, there has been a stronger tendency in the West to engage with other, more abstract issues—such as the nature and semiotics of language and translation, as found in the discussions by Augustine (428/1997), Bruni (1424–1426/1997), Huet (1661/1997), Humboldt (1816/1997) and Benjamin (1923/1992). It may well be that pragmatism—the primary concern of Chinese scholars—has delayed engagement with more abstract issues.

The second feature is *reliance on cultural heritage*. Chinese translation scholars take pride in their cultural heritage and have sought translational inspiration from cultural contexts of a non-translational nature, or in the words of Martha Cheung, have sought "[to deploy] concepts from Chinese literary and aesthetic discourse to articulate thinking on translation" (Cheung 2006a: 62). For example, Zhi Qian (3rd century B.C.E.), whose work is a precursor of Chinese translation theory, turned to the sages Kongzi (Confucius, 551–479 B.C.E.) and Laozi (c. 600–470 B.C.E.) to find support for his method of "follow[ing] the original theme of the sutra without refining [wén文] it with embellishment [shì饰]". To make his case, he quoted Laozi's caution that "**beautiful** [měi美] words are not **trustworthy** [xìn信] and **trustworthy** [xìn信] words are not **beautiful** [měi美]". He referred also to Kongzi's saying that "[w]riting cannot fully express what is conveyed by speech; speech cannot fully express ideas" (Cheung 2006a: 59; bold type and italics in original). According to Qian Zhongshu, Yan's famous triplet principle of *Xin, Da, Ya* can be traced all the way to Zhi Qian (Qian 1984: 23). Of the three, the word *Xin*, with its multiple senses (e.g., "faithful" as rendered here and "trustworthy" as seen above), in turn goes back further to Chinese sages such as Kongzi and Laozi, who had inspired him.

Contemporary examples of borrowing terms and concepts from the Chinese cultural tradition can be found in Xu Yuanchong's "competition theory" （竞赛论）of "beauty in sound, form and meaning" （音美，形美，

意美；Xu 2000) and Zheng Hailing's "theory of translational harmony" (和谐说；Zheng 1999), where the concepts of "美" (beauty/beautiful) and "和谐" (harmony/harmoneous) are traceable to both Laozi and classical Chinese aesthetics. Thus, it can be said that the use of traditional concepts from Chinese culture to theorize about translation is a "distinct" characteristic of Chinese translation theory.

The third feature is a *preoccupation with Xin*. As suggested above, the term *Xin* is loaded with cultural values in Chinese; Cheung thus finds it necessary to translate it as "confidence and trust", "faith", "faithful, honest, truthful, true, to trust", "keep one's word", "reliable", "sincere", "trust", "trustworthy" and "trustworthiness" (Cheung 2006a: 267).[①] Apart from these, other translations might include "fidelity", "loyal" and "loyalty". Even then, none of the translations can convey by themselves the primary cultural value communicated by the Chinese term *Xin*, namely: "the most important of the absolute essentials of government" in Confucianism (see relevant account in Cheung 2006a: 28). In fact *Xin*—as designating "faithful"/"faithfulness", "loyal"/"loyalty", "fidelity", "trustworthy"/"the quality of being trustworthy", etc.—is so deeply rooted in the cultural consciousness of the Chinese that Yan's 1898 use of it found immediate acceptance as the single most important principle of translation. According to Luo, from ancient times to the present, discussions in Chinese translation theory have been dominated by a concern with *Xin*. Although I do not quite agree with Luo's apparent equation of the discussion of translation principles with the entirety of translation theory, I do agree that the concern with *Xin* is a continuous line of development in Chinese translation theory, and hence also one of the main aspects of "Chineseness" in Chinese translation theory.

The fourth feature of "Chineseness" is a heavy reliance on *intuitive*

[①] Cheung describes this type of rendering as "thick translation" (2007). According to Cheung, there are two categories of "manoeuvres of thick translation applied to the rendering of translation concepts in the Chinese tradition: local manoeuvres and structural manoeuvres". For a detailed discussion of these "manoeuvres", see Cheung (2007: 31–32) *thinking* in theorization. Theoretical thinking about translation within the Chinese tradition is primarily directed towards the translators' direct apprehension of translation, of its problems and solutions, rather than on detailed analytical discussion. For example, Zhi Qian talked of his having translated "in an **unhewn** (zhì 质) and **straightforward** (zhí 直) manner", and later generations described his approach as "**refined** (wén 文) without excessive adornment, and **concise** (yuē 约) to highlight the content" (Cheung 2006a: 58). In Chinese terminology, the four descriptors—zhi (unhewn) and zhi (straightforward), and wen (refined) and yue (concise)—represent the thinking of the ancients about how translation should be done. Because of this, modern translation studies has credited Zhi with creating the earliest distinction in China between "literal" (zhi) and "non-literal" (wen) translation. Clearly, the kind of language used by Zhi and subsequently by other scholars—including Dao An's "five losses" and "three difficulties", Xuan Zang's "five guidelines for not translating a term", and even Yan Fu's emphasis in modern times on the difficulty of translating "faithfully", "smoothly" and "elegantly"—is intuitive, based on translational experience. This, indeed, is something very characteristic of Chinese translation theory.

The fifth aspect is *terseness*. Chinese theoretical discourse on translation tends to be compact rather than elaborate. Again, it must be noted that this feature is not confined to translation studies alone. Terseness is an important feature of Chinese discourse in general, partly due to tradition and partly to the conciseness of the Chinese language. Of course, formulations that are economical and compact—such as Yan's *Xin, Da, Ya*—may also be criticized as vague and ambiguous in meaning. Yet it is precisely because of the conciseness, as well as the polysemy of these words, that terseness stands out so clearly as a feature of "Chineseness".

As Luo has quite rightly pointed out, "different languages have different ways of expression and the same word may weigh very differently in different languages. For example, in commenting on the quality of a work of translation, it might be considered a form of commendation in a non-Chinese situation to say, "This translation is quite equivalent to the original". But in Chinese, one may need to say something like *Yibi Chuanshen* (译笔传神, literally, "translating-pen transmitting spirit"; Luo 1984: 17, my translation). It should also be noted that even though vernacular Chinese, which is far less compact than classical Chinese, is the standard language used in China now, compactness in expression is still very highly regarded. A case in point is the way Yan's principle of *Xin, Da, Ya* has been reworked by modern scholars. They found ya (elegant), for example, to be an outdated concept and wanted to abandon it for a more current and relevant concept, such as "appropriate" or *Tieqie* (贴切) in Chinese. Instead of saying "忠实、通顺、贴切" (faithful, comprehensible, appropriate), a formulation which consists of three terms, each comprised of two Chinese characters, they prefer to keep the original triadic compact pattern and say *Xin, Da, Tie* (信达贴, faithful, comprehensible, appropriate) or *Xin, Da, Qie* (信达切). The same kind of consideration is also obvious in such catchy phrases as Xu Yuanchong's "Three types of beauty" (三美说; that is, "beauty in sound, form and meaning").

The issue of "Chineseness", as previously noted, is one of relative identity, and discussion of this question is open-ended. Nonetheless, I hope the features outlined above will contribute to a better understanding of what is meant by "Chineseness" in Chinese translation theory, and at the same time will serve as a basis for further discussion of this and related issues.

4. Towards an ethnoconvergent view of translation studies

As I have already explained, the importance of recognizing and describing the characteristics of a translation tradition lies not so much in the features, in and of themselves, but how one views them in relation to those of other traditions. To traditionalist thinking, the purpose of discussing the Chinese translation tradition is to emphasize that it is a unique system which must be protected from excessive outside influence (Zhang 2006). To my own mind, the point of discussing and recognizing the characteristics of the Chinese system of translation is not to exclude non-Chinese features from this system. To be sure, there are differences in the way different traditions approach translation, and these differences are always conditioned by socio-cultural needs, and are nurtured by the systems of thought that characterize the broader socio-cultural setting. But some kind of "universality" also exists, in the sense that there are common principles and strategies of translation. Translation traditions as independent from one another as the Chinese and Western traditions have produced quite similar ideas on translation over the centuries (Tan 2001: 68). I would argue, therefore, that in spite of differences between traditions, exchange can bring about mutual understanding. Our thinking on translation will thus witness a convergence in development; ideas produced in one geosocial location may spread to other locations and achieve greater dissemination. Some ideas may not necessarily be accepted in other locations, but they may bring an awareness of other ways of thinking in the study of translation, and help scholars in many different locations to reflect on translation with a broadened vision.

In this sense, the concept of "ethnoconvergence", as I propose to use it in this paper, is not equivalent to "[ethnologically] becoming identical", but rather means gradual progress towards increased "sharing of ideas" and "mutual understanding" across geosocial, cultural and ethnological borders. I am not suggesting that the various translation traditions in the world will one day all lose their own identity and merge as one uniform tradition. On the contrary, differences will remain—old differences may disappear but new differences will emerge, and the world will always be a place of rich diversity. This does not mean that one should ignore the unequal power relations that characterize our world and that clearly influence the way different translation traditions position themselves. However, with increased exchange and mutual understanding, the geosocial, cultural and ethnological borders of different traditions may gradually become less divisive. So when people accept or reject certain ideas or theories on translation, they will not do so because the ideas or theories in question belong to a particular ethnological tradition, but because they agree or do not agree with their content.

There are other fundamental reasons for proposing such an ethnoconvergent view. These relate back to the way in which we regard the "Chineseness" of Chinese translation theory, and to the nature of (Chinese) translation studies.

Few would dismiss outright the traditionalist insistence that Chinese translation theory should carry its own characteristic features, but one should note two points: first, we should distinguish between what Zhu Chunshen calls "translation studies in China" and "Chinese-related translation studies", or what Chang Nam Fung calls "Pure Translation Studies" and "Chinese Translation Studies"; second, we should distinguish between phenomena that exist in the Chinese tradition and features that are to be purposely built into it.

In Zhu's distinction, "translation studies in China" refers to "a self-contained system… with China construed as a geopolitical body", and "Chinese language/culture-related [i.e., Chinese-related] translation studies" refers to "an open system… with the Chinese as a nation, a linguistic and cultural entity in an anthropological sense" (Zhu 2004: 332). Chang Nam Fung holds a similar view on this distinction. He argues that China should borrow "Pure Translation Theories" from foreign traditions because it does not have any of its own and because traditionalist scholars' search for "translation standards" has led them into "a dead end". Chang has criticized calls among traditionalist Chinese scholars to establish a "Chinese Translation Studies" based on "traditional Chinese translation theories". Such an "emphasis on a nation-restricted translation studies is in fact a product of national prejudice", he argues (Chang 1995: 1, 2000: 2). According to him, "without the solid foundation provided by Pure Translation Studies", applied studies such as those "focusing on methods to produce faithful translations… cannot develop properly" (Chang 1998: 40).

I am not sure whether "Pure Translation Theories", "Pure Translation Studies", "Applied Translation Theories" and "Applied Translation Studies" are the right categories to borrow from the West, but I do agree that there are distinctions to be made between different types of translation studies. I have argued for this on a number of occasions (Tan 1988, 1997, 2000) and see such distinctions as based on the model suggested by James Holmes (1972). However, as Toury has pointed out (1995: 9), "the main merit of Holmes' program has always lain in its convincing notion of division; and not as a mere necessary evil, that is, but as a basic principle of organization". It is this idea of "division of labour" in translation studies, and not Holmes' specific proposal of the "Pure" vs. "Applied" and "Theoretical" vs. "Descriptive" branches of translation studies, that I have found most useful. To me, the best "division of labour" is between the branches of "general" and "language-specific" translation studies. General translation studies aims at developing theories regardless of the language in which the theories are developed. It acknowledges national, ethnological and socio-cultural constraints, but assumes that it is possible to transcend these constraints in its search for general principles. Oscar Wilde, too, probably had this kind of ethnoconvergent view in mind when he delivered one of his famous lectures to art students on "English music". He said: "[S]uch an expression as 'English art' is a meaningless expression. One might just as well talk of "English mathematics". Art is the science of beauty, and Mathematics the science of truth: there is no national school of either. Indeed, a national school is a provincial school, merely. Nor is there any such thing as a school of art even. There are merely artists..." (Wilde 1879: 72). Of course, it would not be right to take Wilde's words strictly at face value, because whether he liked or disliked the expression "English art" or "English mathematics", national traditions (including the English tradition) of art and mathematics have existed in history.

The very premise of my use of such terms as "Chineseness" and "Westernness" indicates that I am not opposed to the validity of the concepts of "national", "ethnological" or "geopolitical" traditions of translation theory. If we place Wilde's dislike of the expression of "English art" or "English mathematics" within a broader perspective, however, we might say that he probably had in mind more general meanings of "art" and "mathematics". While there is nothing wrong with the idea of an English, Chinese or any other national tradition of art and science, certain aspects and qualities of art and science—the "melodiousness" of music and the general tendency of science to strive for "verifiability", for example—are not confined to individual nations. Just as there are things that are universally true of art and science, there are also things that are universally or generally attributable to the nature of translation, no matter which language pairs are involved.

As I see it, translation studies is a science, though not to the same degree (that is, as close to mathematics or physics, for example) as linguistics. In the same way that there are linguistic universals, which suggest that all languages have nouns and verbs and that all spoken languages have consonants and vowels, there are features which may be generally true of translation irrespective of the languages involved. For example, the various concepts of faithfulness, equivalence, accuracy, comprehensibility, readability and acceptability, and so forth, express issues of concern in all translation traditions.[1] And so, perhaps, are such notions as translation "memes" and "norms".[2] Moreover, as with linguistics, the ways in which these translation concepts are verbalized and discussed

---

[1] Baker defines "translational universals" as "features which typically occur in translated text rather than original utterances and which are not the result of interference from specific linguistic systems" (1993: 243). In her view, there are six such features. For a detailed discussion of these, see Baker (1993: 243-245).

[2] The notion of memes as basic units of cultural transmission, in the same way as "genes" are basic units of natural or genetic transmission, was first proposed by Richard Dawkins in a book entitled *The Selfish Gene* (1976). The notion was then introduced into translation studies by Chesterman (1996, 1997), and separately by Vermeer (1997). In my view, this is a productive notion in explaining the evolution of translation theory and the spread of translation. Whether one believes that memes are scientific entities or just metaphors of translation, they can nevertheless be regarded as general or "universal" features of translation. The same can be said of the notion of "norms" as discussed by Toury (1980, 1995) and Chesterman (1997, 2000).

differ from language to language. For instance, the way Yan talks about "faithfulness" (verbalized as *Xin*, 1898/1984) is different from the way that Tytler talks about it when he states that "the translation should give a complete transcript of the ideas of the original work" (1790/1997: 209). It therefore seems reasonable to suggest that although different language/cultural systems all have their own way of discussing translation, there are also features that generally hold for all acts of translation.

Here, I must emphasize neutrality in my use of the terms "scientific" and "ethnoconvergent". Modelling myself on a comment by Tymoczko (2007: 143) on the term "scientific" in her "scientific" approach to translation, I would like to spell out my position: to say that something is "scientific" and "ethnoconvergent" is not to valorize it or to say that it is necessarily good. At the same time, neither is it necessarily bad to say that a thing is "scientific" and "ethnoconvergent". No value judgement is intended by my use of these two terms—they simply serve the function of describing translation studies as I see it.

The ethnoconvergent view of translation theory that I propose here does not argue for the use of the term "international translation studies". Some scholars might want to use the term as a reaction against Eurocentrism; but in the final analysis, there is no absolute need for its use. Just as there is no need to have "international mathematics", "international music", or "international linguistics", neither is there need for an "international translation studies". By its very nature, (general) translation studies *is* international.

Parallel to the "general" aspect of translation studies, there is the language-specific or cultural tradition-specific aspect. The "Chineseness" discussed in Sections 2 and 3 above basically outlines features of this category, though of course "general" meanings can also be abstracted out of these "specific" characteristics. If the focus is on "language-specific theories", research output would naturally bear characteristics of the relevant language or cultural tradition. In fact, even when one works on "general translation theory", the specific language-culture in which one works and the ethnological background to which one belongs will leave indelible traces in one's theoretical output.

"Chineseness", therefore, is not and should not be manufactured. In the development of translation studies, there is no need for central planning. A discipline simply needs space to grow freely. In the process, elements of the environment—such as language, culture, society, ethnological upbringing and even exposure to "alien" influences—will all play a role in shaping the development of that discipline. Let translation studies grow and the identity of one's own tradition will emerge.

Having explained what I mean by an "ethnoconvergent view" of translation studies, I will now attempt to answer the question of whether the importation of foreign, especially Western, translation theories in recent years in China has been "excessive" and whether Chinese translation studies has been "overwhelmed" by Western ideas. The answer is no, for three reasons. First, although there have been a few dozen publications of Chinese translations of Western works on translation in the aftermath of the Cultural Revolution, the number is not large in relation to the much larger volume of material written and published across the country on translation and foreign language studies in general.[①] Second, the study of foreign translation theories, by itself, is and should be regarded as a component of the envisaged discipline of translation studies. The findings resulting from this study should be treated as valid products within the relevant home system. From this perspective, the question of whether the importation of foreign theories is "excessive" does not arise. Third, the complaint that too much foreign translation theory has been imported is also ill-grounded, in the economic as well as the cultural sense. In the case of the former, in a globalizing world economy with ever-increasing demands for cultural exchange, it would only be fitting to put the output

---

[①] Rough statistics collected in research for this article put the figure of books (including textbooks) on translation written and published between 1980–1989 by Chinese scholars at more than one hundred and fifty, several times more than translated books published in the same period.

of translation studies, including both Western and Chinese products, out on the world market. In the case of the latter, blind resistance to incoming "non-Chinese" ideas would mean a return in China to the Cultural Revolution mode of ideology with its irrational anti-foreign sentiment.

Human wisdom belongs to the entire human race. Why should artificial barriers be set up to prevent it from spreading across social, cultural, ethnological and geopolitical borders? In my view, it would not be wrong for Chinese translation studies to translate every worthy foreign work on translation into Chinese, or to import every such work in its original, provided of course that researchers have the resources to do so. As the past few decades of the post-Cultural Revolution period have shown, the importation of foreign thoughts and ideas has injected new blood into the age-old Chinese tradition of theoretical thinking about translation; it has provided an impetus to its vigorous development in the present time. The concerns of those who have objected to incoming influences from abroad are ungrounded. Quite the contrary, recent Chinese engagement with foreign translation theories has enriched what can be called "Chinese translation studies"; or in the words of Tang (2007: 359), it has enriched "the Chinese metalanguage of translation". This, indeed, is the ethnoconvergent dialectic I have in mind in understanding the role of incoming influences in translation studies in present-day China.

5. Conclusion

One of the reasons some scholars have been overly preoccupied with the need to maintain "Chineseness" in Chinese translation theory is that there has been a lack of understanding of "Chineseness" as a contextualized and relative notion. To remedy the situation, when referring to "Chinese translation studies" a clear distinction needs to be drawn between general translation studies in China and Chinese language- /culture-specific translation studies. The former aims to generate concepts or theories that may be generally applicable; the latter, to create concepts or theories that specifically address problems related to the Chinese translation situation.

Along this line of thought, it would make sense to talk of different traditions of translation practice and theory, and of metalanguage on translation in different traditions. But it should also be recognized that the "national" or "language-cultural" characteristics of translation theory (or of the metalanguage of translation) are but features to be encountered as a phenomenon, not features to be developed deliberately so that a certain idea may bear a certain name. This applies not only to the situation of Chinese translation studies, but also to similar situations in other parts of Asia and in the West.

References

Amos, Flora Ross. *Early Theories of Translation*. New York: Columbia University Press, 1920. Reprint. New York: Octagon Books, 1973.

Augustine. The use of translations (Excerpt from *On Christian Doctrine/De doctrina Christiana*, tr. by Douglas Robinson). In: Douglas Robinson (ed.). *Western Translation Theory from Herodotus to Nietzsche*. Manchester: St. Jerome Publishing, 428/1997: 31–34.

Baker, Mona. Corpus linguistics and Translation Studies: Implications and applications. In: Mona Baker, Gill Francis and Elena Tognini-Bonelli (eds.). *Text and Technology: In Honour of John Sinclair*. Amsterdam and Philadelphia: John Benjamins, 1993: 233–250.

Benjamin, Walter. The task of the translator (*Die Aufgabe des Übersetzers*; tr. by Harry Zohn). In: Rainer Schulte and John Biguenet (eds.). *Theories of Translation: An Anthology of Essays from Dryden to Derrida*. Chicago and London: The University of Chicago Press, 1923/1992: 71–82.

Bruni, Leonardo. On the correct way to translate (*Deinterpretatione recta*; tr. by James Hankins). In: Douglas Robinson (ed.). *Western Translation Theory from Herodotus to Nietzsche*. Manchester: St. Jerome Publishing, 1997. Reprint in Beijing: The Foreign Language Teaching and Research Press, 1424–1426/2006: 57–60.

Cai Yi (蔡毅). 文艺翻译与文学交流 [*Literary Translation and Exchange of Literature*; a translation of G.R. Gachechiladze's *Vvedenie v teoiyu khudozhestvennogo perevoda (An Introduction to the Theory of Literary Translation)*]. Beijing: The China Translation and Publishing Corporation, 1987.

Cai Yi, Yu Jie and Duan Jinghua (蔡毅、虞杰、段京华). 语言与翻译 [A translation of L.S. Barchudarov's *Yazyk I perevod (Language and Translation)*]. Beijing: The

China Translation and Publishing Corporation, 1985.

Chang, Nam Fung (张南峰). 走出死胡同，建立翻译学 (Out of the dead end and into Translation Studies). 外国语 (*Journal of Foreign Languages*). 1995, 3: 1-3.

Chang, Nam Fung. 从梦想到现实——对翻译学科的东张西望建立翻译学 (From dream to reality—On Translation Studies as an academic discipline: East and West). 外国语 (*Journal of Foreign Languages*). 1998, 3: 40-45, 46.

Chang, Nam Fung. 特性与共性——论中国翻译学与翻译学的关系 (Chinese translatology and its specific characteristics). 中国翻译 (*Chinese Translators Journal*). 2000, 2: 2-7.

Chesterman, Andrew (ed.). *Readings in Translation Theory*. Helsinki Oy Finn Lectura Ab, 1989.

Chesterman, Andrew. Teaching translation theory: The significance of memes. In: Cay Dollerup and Vibeke Appel (eds.). *Teaching Translation and Interpreting 3. New Horizons*. Amsterdam and Philadelphia: John Benjamins, 1996: 63-71.

Chesterman, Andrew. *Memes of Translation: The Spread of Ideas in Translation Theory*. Amsterdam and Philadelphia: John Benjamins, 1997.

Chesterman, Andrew. Memetics and translation strategies. *Synapse*. 2000, 5: 1-17.

Cheung, Martha P. Y. Power and ideology in translation research in twentieth-century China: An analysis of three seminal works. In: Theo Hermans (ed.). *Cross-cultural Transgressions—Research Models in Translation Studies II: Historical and Ideological Issues*. Manchester: St. Jerome Publishing, 2002: 144-164.

Cheung, Martha P. Y. (张佩瑶). 对中国译学理论建设的几点建议 (A few suggestions for the development of theoretical discourse on translation). 中国翻译 (*Chinese Translators Journal*). 2004, 5: 3-9.

Cheung, Martha P. Y. (ed.). *An Anthology of Chinese Discourse on Translation Volume 1—From Earliest Times to the Buddhist Project*. Manchester: St. Jerome Publishing, 2006a.

Cheung, Martha P. Y. From "theory" to "discourse": The making of a translation anthology. In: Theo Hermans (ed.). *Translating Others, Volume 1*. Manchester: St. Jerome Publishing, 2006b: 87-101.

Cheung, Martha P. Y. On thick translation as a mode of cultural representation. In: Dorothy Kenny and Kyongjoo Ryou (eds.). *Across Boundaries: International Perspectives on Translation Studies*. Newcastle: Cambridge Scholars Publishing, 2007: 22-35.

D'hulst, Lieven. *Cent ans de théorie française de la traduction. De batteux à Littré (1747-1848)*. Lille: Presses Universitaires de Lille, 1990.

Fang, Mengzhi (方梦之). 发展与完善我国的译学研究——谈建立中国翻译学

(Developing and improving the system of Translation Studies in our country: On the establishment of a Chinese translatology). 外语教学 (*Journal of Foreign Language Teaching*). 1988, 1: 79–82.

Fu, Lei (傅雷).《高老头》重译本序 (Preface to a *New Translation of Balzac's Pere Goriot*). In: Luo Xinzhang (ed.). 翻译论集 (*An Anthology of Essays on Translation*). Beijing: The Commercial Press, 1951/1984: 558–559.

Gui, Qianyuan (桂乾元). 为确立具有中国特色的翻译学而努力 (Working towards the establishment of a translatology with Chinese characteristics). 中国翻译 (*Chinese Translators Journal*). 1986, 3: 12–15.

Holmes, James S. The name and nature of translation studies. In: James S. Holmes. *Translated! Papers on Literary Translation and Translation Studies*. Amsterdam: Rodopi, 1972/1988: 67–80.

Huet, Pierre Daniel. "Concerning the best kind of translation" (*De optimo genere interpetandi*; tr. Edwin Dolin). In: Douglas Robinson (ed.). *Western Translation Theory from Herodotus to Nietzsche*. Manchester: St. Jerome Publishing, 1997. Reprint in Beijing: The Foreign Language Teaching and Research Press, 1661/2006: 163–169.

Humboldt, Wilhelm von. The more faithful, the more divergent (Excerpt from the introduction to his translation of Aechylus' *Agamemnon;* tr. by Douglas Robinson). In: Douglas Robinson (ed.). *Western Translation Theory from Herodotus to Nietzsche*. Manchester: St. Jerome Publishing, 1997. Reprint in Beijing: The Foreign Language Teaching and Research Press, 1816/2006: 239–240.

Jing, Di (金隄). 等效翻译探索 (增订版) (*Exploring Equivalent-Effect Translation—Revised edition*). Beijing: The China Translation and Publishing Corporation, 1998.

Lao, Long (劳陇). 丢掉幻想，联系实践——揭破"翻译(科)学"的迷梦 (Throw away illusions and be related to practice: Breaking the unrealisable dream of the "Science of Translation"). 中国翻译 (*Chinese Translators Journal*). 1996, 2: 38–41.

Lefevere, André. *Translating Literature: The German Tradition from Luther to Rosenzweig*. Assen: Van Gorcum, 1977.

Liu, Miqing (刘宓庆). 中国翻译理论的基本模式问题 (The issue of the basic mode of Chinese translation theory). 现代外语 (*Journal of Modern Foreign Languages*). 1989, 1: 5–9, 73.

Liu, Miqing. 中国现代翻译理论的任务——为杨自俭编著之《翻译新论》而作 (Tasks of modern translation theory in China). 外国语 (*Journal of Foreign Languages*). 1993, 2: 4–8, 82.

Liu, Miqing. 中西翻译思想比较研究 (*A Comparative Study of Chinese and Western Thinking on Translation*). Beijing: The China Translation and Publishing Corporation, 2005.

Luo, Xinzhang (罗新璋). 我国自成体系的翻译理论 (Our country's translation theory: A system of its own). 翻译通讯 (*The Translator's Notes*). 1983, 7: 9-13; 8: 8-12.

Luo, Xinzhang (ed.). 翻译论集 (*An Anthology of Essays on Translation*). Beijing: The Commercial Press, 1984.

Mao, Dun (茅盾). 为发展文学翻译事业和提高翻译质量而奋斗 (On literary translation and translation quality). In: Luo Xinzhang (ed.). 翻译论集 (*An Anthology of Essays on Translation*). Beijing: The Commercial Press, 1954/1984: 501-517.

Popovič, Anton. *Dictionary for the Analysis of Literary Translation*. Edmonton: University of Alberta, 1976.

Qian, Zhongshu (钱钟书). 译事三难 (Three difficulties in translation). In: Luo Xinzhang (ed.). 翻译论集 (*An Anthology of Essays on Translation*). Beijing: The Commercial Press, 1984: 23.

Steiner, Thomas R. *English Translation Theory, 1650-1800*. Assen: Van Gorcum, 1975.

Sun, Huijun and Zhang Boran (孙会军、张柏然). 全球化背景下对普遍性和差异性的诉求——中国当代译学研究走向 (Universality versus difference—On the development of contemporary translation studies in China). 中国翻译 (*Chinese Translators Journal*). 2002, 2: 4-7.

Sun, Huishuang (孙慧双). 翻译理论与翻译教学法 (A translation of Jean Delisle' *L'analyse du discours comme methode de traduction*). Beijing: The International Cultures Press, 1988.

Sun, Zhili (孙致礼). 我国英美文学翻译概论 1949—1966 (*1949-1966: On Translations of British and American Literatures of the PRC*). Nanjing: Yilin Publishing, 1996.

Sun, Zhili (孙致礼). 关于我国翻译理论建设的几点思考 (A few thoughts on the development of China's translation theory). 中国翻译 (*Chinese Translators Journal*). 1997, 2: 10-12.

Tan, Zaixi (谭载喜). 奈达论翻译 (*Nida on Translation*). Beijing: The China Translation and Publishing Corporation, 1984.

Tan, Zaixi. 试论翻译学 (Further propositions for a Science of Translation). 外国语 (*Journal of Foreign Languages*). 1988, 3: 22-28.

Tan, Zaixi. Reflections on the Science of Translation. *Babel*. 1997, 43(4): 332-352.

Tan, Zaixi. 翻译学 (*The Science of Translation*). Wuhan: Hubei Education Press, 2000/2005.

Tan, Zaixi. The Chinese and Western traditions of translation in comparison. *Across Languages and Cultures*. 2001, 2(1): 51-72.

Tang, Jun (汤君). The metalanguage of translation: A Chinese perspective. *Target*. 2007, 19(2): 359-374.

Toury, Gideon. *In Search of a Theory of Translation*. Tel Aviv: The Porter Institute for

Poetics and Semiotics, 1980.

Toury, Gideon. *Descriptive Translation Studies and Beyond*. Amsterdam and Philadelphia: John Benjamins, 1995.

Tymoczko, Maria. *Enlarging Translation, Empowering Translators*. Manchester: St. Jerome Publishing, 2007.

Tytler, Alexander Fraser. *Essay on the Principles of Translation*. New York: Garland, 1790/1970. In: Douglas Robinson (ed.). *Western Translation Theory from Herodotus to Nietzsche*. Manchester: St. Jerome Publishing, 1997. Reprint in Beijing: The Foreign Language Teaching and Research Press, 2006: 209–212.

Vermeer, Hans J. Translation and the "meme". *Target*. 1997, 9(1): 155–166.

Wilde, Oscar. *Essays and Lectures* (electronic resource). Champaign, Illinois: Project Gutenberg; Boulder, Colorado: NetLibrary, 1879.

Xu, Yuanchong (许渊冲). 新世纪的新译论 (New approaches to translation in the new era). 中国翻译 (*Chinese Translators Journal*). 2000, 3: 2–6.

Yan, Fu (严复).《天演论》译例言 (Preface to the translation of Huxley's *Evolution and Ethics*). In: Luo Xinzhang (ed.). 翻译论集 (*An Anthology of Essays on Translation*). Beijing: The Commercial Press, 1898/1984: 136–138.

Yuan, Liangjun (袁良骏). 一句并非鲁迅的"名言" (A famous saying not really by Lu Xun). 新华文摘 (*The Xinhua Wenzhai Digest*). 2007, 21: 33.

Zhang, Boran and Jiang Qiuxia (张柏然、姜秋霞). 对建立中国翻译学的一些思考 (Some thoughts on the establishment of a Chinese translatology). 中国翻译 (*Chinese Translators Journal*). 1997, 3: 7–9, 16.

Zhang, Jinghao (张经浩). 主次颠倒的翻译研究和翻译理论 (Misplaced priorities in translation studies and translation theory). 中国翻译 (*Chinese Translators Journal*). 2006, 5: 59–61.

Zheng, Hailing (郑海凌). 翻译标准新说：和谐说 (A new criterion on translation: The theory of harmony). 中国翻译 (*Chinese Translators Journal*). 1999, 4: 2–6.

Zhu, Chunshen (朱纯深). Translation studies in China or Chinese-related translation studies: Defining Chinese translation studies. *Babel*. 2004, 50(4): 332–345.

Zhuang, Yichuan (庄绎传). 通天塔：文学翻译理论研究 (A transadaptation of George Steiner's *After Babel*, 1975). Beijing: The China Translation and Publishing Corporation, 1987.

Metaphors of Translation[①]

Abstract: The study described in the present article investigates Chinese and Western metaphors of translation that have appeared since antiquity and which illustrate the central role of metaphors in descriptions of translation. The article discusses more than 270 Chinese and English language metaphors from descriptive as well as diachronic and synchronic points of view. It analyses the issues metaphors give rise to, and offers in-depth analyses and discussions of how metaphors can provide us with insights on the ways in which we see translation.

Keywords: Chinese-English; metaphors of translation; history of translation; images of translation; Western metaphors; Chinese metaphors

1. Introduction

From the very beginning of discussions on the nature of translation, metaphors have been part of the vocabulary that translation scholars and translators used for describing translation work. Among the earliest metaphors of translation in the Western tradition were Cicero's pronouncement in De optimo genere oratorum (46 B.C.E.) that he translated as an eloquent orator and not as a literal "interpreter" (ut interpres), and Philo's comparison of the translators of the Septuagint to "prophets and priests of my mysteries" in his De vita Mosis (20 B.C.E.). The earliest figurative uses of language on translation in the Chinese tradition included the famous fourth-century Buddhist translator Kumārajīva's comparison of translating to "feeding someone with masticated food" (有似嚼饭与人; my translation) and that a translation was a bottle of "diluted wine", a view held by his contemporary, Dao An (葡萄酒之被水者也; my translation. Dao An 382).

Throughout the centuries different forms of metaphors have been used in translational discourse, in both China and the West. In this article, the term "metaphors of translation" is the term used for a broad semantic

---

① 原发信息: Tan, Zaixi. Metaphors of translation. *Perspectives: Studies in Translatology*. 2006, 14(1): 40–54.

spectrum in which any form of comparison, be they metaphors or similes, are used to describe translation or aspects related to it. It comprises the act, the process or the product of translation, as well as the role of the author, the translator, the recipient, and so on.

However, despite their widespread use in translational discourse, metaphors of translation have not attracted much attention as the object of specific and systematic study. Nevertheless, the very use of metaphors for translation or translation-related issues, illustrates that metaphors are created for some underlying reason and that they thus relate to fundamental issues about the nature of translation, its principles, and the approaches and methods adopted in the act of translation.

In metaphors in which translation is compared to painting and drawing (e.g. Bruni 1424; Dryden 1685; Fu 1951), users clearly consider translation as an art where "resemblance in spirit" is much more important than "resemblance in form". When the translator is compared to a "prophet" (Philo 20 B.C.E.), a "morning star" (Herder 1766–1767), or a "bridge" (Goethe 1824; Wang 1979) and so on, the users emphasise that translation primarily aims at or leads to the introduction of new ideas, new knowledge, or new patterns of thought and culture. In the same fashion, when the translator is compared to a "slave" or a "servant" (e.g., Pasquier 1576), or a "lying matchmaker" (e.g., Lu 1935; Mao 1934), or when some type of translation is compared to "a beautiful but unfaithful woman" (Ménage 1690 [?], cited in Tan 2004: 88), this implies that translations should be absolutely faithful to the source texts, that the translator is not "trustworthy", and that no compromise is possible between the faithful and the beautiful.

The purpose of the present study is to explore metaphors of translation in a systematic way. Employing comparative as well as diachronic and synchronic approaches, the study analyses Chinese and Western metaphors of translation, classifies them, and discusses their implications at various linguistic and sociocultural levels. At the end, I shall summarise the conclusions, especially in terms of their significance to the overall appreciation of the Chinese and Western traditions of translation, as well as our understanding and vision of the development of Translation Studies in the 21st century.

2. The typology of metaphors of translation

The term "metaphors of translation", then, refers to figures of speech used about translation. They imply that translation, translators, etc. are compared to something else, be it an activity or a phenomenon. Since metaphors make use of analogy and images in describing translation, they often reveal much more about the activity than does plain, non-metaphorical language.

In a narrow sense, one can only term statements which involve the use of images for comparison as metaphors of translation, such as the images as "painting", "drawing", etc. cited above.

Here, I shall, however, use the term whenever the description or definition of translation comprises some kind of comparison, no matter whether there is any image involved or whether the comparison is explicit or implied. Thus, when it is said that "translation is an art", this is a metaphor about the nature of translation although "art" is not an image in itself. But of course, it involves a presupposition, namely that translation is not an art form in the same way as painting, music, and drama.

The distinction is difficult: According to dictionary definitions, "art" means "the creation or expression of human creative skill and imagination, typically in a visual form such as painting or sculpture, producing works to be appreciated primarily for their beauty or emotional power" (*The Oxford Dictionary of English*); it refers to "that ideological form of human society" which includes "literature, painting, sculpture, architecture, music, ballet, drama, film, folk art forms, etc." (*Modern Chinese Dictionary*). Therefore, provided "literature" is defined as an art form, and we equate "literary translation" with "literary creation or re-creation", then the expression "Translation is an art" is not a metaphor about translation, but merely a statement about an indisputable fact. But if, conversely, one is mainly thinking of such visual or audio-visual arts as "painting", "sculpture", "dancing" and "music" when one uses the term "art", then the statement "Translation is an art" can be treated as a metaphor of translation.

Using the broader definition, the study in hand has included more than 200 books and articles in English and Chinese that contain metaphors. This has yielded 270 metaphors of translation; 156 are from English sources and 114 from the Chinese language, including some based on Chinese translations of metaphors that originated in the West.

The English material also comprises statements from other Western languages such as French, German, and Latin. Therefore many of the Western metaphors included here are not only from second- rather than first-hand sources, but they are also translations. This adds a certain fuzziness to the picture. However, I contend that it does not make much difference whether they are found in the original or in translated sources as long as their legitimate status as metaphors is recognised. I therefore consider them valid as objects of study. Furthermore, it is an efficient and practicable way of research—and, who, I wonder—would be able to understand all examples in all the languages of origin? In the nature of things, the study is of course not exhaustive, for there must be metaphors in many of the more than the 6,000 languages existing at present (*Ethnologue*)—although nobody would be capable of collecting them all. The metaphors under discussion were found in so many sources that I am convinced that they provide us with of representative picture of Chinese and Western metaphors of translation and can serve as a solid basis for the following analyses and discussions.

Unlike logic, metaphors take on dynamic forms that are not rigidly structured. As Robinson puts it, "[i]f the basic logical tool is structure, the basic rhetorical tool is the trope... If structures are stable, tropes are volatile. If logic prefers predictability, rhetoric prefers mutability" (Robinson 1991: 134). Such a rule not only applies to tropes or metaphors in general, but it is also true of metaphors of translation in particular. In theory, the creation and use of metaphors of translation are thus governed by the dynamic nature of human thoughts and ideas, and since there is no end to the dynamic development in human thoughts and ideas, neither will there be an end to the dynamic development in metaphors of translation.

However, in actual translation practice and scholarship, development is more finite. Despite the infinite and constant development in human thoughts and ideas, the use and creation of metaphors of translation follows regular patterns that can be traced in the appreciation of the concept behind a particular metaphor of translation. A quick overview of all the metaphors involved reveals that the number of themes that have inspired them or which form their core is not infinite. Among those that constantly recur are themes such as "authority of the original", "inviolability of the author", "significance of the receptor or receptor language", and "approaches to translation: free or literal? domestication or foreignisation"? and so on. What is more, all these themes have been approached from a limited number of perspectives. To put it specifically, such themes have all been dealt with in a relatively small number of images of translation.

The below table presents the metaphors in 10 categories. I provide an insight of their content by citing two examples in each category in both English and Chinese in it (except category 10 where no Chinese examples have been found in our investigation):

Category	Number	Examples
(1) Painting, sculpture, etc.	Total: 45; Chi: 21; Eng: 24	◆ 以效果而论，翻译应当像临画一样，所求的不在形似而在神似。（傅雷，1951: 80） ◆ 译文学书的工作就不同了：他所用的不是与原作同样的颜料，但却要他的画图有与原作同样的力量与效果。（郑振铎，1921: 379） ◆ Translation is a kind of drawing after the life... (Dryden 1685: 23) ◆ Translation is precisely what the copying of a given model is to a beginner in the art of painting. (Gottsched 1743: 57)

(Continued)

Category	Number	Examples
(2) Music, theatre performance, etc.	Total: 33; Chi: 19; Eng: 4	◆ 在演技上，理想的译者应该是"千面人"，不是"性格演员"。（余光中，1969: 747） ◆ [翻译]正如用琵琶、秦筝、方响、觱篥奏雅乐，节拍虽同，而音韵乖矣。（钱钟书，1984: 31） ◆ [Willard Trask (1900–1980) says] "I realized that the translator and the actor had to have the same kind of talent. What they both do is to take something of somebody else's and put it over as if it were their own… translation involves: something like being on stage." (Qtd. in Venuti 1995: 7) ◆ … he [i.e., the translator] had to translate only what appealed to him… No actor would normally be expected to attempt a role that is in opposition to his character, physical appearance, or age. (Nossack 1965: 229)
(3) Bridge, pioneer, matchmaker, midwife, etc.	Total: 29; Chi: 16; Eng: 13	◆ "媒"和"诱"当然说明了翻译在文化交流里所起的作用。它是个居间者或联络员，介绍大家去认识外国作品，引诱大家去爱好外国作品，仿佛做媒似的，使国与国之间缔结了"文学因缘"。（钱钟书，1979: 268） ◆ 可怜得很，还只译了几个短篇小说到中国来，创作家就出现了，说它是媒婆，而创作是处女。……他看得译书好像订婚，自己首先套上约婚戒指了，别人便莫作非分之想……他看得翻译好像结婚，有人译过了，第二个便不该再来碰一下，否则，就仿佛引诱了有夫之妇似的……。（鲁迅，1935: 297-298） ◆ He [the translator] shall be the morning star of a new day in our literature…" (Herder 1768: 207) ◆ That is how we should look upon every translator: he is a man who tries to be a mediator in this general spiritual commerce and who has chosen it as his calling to advance the interchange. (Goethe 1824: 25)

Category	Number	Examples
(4) Slaves, fetters, etc.	Total 23; Chi: 6; Eng: 17	◆ [法耶夫特夫人]把愚蠢的译者比作仆人，被女主人打发去恭维某某人。女主人要讲的恭维话一到他口里，便变得粗暴而残缺不全；越是恭维话中的美妙词句越被这个仆人横加歪曲。(转引自 Ladborough, 1938-1939: 92; 译文见谭载喜, 2004: 92) ◆ 除了翻书之外，不提倡自由创造，实际研究，只不过多造些鹦鹉名士出来罢了！……译诗不是鹦鹉学话，不是沐猴而冠。(郭沫若, 1923: 329, 334) ◆ The translator is a slave; he wracks his brain to follow the footprints of the author he is translating, devotes his life to it, and employs every graceful turn of phrase with currency among his peers, in order to conform as closely as possible to the meaning of the other. (Pasquier 1576: 112) ◆ ... slaves we are, and labour on another man's plantation; we dress the vineyard, but the wine is the owner's: if the soil be sometimes barren, then we are sure of being scourged; if it be fruitful, and our care succeeds, we are not thanked; for the proud reader will only say, the poor drudge has done his duty... (Dryden 1697: 175)
(5) Betrayal, reincarnation, etc.	Total: 33; Chi: 14; Eng: 19	◆ 翻也者，如翻锦绮，背面俱花，但其花有左右不同耳。(赞宁，转引自马祖毅，1999: 169) ◆ 不过它[译品]原是洋鬼子，当然谁也看不惯，为比较的顺眼起见，只能改换他的衣裳，却不该削低他的鼻子，剜掉他的眼睛。(鲁迅，1935: 300) ◆ *Traduttore traditore.* / The translator is a traitor/betrayer. (Italian saying.) ◆ ... it seems to me that translating from one tongue into another... is like viewing Flemish tapestries from the wrong side, for although you see the pictures, they are covered with threads and obscure them so that the smoothness and the gloss of the fabric are lost. (Cervantes 1615: 149)

(Continued)

Category	Number	Examples
(6) Merchants, beggars, etc.	Total: 13; Chi: 2; Eng: 11	◆ 最好的翻译总是通过了译者全人的存在而凝成果实的。在凝的时候，首先却要结合着爱。缺乏高度的爱，把本来是杰作的原作，译成劣质商品，丢在中国读者面前。读者大公无私，拂袖而去，译者的精力就全浪费了。(李建吾，1951: 552) ◆ [有人评论 18 世纪法国不准确的翻译时说] 在翻译英国文学作品时，译者就像尴尬的岳母向别人介绍出身低贱的女婿一样，总是要为原作者涂脂抹粉……(转摘自谭载喜，2004: 86) ◆ If a translator finds himself compelled to omit something, he may be excused if he offers something else in its place, as if he were a merchant who, having promised to deliver a specified weight of some commodity, has failed to do so and must make amends by the gift of an unexpected bonus. (Savory 1968: 85) ◆ [For Toscanella,] the poet who acted against this precept would be a thief who displays the stolen property in public place so that anybody can spot it at a glance. (Toscanella, Orazio 1575, cited in Rener 1989: 309)
(7) Wine, milk, food, etc.	Total: 19; Chi: 18; Eng: 1	◆ 改梵为秦，失其藻蔚，虽得大意，殊隔文体，有似嚼饭与人，非徒失味，乃令呕秽也。(鸠摩罗什，1984: 32) ◆ 诸出为秦言，便约不烦者，皆葡萄酒之被水者也。(道安，1984: 28) ◆ 一杯伏特卡酒不能换成一杯白开水，总要还他一杯汾酒或茅台，才算尽了责。假使变成一杯白开水，里面还要夹杂些泥沙，那就不行了。(郭沫若，1954: 24) ◆ ... poesie is of so subtle a spirit, that in pouring out of one language into another, it will all evaporate; and if a new spirit be not added in the transfusion, there will remain nothing but a *caput mortuum*. (Denham 1656: 156)

(Continued)

Category	Number	Examples
(8) Animals, fruits, vases, etc.	Total 31; Chi: 16; Eng: 15	◆ [赞宁] 对"翻译"二字作了新的解释,在《义净传》的"系曰"中说:"译之言易也,谓以所有易所无也。譬诸枳桔焉,由易土而殖,桔化为枳,桔枳之呼虽殊,而辛芳干叶无异。"(赞宁,转引自马祖毅,1998: 169) ◆ 苹果一烂,比别的水果更不好吃,但是也有人卖的,不过我们另外还有一种相反的脾气:首饰要"足赤",人物要"完人"。一有缺点,有时就全部都不要了。爱人身上生几个疮,固然不至于就请律师离婚,但对于作者,作品,译品,却总归比较的严谨,萧伯纳坐了大船,不好;巴比塞不算第一个作家,也不好;译者是"大学教授,下职官员",更不好。好的又不出来,怎么办呢?我想,还是请批评家用吃烂苹果的方法,来救一救急罢。(鲁迅,1933: 295–296) ◆ The live dog is better than the dead lion. (FitzGerald 1878: 250) ◆ He [Croce] blames translators for "pretending to effect the remoulding of one expression into another, like a liquid poured from a vase of one shape into a vase of another". Further, in his view, the translator puts the original "back in the crucible and mingling it with the personal impressions of the so-called translators." (Kelly 1979: 216)
(9) Competition, games, etc.	Total: 16; Chi: 1; Eng: 15	◆ 所以真正精妙的翻译,其可宝贵,实不在创作之下;而真正精妙的翻译,其艰难实倍于创作。(茅盾,1934,见罗新璋,1984: 350) ◆ 文学翻译是两种语言甚至是两种文化之间的竞赛,看哪种文字能更好地表达原作的内容。文学翻译的低标准是求似或求真,高标准是求美。译者应尽可能发挥译语优势,也就是说,尽量利用最好的译语表达方式,以便使读者知之,好之,乐之。创造性的翻译应该等于原作者用译语的创作。(许渊冲,2000: 2) ◆ … I would not have our paraphrase to be a mere interpretation, but an effort to vie with and rival our original in the expression of the same thoughts. (Quintilian 96[?]: 20) ◆ [Translation is] a game [of chess] with complete information… a game in which every succeeding move is influenced by the knowledge of previous decisions (Levý 1967: 1172)

(Continued)

Category	Number	Examples
(10) Figures of speech, and other categories	Total: 28; Chi: 2; Eng: 26	◆ A word is nothing but a metaphor for an object or... for another word, [and that translation is] a form of adaptation, making the new metaphor fit the original metaphor. (Rabassa 1992: 1–2). ◆ Robinson (1991) uses "six master tropes" to describe translation, comparing it to Metonymy, Synecdoche, Metaphor, Irony, Hyperbole and Metalepsis (Robinson 1991: 133–193). ◆ Translation is a mode. To comprehend it as mode one must go back to the original, for that contains the law governing the translation: its translatability. (Walter Benjamin 1923/1992: 72) ◆ Evidently in this respect translating resembles teaching. (Savory 1968: 35)

It goes without saying that there may be other ways of categorisation of the metaphors, such as according to the principles or the criteria of translation; or according to the inter-relationships between author, translator, and recipient. They might have been compared to others from the same epoch in the Chinese and Western translation traditions. We may even study metaphors of translation from an ideological or gender-related perspective, for example, by using such metaphors as depict that translation is "a beautiful but unfaithful woman".

But in this article, at least, I shall use only the above general approach, hoping that this particular model of typology and discussion may serve as useful leads to other models in the future.

3. The culturality of metaphors of translation

There are three noteworthy features about my sample: all metaphors relate to the culturality of these metaphors, specifically, the cultural contexts in which they were created and used. First, most of the metaphors deal with literary translation, and in this field again, with poetry translation. This is the case all through history. 240, 90% of all the metaphors identified, concern literature. The reasons are obvious: like literature, the translation of literature requires more innovative and original thinking on the part of the translator than does translation of non-literary texts. Since literary translators must be good at using figurative language in their translation, they must have a similar urge and ability to use figurative language when they talk about translation. Furthermore, literary translation has always had a dominant position in the history of translation, that of the West in particular. Of course, translations of religious works have also played a role in the history of Western civilisation, especially when national languages began to emerge during the Renaissance. But the dominant status of literary translation has not really been seriously challenged since Livius Andronicus' Latin translation of Homer's Odyssey in about 250 B.C.E. Even today when the importance of translation of scientific, technological and other practical text types far surpasses translation of literature, the basic positions which most scholars take in Translation Studies does not seem to have shifted entirely away from literary translation, in the sense that many of the best examples for discussing translation problems have primarily come from literary translation.

In the Chinese translation history, Buddhist writings held sway over a relatively long period of time, but today this is history. Especially over the last two centuries or so, secular literature has surpassed any other types of texts in importance of translation. It may be precisely because of the long phase of predominance of Buddhist translation in China (from around the second century to the end of the Tang Dynasty in the 10th century) that the number of metaphors of translation from the Chinese tradition of translation scholarship of this period is very small indeed.

Second, the largest single category, 78 metaphors (30% of the total) centre around images of art forms such as "painting", "sculpture", "music" and "theatrical performance". Numbering 56 (22% of the total), the next group of metaphors refers to translations as "slaves", and "transformation" or "reincarnation" that depict either the "invisible" status or the dominating role of the translator. They are followed by metaphors built on imageries such as "bridge" or other intermediaries such as a "matchmaker"; the 29 examples add up to 11% of the total. These three categories comprise 160 items and make up 63% of all examples. This simple statistics gives an approximation of an idea of what translators and translation scholars are most concerned about in their profession, what they would have wanted the undertaking of translation to be like, what their role and responsibility should be, what gains and losses they will sustain, and what kinds of delight and difficulties they had while translating.

And third, many metaphors, especially better-known ones, were not only phrased by eminent literary translators or critics, but were also often produced in periods in which literature and literary translation flourished. The famous images of the translator as a painter, an actor, and servant were first created in the Renaissance, one of the important periods of translation in the West. Likewise, in China, the fascinating metaphors which compare the translator to a matchmaker, and the task of translation to a marriage, were found during the first half of the 20th century, a golden age of literary translation in vernacular Chinese as represented by the great author and translator Lu Xun.

These metaphors of translation enshrine the wisdom and the aesthetics of those who first phrased them. But this is not all. What we see in this variety of figurative descriptions of translation, is the multiplicity of the nature and technique of translation. Underlying this complexity is the broader frame of sociocultural ideology which created the metaphors.

In other words, the metaphors created in a specific translational system are often conditioned by its socio-cultural ideology. This implies that the images used in metaphors tend to vary with socio-cultural and ideological systems. For example, the few famous Chinese metaphors created and used in the Golden Age of Buddhist translation (i.e., Eastern Han-Tang Dynasties [C.E. 25–907]) are undoubtedly a true reflection of the "food first" culture among the Chinese. They are based on the ancient Chinese philosophical dictum that "food is the very first necessity for all men", metaphors which included Kumārajīva's "[translation is] just like feeding someone with masticated food"; Dao An's "[a translation is but] diluted wine" and the fifth century monk-translator Daolang's "[a translation is but] milk diluted with water" (如乳之投水).

In his commenting on his contemporary d'Ablancourt (1606–1664), the 17th century French critic Gilles Ménage (1613–1692) remarked that d'Ablancourt's translations reminded him of a beautiful woman he had loved—she was very beautiful but not faithful. Thus "the beautiful but unfaithful" or "les belles infidels" became a label for fluent and loose translations in France. No doubt, this "beautiful but unfaithful woman" image mirrors a male chauvinist ideology in translation scholarship rather than a truth that is universal and perennial.

The recurrent metaphorical comparisons of the basic role or status of the translator in the Western mind have been such images as the prophet, the morning star, and the slave, whereas the traditional Chinese figures have been the "舌人" (tongue-man), the "象胥之官" (government officer who knows the languages of the neighbouring barbarians), "诱者" (inducer), "媒婆" (match-making lady/matchmaker), and so on. Clearly, these images all carry their own subtle meanings, some positive and others negative. On the positive side, the Western images reflect the spirit of a pioneer, an explorer, and an introducer of new things, while the Chinese figures imply spirit of "carrying on", of "performing something worthwhile", and of "rendering service to other people". However, on the negative side, some Western images such as being a betrayer must unmistakably carry an overtone of "abuse" against the author, the source text as well as the source and target-language culture, while the Chinese images of the inducer, and the matchmaker, must necessarily imply some kind of deception.

The relevance of the socio-cultural frame is evidenced by the use of Western translational discourse of figures such as painting, etc. since painting and the like played an important role in the Renaissance period. In a similar fashion, the "slave" image has been associated more with Western than with Chinese metaphors of translation. From the "prisoners of war" of the Roman army in antiquity to the "negro slaves" of European colonial powers, the image of the "slave" and "master-slave" or "master-servant" relationship were familiar social and cultural phenomena, so much so that these metaphors of translation were well established as early as John Dryden in the late 17th century.

On the other hand, notably the negative connotations of the "matchmaker" metaphor, are closely related to Chinese translational culture and discourse. Although the Chinese scholar Qian Zhongshu (1979: 268), holds that the "matchmaker" image in Western discourse is not devoid of equally negative connotations, it is more often a figure with neutral connotations. The Western image had more of the "mediator" (Goethe 1824: 25) and not the Chinese term "媒婆"/"match-making lady" which is decidedly pejorative, in mind. In the 1930s and 1940s in China, the image of the "match-making lady" frequently appeared in translational metaphors because many translators were widely criticised for not presenting the original faithfully, and for deceiving to readers like a lying matchmaker. As hinted this also related to the image of "marriage". Critics likened translation to an act of "engagement" or "marriage" because some translators tried to manipulate the translation market. As Lu Xun sharply remarked, these translators "treated translation as if it were an act of engagement, in which they would scare other wooers away by setting an engagement ring on the finger of a lady, meaning to say that they were the only lawful man for this lady to marry" (Lu Xun 1935: 298). These translators also "treated translation as if it were a marriage, in the sense that once they have translated a certain work others should never, ever dare a thought of re-translating it, or else they would be considered seducing another man's wife" (1935: 298). The metaphors used by Lu Xun and his contemporaries mirrored translation in times past when a feudalistic ideology of matrimony was the order of the day.

It is noted that Classes 9 and 10, namely "as competition and playing games" and "as metaphors themselves and as other images", contain many Western examples and few Chinese ones. It is not that metaphors of translation centring on "competition" are strangers to the Chinese as the idea that the translator must compete with the original has often been used in Chinese discourse. Thus Xu Yuanchong's demands that the translator should surpass his author in making the text "beautiful" in the three respects, of sense, sound, and form (Xu 2000: 6) can represent such a "competition" theory. Furthermore, it is obvious that some metaphors are found in some languages and not in others, so it is not surprising that the image of translation as a "game" (a "game of chess" for instance), a familiar image in Western metaphors of translation, should be lacking in Chinese analogies on translation. However, many of the metaphorical images presented in Class 10 deserve an in-depth analysis at the sociocultural and ideological levels. Take, for example, two of the metaphors used by Walter Benjamin, one on translation as a "mode" and the other on the source and target text relationship as a "tangent touching a circle" relationship.

In Benjamin's view, "[t]ranslation is a mode. To comprehend it as mode one must go back to the original, for that contains the law governing the translation: its translatability" (Benjamin 1923/1992: 72), and:

> [j]ust as a tangent touches a circle lightly and at but one point, with this touch rather than with the point setting the law according to which it is to continue on its straight path to infinity, a translation touches the original lightly and only at the infinity small point of the sense, thereupon pursuing its own course according to the laws of fidelity in the freedom of linguistic flux. (Benjamin 1923/1992: 81)

Metaphors are used in order to make it easier to understand a phenomenon by making it more concrete. This does not apply to these metaphors of Benjamin's. For they do not make things less abstract and more comprehensible, at least not from a Chinese point of view. But it is not uncommon in Western philosophy that complex metaphors and similes are used to describe abstract or complex phenomena. This also holds good of the comparisons of translation by Douglas Robinson (1991) to metonymy, synecdoche, metaphor, irony, hyperbole, and metalepsis.

In a sense, this is exactly what often distinguishes Western modes of thought from the Chinese mode, and this is also where there is a division in contemporary Chinese opinion on the study of translation. "Traditionalists" in modern China would like to adhere to the traditional, practice-oriented approaches to translation, and to dismiss the introduction of modern foreign (mainly Western) theories and ideas (including abstract types of Western metaphors of translation) as "too abstract", and "too incomprehensible and indigestible" to Chinese culture. On the other hand, there is an even stronger force, composed of translation scholars who are open to developments in Translation Studies on the world arena and who take the more or less universalist view that translation theories and ideas developed in other cultures, should and could be used for the advancement of Chinese approaches to translation.

4. Implications for translation studies in the 21st century

By means of the great variety of intriguing and illuminating Chinese and Western metaphors of translation, we can perceive the true features of translation: its nature, its laws, its methods, etc. from a number of perspectives. Especially in the realm of literary translation, in the pre-Translation Studies age, where the very life and success of a translation depended on imagery, the use of figurative language would be a great deal more effective than plain language for the description of translation, how it could be done, and the critical criteria, and so on.

But what kind of nature and principle about translation can we actually see in this colourful sea of metaphors of translation? What are the insights we obtain and what are the implications for Translation Studies in the 21st century?

Let us start with the nature of translation. The question is: What is translation? In accordance with views that are often cited even today—translation is "the replacement of textual material in one language (SL) by equivalent textual material in another language (TL)" (Catford 1965: 20);

it is "the transfer of 'meaning' from one set of language signs to another" (Lawendowski 1978: 267); it "consists in reproducing in the receptor language the closest natural equivalent of the source-language message, first in terms of meaning and secondly in terms of style" (Nida and Taber 1969: 12); it is "the production of a functional target text maintaining a relationship with a given source text that is specified according to the intended or demanded function of the target text (translation skopos)" (Nord 1991: 28); and so on and so forth. The key words are "equivalent", "entire messages", "the transfer of meaning", "the closest natural equivalent", and "translation *skopos*".

Modern as they may sound, these terms and definitions can all be found in various earlier metaphors of translation. A diachronic search into both the denotations and connotations of these translational metaphors shows that, insofar as literary translation is concerned, it does not matter whether one uses the metaphors of "painting" and "sculpturing" or "musical-instrument playing" and "stage acting", the fundamental purpose would always be that it is essential that a translation should reproduce in the target text "a likeness in spirit", rather than a "likeness in form" to the source text. In short, the basic idea of the metaphors is that, in the art of translation, the artist-translator aims to replace "[SL] textual material" with "equivalent [TL] textual material" (Catford 1965), or to produce "a functional target text maintaining a relationship with a given source text that is specified according to the intended or required function of the target text" (Nord 1991).

These metaphors can also tell about other basic issues about translation. We find that many of these metaphors of translation, which have come down the centuries have in fact contained apt answers to many of the questions that have been asked about the principles, methods, and techniques, and the processes and procedures of translation.

In a metaphor by Croce which Kelly cites, translators pretend to "effect the remoulding of one expression into another, like a liquid poured from a vase of one shape into a vase of another", and what they try to do is to put the original "back in the crucible and mingling it with the personal impressions of the so-called translators" (cited in Kelly 1979: 216). This metaphor vividly makes the point that no matter how hard the translator tries to faithfully reproduce the original in translation, he cannot completely avoid "mingling" the original with his "personal impressions": a hundred percent faithfulness or fidelity is nothing but an ideal that can never be realised in any translation, be it literary or nonliterary.

In a somewhat different way, Water Benjamin defines the "ideal" kind of translation as "real" translation. For him, "[a] real translation is transparent; it does not cover the original, does not block its light, but allows the pure language, as though reinforced by its own medium, to shine upon the original all the more fully" (Benjamin 1923/1992: 79–80).

Jiří Levý used an almost archetypal metaphor when he compared the process of translation to a game of chess. According to Levý, translation resembles a game of chess in the sense that "every succeeding move is influenced by the knowledge of previous decisions and by the situation which resulted from them" (1967: 1172). Therefore, in order to win a "game" of translation, the translator must calculate and make his moves carefully, in the same fashion as a chess player deliberates over his moves in a game of chess.

Other types of imagery such as those of slave, servant, betrayer, etc. pertain not only the nature and process of translation, but also to various methods translation. Instead of simply stating that the concrete strategies are e.g., word-for-word translation, literal translation, adaptation, and so on, the use of these images and metaphors would tell more about why specific translations are done in specific ways. Thus we would know that it is because the translator is by nature but a "slave" or a "servant" that he must be translating "word for word"; and that likewise it is because he is often a "betrayer" or a "transformer" that he may not merely translate, but has to adapt or rewrite the whole story in his target text.

It seems as if we may cautiously also assume that specific translations are law- or rule-governed activities, provided the terms "laws" and "rules" are not taken too rigidly. They, as well as the principles and methods, of translation are all relative. For example, we may take the twelve following (and contradictory) "rules" proposed by Theodore Savory to be laws or general principles of translation, namely: "(i) A translation must give the words of the original. (ii) A translation must give the ideas of the original. (iii) A translation should read like an original work. (iv) A translation should read like translation. (v) A translation should reflect the style of the original. (vi) A translation should possess the style of the translation. (vii) A translation should read as a contemporary of the original. (viii) A translation should read as a contemporary of the translation. (ix) A translation may add or omit from the original. (x) A translation may never add or omit from the original. (xi) A translation of verse should be in prose. (xii) A translation of verse should be in verse" (Savory 1968: 54). None of these "laws" and "principles" of translation can be taken in the absolute. In other words, when we say "A translation must give the words of the original", we do not say this to the complete exclusion of giving "the ideas of the original" and vice versa; or when we say "A translation should read like an original work", we do not really say this to the complete exclusion of "A translation should read like translation" and vice versa, and so on. When we, in a similar manner, use metaphors of translation to describe the nature and the methods of translation, our position is also relative. In other words, the use of one particular image for the description of translation does not necessarily mean the complete exclusion of another image for the same purpose. Just as the purposes of translation vary, so do the principles of translation, and so do the ways, including the metaphorical ways, in which the processes and products of translation as well as the roles of the author, translator, recipient, are described.

5. Conclusion

Metaphors of translation can serve as both historical and current evidence of self-projection in translational cultures and the culture of Translation Studies. They function as important windows on how we view translation, especially literary translation. They make us aware that translation is a multi-faceted activity. This multi-facetness of translation is due to the complex tangle of e.g., translator subjectivity, and recipient (e.g., target readers, commissioners) that are components of an act of translation. Different translational purposes and functions, different translators and recipients, will all lead to different interpretations and understanding of translation, including different products.

The multiplicity of metaphors of translation that have emerged and been used since the ancient times reflects such varied interpretations and understandings. These windows of translational metaphors provide us with views of what is regarded as "scientific" about translation by modern translation theory. They convey the information that translation is the "transfer" of "entire messages" from the source text to the target text, intent on achieving "equivalence" in the "transfer", a process which requires "innovation" on the part of the translator. The features of "transfer", "equivalence", and "innovation" are all relative. The criteria will necessarily vary with the person (translator and recipients), the purpose (for whom and why the translation is done), the text type (novel, poetry, etc.), the time (viewed synchronically or diachronically), the place (geographical, ethnic, and socio-cultural), and so on. All seen from the windows of translational metaphors, they are not merely windows but important carriers of meaning, Carriers of socio-cultural values about translation.

In the discipline of Translation Studies, the systematic study of translational metaphors is meaningful not only to a better understanding of translation, but also for the expansion and development of Translation Studies as a discipline. Although metaphors of translation do not take up a particularly large proportion in the theoretical discourse on translation, they are nonetheless significant because, as a form of discourse on translation, they are uniquely powerful in terms of vividness and of the cultural values they express and which are not present in non-metaphors. Therefore, in the 21st century, which is supposedly more an age of "scientific" than an age of "metaphorical" language for academic fields of research, metaphors of translation constitute important objects of study. Continued research into them may help renew and sharpen our vision of both translation as an age-old human activity and of Translation Studies as a vigorously developing discipline.

References

Batteux, Charles. Principes de literature (Excerpt in English translation by John Miller). In: Douglas Robinson (ed.). *Western Translation Theory from Herodotus to Nietzsche*. Manchester: St. Jerome Publishing, 1997. Reprint in Beijing: The Foreign Language Teaching and Research Press, 1747–1748/2006: 195–199.

Benjamin, Walter. The task of the translator (Die Aufgabe des Übersetzers; tr. by Harry Zohn). In: Rainer Schulte and John Biguenet (eds.). *Theories of Translation: An Anthology of Essays from Dryden to Derrida*. Chicago and London: The University of Chicago Press, 1923/1992: 71–82.

Brower, Reuben A. (ed.). *On Translation*. New York: Oxford University Press, 1959.

Bruni, Leonardo. On the correct way to translate (De interpretatione recta). In: Douglas Robinson (ed.). *Western Translation Theory from Herodotus to Nietzsche*. Manchester: St. Jerome Publishing, 1997. Reprint. Beijing: The Foreign Language Teaching and Research Press, 1424–1426/2006: 57–60.

Catford, John. *A Linguistic Theory of Translation: An Essay in Applied Linguistics*. Oxford: Oxford University Press, 1965.

Chinese Translators Association (ed.). 翻译研究论文集 (1949—1983) (*Essays on Translation Studies: 1949–1983*). Beijing: Foreign Languages Teaching and Research Press, 1984.

Cicero. De optimo genere oratorum (The best kind of orator). In: Douglas Robinson (ed.). *Western Translation Theory from Herodotus to Nietzsche*. Manchester: St. Jerome Publishing, 1997. Reprint in Beijing: The Foreign Language Teaching and Research Press, 46 B.C.E./2006: 7–10.

Dao, An (道安). 比丘大戒序 (Preface to *the Great Bhksu Cod*e). In: Luo Xinzhang (ed.). 翻译论集 (*An Anthology of Essays on Translation*). Beijing: The Commercial Press, 382/1984: 27–28.

Dao, Lang (道朗). 大涅槃经序 (Preface to the *Sutra on Nirvana*). In: Luo Xinzhang (ed.). 翻译论集 (*An Anthology of Essays on Translation*). Beijing: The Commercial Press, 1984: 43.

Dryden, John. Preface to *Sylvae: Or, the Second Part of Poetical Miscellanies*. In: Rainer Schulte and John Biguenet (eds.). *Theories of Translation: An Anthology of Essays from Dryden to Derrida.* Chicago and London: The University of Chicago Press, 1685/1992: 22–24.

Dryden, John. Steering betwixt two extremes [from Dedication of *the Aeneis* (to John, Lord Marquess of Normanby, Earl of Musgrave)]. In: Douglas Robinson (ed.). *Western Translation Theory from Herodotus to Nietzsche.* Manchester: St. Jerome Publishing, 1997. Reprint in Beijing: The Foreign Language Teaching and Research Press, 1697/2006: 174–175.

FitzGerald, Edward. Letter to E. B. Cowell. In: Douglas Robinson (ed.). *Western Translation Theory from Herodotus to Nietzsche.* Manchester: St. Jerome Publishing, 1997. Reprint in Beijing: The Foreign Language Teaching and Research Press, 1859/2006: 249.

FitzGerald, Edward. Letter to J. R. Lowell. In: Douglas Robinson (ed.). *Western Translation Theory from Herodotus to Nietzsche.* Manchester: St. Jerome Publishing, 1997. Reprint in Beijing: The Foreign Language Teaching and Research Press, 1878/2006: 250.

Fu, Lei (傅雷).《高老头》重译本序 (Preface to the retranslated version of *Père Goriot*). In: Chinese Translators Association (ed.). 翻译研究论文集 (1949—1983)(*Essays on Translation Studies: 1949–1983*). Beijing: Foreign Languages Teaching and Research Press, 1951/1984: 80–81.

Goethe, Johann Wolfgang von. Extract from the *Schriften zur Literatur* (*Writings on Literature*). In: André Lefevere (ed.). *Translating/History/Culture: A Sourcebook.* London and New York: Routledge, 1824/1992: 24–25.

Herder, Johann Gottfried von. The ideal translator as morning star [from *On the More Recent German Literature: Fragments* (*Über die neuere Deutschen Litteratur: Fragmente*)]. In: Douglas Robinson (ed.). *Western Translation Theory from Herodotus to Nietzsche.* Manchester: St. Jerome Publishing, 1997. Reprint in Beijing: The Foreign Language Teaching and Research Press, 1766–1767/2006: 207–208.

Jakobson, Roman. On linguistic aspects of translation. In: Reuben A. Brower (ed.). *On Translation.* New York: Oxford University Press, 1959: 232–239.

Kelly, Louis G. *The True Interpreter: A History of Translation Theory and Practice in the West.* Oxford: Blackwell, 1979.

Kumārajīva. 为僧睿论西方辞体 (On style). In: Luo Xinzhang (ed.). 翻译论集 (*An Anthology of Essays on Translation*). Beijing: The Commercial Press, 1984: 32.

Lawendowski, Boguslaw P. On semiotic aspects of translation. In: Thomas A. Sebeok (ed.). *Sight, Sound and Sense.* Bloomington: Indiana University Press, 1978: 264–282.

Lefevere, André (ed.). *Translating/History/Culture: A Sourcebook.* London and New York:

Routledge, 1992.

Levý, Jiří. Translation as a decision making process. *To Honour Roman Jakobson: Essays on the Occasion of His Seventieth Birthday*, Vol. II. The Hague: Mouton, 1967: 1171–1182.

Lu, Xun (鲁迅). 1935. "题未定"草 (Draft of "Title undecided"). In: Luo Xinzhang (ed.). 翻译论集 (*An Anthology of Essays on Translation*). Beijing: The Commercial Press, 1935/1984: 299–303.

Luo, Xinzhang (ed.). (罗新璋). 翻译论集 (*An Anthology of Essays on Translation*). Beijing: The Commercial Press, 1984.

Mao, Dun (茅盾). "媒婆"与"处女" ("Matchmaker" and "virgin"). In: Luo Xinzhang (ed.). 翻译论集 (*An Anthology of Essays on Translation*). Beijing: The Commercial Press, 1934/1984: 349–351.

Nida, Eugene and Charles Taber. *The Theory and Practice of Translation*. Leiden: E. J. Brill, 1969/1982.

Nord, Christiane. *Text Analysis in Translation*. Amsterdam: Rodopi, 1991.

Pasquier, Etienne. Letter to Jacques Cujas. In: Douglas Robinson (ed.). *Western Translation Theory from Herodotus to Nietzsche*. Manchester: St. Jerome Publishing, 1997. Reprint in Beijing: The Foreign Language Teaching and Research Press, 1576/2006: 112.

Judaeus, Philo. *De vita Mosis* (*The Life of Moses*). In: Douglas Robinson (ed.). *Western Translation Theory from Herodotus to Nietzsche*. Manchester: St. Jerome Publishing, 1997. Reprint in Beijing: The Foreign Language Teaching and Research Press, 20 B.C.E./2006: 13–14.

Qian, Zhongshu (钱钟书). 林纾的翻译 (Lin Shu's translation). In: Chinese Translators Association (ed.). 翻译研究论文集 (1949—1983) (*Essays on Translation Studies: 1949–1983*). Beijing: Foreign Languages Teaching and Research Press, 1979/1984: 267–295.

Robinson, Douglas. *The Translator's Turn*. Baltimore and London: The Johns Hopkins University Press, 1991.

Robinson, Douglas. *Western Translation Theory from Herodotus to Nietzsche*. Manchester: St. Jerome Publishing, 1997. Reprint in Beijing: The Foreign Language Teaching and Research Press, 2006.

Savory, Theodore. *The Art of Translation*. London: Jonathan Cape, 1968.

Schopenhauer, Arthur. "Über Sprache und Worte" [Excerpt from *On Language and Words* (*Parerga und Paralipomena*)]. In: Rainer Schulte and John Biguenet (eds.). *Theories of Translation: An Anthology of Essays from Dryden to Derrida*. Chicago and London: The University of Chicago Press, 1800/1992: 32–35.

Sebeok, Thomas A. (ed.). *Sight, Sound and Sense*. Bloomington: Indiana University Press, 1978.

Tan, Zaixi. 西方翻译简史 (增订版) (*A Short History of Translation in the West. Revised edition*). Beijing: The Commercial Press, 2004.

Tang, Ren (唐人). 翻译是艺术 (Translation is an art). In: Luo Xinzhang (ed.). 翻译论集 (*An Anthology of Essays on Translation*). Beijing: The Commercial Press, 1950/1984: 522–526.

Wang, Zuoliang (王佐良). 词义·文体·翻译 (Meaning, style and translation). 翻译通讯 (*Translators' Notes*). 1979, 1: 3–12.

Xu, Yuanchong (许渊冲). 新世纪的新译论 (New approaches to translation in the new era). 中国翻译 (*Chinese Translators Journal*). 2000, 3: 2–6.

Yu, Guangzhong (余光中). 翻译和创作 (Translation and creation). In: Luo Xinzhang (ed.). 翻译论集 (*An Anthology of Essays on Translation*). Beijing: The Commercial Press, 1969/1984: 742–753.

Zheng, Zhenduo (郑振铎). 译文学书的方法如何？ (Methods of translating literary works). In: Luo Xinzhang (ed.). 翻译论集 (*An Anthology of Essays on Translation*). Beijing: The Commercial Press, 1921/1984: 369–382.

The Fuzzy Interface Between Censorship and Self-censorship in Translation[①]

Abstract: The present research explores how the self-censoring mechanism is established in the translator's mind and how this internal mechanism interfaces with external, institutional censorial policies to affect both the process and the outcome of a translation. The paper begins with a discussion of the ubiquitous nature of censorship and how the translator internalizes various coercive censorial forces. Based on detailed case studies of three well-known censorship/self-censorship-affected Chinese translations—those of *Lolita*, *Animal Farm*, and *Deng Xiaoping*—this research finds that when certain values, ideologies, cultural practices and moral presuppositions become internalized by translators, their censorial behavior is no longer a coerced option but an active choice of their own, and also that there is often no clear dividing line between what is coerced (censoring) and what is one's own (self-censoring) action in contexts where "politically/culturally sensitive" source texts are bound to be scrutinized by the censor's/self-censor's eye before they enter the translations market.

Keywords: censorship, self-censorship, fuzzy interface, cultural politics, Chinese context

1. Introduction

Censorship in translation (and indeed in general) may be defined as "a form of manipulative rewriting of discourses by one agent or structure over another agent or structure, aiming at filtering the stream of information from one source to another culture" (Billiani 2007: 3). In broad terms, this refers to the prior- and preventive type as well as the post- and punitive type of "administrative" means to erect boundaries between text and reader (Escolar 2011: 1) or to block "a cultural product from entry into a cultural space", to eliminate "a product from a cultural space" or modify it "through

---

① 原发信息: Tan, Zaixi. The fuzzy interface between censorship and self-censorship in translation. *Translation and Interpreting Studies*. 2019, 14(1): 39–60.

attenuation or cutting" (Merkle et al. 2010:14). However, there is also the translator's "self-" or "semi-" type of censorship, which may likewise result in morally, ideologically and/or politically-motivated practices of omissions, additions (including translational comments and explanations in paratexts, such as prefaces and footnotes), and other types of translatorial manipulation of meaning through subtle changes in vocabulary and syntax (Olshanskaya 2008: 258). In other words, translators can in many ways be regarded as "morally or politically correct" "manipulators", "gatekeepers" or "tacit censors" of their own work (Reynolds 2007; Brownlie 2007; Tymoczko 2009; Camus 2008; Merkle et al. 2010; Gibbels 2009).

On the other hand, though, translational self-censorship, in its capacity as "manipulative rewriting" of the source, often takes two forms of operation: by the translator under coercion from external censorial forces or as a result of the translator's own will. Following Tymoczko's observation, there are not only external constraints (such as those imposed by the government and constitutional laws) and internal constraints (such as ideologies and cultural practices of which translators approve), but also a further category that tends to be easily neglected: norms to which translators subscribe (Tymoczko 2009: 38), especially those concerning structures of language and metaphors that have been accepted without question for such a long time that they have already become a kind of "instinct". This third constraint applies particularly when the target language is the mother tongue of the translator.

In all of these cases, translators will either sacrifice strict "translatorial commitment/translatorial faithfulness" to the source text (ST) in order to secure publication and circulation of the translated text (TT) (for various benefits including financial gain and the establishment of one's name as a translator) or consciously or unconsciously/subconsciously comply or even collaborate with the institution (i.e., the government, the laws or whatever has the institutional/administrative power over the individual), as well as with dominant ideologies, cultures and norms. Viewed in this way, translators function as "willing contributors to the process of censorship"

(Tymoczko 2009: 30).

What, then, is the intrinsic nature of censorship in translation? How does it give rise to the translator's self-imposed censorship? How indeed does this internalized self-censoring mechanism in the translator interface with the external institutional forces of censorship in affecting the process and outcome of the act of translation? These are among the key issues that this paper aims to address. While the focus of the paper will be on the three selected translations from English into Chinese—Vladimir Nabokov's *Lolita*, George Orwell's *Animal Farm*, and Ezra F. Vogel's *Deng Xiaoping*—from the perspective of translational censorship and self-censorship, I shall begin by providing a discussion of some of the fundamental features of censorship and self-censorship at issue.

2. The ubiquitous nature of censorship in translation

"Censorship" (including "censorship in translation") tends to be associated with authoritarian, non-democratic (mostly non-Western) countries and with the past, especially in the case of democratic countries of the West. Indeed, this is largely true: in the world today there is no denying the fact that far more restrictions exist in authoritarian, non-democratic countries than in democratic ones with regard to the publication and circulation of what may be regarded as "sensitive" and "unwelcome" information; and for countries that are regarded as more "democratic" than others (e.g., many European countries), censorship of publications of "sensitive" material may be seen as very much a thing of the past—the very large amount of research published over the last decade or more on censorship, for example, mostly involves Europe's past. For example, the vast majority of the articles in the collected volumes, i.e., Merkle (2002, 2010), Billiani (2007), Seruya and Moniz (2008), Ní Chuilleanáin et al. (2009), Merkle et al. (2010) and Rundle and Sturge (2010), are about rampant censorship of translations under European monarchies, under fascist regimes in Nazi Germany, Fascist Italy, Francoist Spain and Salazarian Portugal, or under totalitarian systems in communist

Eastern Europe. In addition, Rundle's 2010 study, which appeared in volume six of the *Italian Modernities* series edited by Pierpaolo Antonello and Robert Gordon of Cambridge University, was devoted entirely to the topic of "Publishing Translations in Fascist Italy". While these publications undoubtedly represent an important contribution to the fields of translation and censorship studies, they appear to exhibit a bias for censorship under authoritarian, undemocratic systems and those of the past. Although the authors/editors of those works promised to research "censorship and translation in the western world" and even to go "beyond the western world", their actual efforts did not entirely deliver on those promises. As has been mentioned above, the existing research was mainly concerned with both Europe's past and that with countries under fascism or communism. Not much major work has been undertaken on how translational censorship operates in modern countries (either Western or Eastern) in the present day.

As Merkle finds, "[w]hereas official censorship imposed by autocratic or new regimes is usually easily identified, the ebb and flow of official state censorship following the strength or weakness of the regime in power, the covert censorship at work in the free democracies of late modernity characterized by expanding globalization, though at times more difficult to detect, is nonetheless, at times insidiously, pervasive" (Merkle 2002:10). Indeed, when we examine the situation closely, it becomes clear that the censorship of books and other published or unpublished materials containing "sensitive" content is in fact one of the commonest operations around the world, regardless of whether the countries concerned are authoritarian or democratic, or whether it is about today or about the past.

That some kind of censorship or restriction on human behavior exists in all times and places is even reflected in the United Nations International Covenant on Civil and Political Rights. Clause 2, Article 19 of this multilateral treaty states that "[e]veryone shall have the right to freedom of expression...," but:

The exercise of the rights provided for in Paragraph 2 of this article carries with it special duties and responsibilities. It may therefore be subject to certain restrictions, but these shall only be such as are provided by law and are necessary: (a) For respect of the rights or reputations of others; (b) For the protection of national security or of public order (ordre public), or of public health or morals.

Obviously, different countries at different times have different concerns regarding such human rights as "freedom of speech" and toward materials (whether domestically produced or coming from abroad) whose content is considered potentially dangerous to the state or society, i.e., "national security or [of] public order (ordre public), or [of] public health or morals." As Seruya has observed, quite rightly, as far as censorship and translation are concerned "censorship goes hand in hand with translation, not only in dictatorial regimes or in a distant past, but also nowadays, and in countries deemed as democratic" (Seruya 2008: xix). In other words, those differing concerns are most likely reflected in the constitutions or relevant laws of each country to the extent that they become the countries' laws or guiding principles concerning what is allowed to be published and what is not. A quick review of the relevant legislation in China, Russia, the United Kingdom and the United States of America will help exemplify how ubiquitous a phenomenon censorship is.

As discussed at some length in Tan (2015: 320–321), the major legislation in China related to censorship of printed material is the ordinance entitled "Regulations on the Administration of Publication" (出版管理条例) (hereinafter referred to as "Regulations"). Amended for the fourth time in 2016 and accessible on the "Policies and Regulations" page of the website of the State Council of the People's Republic of China, the "Regulations" spells out the country's policies on publishing. These policies are mainly spelled out in three out of a total of 73 articles in the 2016 amended version of the ordinance, i.e., Articles 3, 25 and 26. Take, for example, Article 25, which specifies ten categories of "unpublishable"/

"untranslatable" materials, i.e., materials considered:

1. To be opposed to the Cardinal Principles[①] established in the Constitution;[②]
2. To endanger national unity, sovereignty or territorial integrity;
3. To disclose secrets of the State, endanger national security, or damage national honor or interests;
4. To incite ethnic hatred or discrimination, undermine the solidarity between ethnic groups, or encroach on ethnic customs and habits;
5. To promote evil cults or superstition;
6. To disturb public order or destroy social stability;
7. To publicize obscenity, gambling and violence or instigate crimes;
8. To be insulting to or slanderous of other people, or to impair the lawful rights and interests of other people;
9. To endanger public morality or harm the good traditions of culture;
10. To be otherwise prohibited by law, administrative regulations or provisions of the State.

In these clauses the "Regulations" makes it clear that all published materials or materials intended for publication are subject to censorship, and that those that are censored as specified above will be strictly prohibited.

In a similar manner, censorship is also exercised extensively in Russia, as well as in some of the major Western democracies, such as the United Kingdom and the United States of America. In Russia, the relevant laws and regulations concerning the restriction of the publication and circulation

---

① The "Four Cardinal Principles" (四项基本原则), which have been written into the Chinese Constitution, refer to: (a) the principle of upholding the socialist path; (b) the principle of upholding the people's democratic dictatorship; (c) the principle of upholding the leadership of the Communist Party of China; and (d) the principle of upholding Marxist-Leninist-Mao Zedong Thought (later extended to include the clauses on Deng Xiaoping Theory and the subsequent Party lines after Deng Xiaoping). These are principles about which debate is not allowed in the PRC, and against which censorship is benchmarked: any material which goes against or violates these principles will not be allowed to be published or translated.

② All translations from the Chinese are mine unless otherwise indicated.

of certain materials include federal policies and regulations implemented by such bodies as the Federal Service for Supervision in the Sphere of Telecom, Information Technologies and Mass Communications (ROSKOMNADZOR) and the Federal Law on Protection of Children from Information Harmful to Their Health and Development (*Федеральный закон Российской Федерации от 29 декабря 2010 г. N 436-ФЗ « О защите детей от информации, причиняющей вред их здоровью и развитию »*). The former is "a federal executive authority entitled to carry out permitting and licensing activities, validation and supervision in the spheres of telecommunications, information technologies and mass communications,"[①] while the latter is "one of the legislative acts aimed at creating conditions for the full-fledged moral and spiritual development of children."[②] In addition, a list of publications containing "extremist materials"[③] is also provided online, indicating the comprehensive nature of the censorial acts in Russia.

A quick search through the governmental legislation websites of the UK and the USA also reveals a similar picture. For example, for the UK, there are at least four acts of Parliament defining as unlawful behavior that undermines public order, disrupts public security, or "deprives" the honor of "our Most Gracious Lady the Queen," i.e., the Public Order Act of 1986, the Malicious Communications Act of 1988, the Terrorism Act of 2006, and the Treason Felony Act of 1848. Section 4 of the Public Order Act[④] states:

> A person is guilty of an offence if he (a) uses towards another person threatening, abusive or insulting words or behavior, or (b) distributes or displays to another person any writing, sign or other visible representation

---

① View the functions of the Federal Service for Supervision in the Sphere of Telecom, Information Technologies and Mass Communications (ROSKOMNADZOR) at rkn.gov.cn website.
② Law on protecting children from negative and harmful information at kremlin.ru website. Retrieved November 20, 2017.
③ View "Federal List of Extremist Materials" (Федеральный список экстремистских материалов) at minjust.ru website. Retrieved November 20, 2017.
④ Public Order Act 1986 at legislation.gov.uk website. Retrieved November 20, 2017.

which is threatening, abusive or insulting, with intent to cause that person to believe that immediate unlawful violence will be used against him or another by any person.

In the USA, freedom of speech is largely protected by the constitution and by federal law, but when it comes to information or publications of a sensitive nature, various regulations have been introduced to restrict the scope of materials that are permitted to go public. For example, in Section 230 of the Communication Decency Act protects Internet Service Providers from liability for "any action voluntarily taken in good faith to restrict access to or availability of material that the provider or user considers to be obscene, lewd, lascivious, filthy, excessively violent, harassing, or otherwise objectionable, whether or not such material is constitutionally protected",[1] while also protecting the technical means to restrict access to that material. As far as "obscenity" is concerned, it is clearly stated in federal law that "possession with intent to sell or distribute obscenity, to send, ship, or receive obscenity, to import obscenity, and to transport obscenity across state boarders for purposes of distribution"[2] is strictly prohibited. The famous Smith Act (Alien Registration Act of 1940) makes it a criminal offense to advocate the "overthrow[ing] or destruction of the government", and whosoever "prints, publishes, edits, issues, circulates, sells, distributes, or publicly displays any written or printed matter advocating, advising, or teaching the duty, necessity, desirability, or propriety of overthrowing or destroying any government in the United States by force or violence"[3] is a criminal offender.

Clearly, this brief survey supports the argument that censorship (including censorship of translations) is common in all countries and at all

---

[1] U.S. Code §230—Protection for private blocking and screening of offensive material at law.cornell.edu website. Retrieved November 20, 2017.
[2] Citizen's Guide to U.S. Federal Child Exploitation and Obscenity Laws at justice.gov website. Retrieved November 20, 2017.
[3] U.S. Code §2385—Advocating overthrow of Government at law.cornell.edu website. Retrieved November 20, 2017.

times.[①] Perhaps the main difference lies in the extent to which the relevant censorial measures and policies actually operate. The fact that censorship is a common feature of all cultures can be referred to as an "invariable" while the differences that may exist in the extent and severity of its operation are a "variable", running parallel to what has been described as "the dialectic of the dual character, i.e. the changing and unchanging character, of censorship" (Tan 2015: 335).

3. Self-censorship in translation and the invisible hand of the censor

When Holman and Boase-Beier (1999) equated translators with censors in the sense that they are both "gatekeepers, standing at crucial points of control, monitoring what comes in and what stays outside any given cultural or linguistic territory" (cited in Merkle 2002: 9; also in Merkle et al. 2010: 12), the censorial role of the translator would seem better described as that of a self-censor rather than a straightforward censor. The reason is simple: in his/her role as a gatekeeper "monitoring what comes in and what stays outside", the translator very often regulates or censors his/her own work, for example, by making additions, omissions and modulations or changes in the translation. By contrast, governmental or other institutional gatekeepers perform the role of a "true" censor in that they almost always target entities other than itself. Even when the translator's role as gatekeeper involves the translator's selecting or not selecting somebody else's (i.e., the author's) work, particularly in the case

---

[①] It might be important to note here that checking material (both printed and spoken) with the aim of preventing or prohibiting it from circulation does not necessarily entail an act of "censorship". Such checking may be a required act in the common legal sense, for example, in determining whether something constitutes "defamation" or "libel". So, from my point of view, defamation- or libel-related checking of material does not fall into the category of "censorship". What censorship involves, according to Merkle et al. (2010:14), is "blockage of a cultural product from entry into a cultural space, the elimination of a product from a cultural space or its modification through attenuation or cutting" (ibid.), and is mainly a politically-, ideologically-, morally- or even culturally-motivated act. In this sense, the present study is only concerned with censorship/self-censorship, and not the subject of "libel"/ "defamation", although the latter subject may sometimes be related to political, ideological, moral and cultural matters.

of materials with "sensitive" content, the act of selecting or not selecting may still be of a self-regulatory nature, at least in part. For although such an act may be undertaken under coercion from the "true" censor, it is nonetheless an act that the translator inflicts upon him/herself.

However, the very fact that the self-censoring behavior of the translator can be of both a willing and a coerced nature would seem to support our main argument, that, at least as far as the Chinese context is concerned, self-censorship goes hand in hand with censorship of translations and that, with the internalization of the gatekeeping mechanism in the translator, there is often no distinct dividing line between what is the result of censorship and what is the result of self-censorship in the process and outcome of the act of translation. Between the two, there seems to be a rather fuzzy interface, where there are no clear boundaries between the entities involved. In other words, under the coercive ideological, political, social, ethical/moral, religious, economic or other constraints of his/her time and location, the translator establishes a coping system, either consciously or subconsciously. This premise leads to two potential outcomes: on the one hand, the translator could make a different translational choice for a given ST if he/she were subjected to external censorship; on the other hand, he/she might still stick to the same choice whether there were external censorial restrictions imposed on them.

In reality, however, and especially in contexts such as the Chinese where censorial operations may be more actively enforced than elsewhere, there may be situations where "translators must prioritize and pick a strategy to deal with [the potentially] oppressive or coercive cultural constraints" that characterize their time and location by exercising "some self-censorship for a greater good" (Tymoczko 2009: 36), whether this "greater good" means introducing a new or pioneering school of thought into the target culture or making some potentially "dangerous" facts known to target readers at the cost of losing (i.e., omitting) certain details. Of course, such sacrifices in the form of translational omissions or modulations are sometimes made merely for economic reasons—to get the books into the local market or to appeal to the taste of target readers. On the other hand, in cases where the translator does what he/she wants to do, irrespective of external, censorial constraints, this is more likely due to the translator's own tendency to conform, or not, to norms, a tendency that is cultivated as part of the translator's life experience. On a philosophical note, it may be arguably true that behind all such translatorial self-censorship there lies the invisible hand of the censor. For if censorship did not exist and there were no norms of any kind to which translators must conform, there would be no (or no call for) self-censorship of any kind—it would be like a society of "absolute freedom", which in reality does not exist. Therefore, with censorship of translations being a common feature of any culture, translators easily become active collaborators. In fact, the more powerful the external constraints, the more collaborative the translators may become. Also, the anticipatory anxiety or fear of possible penalty for translatorial violations of government-imposed restrictions produces "much harsher acts of self-censorship" on the part of the translator "than any censor would have expected to exercise" (Kuhiwczak 2009: 55).

To lend support to these arguments or, more specifically, to ascertain how censorship interfaces with self-censorship or vice versa in affecting translatorial acts, we shall examine below the Chinese translations of the three above mentioned texts.

4. Case study: Three censorship- /self-censorship-affected translations

4.1　Overview

As pointed out above, this case study examines the Chinese translations of three English language books: Vladimir Nabokov's *Lolita*, George Orwell's *Animal Farm* and Ezra F. Vogel's *Deng Xiaoping and the Transformation of China* (hereinafter referred to as *Deng Xiaoping*). Translated into Chinese as《洛丽塔》,《动物庄园》and《邓小平时代》respectively, these books can be considered representative of the kinds of work subject to censorship and self-censorship in China after 1949, including the years after the 1980s when the country was believed to have become more liberal-minded on censorship matters.[①]

The novel of *Lolita* (1955), famous for its controversial subject matter—the 38-year old protagonist being sexually involved with his 12-year old stepdaughter—was not translated, or rather was not allowed to be translated, into Chinese until 1989. The reason for its prohibition was that the book was considered by both the Chinese authorities and the general reading public alike to be a "bad" novel, "bad" in the moral sense of being full of descriptions and narrations of "obscene" and "abnormal" scenes. This opinion was so deeply and widely imbedded in people's minds that even when the book was eventually allowed to be translated in the late 1980s, some of the translations displayed explicit traces of translatorial self-censorship; for example, by a manipulative modulation of the original book title of *Lolita* into《罗丽塔：堕落与病态的爱》(Literally: *Luo Li Ta: Perverse and Morbid Love* tr. by Hua Ming and Ren Shengmin/华明，任生名译；1989);《罗莉塔：鳏夫忏悔录》(Literally: *Luo Li Ta: Confessions of a Widower* tr. by Liu Lizhi/刘励志；1994); or《洛丽塔：一个中年男人的不伦之恋》(Literally: *Luo Li Ta: A Middle-aged Man's Immoral Love* tr. by Yu Xiaodan and Liao Shiqi/于晓丹，廖世奇；1997).

Likewise, *Animal Farm*, originally published in 1945, was not allowed to be translated or retranslated in the PRC until 1988. Although its earliest Chinese version (made by translator Ren Zhiyu/任稚羽) appeared as far back as 1948, one year before the PRC was founded and three years after the publication of its English original, it immediately became a virtual "non-translation", a translation that was suppressed and one that was not allowed to be republished for many years to come. Obviously, this ban was caused by the book's satirical attack on socialism and communism.

The more recent *Deng Xiaoping* was translated and published in 2013, only two years after the English original was published. In very much

---

[①] Note that as will be found there have been various Chinese translations of each of these three books, the titles I am putting here are the titles of those versions that I have chosen for more detailed analysis in this article. The reasons why I wanted to use these for my analysis will be further described later in the text.

the same way as the translation of Henry Kissinger's *On China* (English original published in 2011 and the PRC version in 2012) was cleared for publication, the translation of *Deng Xiaoping* was allowed because the book was, in the eyes of the Chinese authorities, sufficiently "healthy and China-friendly". However, some of the details concerning top contemporary Chinese leaders and major events described in the book did not comply with the official line of the Chinese government and therefore had to be modulated under the [self-]censorial gaze in order for the translation to be published and circulated.

At least nine translations were made of *Lolita* in the PRC after the Cultural Revolution, eight of which were partial and one, complete or nearly complete. This one complete or nearly complete translation was made by Zhu Wan (主万) and published by the Shanghai Translation Publishing House in 2005. As my basic concern is with the complete or nearly complete translations made in the PRC, I will therefore mainly analyze Zhu Wan's version in this case study. Of *Animal Farm* some 11 translations have been made since 1988, ten of which were done in quick succession between 2000 and 2013. The one used for analysis in this study is the first PRC version, co-translated in 1988 by Zhang Yi and Gao Xiaoxian (张毅, 高孝先). As for *Deng Xiaoping*, two translations have been published, one in 2013 in the Chinese mainland and the other one year earlier in Hong Kong, both by translator Feng Keli (冯克利). Like in the case of the other two books, the PRC edition will be analyzed.

What follows below is a discussion of how the specific translations of these books were produced against the backdrop of translational censorship and self-censorship in the contemporary Chinese context. The discussion will consist of an initial, brief textual analysis of three clusters of examples culled from the three translations, and then a further summary of reflections on the examples. For the sake of clarity, the chosen examples and the comments that accompany them will be presented in the form of tables.

4.2 Textual analysis

Before proceeding to the tables, it is important to make two preliminary points. First, in talking about censorship- /self-censorship-affected translations in the present study, we do not include those that fall into the category of "absolute non-translations", i.e., "translations that have never yet been made by any given point in time but whose absence is socio-politically or otherwise significant" (Tan 2015: 334). In the case of absolute non-translations, there would be no TTs to be discussed at all, hence falling short of the purpose of this paper. What we shall examine here, in contrast, are translations that were allowed to be made because their ST content was generally considered "translatable" but that required translatorial interventions (including omissions, additions and modulations) to deal with content considered "sensitive" or "unacceptable" under Chinese law.

Second, by "clusters" of examples I am referring to the way in which the various examples are grouped together for discussion. Obviously, different researchers will have different ways of categorizing, and different categorizations will lead to different foci in the discussion. For example, it may be possible to categorize the selected examples according to their methodological nature, e.g., purely in terms of the omissions, additions and modulations that occurred in the translation process; or to discuss the examples on a book-by-book basis. For this study, however, in order to connect more closely to the central concerns of censorship or self-censorship and at the same time keep the discussion within meaningful limits, we will adopt a theme-based approach in which the analysis and discussion are organized under three headings: (a) political and ideological; (b) ethical and moral; and (c) social and cultural considerations. Examples in the first cluster cover such "sensitive" issues as "unfriendly" criticism directed at the Chinese government and the top Chinese leadership, "incorrect" or "unwelcome" references to Chinese events, such as the famines of the late 1950s and early 1960s, the Cultural Revolution, and so on. The second cluster covers examples concerning translational differences in both material and non-material culture. The third concerns what is regarded as "indecent" and "unacceptable" behavior according to Chinese moral and ethical standards (e.g., descriptions of "improper" sexual relationships). Due to space limitations, only three examples for each cluster will be selected for discussion out of a total of 360 collected from the three books. For the sake of brevity and because a more general follow-up reflection will be provided in the next section, the initial discussion of the examples in the Discussion Boxes in each table will be short. Also to save space, only the English title of the book (i.e. *Lolita*, *Animal Farm* or *Deng Xiaoping*) will be given in the tables, to indicate from which book the relevant example is taken, whereas detailed bibliographical information of the three relevant books (both ST and TT) is provided in the footnote below. The italics in both of the tabulated ST and TT examples are mine, highlighting only the part affected by censorship/self-censorship. Hopefully, this limited number of examples will nonetheless be sufficient to illustrate what kind of translatorial interventions were made under the impact of censorship and self-censorship in the Chinese context of the PRC.

Table 1: Politically/ideologically-motivated omissions, additions and modulation

#	Examples	Discussion
ST1: Deng Xiaoping (Vogel)	On March 25, Wei Jingsheng, a zoo employee and former soldier, *took a bold step beyond the old boundaries. He posted a fundamental critique of the Communist Party system and* called for "The Fifth Modernization—Democracy". *Wei had not attended university and the piece was not a sophisticated analysis of democracy. But what Wei lacked in sophistication, he made up for in passion. He had a Tibetan girlfriend whose father had been jailed and whose mother had committed suicide after being jailed and humiliated. Wei himself had been assigned to work in a remote area of Xinjiang and was troubled by the people he saw begging for food. He sought to understand why so many people had died when some officials were living such comfortable lives. He accused the party of using the slogan the "Four Modernizations" to mask a system of class struggle that in fact remained unchanged. He asked, "Do the people enjoy democracy nowadays? No. Is it that the people do not want to be their own masters? Of course they do … The People have finally learned what their goal is. They have a clear orientation and a real leader—the banner of democracy." With these public declarations, Wei Jingsheng immediately became a sensation in the global media, which elevated him to the status of a leading Chinese spokesperson for a new democratic system.* (p. 255)	The entire italicized part was omitted and the TT took its current, shortened and manipulated form, presumably on the grounds that: (a) even in the China of today the word "democracy", especially when associated with such Western-supported, pro-democracy activists as Wei Jingsheng, is still a rather sensitive word in the country; (b) the mention of "Tibetan" and "Xinjiang" seemed to carry some rather unwanted insinuations concerning the sometimes inharmonious ethnic relations in the country's autonomous regions of Xizang and Xinjiang; and (c) it might stir social instability if the TT faithfully represented Wei's claims that "so many people had died when some officials were living such comfortable lives", and so on. Hence, from the Chinese government's point of view, this kind of language must be censored.
TT1	3月25日，曾经当过兵的北京动物园职工魏京生，也贴出《第五个现代化——民主》一文。(On March 25, Wei Jingsheng, an employee of the Beijing Zoo and former soldier, also posted an article entitled "The Fifth Modernization—Democracy".) (p. 255)	

#	Examples	Discussion
ST2: *Deng Xiaoping* (Vogel)	Marshal Ye, who quickly realized how much the changed atmosphere had weakened the support for Hua Guofeng, advised Hua on November 11 to begin preparing a speech showing that he, too, accepted the changes. The crucial drama took place between November 11 and November 25. (p. 230)	The italicized part in the TT was clearly a straightforward translational addition and the main function of the whole passage was to justify the legitimacy of the decision made by Marshal Ye and his fellow comrades. This was one of several major additions made in the translation of *Deng Xiaoping* and was based on the inside story of the events in the Chinese political arena that were brought to public knowledge in later years. This translatorial intervention was probably due to the translator's belief that such an intervention would prove helpful to readers who may not have the necessary background information to understand how Hua, who succeeded Mao as Party Chairman upon Mao's death, stepped down from this top leadership position and how, instead, Deng rose as the country's paramount leader. Like "censored"/ "self-censored" omissions occurring elsewhere in the book, additions of this kind were definitely made to appease the government censor or to satisfy the self-censor in the translator, the editor or the publisher in anticipation of possible government intervention.
TT2	叶帅很快意识到环境的变化已经大大削弱了对华国锋的支持度。*11月11日叶帅和几位高级官员召开了一次重要的小型会议，会议内容甚至没有向工作会议的其他与会者公开，他们决定，华国锋不能胜任担当最高领导权的工作。他不敢为老干部恢复工作，对他们委以重任，他没有得到高层干部的衷心拥护，而他们的支持对于领导党和国家至关重要，他们一致同意给予邓小平比华国锋更大的权力，但是他们反对单独一人就能作出重大决策的想法，同意让陈云重新进入政治局常委，与邓小平一起掌握党内实权，这一天稍后*，叶帅与华国锋谈话，劝他准备一篇讲话，表示他已接受这些变化。(My back-translation: Marshal Ye quickly realized how much the changed atmosphere had weakened the support for Hua Guofeng. *On November 11th, Marshal Ye and several high-ranking officials convened an important small in-group meeting, the content of which was not even disclosed to other participants of the larger-scale working conference. The small in-group meeting decided that Hua was not able to take up the work of supreme leadership, because he was not ready to restore the positions of the old cadres or to entrust important responsibilities on them; he had not gained the true support of the senior cadres whose support was absolutely essential to the leadership of the party and of the nation. Thus they unanimously resolved to grant more power to Deng than to Hua. However, at the same time, they were against the opinion of having important decisions made by one person solely, and so they concurred to re-enter Chen Yun into the Politburo to share real power in the party with Deng. Later that day,* Marshal Ye advised Hua to prepare a speech showing that he has accepted these changes.) (p. 232)	

(Continued)

(Continued)

#	Examples	Discussion
ST3: *Deng Xiaoping* (Vogel)	After Deng's remarkable visit in 1979, enthusiastic Americans did not comprehend the continued *authoritarianism* of the Chinese Communist Party, the differences in national interest between their two countries, and the immense obstacles still impeding a resolution of the Taiwan question. (p. 347)	The use of the ST word "authoritarianism" in describing the Chinese political system was not compatible with China's current political discourse. What is written in the country's constitution is this: "The People's Republic of China is a socialist state under the people's democratic dictatorship led by the working class and based on the alliance of workers and peasants," where the descriptor "people's democratic [dictatorship…]" is not separable from the headword. In other words, what China believes it practices is a so-called "proletarian" type of dictatorship, not the kind of authoritarianism described by the West. The connotatively pejorative "authoritarianism" in the ST therefore had to be modulated so that the text would be acceptable in the Chinese context.
TT3	在邓小平 1979 年引人瞩目的访美行程之后，热情的美国人并不了解中国共产党仍在继续施行的与美国不同的制度，中美两国在国家利益上的分歧，以及那些仍然妨碍着解决台湾问题的巨大障碍。(My back-translation: After Deng's remarkable visit in 1979, enthusiastic Americans did not comprehend that the Chinese Communist Party continued *the implementation of a system different from that of the USA…*) (p. 343)	

Table 2: Socio-culturally-motivated omissions, additions and modulations

#	Examples	Discussion
ST4: *Animal Farm* (Orwell)	*November* came, with raging *south-west winds*. (p.47)	Different from the temperate maritime climate of England, china has, for the most part, a temperate continental climate. December is considered to be the beginning of winter, and it is usually the north-west wind that brings in the cold weather. Most probably, the changing of the ST's "November" and "south-west winds" into the TT's "December" and "north-west winds" was a deliberate modulation on the socio-cultural level to effect a similar socio-cultural response in the target Chinese reader as the original did in the English language reader. It would be too simplistic to regard the changes as linguistic errors unknowingly committed by the translator. On the other hand, it may be open for argument whether this kind of translational manipulation can be regarded as (self-)censorship because people may argue that "not all manipulation is censorship" (Merkle et al. 2010: 14).
TT4	十二月到了，带来了猛烈的西北风。(*December* came, with raging *north-west* winds.) (p. 79)	
ST5: *Deng Xiaoping* (Vogel)	The demonstrators were not members of political organizations, but a part of crowds *with changing leaders* and *loosely affiliated participants*. (p. 632)	Clearly, the modulated and expanded TT expressions "如走马灯一样不断变化" ("with their leaders changing like trotting horse lamps") and "参与者如一盘散沙" ("the participants like a tray/heap of loose sand") add to the stylistic and cultural flavor of the text. It is worth noting here that exactly because of these translatorial modulations/additions of metaphorical expressions, the TT also carries an additional political meaning: While the ST "with changing leaders and loosely affiliated participants" is a connotatively neutral statement, the cultural idioms used in the TT "[他们中的领导者] 如走马灯一样不断变化" ("[with their leaders] changing like trotting horse lamps") and "[参与者] 如一盘散沙" ("[the participants] like a heap of loose sand") lend a rather negative connotation to those "leaders and participants", thus revealing the likely political stance of the translator.
TT5	示威者不是政治组织的成员，只是一群人中的一分子，他们中的领导者如走马灯一样不断变化，参与者如一盘散沙。(The demonstrators... *with their leaders changing like trotting horse lamps, and the participants like a heap of loose sand.*) (p. 589)	

(Continued)

#	Examples	Discussion
ST6: *Deng Xiaoping* (Vogel)	While the Chinese student-workers in France scrounged for menial jobs that could provide them a subsistence wage, and as factory workers toiling long hours in poor working conditions, *they observed rich French business families living lives of comfort far beyond what Deng had known in Sichuan.* (p. 19)	The major translatorial modulation here concerns the substitution of "中国" (China) for "四川" (Sichuan). This choice was probably motivated by a socio-cultural consideration—the ST "[beyond what Deng had known in] Sichuan" should be clear enough to the English language reader in its reference to how Deng had seen life throughout the country rather than solely in Sichuan Province, where he originally came from. However, a rendering of Sichuan as "四川" might easily lead to its literal interpretation in the target culture, implying that perhaps only life in Sichuan Province was bad and life in other places in China, such as Beijing and Shanghai, might be good. This was of course not true of China at that time, hence the "(self-)censorial" need to make the above modulation in the TT, from a cultural-political perspective.
TT6	中国留法学生四处奔波，寻找辛苦低下的工作来维持温饱。他们看到法国的富商家庭过着他们在中国从未见过的优裕生活，工厂的工人则在恶劣的工作条件下从事着长时间的繁重劳动。(The Chinese students scrounged everywhere for menial jobs to earn them adequate food and clothing. *They saw wealthy French business families living comfortable lives which they had never seen in China...*) (p. 37)	

Table 3: Ethically or morally-motivated omissions, additions and modulations

#	Examples	Discussion
ST7: *Lolita* (Nabokov)	*From the very beginning of our concourse,* I was clever enough to realize that I must secure her complete co-operation in keeping our relations secret, that it should become a second nature with her, no matter what grudge she might bear me, no matter what other pleasure she might seek. (p. 149)	The ST word "concourse" is a euphemistic expression for sexual intercourse. The TT "会合在一起" (literally: "being together") becomes a euphemism and dilutes whatever "sexual" connotation there was with the ST word. This kind of modulation is due to the generally conservative Chinese attitude toward any talk of sex.

(Continued)

#	Examples	Discussion
TT7	从*我们刚会合在一起的时候*起，我就机敏地认识到，我必须取得她的完全合作，好把我们的关系保密，而且这应当成为她的第二天性，不管她对我产生什么怨恨，也不管她可能会去寻求什么别的快乐。(*From the very beginning of our coming together*, I was clever enough to realize that I must get her complete co-operation in order to keep our relationship secret, and that it should become second nature to her, no matter what grudge she might bear me, no matter what other pleasure she might seek.) (p. 235)	
ST8: *Lolita* (Nabokov)	*Owing perhaps to constant amorous exercise*, she radiated, despite her very childish appearance, some special languorous glow which threw garage fellows, hotel pages, vacationists, goons in luxurious cars, maroon morons near blued pools, into fits of concupiscence which might have tickled my pride, had it not incensed my jealousy. (p. 159)	The phrase "constant amorous exercise" in the ST carried a rather strong sexual connotation, which was significantly reduced in its TT rendering as "老有谈情说爱的练习" (literally: "frequent exercise of talking about love"). This, again, could be regarded as a case of ethically- as well as morally-motivated translatorial "self-censorship".
TT8	*或许由于老有谈情说爱的练习*，尽管她的外表还充满稚气，她四溢的神采却已撩拨起加油站小工、旅馆侍童、度假游人、坐豪华汽车的恶棍、蓝色池塘边无人看管的低能儿一阵阵的色欲，这种色欲如若未激起我的嫉妒，也一定会搔到我自尊的痒处。(*Perhaps owing to constant exercise of talking about love*...) (p. 251)	
ST9: *Animal Farm* (Orwell)	No animal must ever *kill* any other animal. (p. 6)	The ST word "kill" [normally translated as 杀死, 打死 (literally: "kill and cause to die", "beat to death")] was changed to "伤害" ("harm") in the TT. The change was probably made because the translator found such words as "杀死" ("kill and cause to die") or "打死" ("beat to death") too cruel or brutal to use in the given context. Hence, it needed to be "self-censored" and modulated to sound less "brutal".
TT9	任何动物都不得伤害其他动物。(No animal must ever *harm* any other animal.) (p. 6)	

4.3 Critical reflections

Three critical, reflective points can be made based on analysis of the data obtained in the research, selectively represented by what is presented and discussed in the tables. First, comparing the translations, we discover the following distribution pattern with regard to the various translatorial interventions: In the translation of *Lolita*, there were a total of 9 interventions, including 1 omission and 8 modulations; in *Animal Farm*, 15, including 2 omissions, 1 addition and 12 modulations; and in *Deng Xiaoping*, 294 omissions, 7 additions and 39 modulations. The fact that there are so many more translatorial interventions (especially omissions) in *Deng Xiaoping* than in the other two books is by no means coincidental. It seems very much to confirm that a graded structure of censorship exists insofar as those materials carrying "sensitive"/"unfriendly"/"hostile" content directed at the Chinese government and its top leadership are at the top of the "to-be-strictly-censored" list. This is then followed in varying and often lessening degrees of strictness by those materials considered non-compliant with the country's other laws, such as those specified in the aforementioned "Regulations". In other words, those materials whose content is more closely aligned with the general political, ideological or moral stances held by the government would be more tolerated. The result of this is that they become less and less censored or self-censored in translation. That was why conspicuously fewer omissions and modulations were found in the translations of *Lolita* and *Animal Farm*.

Second, the above mentioned distribution pattern of omissions, additions and modulations across the three books also reveals a corresponding difference in the use of translation strategies to handle "sensitive" ST content. The translators of *Lolita* and *Animal Farm* tended to modulate rather than completely omit what seemed "sensitive", whereas the basic strategy adopted in the translation of *Deng Xiaoping* was obviously to omit such content. As noted above, in the translation of *Deng Xiaoping* there were 294 omissions, constituting 86% of the total number of interventions (340) made by the translator. The reason for this difference was probably what was briefly pointed out above: *Deng Xiaoping* was a book that dealt with the top Chinese leadership and the official policy lines adopted by the current Chinese government; therefore, whatever was "sensitive" or "politically incorrect" from the Chinese government's point of view would have to be strictly censored and restricted. But at the same time, under the country's "increasingly more relaxed" censorial system since the 1980s, *Lolita* was now seen as more of a literary masterpiece than as a book of "obscene" and "decadent" content. As for *Animal Farm*, although it was widely recognized as a work of bitter political and ideological sarcasm directed at socialism and communism, it was now no longer regarded by the Chinese government as seriously "harmful" to the Chinese brand of socialism and communism, especially after the governing Chinese Communist Party adopted a resolution at its congress of July 1981 to abandon its ultra-leftist policies and to describe China as having entered only the "primary", rather than "advanced", stage of socialism.

Third, a more in-depth comparison of the three books in terms of translatorial interventions yielded this finding: for *Lolita*, the interventions can be considered to have been primarily made for moral-ethical reasons; for *Animal Farm*, they were basically made on political-ideological grounds; and for *Deng Xiaoping*, they were likewise mostly made as the result of political and/or ideological considerations. While culturally- and stylistically-based modulations did not seem to have any particular bearing on the three books, the political and ideological orientation of the omissions, additions and modulations was most evident in the translation of *Deng Xiaoping*. For reasons given above concerning what constitutes materials "to be-strictly-censored", Chinese translators, editors and publishers in the PRC must be keenly aware that highly politically "sensitive" stories in *Deng Xiaoping*, such as the internal disputes and conflicts between top Chinese leaders inside the party (e.g., between Mao Zedong, the Party chairman and paramount leader, and Zhou Enlai, the premier; or between Hua Guofeng, Mao's successor, and Deng Xiaoping, the paramount Chinese leader after Mao and so on), were not "translatable" or "publishable"/"circulatable", nor were detailed descriptions of such occurrences in contemporary China as the death toll in the famines of 1959 to 1961. Consequently, the exercise of self-censorship by the translator (or editor or publisher alike) was something to be taken for granted and "is probably almost always judicious in a charged cultural interface" (Tymoczko 2009: 42). The question is perhaps where and how to draw the line between what may have been specifically demanded by the censor and what may be simply self-initiated by the translator, a question that is worth researching further, especially because, as Tymoczko cautions, there is always "the temptation to compromise in translation, to self-censor more than is needful".

5. Conclusion

Based on the above discussion, it is possible to conclude that the strategies utilized by translators in dealing with "sensitive", "untranslatable" materials differ in accordance with the nature and subject matter of the source text. Before the translation process begins, translators will have already established a "safe zone" of their own, presumably in compliance with the censorship policies of the socio-political system in which they translate. In most if not all systems, translators would, like creative writers, have the constitutional right to freedom of speech, and by extension, the freedom to translate. However, under both national and international law, this "freedom" must be understood in relative rather than absolute terms. In other words, translators can only act "freely" within the boundaries of political, ideological, moral or cultural "translatability". Moreover, these boundaries are a combination of what is imposed on them by the external forces of institutional (such as governmental) censorship as well as those forces internalized as a result of the external imposition of the censorship system and the past experiences of translation and publication failure on the part of translators, and of editors and publishers as well. As Bourdieu (1991: 138) has noted, a translator "does not even have to be his own censor because he is, in a way, censored once and for all, through the forms of perception and expression that he has internalized and which impose their form on all his expressions".

If we examine further the above statement that translators have always tended to censor themselves, the question of "to what extent?" is inevitable. For sure, keeping staying the lines is more often than not a safe choice, but at the same time there is often the possibility that the lines are somehow imagined by translators who are so used to censorship being imposed on them that they begin to set boundaries for themselves, and sometimes the perceived danger of crossing those lines is exaggerated. Contrary to the common understanding that translators are passive participants in, or even "victims" of, a country's translational censorship, in many cases, especially in socialist/communist countries such as China, they are also active "collaborators" with the system. This finding in turn leads to the conclusion that when certain values, ideologies, cultural practices and moral presuppositions become internalized in the translator, his/her censorial behavior is no longer a coerced option but an active choice. Furthermore, there is often no clear dividing line between what is coerced (censoring) and what is one's own (self-censoring) action, revealing the interface between the practice of censorship and self-censorship of translations to be fuzzy or blurred in contexts such as China where, like anywhere else, politically or culturally sensitive source texts are bound to be scrutinized by the censor's gaze as well as that of the self-censor, i.e., the translator, before those works enter the market as translations.

References

Billiani, Francesca (ed.). *Modes of Censorship and Translation: National Contexts and Diverse Media.* Manchester: St. Jerome Publishing, 2007.

Boase-Beier, Jean and Michael Holman (eds.). *The Practices of Literary Translation: Constraints and Creativity.* Manchester: St Jerome Publishing, 1999.

Bourdieu, Pierre. *Language and Symbolic Power* (edited and introduced by John B. Thompson; tr. by Gino Raymond and Matthew Adamson). Cambridge: Polity Press, 1991.

Brownlie, Siobhan. Examining self-censorship: Zola's Nana in English translation. In: Francesca Billiani (ed.). *Modes of Censorship and Translation: National Contexts and*

Diverse Media. Manchester: St. Jerome Publishing, 2007: 205–234.

Camus, Maria del Carmen Camus. Pseudonyms, pseudotranslation and self-censorship in the narrative of the West during the Franco dictatorship. In: Teresa Seruya and Maria Lin Moniz (eds.). *Translation and Censorship in Different Times and Landscapes*. Newcastle: Cambridge Scholars Publishing, 2008: 147–162.

Escolar, Marisa. Contaminating Conversions: Narrating Censorship, Translation, Fascism. Doctoral dissertation. Publisher: gradworks.umi.com. Accessed on 1 August 2017.

Gibbels, Elisabeth. Translators, the tacit censors. In: Eiléan Ní Chuilleanáin, Cormac Ó Cuilleanáin and David Parris (eds.). *Translation and Censorship: Patterns of Communication and Interference*. Dublin and Portland: Four Courts Press Ltd., 2009: 57–75.

Holman, Michael and Boase-Beier, Jean. Introduction. In: Jean Boase-Beier and Michael Holman (eds.). *The Practices of Literary Translation: Constraints and Creativity*. Manchester: St Jerome Publishing, 1999: 1–17.

Kuhiwczak, Piotr. Censorship as a collaborative project: a systemic approach. In: Eiléan Ní Chuilleanáin, Cormac Ó Cuilleanáin and David Parris (eds.). *Translation and Censorship: Patterns of Communication and Interference*. Dublin and Portland: Four Courts Press Ltd., 2009: 46–56.

Merkle, Denise. Presentation. In: Denise Merkle (ed.). *TTR: Traduction, Terminologie, Redaction: Censorship and Translation in the Western World*. 2002, 15(2): 9–18.

Merkle, Denise (ed.). *TTR: Traduction, Terminologie, Redaction: Censorship and Translation in the Western World*. 2002, 15(2).

Merkle, Denise (ed.). *TTR: Traduction, Terminologie, Redaction*: Censorship and Translation within and beyond the Western World. 2010, 23(2).

Merkle, Denise, Carol O'Sullivan, Luc van Doorslaer and Michaela Wolf (eds.). *The Power of the Pen. Translation and Censorship in Nineteenth-Century Europe (Representation—Transformation 4)*. Vienna: LIT Verlag, 2010.

Ní Chuilleanáin, Eiléan, Cormac Ó Cuilleanáin and David Parris (eds.). *Translation and Censorship: Patterns of Communication and Interference*. Dublin and Portland: Four Courts Press Ltd., 2009.

Olshanskaya, Natalia. Ukraine: Translating the wars. In: Teresa Seruya and Maria Lin Moniz (eds.). *Translation and Censorship in Different Times and Landscapes*. Newcastle: Cambridge Scholars Publishing, 2008: 252–261.

Reynolds, Matthew. Semi-censorship in Dryden and Browning. In: Francesca Billiani (ed.). *Modes of Censorship and Translation*: *National Contexts and Diverse Media*. Manchester: St. Jerome Publishing, 2007: 187–204.

Rundle, Christopher. *Publishing Translations in Fascist Italy*. New York: Peter Lang, 2010.

Rundle, Christopher and Kate Sturge. *Translation Under Fascism*. New York: Palgrave Macmillan, 2010.

Seruya, Teresa. 2008. Foreword. In: Teresa Seruya and Maria Lin Moniz (eds.). *Translation and Censorship in Different Times and Landscapes*. Newcastle: Cambridge Scholars Publishing, 2008: xi–xix.

Seruya, Teresa and Maria Lin Moniz (eds.). *Translation and Censorship in Different Times and Landscapes*. Newcastle: Cambridge Scholars Publishing, 2008.

Tan, Zaixi. Censorship in translation: The case of the People's Republic of China. *Neohelicon: Acta comparationis litterarum universarum*. 2015, 42(1): 313–339.

Tymoczko, Maria. Censorship and self-censorship in translation: Ethics and ideology, resistance and collusion. In: Eiléan Ní Chuilleanáin, Cormac Ó Cuilleanáin and David Parris (eds.). *Translation and Censorship: Patterns of Communication and Interference*. Dublin and Portland: Four Courts Press Ltd., 2009: 24–45.

Towards a Whole-person Translator Education in Translation Teaching on University Degree Programmes[①]

Abstract: This article posits that translation teaching in degree programmes in translation at the tertiary level is not mere translator training. Rather, it is both training and education, and very often more education than training. On this proposition, it emphasizes the need for such programmes to take into full consideration the holistic development of the students in their education as translator/translation specialist. Most essential to the model that the paper proposes to develop are its two componential concepts, namely the "whole-person translator education" concept and the "translator-development pyramid" concept. Both of these concepts, together with issues on the various kinds of translation competences that are integrated to create a "whole-person" in the translation student, are analysed and discussed in depth, in order to shed light on the development of what could be seen as an innovative pedagogical model for translation teaching in university degree programmes in translation.

Keywords: translation pedagogy, holistic training, translator education, pyramid, translator competence

1. Introduction

In a world of fast change and development, translation is also faced with great changes and challenges, and so is the teaching of translation. First, there is the continued change in the type of texts to be translated. As Nida has noted, among the estimated two billion pages of translation being done each year throughout the world (not counting the output of some five hundred thousand members of China's professional translators association), "the translation of literary texts probably represents not more than one percent of the total production of translations" (Nida 1997: 9). The translation of political, juridical, technological and commercial texts is

---

① 原发信息: Tan, Zaixi. Towards a whole-person translator education approach in translation teaching on university degree programmes. *Meta: Translators' Journal*. 2008, 53(3): 589–608.

expanding so incredibly rapidly in the modern information world that the traditional patterns of translation with hands is no longer able to handle the task efficiently. Demand from the market, therefore, calls for able and qualified translators equipped with efficient technologies.

Second, the enormous volume of translation work in demand has led to the flourishing of translation agencies and the development of translation programmes across the world in the past decade, especially including China and EU countries. Pressure on translation speed and efficiency has consequently led to the rapid development of translation machines, including translation memory tools, terminology software and the Internet. As PACTE (2000) has pointed out, quite rightly, the development of translation competence in student translators today not only means the training of their linguistic-cultural skills, but also IT skills, marketing and other related problem-solving abilities as well (Mackenzie 2004: 32-33; Kiraly 1995, 2000). Obviously, this new definition of translation competence is very different from that of the more traditional translator and interpreter. In view of these rapid changes and developments in the actual field of translation, some scholars complain about the lesser progress with the teaching of translation, saying that translation teaching in universities across the world has to a great extent been separated from translation practice since translation theory is considered to be "at best irrelevant to the professional translator and at worst distracting and misleading" (Baer and Koby 2003: VII). No doubt, there is truth in this kind of complaint. In China, for example, in spite of the rapid expansion of translation of practical texts in the Chinese translation market, nearly 95 percent of translation textbooks are still focused on literary translation. This is certainly something textbook writers on translation need to consider very carefully if they are to render their work relevant and useful. However, when we come to think of what the true relationship should be like between theory and practice, things may not be that simple and straightforward.

As we see it, there are no intrinsic properties in translation theory being a "distracting or misleading" factor to translation practice or to the teaching of translation. What does not seem quite right in the present-day teaching of translation is not that there has been excessive focus on translation theory or that translation theory is by nature "misleading" for the practice of translation; but that we need to formulise the right kind of theory for the teaching of translation and teach it the right way. But what is the right way to teach translation? And what theory is the right kind of theory for the teaching of translation? Will we lose our old way of teaching or will we embark upon a broader road of translation education in what is described by some as a "revolutionized" era of translation? (Maia *et al.* 2002: 9).

These and other issues will then be the basic concern of our discussion in this paper. But before we set out to unravel the "theory vs. practice" debate on what might be proposed as the right kind of model for translation teaching, especially in Chinese contexts, it would be of interest to take a look first at just what is happening in the teaching of translation in those contexts.

2. Overview of translation teaching and research in Chinese contexts

The teaching of translation in the People's Republic of China, or the PRC as it is often called, has undergone great development in the last decade since 1995. That is, from the time when the Translation Research and Teaching Committee of the Chinese Translators Association was set up after the First Asian Translators' Forum was held in Beijing. In the following year, the first National Conference on Translation Teaching was convened in Nanjing in which more than 100 translation teachers of various language-pairs in the country gathered to discuss the aims, methods, and textbooks of translation teaching (Mu 1999: 21). In 1997, the Conference on Translation Teaching: China's Mainland, Hong Kong, Macau and Taiwan was held in Hong Kong where Chinese translation scholars and teachers gathered in a more diversified environment to share ideas and experience on translation teaching. Attention was drawn at the conference to the need of more theoretical thinking on both translation and the teaching of translation.

As a result of mounting academic and disciplinary pressure and awareness, the first PRC translation department was set up at the Guangzhou Foreign Studies University in 1997. In the ensuing years, other institutions in Beijing, Xi'an, Shanghai and Changsha followed suit, setting up similar translation departments and schools, public or private, and offering specialized translation programmes on both the undergraduate and postgraduate levels. In February 2004, yet another major event took place, namely the setting up of a government approved postgraduate degree programme in Shanghai Foreign Studies University under the specific disciplinary name of Fanyixue (translatology or translation studies). This development has since been widely acclaimed by Chinese translation scholars as a landmark breakthrough in the country's translation education because prior to this development all designations of the degree in translation studies had been categorized under the major of either English Language and Literature (or French Language and Literature, etc., depending which language was involved), or Linguistics, or Applied Linguistics. With regard to the turnout of degree students in translation on the doctoral level, inclusive of those under the name of translation studies and otherwise, there had been a total number of 110 by the end of 2004, graduated from 14 universities across the country. Out of the 110 doctorate theses with these translation students, 67 are on the translation of literature and translation theory; 42 on machine translation, and 1 on the translation of science and technology. None of these theses, however, has dealt with the teaching of translation or any pedagogical aspects of translation.

In Hong Kong and Taiwan, China, especially in Hong Kong, the teaching of translation as a university major began at an earlier time. The first translation programme in Hong Kong started in the Chinese University of Hong Kong (CUHK) in 1972. Later, other universities also began to offer degrees in translation, which now include Hong Kong Baptist University

(HKBU), Lingnan University, the City University of Hong Kong (CityU), the Polytechnic University of Hong Kong (PolyU), Hong Kong University and the Open University of Hong Kong. Of these, HKBU, CityU, PolyU, CUHK and Lingnan University also offer degrees in translation studies on the MPhil and PhD levels. Among all the doctoral graduates in Hong Kong, two have dealt with translation teaching-related topics, one on the history of textbook development on translation in Chinese Mainland up to 1998 (Zhang 1999), and the other on a marking model in the testing of English-Chinese and Chinese-English translation (Mu 2004a). Both these theses are products of the doctoral programmes at HKBU, whose Translation Programme and Centre for Translation have been among the most active and productive in both translation teaching and research in the Hong Kong area.

In Taiwan, China, three translation institutes are particularly outstanding, the oldest one being the Graduate Institute in Translation Studies of Fujen Catholic University, first set up in 1988; and the other two being those in Taiwan Normal University and the Changrong College of Business Management (Mu 1999: 22–23). All of these institutes offer undergraduate and/or postgraduate courses in translation, with a focus on interpreting (Mu 2004b: 38). However, as in Chinese Mainland, no theses have been written in any of the translation programmes in Taiwan on the teaching of translation or any translation teaching-related topics, either on the undergraduate or postgraduate level.

Clearly, since the first Hong Kong translation programme started in the Chinese University of Hong Kong in 1972, impressive achievements have been made in translation teaching within the major Chinese-language environments, with translation programmes at tertiary levels offered in various universities in Hong Kong, the Chinese Mainland and Taiwan. However, reflections on translation teaching have not been quick enough in coming. Although sketchy statements can be found in some works on translation studies and academic journals especially since the early 1990s, the first systematic research on translation teaching did not appear until

1999 (Mu Lei), followed by a study of E-C/C-E translation textbooks in China (Zhang 2001), and a third on a more general frame of the theory and practice of translation teaching (Liu 2003). In addition to these monographs, there have also been two volumes of conference proceedings (Liu 2001; Liu et al. 2000); and among the 110 PhD theses (as of 2004) in translation studies in the Chinese Mainland, none has dealt with the basic theory of translation teaching. The only two PhD theses on translation teaching are those produced at HKBU (Zhang 1996; Mu 2004).

Admittedly, all these works are important in their own way as contributions to the study of translation teaching within a Chinese-language context. The first Chinese-language monograph on translation teaching, Mu Lei's work (Mu 1999) presents not only a survey but also opinions on such important aspects about translation teaching as curricular design, textbook development, teaching time distribution and the training of translator trainers. The second monograph, published by Zhang Meifang in 2001, is based on the author's doctoral thesis at HKBU as mentioned above. A study of coursebooks on E-C and C-E translation in China, it analyses the guiding principles underlying more than 100 translation textbooks in the Mainland of China and takes a market- and function-oriented approach to what textbooks are to be considered fitting for the teaching of translation.

Liu Miqing's book on translation teaching (Liu 2003) aims to offer a more general theoretical frame for translation teaching. Its basic argument is that translation teaching should be oriented towards a holistic "quality education" in which teaching is targeted at the improvement of the overall quality of students and its success relies on the use of effective teaching methods; and that, in order to achieve this goal, the focus of teaching should be placed on that of translational "universals" and "fundamentals", rather than translational "specifics" and "specials" (Liu 2003: 27–30).

The *Proceedings of Conference on Translation Teaching* (Liu et al. 2000) was the first collection of papers on translation teaching published in Hong Kong, covering a wide range of topics on the teaching and learning of translation, including translational curricular design, translation theory and its teaching, translation and interpretation practice, and so on. Likewise, the other collection of articles (Liu 2001), a combination of selected papers from the first national Conference on Translation Teaching held in Nanjing in 1996 and selected journal articles on translation teaching recently published in China, covers similar topics ranging from general translation theory to teaching theories of translation, from textbook writing to the methodology of teaching, from translation criticism to translation assessment, and so on and so forth.

One of the important contributions made by these works is the awareness they brought about among Chinese scholars that there is so much to know about translation teaching, and that we do not simply go and teach, but we need to be theoretically equipped in order to teach better.

On top of all these developments in the Mainland of China, very important contributions have come from the research work conducted by Li Defeng in Hong Kong. In his many papers on the teaching of translation in Hong Kong, Li carried out interesting and critical examinations of the curriculum design and teaching methodology of specialized translation courses (including courses on commercial translation, government document translation, science and technology translation, mass media translation, and legal translation). Emphasising the importance of tailoring translation programmes to social needs, he made valuable suggestions on how to improve the course content and teaching methodologies in line with educational curricular theories and thoughts on translation teaching (Li 2000, 2002, 2003, 2005).

However, in spite of all such progress and advances, limitations in translation teaching and research have remained, and such limitations are not merely confined to the work done in China, but some are also found in the work done in a worldwide setting as well. For example, little attention in either China or elsewhere has been directed to the study of how quality control can be done in the training or education of translation students on their various levels, from the undergraduate to the MA and MPhil to the PhD level. What is the relationship in each of the major stages of education between the students' translating competence and their research capability on translation topics? What differences should there be in curricula, teaching methodology and educational aims and objectives, etc., between translation students and foreign language students who may also take up jobs as translators and interpreters? And so on. But limited by space, we shall not be dealing with limitations of this kind in great detail. Rather, of all the limitations and problems with researches that have been done on translation teaching, we will be more concerned with the following two because they bear most strongly on our view of fundamental problems in translation teaching research.

First, there is the lack of understanding of the true nature of translation teaching in university translation programmes, especially in terms of its purpose and the kind of end products it aims to have. As is currently done, translation teaching does not seem to be complying very well with the true mission of higher education, because it focuses too much on the techniques or the various technical competences required of students, and not so much on the education of students as creative, intelligent and competent human beings equipped with well-rounded translation competences more than with a narrow set of techniques. As is commented on by some scholars, this lack seems to be the result of a neglect to maintain balance between what they call "the Dao" (the way) and "the technique" in translation teaching (Yang and Zhang 2003). According to Sylvia Bernardini (2004: 19–22), this is because people do not fully understand the important distinction between "translator training" and "translator education" for university translation programmes. In any case, this need for a fuller understanding of the true nature of translation teaching remains an important immediate challenge to us in both the translation teaching and research fields.

And second, in spite of the research efforts that have been made on a wide range of topics on translation teaching, especially on topics concerning the hows, there is still a need to bring some of the important wh-questions into more in-depth discussions. In other words, much more remains to be unravelled with regard to an integrated discussion of the whys, whats, hows and whens in the teaching of translation, namely why, what, when and how do we teach to make a university translation programme successful? Although these may seem familiar issues, they are nevertheless worth looking into again especially when put in a new perspective and viewed in a new light.

To unravel the above concerns, we shall move on to the next section and try to present what we believe to be a fitting model for the teaching of translation in a university translation programme.

3. Application of the whole-person concept for a new model of translator education

As a special course for language students at the advanced college level, the teaching of translation is no doubt aimed at the skills training of language students, providing them with a deeper understanding and a fuller command of language skills. Recent calls for translation courses to be given to all non-language majors in Chinese universities have been a reflection of the realisation that translation courses are indeed important for the training of the students' language skills.

Likewise, in the translation programmes in the newly established schools of translation and interpretation in China's key foreign language or international studies universities in Beijing, Shanghai and Guangzhou, as well as in many of the older translation departments of other universities, translation is also mostly skills- and translation training-oriented. The same is true of translation programmes in such French universities as Université Paris III, Université Rennes 2, and Université Lumière Lyon 2, where the primary goal of translation teaching is also chiefly skills-training oriented. So is Anthony Pym's two-year Masters course, whose objective it is "to develop a broad range of professional skills in technical translation".[1] In other words, it seems to be a universal phenomenon for translation

---

[1] See ISG Seminar Library website. Retrieved August 1, 2005.

teaching to be skills-oriented whether in a language programme or a specialised translation programme.

Therefore, schools and departments of translation programmes usually enrol students who are well-qualified in both languages, especially in L1, and devote most of the study time to students' development of translation skills and competence. In this sense, translation programmes below the doctoral level are mostly accelerated training programmes.

But is this the right model of translation teaching for university translation programmes? The answer is both yes and no. Yes, because translation students must be trained to translate with enhanced skill; and no, because a university translation programme is not and should not be the same as a translation programme in a training school or translation course for a non-translation major programme at university. In other words, just as a fundamental distinction should be drawn in language pedagogy between training and education (Widdowson 1984: 201–212), a clear distinction must also be drawn between translation teaching as training and that as education (Bernadini 2004). To a large extent, our proposal for a new model of translation teaching is based on this very concept of translation teaching as both training and education. But before we proceed with our proposal, let us take a further look at the general distinction between training and education. Following is what Widdowson has said on the issue:

> I want to suggest that training is directed at preparing people to cope with problems anticipated in advance and amenable to solution by the application of formulae. Training in this sense is oriented towards specific aims. But education... is directed at developing general intellectual capacity, cognitive sets, attitudes, dispositions which, it is supposed, can be subsequently brought to bear to deal with any eventuality that may arise. Education, in this sense has a general, not a specific, orientation. (Widdowson 1984: 207)
> The purpose of training... is to establish close formulaic links between areas of theory and practice, ... so that problems can be accounted for by the application of formulae within minimum adjustment. The purpose of

education, on the other hand, is to allow for a disparity between theoretical system and practical schemata, and to provide for the general procedural ability to mediate between the two and to solve problems by referring back to principles and checking them against particular situations. Education, in other words, is in the business of developing the ability to negotiate solutions to problems that do not correspond in any obvious way with pre-existing formulae. (Widdowson 1984: 208)

As Bernadini understands it:

Learning through training is a cumulative process, in which the learner is required to put together as large an inventory of pieces of knowledge as possible in the field in which she is being trained. … Learning in an educational framework is viewed as a generative rather than cumulative process, whose aim is to develop the ability to employ available knowledge to solve new problems, and gain new knowledge as the need arises. In other words, the ability to use infinite resources indefinitely is a result of education, not training. (Bernadini 2004: 19–20)

This distinction, as is made by Widdowson, is very important and can "help us shed light on the priorities of translation teaching, and on the differences distinguishing undergraduate from postgraduate courses" (Bernadini 2004: 20). Training and education are used for different purposes in teaching, just as Bernadini has described (2004: 19–20), the former aiming at accumulative knowledge acquiring process when the short-term objective and the long-term objective coincide to a great extent, while the latter seeks the growth of individuals and their long-term empowerment with generative problem-solving abilities. Both training and education can be used in course instruction according to different student needs. Often, however, language teaching methodology "will need to correspond to the more general educational requirements of intellectual enquiry and the solving of unpredictable problems" (Widdowson 1984: 211).

In this information age, new knowledge pops up every minute. Young people today "are exposed to more new information in a year than their grandparents encountered in a lifetime"(Weber 1999: 9). They "have to face a world subject to dramatic changes, a world where our know-how doubles every five years, where the very web of social structure is modified continuously, where stable jobs are on the wane, and where work conditions and professional abilities are renewed every day" (Blasi 1999: 28). It is quite necessary for young people to gain generative problem-solving abilities, using definite resources to handle infinite new situations. The capacity to learn and solve problems by themselves has become crucial. Just as Donald Kiraly has noted:

> It is impossible to predict years in advance what particular topics one will work on after graduation or over the course of one's career. A well-developed ability to adapt to ever-changing market demands is crucial. Thus, knowing how and where to research new topics adequately and efficiently is an essential skill for translators to acquire. (Kiraly 2000: 12)

Therefore, it is high time to rethink the pedagogy in translation, and work out well-designed programmes in translation education, instead of seeking fast but short-sighted translation training. Things have changed so much in the translation market that Kiraly suggests that we "reconsider the viability of conventional approaches for educating translators, which date back almost half a century, when the translation profession was something altogether different from what it is today" (Kiraly 2000: 14).

That teaching translation is far more than just training is also firmly supported by the institutional establishment of translation programmes covering a full range from the undergraduate through postgraduate (taught MA and research MPhil) to doctoral and postdoctoral levels. Translation pedagogy should certainly not neglect this complete list of tasks in the whole range of translation programmes and focus entirely on the otherwise important part of professional training of translators and interpreters.

What then is the most distinctive feature of teaching translation as both training and education? Our answer to this question is found in the "whole-person education" concept. We will thus term our new model as a "Whole-person Education Approach to Translation Teaching".

To fully understand just what is meant by this whole-person education approach to translation teaching, there are two crucial elements about the approach that need specifying, namely the "whole-person education" concept and the "developmental pyramid" concept. First, the "whole-person education" concept. As the core element in our model, this concept is a borrowed concept from the general missions and goals of higher education adopted by many universities world-wide in the new millennium, HKBU included. In its general missions statement, HKBU defines the features of its whole-person education model as being a holistic approach, broad-based, creativity-inspiring, inculcating in all who participate a sense of human values, and maintaining strong links with the community. Simply put, a whole-person education would make students "well-rounded", "well-adjusted" and "adaptable" (Bligh 1990: 11). As university translation programmes are but part of the university system, the general missions of the university are definitely also missions of all its programmes, including its translation programme. However, this is not the main idea of what is meant by our "whole-person education" model for translation teaching. What is central to our model is that translation teaching in a university translation programme should aim at educating its students in an all-round manner. By "all round" it meant that in addition to educating students as a "whole person" in the general sense, they should be educated as a well-rounded translation specialist in the particular sense. Such a specialist is not only specialised in special areas of knowledge and expertise on translation, but more importantly, he/she has developed more general abilities to meet all kinds of challenges in translation. In other words, they should have a broad translation-knowledge and skills base, be able to think critically and creatively about the process and product of translation, have command of the basic translation competence and techniques, and be equipped with general occupational skills in addition to job-specific techniques.

But how is this core element of "whole-person education" materialised? It is materialised through a "healthy" way of operation or practice. The reason why we use the word "healthy" is that the way in which a "whole-person" translator or translation specialist is developed is very much like the way a healthy diet is composed for the development of a healthy body. Basing ourselves on the dietary guidelines created by U.S. nutrition officials in the form of the Food Guide Pyramid,① we will call our model the Whole-person Translator Education Pyramid, or rather the Whole-person Translator Education Inverted-Pyramid, because the development model we will present is in fact in the shape of an inverted pyramid and not exactly the same as the nutrition officials-provided Food Guide Pyramid. In the Whole-person Translator Education Inverted-Pyramid, development of the translator starts from a "zero" base, as it were, and radiates upwards. In other words, at the beginning, the student or the trainee-translator or trainee-translation specialist has minimal translational knowledge and competence. As he/she progresses in the education/training process, his/her knowledge and competence in translation grows, and this growth is made possible through education/training in the practice and theory of translation. Just as eating foods from the Food Guide Pyramid will help children grow healthy and strong, providing a balanced scientific "diet" for the benefit of students in a translation programme, from undergraduate through postgraduate to doctorate levels, will also be the right way to make the students grow "healthy" and "strong".

The central idea about the Food Guide Pyramid is its emphasis on a well-balanced diet, a diet that "[e]mphasizes fruits, vegetables, whole grains, and fat-free or low-fat milk and milk products; [i]ncludes lean meats, poultry, fish, beans, eggs, and nuts; and [i]s low in saturated fats, *trans* fats, cholesterol, salt (sodium), and added sugars".② By analogy, the central idea about a healthy translator education pyramid is also

---

① See mypyramid. gov.
② See mypyramid. gov.

the emphasis on a well-balanced distribution of what is taught and how it is taught so that a "healthy body", the translation student, is well developed. Most typical of the translational pyramid is such a balanced distribution at the level of the undergraduate degree, where the practice (skills-oriented) subjects take up the larger proportion at the base while the theory (knowledge-oriented) subjects take up a smaller proportion towards the upper part of the pyramid. Within both the practice and the theory subjects, a further balance is to be maintained, namely a balance in the types of text material to be used in the practicum (ranging from literary to legal, business, technological and other types of texts), and in the kind of knowledge to be imparted in the theory area (ranging from "linguistics for translators" and "contrastive language studies" to "translation methods", "translation history", "translation theories and philosophies", "research methodology in translation" and so on).

In more conventional terms, this Whole-person Translator Education Pyramid means making provisions for the translation student to develop in all ways, in psycho-physiological well-being and in intellectual capability, in theory and in practice, in abilities and in techniques, and so on. From a reservoir of terms related to this "inverted" Pyramid, we may perhaps focus on "competence/competences" as the keyword.

It must be pointed out that although translational "competence" is one of the most commonly used terms in translation teaching literature, there is in fact no consensus on its definition. What is this "translation competence"? No one has so far said anything clear and definite about it (Huang 1997: 26; Sin 2000: 14). In almost all cases, the term is simply used as a cap over many different sub-competences, and scholars have generally very "wisely" avoided its exact definition and turned to focus on discussions about the training of this or that sub-competence. They have tended to "break translation competence down into a set of interrelated sub-competences, which can be studied in isolation" (Schäffner and Adab 2000: ix). Therefore, what we normally get are such answers as: Translation competence is bilingual competence, bicultural competence, creative competence, thinking competence, expressive competence, extralinguistic competence and transfer competence (Huang 1997; Sin 2000; Liu 2003).

According to Nord (1999), it is the "translational text competence", consisting of meta-competence, text-production competence, text-analytical competence, and contrastive text competence. And in the view of Neubert (1994, 2000), it is language competence, textual competence, subject competence, cultural competence and transfer competence. In Mackenzie's view (2004: 32–33), translation competence includes not only linguistic-cultural skills, but also interpersonal skills, IT skills, marketing ability, even management skills, since quality in translation requires management of the whole process. All these are but what Schäffner and Adab have termed as sub-competences.

Some argue that it is only "transfer competence" that can be called translation competence. This competence is "the ability to solve problems of translation, instead of problems of language and knowledge, to establish and justify the correspondents between the source language/text and the target language/text" (Sin 2000: 22; my translation). And PACTE group holds that it is the "transfer competence" of the translator, which, as the central competence, integrates all the others (PACTE 2000: 103).

Evidently, no consensus has been reached among scholars as to what translation competence is. However, to unravel the basic problems of translating teaching, it is important to properly define what "translation competence" is. As we see it, there is nothing wrong with the use of "sub-competences", because by explaining the term in this way we may gain a fairly concrete picture of what its connotations are. Therefore, rather than abandoning this methodology altogether, we would like to follow the basic line of thought in our description. However, instead of focusing on the various "material" aspects of the translator's competence, we would like to view issues from the perspective of the "whole person" in the translator/translation specialist to be educated. Viewed as such a "person", the translator/translation specialist should then be equipped with these basic "sub-competences": competence in cognition; competence in the relevant language-pairs; competence in the tools/technologies used to assist translation; and above all, competence in transfer between the relevant language-pairs, which may be called "translation competence proper". It is the "whole person" thus equipped or empowered that can translate, and not the various "competences" that can translate. This shift of perspective is very significant for our model because it is closely related to whether the translation programme is "person-oriented", or "materials-" or "skills-oriented".

As a whole person, the translator/translation specialist not only needs to acquire the translation competence proper, i.e., the transfer competence; but he/she should acquire the translator competence, to use Donald Kiraly's term (1995: 13; 2000: 13). But our concept of "translator competence" means more than Kiraly's term. In addition to what Kiraly calls the ability to "identify and appropriate norms in new communities to which we seek access" and "to use tools and information to create communicatively successful texts that are accepted as good translations with the community concerned" (Kiraly 2000: 13–14), but it entails all the other abilities or competences the translator/translation specialist needs for efficient work. We can tentatively define our "translator/translation specialist competence" (or "translator competence" for short) thus: "Competence that comprises all the fundamental sub-competences one possesses in order for one to be qualified as a translator/translation specialist". And these fundamental sub-competences include the above-mentioned four, namely: "competence in cognition; competence in the relevant language-pairs; competence in the tools/technologies used to assist translation; and competence in transfer".

As is generally understood by translators and translation studies people, translation is interlingual/intercultural communication, and all the abilities needed for successful communication are called "communicative competence". For our purpose, we would like to use this term to refer to the "competence in the relevant language pairs" required of the translator/translation specialist being trained and educated.

A term originally coined by Dell Hymes in the late 1970s, "communicative competence" (SIL International 1999) has now evolved to cover two types of aspects, i.e., the linguistic aspects [of communicative competence] (or linguistic competence for short) and the pragmatic aspects [of communicative competence] (or pragmatic competence for short). Both of these each contain four sub-competences. The former comprises "phonological competence", "grammatical competence", "lexical competence", and "discourse competence"; while the latter "functional competence", "sociolinguistic competence", "interactional competence", and "cultural competence".

The linguistics aspects of communicative competence are those that have to do with achieving internalised knowledge of linguistics elements and structures. Phonological competence refers to the ability to recognise and produce the distinctive meaningful sounds of a language; grammatical competence the ability to recognise and produce the distinctive grammatical structures of a language and to use them effectively in communication; lexical competence the ability to recognise and use words in the way speakers of the language use them, including understanding the different relationships between groups of words as well as the collocations of words; and discourse competence, the ability to understand and construct texts of different genres, such as narrative texts, descriptive texts, procedural texts, expository texts, persuasive texts and argumentative texts, and the ability to relate information in a way that is coherent to the readers and hearers according to the specific context of situation, e.g., to know how to use language coherently in specialised communities.

The pragmatic aspects of communicative competence are those that have to do with how language is used in communication situations to achieve the speaker's purposes. Functional competence refers to the ability to accomplish communicative purposes in a language, such as greeting and requesting. Sociolinguistic competence is the ability to interpret the social meaning of the choice of linguistic varieties and to use language with the appropriate social meaning for the communication situation. Interactional competence involves knowing and using the mostly-unwritten rules for interaction in various communication situations within a given speech community and, including, among other things, knowing how to initiate and manage conversations and negotiate meaning with other people, and also knowing what sorts of body language, eye contact, and proximity to other people are appropriate, and acting accordingly. Cultural competence is the ability to understand behaviour from the standpoint of the members of a culture and to behave in a way that would be understood by members of the culture in the intended way. Cultural competence therefore involves understanding all aspects of a culture, especially the social structure, the values and beliefs of the people, and the way things are assumed to be done.

Communicative competence of a translator/translation specialist concerns both languages involved, namely L1 and L2 or SL and TL, as it is generally assumed that a translator should be a bilingual or a bicultural language user. But translator/translation specialist competence goes beyond that. It takes into account another important component: transfer competence, which distinguishes translators/translation specialists from other bilingual/bicultural language users. As pointed out above, the transfer competence is the translation competence proper, entailing knowledge of the linguistic and cultural differences between the two languages involved, and the acquiring of specific skills and techniques to get over these differences in translation. Just as is understood by the PACTE group, "transfer competence is the central competence that integrates all the others"; "[i]t was... the ability to complete the transfer process from the source text to the target text" (PACTE 2003: 83). Comparative linguistics, comparative text typology, and comparative study of cultures account for much in this respect.

Apart from these above competences, there are two other competences required of translation students, namely "instrumental competence" and "cognitive competence". "Instrumental competence" refers to knowledge and skills in consulting and using relevant dictionaries, encyclopaedic references, Internet resources, terminology banks, MT software, parallel corpora, and computers, etc., to assist their translation, especially in the increasing requirement of speed, documentation, and standardization in translation. The instrumental competence is "the knowledge and abilities associated with the practice of professional translation" (PACTE 2003: 83). The instrumental competence is an additional component that is required according to the subject matter and the development of society.

Likewise, it is important to note that the student, as a person, is a cognising subject, who has the ability to experience and cognise. In fact, this cognitive competence is a primary competence that is already possessed by the student and is awaiting further enrichment. By "cognitive competence", we mean the level of a person's cognitive and psychological development, the level of knowledge about the world and all factors involved in communicative situations where translation comes in and how those factors operate in these situations, inclusive of the translator's aptitudes such as creativity, emotional qualities and attention-span, etc. It is the translator's ability to perceive, conceptualise, evaluate, imagine and foretell the happenings and things in the social and natural world. This is what PACTE (2003) describes as the psychophysiological sub-competence. While transfer competence is "the central competence that integrates all the others", cognitive competence is the very psychological and cognitive basis of all the other competences.

All of the above components of translator/translation specialist competence develop with the growth of individuals and the development of society. Therefore, each of them broadens and opens to future development. Translator education goes hand in hand with this growth of translator/translation specialist competence and social development, and also opens to the future, with the training of listening, speaking, reading, writing and translation-operational skills graded, from the basic to the more advanced, within the process of translation teaching. Both competence development and teaching practice centre around the development of the individuals, that is, the students as cognising whole persons. In this regard, we can formulate our model into a whole-person translator education pyramid (in inverted form) with two visible facets, i.e., that of the translator/translation specialist competence and that of language teaching and learning. Both of these stretch upwards the growth of individual persons in terms of their intelligence and competence, and the development of language teaching and learning in the five basic skills. These two facets of translator/translation specialist competence and language teaching/learning form the two visible sides of a pyramid radiating upwards from a point at the base, indicating this is where a person (the would-be translator/translation specialist) is born and starts to grow. The shape of this radiating model is just like the familiar Food Guide Pyramid mentioned above, but in its inverted form, hence our description of it as the Whole-Person Translator Education Inverted-Pyramid (Fig. 1).

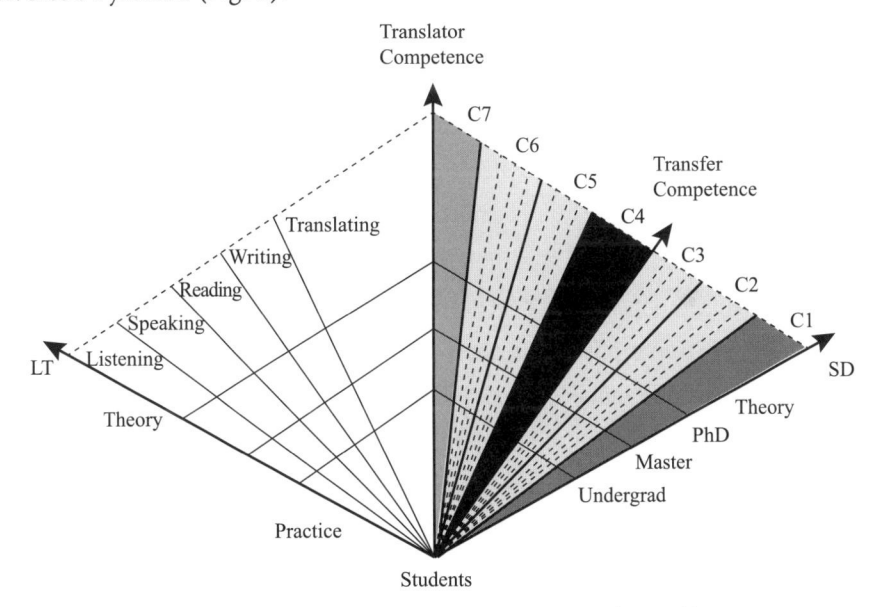

Fig. 1: Whole-Person Translator Education Inverted-Pyramid

NB:
C1:	Cognitive Competence	C2:	Linguistic Competence in L2
C3:	Pragmatic Competence in L2	C4:	Transfer Competence
C5:	Linguistic Competence in L1	C6:	Pragmatic Competence in L1
C7:	Instrumental Competence	Undergrad:	Undergraduate Level
Master:	MA/MPhil Level	PhD:	PhD Level
LT:	Language Teaching	SD:	Social Development

There are a number of points to clarify about the above diagram before we discuss the actual contents and significance in detail. First, the coloured facet of the pyramid refers to the composition of the translator/translation specialist competence, while the uncoloured facet the five basic skills in language-related courses/subjects for translation students. The use and non-use of colour are entirely for the sake of easy recognition and reference; they do not carry any special meaning beyond that.

Second, the broken lines in the various triangular segments of C2 (Linguistic Competence in L2), C3 (Pragmatic Competence in L2), C5 (Linguistic Competence in L1), C6 (Pragmatic Competence in L1) indicate that these competences are further composed of sub-competences such as the phonological, grammatical, lexical, textual, functional, sociolinguistic, interactional and cultural competences.

Third, that the areas of C2 and C3 are on one side of the C4 area (the transfer competence) while the areas on the other mean that it is this transfer competence of C4 that functions as the bridge linking the various competences in L2 with those in L1. This is also to confirm that the transfer competence, situated in the centre, plays the central role in the entire translation process.

Fourth, the size of each segment is an approximate indicator of the kind of proportion a particular competence takes within the entire complex of the translator/translation specialist's communicative competence. This is to say that the bigger the segment, the more important the relevant sub-competence may be in the translating process. But all this segmentation can only be approximate, because the various competences or sub-competences may vary in importance or in their relative proportions with the different stages of teaching and with the objectives of each particular programme or course/subject.

And fifth, the arrows indicate the direction of development while the dotted lines mean that everything within the model, from social development (SD), language teaching (LT), and translator competence (including all its components), is open-ended. In other words, the translator/translation specialist competence is by nature an open-ended competence and the whole-person translator education model we propose is an open-ended life-long development model.

There is yet another thing to clarify before we move on to our main discussion of the above model. We realise that doubts may arise about why we call our model an "Inverted Pyramid". To explain, there are two considerations: Firstly, when we look at the diagram from upside down, we find it like the shape of a pyramid. And secondly, we quite believe that development of translators/translation specialists is very much like the "healthy growth" of children. As a "healthy diet" described by the Food Guide Pyramid is scientifically proven good for the growth of children, the same "Pyramid" concept seems to well reflect the true development nature of translator education. Re-set our inverted pyramid in its upside-down position and we will see a more recognisable form of a pyramid (Fig. 2). This would then help explain why we have used the "pyramid" concept for our translator education model. For the sake of easier reference and understanding, we will continue to use this "normalised" pyramid, rather than the original "inverted-pyramid" in any further discussions of our model below.

Second, real-life cognition is the very basis of our whole-person translator education model. The arrow-ended line on the left side of Fig. 2 denotes social development (SD), along which human cognitive competence develops with school language teaching (LT) and education, marked by the arrow-ended line on the right-hand side of the pyramid. Teaching and education at school should keep in mind what social missions they have to accomplish and try to foster by all means the competences students need in their future life. The three minor hierarchical pyramids marked by Undergrad, Master and PhD indicating translation education at the undergraduate, MA/MPhil and doctoral level on a translation programme means that different levels of education will satisfy different social demands and accomplish different social missions.

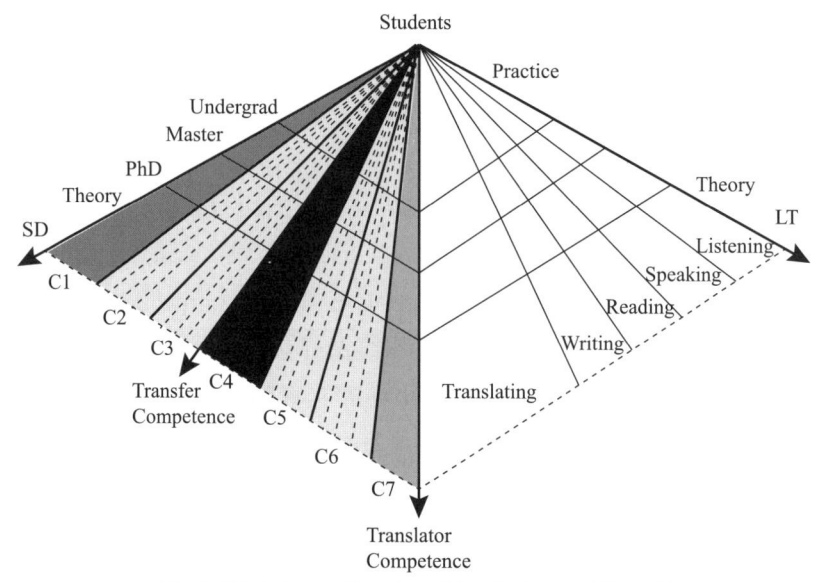

Fig. 2: Whole-Person Translator Education Inverted-Pyramid
(viewed from the perspective of a normal pyramid)

NB:
C1:   Cognitive Competence   C2:   Linguistic Competence in L2
C3:   Pragmatic Competence in L2   C4:   Transfer Competence
C5:   Linguistic Competence in L1   C6:   Pragmatic Competence in L1
C7:   Instrumental Competence   Undergrad: Undergraduate Level
Master: MA/MPhil Level   PhD: PhD Level
LT: Language Teaching   SD: Social Development

  Thirdly, the practice of translation dominates a translation student's early stage of development while the learning of translation theory comes in gradually with the student's translational development. To put it in a different way, for translation teaching in a university translation programme, the practice of translation and the theory of translation take different proportions during different stages or on different levels. The lower the level, the less theory and more practice there is; the more advanced the level, the more theory and less practice. Besides, the deeper down the theory line runs towards the lower part of the pyramid, or in the direction of the arrows, the more profound and difficult the theory to be taught.

  At the undergraduate level, students are more practice-oriented and are more exposed to practical translation problems. Tertiary translation education at the intermediate level, the level of MA and MPhil studies, can be branched into either more practice or more theory, as is reflected in taught MA and research MPhil programmes in translation in universities in Hong Kong. Those in taught MA translation programmes focus on translation practice and do more practical work than undergraduate students in a wider range of text and more real-life translation tasks; while those who undertake MPhil studies look more than MA students into the underlying laws of translation practice and formulate critical reflections on translation problems. PhD level education in translation aims at a yet higher level than MPhil level education and seek theories with greater explanatory power. Although students at the PhD level need to focus more than the lower levels of study on theoretical thinking, it would be wrong to claim or assume that PhD study is divorced from practice. The reason why PhD students in translation often seem separated from translation practice is due to the fact that they are less involved in performing translation tasks. However, in view of the fact that PhD translation students inevitably go deeper into translation phenomena, and look forward and backward at development trends and history of translation practice, they are actually closer to, rather than farther away from, the practice of translation.

Fourthly, like all other students as independent cognitive subjects, translation students develop cognitively, intellectually, technologically, psychologically and physiologically. During the various stages of their tertiary translation education, they grow as translators/translation specialists in their cognitive competence, bilingual communicative competence, transfer competence, instrumental competence and other competences. But the process of translation education does not end with their graduation or being awarded the various university degrees. It goes on with social development and translators/translation specialists continue their translation education by themselves in all such language skills as listening, speaking, reading, writing, and translating. In other words, like education in general, translation education is also a life-long process, as is denoted by the arrows and the open-ended lines of the pyramid.

Fifthly, translator competence is not a privilege solely belonging to translators or translation students. It is a competence open to all language learners, with varied degrees of proficiency depending on the amount of translation practice and translation theory they have undertaken. The more practice and theoretical thinking one undertakes, the more proficient one's translator competence becomes. Also, such translator competence is open to constant improvement. What distinguishes the translator/translation specialist from the general language user is that the former tends to have more specialised knowledge on the subject of translation than the latter. The former may have more expertise on the whys and hows about translation than the latter who may only have knowledge about the hows and whats.

And finally, all these sub-components of translator competence and the five language skills are an integral whole. However, it is sometimes possible or even desirable to focus on this or that of the sub-competences and language skills during different periods or for different purposes. For example, those who are trained to be translators may focus more on the development of such aspects as grammatical, textual and instrumental competences, while those who would be interpreters may be more likely to focus on the phonological, interactional and functional competences. Both types of students or trainees, of course, would pay equal attention to the development of their cognitive, lexical and cultural competences. For students to become well-rounded and well-adjusted, translation teaching should aim to consolidate their knowledge base and develop a solid foundation for their pyramid of knowledge and competence. Students with such a pyramid of knowledge and competence will undoubtedly be more adaptable and competitive in the fast-changing market of translation and language services.

4. Conclusion

To conclude, we can highlight a few points about this discussion of translation teaching. First, for translation teaching in the new era of the 21st century, it is important to take into consideration the rapid social changes and challenges translators or would-be translators are faced with. Translation teaching in a university translation programme being part of the whole system of the university as well as of society at large, it should reflect both the intrinsic laws of education and the ever-developing demands of society. Accordingly, everything involved in translation teaching, from issues on "why" through "what" and "when" to "how to teach", should be viewed and done so that it satisfies translational and social demands.

Secondly, it is important to make a distinction between translation teaching as training and as education, with the former emphasising the teaching and learning of translation skills and techniques, whereas the latter on a more holistic development of the students' overall intellectual and academic well-being. To our mind, real success for a university translation programme lies in its full recognition that translation teaching at the tertiary level is neither training alone nor education in abstraction, but it is both training and education. For its aims and objectives are to turn out students who are not only equipped with enhanced translation skills and techniques, but also have all the makings of a cultured, whole person, qualified to serve society both as a translation/translation specialist and as an innovative person.

From this concept of translation teaching as both training and education, then, comes our proposal for a new model of translation teaching, namely the Whole-person Translator Education Approach to translation teaching. Central to this approach is the proposition that students should be educated as well-rounded and well-adjusted translators or translation specialists; and this well-rounded and well-adjusted development of the students is materialised through a "healthy" way of teaching and educating. Represented by the diagram of a pyramid, our whole-person translator education model is characterised by its being an integrated network of competences with open-ended readiness for constant new development. With fitting emphasis on the teaching of translation practice and translation theory during the various stages of development or on the various programme levels from undergraduate through postgraduate to doctorate, the proposed model may well reflect the true nature of successful translation teaching at the tertiary level.

This above Whole-person Translator Education Model would imply at least two major changes in the way translation is taught, especially in universities in China. Firstly, no matter whether a degree programme in translation is offered by a comprehensive university (such as the Sun Yat-sen University in Guangzhou where a School of Translation has recently been set up with a planned annual intake of 500 students at the undergraduate level), or a specialised foreign language-cultural studies university (such as the Beijing, Shanghai and Guangzhou International Studies Universities where degree courses in translation are offered at both the undergraduate and postgraduate levels), or even a teacher education/training university (such as the Hunan Normal University where the first ever translation department was set up a few years ago in a teacher education/training institution in the PRC), the core subjects should be essentially the same, especially during the first two years (of a four-year programme) at university, so that students in all such programmes receive basic education and training in the fundamentals in language, culture and translation in the same way. And secondly, even during the second half of their four-year education and training when students branch into various streams with some doing literary translation, some translation for special purposes and some interpretation, it is still not wise to restrict the teaching to very narrow areas. For a narrowly specialised translation graduate is not likely to be ready to take up challenges from a rapidly changing society. For example, if an interpreting student trained for the 2008 Beijing Olympic Games only had knowledge and competence for that particular event, he/she would soon be displaced when the Games are over. However, if such a student had received a broad-based education in translation after which he/she had also gone through some special, on-the-job, training, he/she would be in a much better position to adapt to whatever new challenges face him/her, and at any time.

Indeed, it is hoped that the mechanisms of such a model will provide a solid base to build on a valid and effective methodology for the teaching of translation in university translation programmes, especially those involving the language-combination of Chinese and English.

References

Alves, Fabio (ed.). *Triangulating Translation: Perspectives in Process Oriented Research*. Amsterdam and Philadelphia: John Benjamins, 2003.

Baer, Brian James and Geoffrey S. Koby (eds.). *Beyond the Ivory Tower: Rethinking Translation Pedagogy*. Amsterdam and Philadelphia: John Benjamins, 2003.

Beeby, Allison, Doris Ensinger and Marisa Presas (eds.). *Investigating Translation*. Amsterdam and Philadelphia: John Benjamins, 2000.

Bernardini, Silvia. The theory behind practice: Translator training or translation education?. In: Kirsten Malmkjær (ed.). *Translation in Undergraduate Degree Programmes*. Amsterdam and Philadelphia: John Benjamins, 2004: 17–30.

Blasi, Paolo. The task of institutions of higher education in the new Europe. In: Werner Z. Hirsch and Luc E. Weber (eds.). *Challenges Facing Higher Education at the Millennium*. Phoenix: The Oryx Press, 1999: 26–33.

Bligh, Donald. *Higher Education*. London: Cassell Educational Ltd., 1990.

Huang, Zidong (黄子东). 翻译能力与翻译教学 (Translation competence and translation teaching). 上海科技翻译 (*Shanghai Science and Technology Translators' Journal*). 1997, 3: 26–31.

Hung, Eva (ed.). *Teaching Translation and Interpreting 4: Building Bridges*. Amsterdam and Philadelphia: John Benjamins, 2002.

Kiraly, Donald C. *Pathways to Translation: Pedagogy and Process*. Kent: The Kent State University Press, 1995.

Kiraly, Donald C. *A Social Constructivist Approach to Translator Education: Empowerment from Theory to Practice*. Manchester and Northampton: St. Jerome Publishing, 2000.

Labrum, Marian B. (ed.). *The Changing Scene in World Languages* (American Translators Association Scholarly Monograph Series, Vol. IX). Amsterdam and Philadelphia: John Benjamins, 1997.

Li, Defeng. Teaching information technology in translator training programs in Hong Kong. *ATA Chronicle*. 2002: 29–33.

Li, Defeng. Translator training: What translation students have to say. *Meta: Translators' Journal*. 2003, 47(4): 513–531.

Li, Defeng. Teaching of specialized translation courses in Hong Kong. *Babel*. 2005, 51(1): 1–16.

Liu, Jingzhi, Lin Wusun and Jin Shenghua (eds.). *Proceedings of Conference on Translation Teaching*. Hong Kong: Hong Kong Translators' Association, 2000.

Liu, Miqing（刘宓庆）. 翻译教学：实务与理论 (*Translation Teaching: Theory and Practice*). Beijing: The China Translation and Publishing Corporation, 2003.

Liu, Zonghe（刘宗和）. 论翻译教学 (*On Translation Teaching*). Beijing: The Commercial Press, 2001.

Mackenzie, Rosemary. The competencies required by the translator's role as a professional. In: Kirsten Malmkjær (ed.). *Translation in Undergraduate Degree Programmes*. Amsterdam and Philadelphia: John Benjamins, 2004: 31–38.

Maia, B., Johann Haller and Margherita Ulrych (eds.). *Training the Language Services Provider for the New Millennium*. Porto, Faculdade de Letras: Universidade do Porto, 2002.

Malmkjær, Kirsten (ed.). *Translation in Undergraduate Degree Programmes*. Amsterdam and Philadelphia: John Benjamins, 2004.

Mu, Lei（穆雷）. 中国翻译教学研究 (*A Study of Translation Teaching in China*). Shanghai: Shanghai Foreign Language Education Press, 1999.

Mu, Lei. 翻译教学中的（汉英／英汉）文本测试研究：模糊综合评分模式的建立 (A Critical Study of [C-E/E-C] Text-based Translation Testing for Translation Teaching: Towards Constructing a Fuzzy Synthetic Marking Model). Doctoral dissertation (written in Chinese). Hong Kong: Hong Kong Baptist University, 2004a.

Mu, Lei. 翻译教学与翻译学学科发展 (Translation teaching and the disciplinary development of translatology). 中国翻译 (*Chinese Translators Journal*). 2004b, 3: 37–38.

Neubert, Albrecht. Competence in translation: A complex skill, how to study and how to teach it. In: Mary Snell-Hornby, Franz Pöchhacker and Klaus Kaindl (eds.). *Translation Studies: An Interdiscipline*. Amsterdam and Philadelphia: John Benjamins, 1994: 411–420.

Neubert, Albrecht. Competence in language, in languages, and in translation. In: Christina Schäffner and Beverly Adab (eds.). *Developing Translation Competence*. Amsterdam and Philadelphia: John Benjamins, 2000: 3–18.

Nida, Eugene. A. Translation in the information age. In: Marian B. Labrum (ed.). *The Changing Scene in World Languages* (American Translators Association Scholarly Monograph Series, Vol. IX). Amsterdam and Philadelphia: John Benjamins, 1997: 9–18.

Nord, Christiane. Translating as a text-production activity (The original version of this paper was presented as a talk at the Universitat de Vic, Catalonia, Spain, 1999). Retrieved 20 July 2005 from JSTOR.

PACTE. Acquiring translation competence: Hypotheses and methodological problems in a research project. In: Allison Beeby, Doris Ensinger and Marisa Presas (eds.). *Investigating Translation*. Amsterdam and Philadelphia: John Benjamins, 2000: 99–106.

PACTE. Building a translation competence model. In: Fabio Alves (ed.). *Triangulating Translation: Perspectives in Process Oriented Research*. Amsterdam and Philadelphia: John Benjamins, 2003: 78–102.

Schäffner, Christina and Beverly Adab (eds.). *Developing Translation Competence*. Amsterdam and Philadelphia: John Benjamins, 2000.

SIL International. Aspects of communicative competence (LinguaLinks Library, Version 3.5. Published on CD-ROM, 1999). Retrieved 20 July 2005 from sil.org website.

Sin, King-Kui (冼景炬). 翻译教学的本与末 (The end and the means of translation teaching). In: Liu Jingzhi, Lin Wusun and Jin Shenghua (eds.). *Proceedings of Conference on Translation Teaching*. Hong Kong: Hong Kong Translators' Association, 2000: 13–25.

Sin, King-Kui. Myths and misconceptions in translation teaching. In: Eva Hung (ed.). *Teaching Translation and Interpreting 4: Building Bridges*. Amsterdam and Philadelphia: John Benjamins, 2002: 31–43.

Weber, Luc E. Survey of main challenges facing higher education at the millennium. In: Werner Z. Hirsch and Luc E. Weber (eds.). *Challenges Facing Higher Education at the Millennium*. Phoenix: The Oryx Press, 1999: 3–17.

Widdowson, H. G. English in training and education. In: H. G. Widdowson (ed.). *Explorations in Applied Linguistics 2*. Oxford: Oxford University Press, 1984: 201–211.

Yang, Liu and Zhang Boran (杨柳、张柏然). 道与技——被忽略的中国翻译教学问题 (The way and the technique: Issues neglected in Chinese translation teaching). 中国科技翻译 (*Chinese Science and Technology Translators Journal*). 2003, 1: 21–23.

Zhang, Meifang (张美芳). 中国大陆翻译教科书发展研究 (1949—1998) (A Study of the Development of Translation Textbooks on the Chinese Mainland [1949-

1998]). Doctoral dissertation (written in Chinese). Hong Kong: Hong Kong Baptist University, 1999.

Zhang, Meifang. 中国英汉翻译教材研究 (1949—1998) (*English/Chinese Translation Textbooks in China [1949–1998]*). Shanghai: Shanghai Foreign Language Education Press, 2001.

后 记

龙年春节之际，笔者在朋友圈发了一段新年感言。其实，正值本次新版修订撰写的高峰进行时，新年感言也就是笔者心境的写照，密切关联当下所进行的工作，因此特转述分享如下：

> 玉兔呈祥辰龙吉，瑞雪笑迎暖春归；
> 百卉含苞翠绿间，万物向阳彩霞飞。
> 梦揣人生译学道，发轫云程真谛追；
> 无惧征途天地广，心有初衷五德齐。

终于，紧张忙碌到今天，修订撰写工作全部完成。但笔者却又感觉，似乎需要再说点什么才算整个工程的真正完成！于是，决定承接上面新年"心有初衷"的感言，抒发一点笔者此刻的所思所想。

正如笔者在本书"新版自序"和"绪论"中所直接或间接表达的，本人作为改革开放后最早获取学位并回国服务的留学人员之一，属于最早受益于国家对外开放政策的人群。可以说，本人从一开始即跟随祖国改革开放的脉搏，40多年来一直见证和亲历着我国翻译研究领域的开放、传承与发展进程。40多年前，也就是在1980年底，本人当时以最早修读翻译学位的青年学者学成回国，随即以"时不我待"的精神开始在国内各种书刊如《国外语言学》(现《当代语言学》)、《现代外语》、《翻译通讯》(现《中国翻译》)，以及《外国翻译理论评介文集》等处刊文，将留学所得和在国门外采撷到的翻译思想介绍、传播到国内，并通过发表《翻译中的语义对比试析》(《翻译通讯》1982年第2期)和《必须建立翻译学》(《中国翻译》1987年第3期)等多篇被专家认为"具突破性意义"的论文，积极参与了推动翻译学作为独立学科在中国土壤里成长和发展的进程。这是拙著《翻译学》最初撰写和发表的一个重要的学术背景。

从20世纪80年代开始发展至今的40多年的演进中，翻译学在我国经历了多个标志明显的发展阶段，即现代译学理论意识觉醒、规模引进外国译学思想、译学反思与传统话语挖掘、积极参与国际对话等阶段。应该说，在这些发展阶段中，中国翻译人钩沉抉隐，守正创新，始终坚持和不忘译学初心，实现了中国译学思想的快速现代化，以及中国现代翻译学的快速向前发展。中国翻译学作为独立学科的快速而稳步向前发展的关键所在，归根结底，就是我们作为中国翻译人，在翻译研究中必须始终坚守和坚持的一个原则和信念：永远不忘译学初心！——这也是笔者自40多年前开启翻译学习、投身译学研究之旅，尤其是1987年发表《必须建立翻译学》以及2000年本书原版出版以来从未放松的一个追求，以及始终为之踔厉奋进在路上的基本译学观。

所谓"译学初心"，在笔者看来，就是要通过回顾过往、审视当下和展望未来，来回答中国乃至世界翻译研究中"我是谁""我从哪里来""我到哪里去"的问题，亦即"翻译是什么"（翻译本质）、"翻译历史"（自然也包括当代中国译学处于当下四十"不惑"节点之前的发展历史）、"翻译将走向何方"（包括中国译学如何更好地迈向"知天命""而耳顺"和"从心所欲不越矩"等各个未来阶段），以及翻译研究在21世纪应如何结合现代和未来科技，尤其是AI人工智能科技向前发展的问题。在很大程度上，本书（包括原版和本次新版）的所有讨论，就是在持续坚持和实践这个"译学初心"。作为对本次新版修订和撰写工作的一个简单概括，笔者在此特别分享关于如何坚守与坚持"译学初心"的三点主要心得：

1) 关于翻译行为的"语言性"与"文化性"。语际翻译作为本体意义，即通常所指意义上的翻译，应以语言或语言文化翻译，而不以文化或文化语言翻译为基本出发点。这是笔者在相关问题上所秉持的基本观点。我们看到，自20世纪80、90年代西方出现翻译研究的"文化转向"以来，国内外有不少人对以语言（文本）意义"对等"转换为目标的所谓"语言中心主义"进行批评，认为以语言转换为中心的翻译思想"已落后于时代的发展"，必须被放弃；他们同时提出，必须以

"文化"的、超越"语言"的视角，去审视翻译，去"重新"定位与定义翻译。按照这样的观点，西方翻译学界就曾经出现过两个较为经典的关于翻译的"重新定义"：分别是诺德立足于翻译目的论（*Skopos* theory）和图里以目标文化为导向（target culture-oriented）的定义。在两人各自的定义中，诺德和图里或是将翻译解释为是"生产出一种与特定源文本有关系的功能性目标文本，这个关系根据目标文本应达到或需要达到的功能（即翻译目的）来加以说明"（Nord, 1991: 28），或是认为"翻译作品"可以是翻译者"随心所欲地"（用图里的话说是"on whatever grounds" / "不论根据何种理由"）呈现于目标文化中被认为是翻译的"任何一个目标文本"（Toury, 1985: 20; 1995: 29）。

审视诺德和图里的翻译定义，我们发现他们两人都舍弃了"对等"甚至"对应"这个传统翻译定义中的核心概念，因而较为接近中国部分学者强调要从文化角度来"定义"或"再定义"翻译的主张。事实上，如我们在8.1节中所提，谢天振教授曾在《译介学》一书中相当富有创意而大胆地指出："翻译文学……应该是民族文学或国别文学的一部分，对我们来说，翻译文学就是中国文学的一个组成部分"（谢天振，2003：239）。虽然谢教授当时谈论的是翻译文学的国别或文化归属，但他的这个观点与图里把"翻译作品"界定为"目标文化的产品"的思想，颇有异曲同工之妙。不过我们在此更为关注的，不是"翻译文学"或"翻译作品"应否归属目标文化的问题（在这一点上笔者觉得谢教授是很有道理的），而是应不应该认同图里把翻译者"随心所欲地"呈现于目标文化中的"任何一种目标文本"，都视为"翻译作品"。

显然，如果对这样的翻译定义不进行必要的修正或限制，笔者是无法认同的。因为以这种方式凸显"目标文化的中心地位"而舍弃构成"翻译"必需条件的"忠实性""对等性"，会给各类可能彻底背离原作本意的"目标文本"披上"合法"或"合格"翻译的外衣，也会让作为无源之本的"伪翻译""假翻译"堂而皇之地成为"真翻译"。当然，特别是图里基于"目标文化取向"的"文化翻译"观也并非全无道理，因为任何一个图书市场都会有各式各样（自）称为"翻译"（或"变译"）的作品存在，这是一个实实在在的文化存在；而读者大众，只要看到书的封面或扉页上标有"翻译""译"的字样，一般也都不会在意它们是"真的"还是"假的"翻译。

应该说，以上这类情况的发生，主要是因为人们在试图"定义"或"再定义"翻译时，混淆了"我是谁"和"我要做什么"或"我（或我的替身）要在移居地（目标文化）做什么"的问题。笔者认为，我们如果回到翻译行为的"语言性"与"文化性"这个主题，就不能不强调：翻译（语际翻译）首先一定是涉及语言成分的"语言翻译"活动，但同时又如我们在5.4节讨论"翻译的文化学途径"时所指出的，语言翻译或语际转换过程不可能不涉及语言表述中的文化元素（如文化特色词汇）的翻译转换，因此所谓"语言翻译"也可以被认为是"文化翻译"，这就是翻译行为所具有的"语言性"和"文化性"双重特性。这个意义上的"文化翻译"，当然不是"文化学派"所定义的那种脱离或超越"合法"翻译范畴的"文化翻译"。不论是过去还是现在，甚或将来，属于"合法"或"合格"翻译范畴的任何语际转换行为，只要它想被称为"翻译"，那么它的一个不可变更的标准就是：译文的语言文化意义表达，至少必须在某种程度上"忠信"或"对等"于原文。由诺德或图里等"文化转向派"或"文化学派"人物所定义的"文化翻译"，则放弃了对目标文本的"忠实性"或"对等性"这一根本性要求，因此也就同时失去了作为"翻译"存在的地位。亦即说，文化学派的所谓"文化翻译"，其实不再属于"翻译"，或至少不再属于通常意义上的"翻译"范畴，而是属于服务和满足于特定目的的"另写""创写"或"创作"。

2）关于翻译本质的"不变性"与"可变性"。本书第4章讨论"翻译学视域下的翻译跨界生成与本质属性"时曾经谈到"跨界转换"和"跨界对等"是翻译本质的两个基本属性，不论在转换还是在对等层面，翻译的这两个基本属性又都具备"绝对性"和"相对性"两个基本特征。

　　用辩证的语言来阐释，所有这些属性特征即代表着翻译本质的"不变性"和"可变性"两个侧面。一方面，无论何时何地或涉及何种语言文化的跨语交际，这些情况都会存在，这就是翻译本质的"不变"；另一方面，各个属性或属性特征的"不变"却又是相对而言的。正如我们在 4.4 节讨论翻译"转换"与"对等"属性的"绝对"与"相对"特征时所谈到的，就翻译本质涉及的"对等"或"忠实"原则而言，翻译是一项具有"绝对"和"相对"双重属性的活动。其"绝对性"体现在我们定义翻译时所倚重的"对等"概念中：假如在所作目标文本与源文本之间，根本不存在"对等"或某种程度上的"对等"关系，或曰"相同""相似"关系（究竟使用怎样的词汇来描述并不重要，重要的是它所代表的核心概念和意义），那这个文本就根本称不上是翻译或合格的翻译；其"相对性"则体现在翻译"对等"的多层级、多程度的特征上。即是说，所谓"对等"，可以是最大程度、很大程度、中等程度、一般程度、较低程度、很低或极低程度等的对等。即使在可能作为抽象概念而存在的"翻译原型"或所谓"理想翻译"中，目标文本与源文本之间的对等也只能是一种"相对意义"的对等。绝对的、百分之百的"对等"在任何时候都不存在，这也不是翻译的本质要求，因为从哲学意义上说，世上"百分之百"的"对等"事物即指"同一"事物。而译文就是译文，我们又怎么可能指望译文百分之百地等同于原文呢？若要"译文"完全变换成"原文"，那就只能出现在"文化学派"如图里等人所定义的"文化翻译"里。但此时的所谓"原文"已经不是一般翻译定义中所指的那种"由原始作者生成的文本"，而是指"目标文本"作者在目标语言文化环境里生成的文本，这样的文本并不是任何"原始文本"的翻译，而是所谓"文化译者"的"原创文本"。

　　3）关于译学研究的"主体性"与"开放性"。这里所说的译学研究的主体性，是指将我们的核心关注点聚焦在直接涉及翻译问题的研究上；

所谓译学研究的开放性，是指在主体性研究领域的基础上，向包括直接和间接涉及翻译问题研究在内的所有领域和方向拓展。例如，我们在上文指出，诺德和图里等人所定义的"文化翻译"因为不要求译文至少在某种程度上"忠实"或"对等"于原文，所以不能或很难被认为具有"合法""合格"翻译的资格，但这并不意味着我们要将它剔除到大翻译研究的疆域之外。实际上，就连"文化翻译"究竟应算作"翻译"还是"非翻译"这个基本问题，也不能说是一个已完全达成了共识的问题。因此，我们有必要从正确的、科学的翻译观出发，厘清此类语言文化行为作为"翻译"抑或"非翻译"的本质所在，从而使其能和我们对"翻译本体"或"翻译自体"以及"译学开放领域"与"非翻译本体"或"非翻译自体"的协同研究与发展相得益彰。接下来，笔者还要表达一点关于译学研究范式和方法创新等问题的思考，这与上面所讨论的问题密切关联。

笔者认同这样一个观点：中国的翻译研究既要延续改革开放的精神，继续引进和学习具有参考价值的外来译学理论和思想，同时也需要更多地产生出自己的思想和理论。本书研究主题"翻译学"是一个涵盖性主题，笔者撰写与修订本书的目的，就是希望针对这一涵盖整个学科的主题，全面而完整地阐发本人作为中国学者的思想和理论。同时，笔者希望书中的相关研究所得能对同领域的其他研究有所启发。例如，笔者认为，在"翻译学"（或称"译学"）这个学科总名称之下，如书中第 6 章所讨论的，我们可以采取各种各样的范式、手段、方法、角度作为研究的切入点、落脚点，且译学研究的疆域永远是开发的、发展的，这些研究范式、手段、方法、角度也是多元的，是永远可以创新的。我们也因此会不断提出新的思想和研究范式，建立起相关的新学科或分支学科，如同语言学之下分支出来的"应用语言学""社会语言学""心理语言学""神经语言学""语料库语言学"，以及解释语言的具体理论模式（如转换生成语法、"格"语法）等。而所有分支翻译学的产生，都只是为了从不同的角度，为回答"何谓翻译""为何翻译""翻译何为"等各种可能出现的首先关涉译学本体的问题，提供各自可行的解释模式和解决方案。

最后，笔者认为在今后的译学发展中，我们"应当尽量在继承传统思想与立足当下研究之间、在弘扬民族特点与尊重翻译普遍性特征之间、在引进外来翻译思想与开发本土理论资源之间、在理论源于实践与实践升华出理论的认知之间取得平衡"（谭载喜，2004/2022: 8）。作为结束语，笔者愿再一次借用南木（吴运楠）先生在《中国翻译》发文评论拙著《西方翻译简史》时引用过的18世纪德国启蒙思想家莱辛的一句名言，一来表示笔者对译学研究锲而不舍、"一直在路上"的心境，二来则以此表达对本人最敬重的学术前辈南木先生的无限缅怀和敬意："对真理的追求要比对真理的占有更可贵"（南木，1991: 52）。